现代农业与乡村地理丛书

中国乡村转型发展与土地利用

龙花楼 著

国家自然科学基金项目（41171149；40771014）
中国科学院知识创新工程重要方向项目（KZCX2-YW-QN304） 联合资助

科学出版社
北京

内 容 简 介

本书主要内容包括乡村转型发展与土地利用转型，以及两者之间的关系；中国乡村转型发展进程中耕地利用转型分析和农村宅基地利用转型分析；中国乡村转型发展进程中耕地和农村宅基地利用转型耦合分析；乡村发展政策对土地利用转型影响；适应转型的乡村土地利用优化配置战略。整体上贯穿了“理论—方法—实证”的学术思路，突出了乡村转型发展及土地利用问题研究的系统性、理论性、前瞻性与可操作性。资料翔实、层次清晰、观点鲜明、分析透彻，可为中国农村土地整治、新农村建设与统筹城乡发展决策提供科学依据。

本书可作为高等院校及科研院所地理学、资源科学、管理科学等学科的教学或参考书目，也可供区域发展、土地资源管理、城乡规划等领域的研究人员、技术人员和政府部门管理人员使用。

图书在版编目（CIP）数据

中国乡村转型发展与土地利用/龙花楼著. —北京：科学出版社，2012
（现代农业与乡村地理丛书）
ISBN 978-7-03-033422-0

Ⅰ.①中… Ⅱ.①龙… Ⅲ.①农村经济建设-研究-中国②农业用地-土地利用-研究-中国 Ⅳ.①F32②F321.1

中国版本图书馆 CIP 数据核字（2012）第 014163 号

责任编辑：杨帅英 朱海燕 王景坤/责任校对：张凤琴
责任印制：赵 博/封面设计：耕者设计工作室

科学出版社出版
北京东黄城根北街 16 号
邮政编码：100717
http://www.sciencep.com
北京科印技术咨询服务有限公司数码印刷分部印刷
科学出版社发行 各地新华书店经销
*
2012 年 2 月第 一 版 开本：787×1092 1/16
2025 年 7 月第四次印刷 印张：16 3/4
字数：368 000

定价：98.00 元
（如有印装质量问题，我社负责调换）

丛书序一

中国“三农”（农业、农村与农民）问题的产生与发展，具有特殊的基本国情和特定的历史背景。新中国成立以来，国家推行工业化、城市化优先发展战略，无论是从产业发展、投资政策，还是从资源分配、社会福利方面，都表现出明确的“城市倾向”，甚至不惜牺牲农业、农村与农民的利益，以致“三农”问题日益激化和城乡差距不断拉大，其主要根源是我国长期以来实行特殊的工农、城乡“双二元”结构的管理体制。新时期要落实科学发展观和全面建设小康社会，无疑其最艰巨、最繁重的任务在广大农村。因此，大力发展现代农业，建设新农村，实现统筹城乡发展，正成为推进中国现代化建设的重要切入点，也为中国地理学者面向国家战略需求，拓展专业领域的创新研究提出了新的机遇和挑战。

自新中国成立到20世纪90年代中期，本着“地理学为农业生产服务”的宗旨，地理学科的广大科研人员热衷于从事农业地理或与农业地理相关的一些专业。由地理学者联合攻关、集体完成的“中国农业资源综合调查”、“全国农业综合区划”与“中国土地利用”等一系列国家重点项目，充分展示了地理学界的团结向上、开拓进取的精神风貌，这些成果受到了国家相关部门的认可和省市政府的欢迎。此后，由于社会发展的变化，地理学科的分化，特别是城市化发展、资源环境保护，以及旅游业快速兴起等原因，不少地理研究单位和高等院校地理系纷纷改名换姓，成立了转向研究这些热门课题的新专业，使很多研究者分散到不同领域，关注不同产业和不同部门，因而放松了对农业地理和乡村发展的全面研究，国内农业与乡村地理研究开始进入低潮期。改革开放以来，农村实行家庭联产承包责任制，农业剩余劳动力转入乡镇企业工作或转向城市打工，从事农业生产的劳动力主体弱化、农村教育落后、农村环境恶化、农民增收与农业增效困难、农村经济滑坡问题日益凸显，使农业与乡村发展面临更为严峻的挑战。中国农业与乡村地理学研究和农业、乡村发展近乎“同命相连”，这一状况逐渐引起了政府管理部门与学术界有识之士的格外关注。

进入21世纪，党中央、国务院对“三农”工作予以高度重视。特别是党的“十六大”以来，坚持以邓小平理论和“三个代表”重要思想为指导，深入贯彻科学发展观，把解决好“三农”问题作为全党工作的“重中之重”，贯彻“多予、少取、放活”和“工业反哺农业、城市支持农村”的方针，实施统筹城乡协调发展方略。2004年1月，《中共中央国务院关于促进农民增加收入若干政策的意见》下发，是在阔别18年之后，“中央1号文件”再次回归“三农”，至今已连续制定了5个指导农业与农村工作的“中央1号文件”，不断巩固、完善、加强了中央支农、惠农和新农村建设政策。相信随着国家解决“三农”问题一系列配套政策的出台，以及国家综合实力的不断增强，我国农业与农村经济发展中面临的突出矛盾一定能够得以破解，我国农业与农村发展必将迈进全面、稳定、协调发展的良性轨道。

然而，中国农业与乡村地理的学科发展毕竟还是经历了10多年的低迷期，当前在机构设置、专业研究和人才队伍等方面还不能适应新时期的国家战略需求和学科发展需要。我认为，中国地理界过去重视农业研究，今后还应更认真地研究农业与乡村发展问题。地理学具有为农业服务的优良传统，新时期地理学更要为“三农”服务，这样既可以发挥学科优势，又能在生产实践中促进学科发展。可喜的是，中国科学院地理科学与资源研究所于2005年率先成立了“区域农业与乡村发展研究中心”，2006年恢复成立了“农业地理与乡村发展研究室”；中国地理学会于2007年成立了“农业地理与乡村发展专业委员会”。还有一些高校地理系也重视加强了有关农业地理与乡村发展方面的研究机构和专业课程建设。由于有了这些平台的引领和支持，近些年农业地理与乡村发展领域的全国性年度学术会议开始步入正常化。同时，一批农业地理与乡村发展专业的中青年学者相继申请到了有关领域的国家自然科学基金重点或面上项目、中国科学院重要方向项目、国家科技支撑计划课题及省部级的科研项目。因此，总体上说，农业地理与乡村发展又有了一个良好的开端，但学科建设与人才培养仍任重而道远。

为了展示我国现代农业与乡村地理学领域新的研究成果，由中国地理学会农业地理与乡村发展专业委员会、中国科学院地理科学与资源研究所区域农业与乡村发展研究中心和科学出版社发起，联合国内农业与乡村地理学界专家共同策划了《现代农业与乡村地理丛书》，争取在近5年内陆续出版。这在学术上无疑是对中国农业与乡村地理研究的一个阶段性促进和总结，也可与20世纪80年代初由科学出版社出版的《中国农业地理丛书》等著作相响应，从而完善和推进对中国农业与乡村地理的系统研究。

我十分乐意把这套集学科发展、理论创新与实践总结为一体的《现代农业与乡村地理丛书》推荐给地理学、农学、经济学，以及城乡规划、区域发展等领域的专家学者、研究生和管理工作者，期望这套书的出版能够引起更多的专家学者特别是地理工作者对国内“三农”问题研究的密切关注，并欢迎大家投入到这个前景广阔的研究领域中来，精诚合作，共同努力，把中国农业地理与乡村发展的学术研究提高到一个新的发展阶段。

中国科学院资深院士
中国地理学会名誉理事长 吴传钧

2008年春节于中关村

丛书序二

中国是世界著名的文明古国、农业大国。中国“以农立国”，农业是安天下、稳民心的基础产业，若不能首先解决好人口大国的吃饭问题，就不能实现国泰民安。“三农”（农业、农村、农民）问题本质上是一个立体的乡村地域发展问题。新中国成立特别是改革开放以来，伴随着工业化、城镇化的快速发展，长期以来“城乡分治”的弊端日益暴露，城乡差距不断拉大，这些成为困扰当代中国经济社会全面、协调和可持续发展的头号难题。中国实施特殊的重工业优先发展战略，逐渐被演变为城市居民优先享受的社会战略和城市资源优先配置的经济战略，因而成为中国城乡“二元结构”的形成及其城乡差距拉大的根源所在。

区域农业和乡村发展也是世界性的重大论题。伴随着全球城市化的持续推进，无论是发达国家还是较发达的发展中国家都经历了“乡村重建”过程。英美等先行工业化国家是在基本实现工业化、城市化的阶段，为了解决城市发展中诸如市域人口高度集中的问题而重视乡村发展建设。如20世纪60年代美国的“示范城镇建设”、英国的“农村中心村建设”、法国的“农村振兴计划”等。在农村社区大规模推进基础设施建设，改善农村生产和生活条件，并采取补贴政策，吸引人口回到农村，以解决农村人口过稀问题。与英美国家不同，以日韩为代表的工业化后发国家，在其工业化、城市化进程中乡村资源迅速流入非农产业和城市，农业和农村出现衰退，城乡发展差距日益扩大，同时在国家具备了扶持农村发展的经济实力的情况下，推进农村振兴与建设运动。如20世纪70年代南朝鲜的“新农村运动”、日本的“村镇综合建设工程”等。可见，不同国家、不同地区的乡村重建道路是不一样的。我国人口众多，区域差异很大，经济基础较差。因此，我们不可能照搬发达国家完全依赖政府强大财政供给或者农村剩余劳动力全部转移的路子，同时也应尽量避免部分拉美国家城市贫困和农村衰败并存的局面。

我国现代地理学的奠基人、已故中国科学院副院长竺可桢先生反复强调：地理学为国民经济建设服务，主要是为农业生产服务。著名地理学家吴传钧院士指出：农业是自然再生产与经济再生产的交叉过程，农业与地理环境的关系非常密切，地理学要为“三农”服务，地理学者应特别关注农业与农村发展的问题。过去的半个多世纪，在老一辈地理学家周立三、黄秉维、吴传钧院士的带领下，我国地理学者主持完成了“中国农业资源综合调查”、“全国农业综合区划”与“中国土地利用”等方面的国家重大项目，为国家和地区经济建设做出过具有基础性、战略性的重要贡献。由地理学者组织撰写和出版的《中国农业地理总论》及全国20多个分省农业地理、《1∶100 000中国土地利用图》、《中华人民共和国国家农业地图集》、《中国综合农业区划》、《生存与发展》等论著，在全国享有重要的学术地位，在国家规划决策中产生了深远影响。既发挥了农业地理学的学科优势，也培养了一大批农业地理与乡村发展研究领域人才，在实践上有力地证明了农业地理学者站在学科前沿和面向国家战略需求开展创新性研究的重要价值。

改革开放以来，中国农村改革也经历了诸如家庭联产承包责任制，推进乡镇企业发展，进入21世纪适应加入WTO后的国际竞争新形势实行减免农业税政策，以及十六届五中全会提出社会主义新农村建设等几次大的政策创新和飞跃，对于改善农民生活条件、促进农业生产和加快农村经济发展均具有划时代的意义。但是，农村发展中暴露出来的一系列突出问题及深层次矛盾还远未解决，有的甚至还呈加剧的趋势。可以预见，在今后相当长的时期内，实现我国城乡协调发展，促进乡村发展转向城乡一体化，主要面临“三重”约束：①农业生产力落后，农业比较利益低；②农村社区散乱，农村（业）人口比重大；③农民素质普遍较低，难以适应市场经济发展的要求。因此，在“两种资源、两个市场”的宏观背景下，推进“三化”（农业产业化、农村城镇化和农民文明化）将是实现农村社会、经济与文化的可持续发展和全面建设小康社会的重大课题。其核心目标是打破目前城乡分割的地域结构与经济结构，实现城乡空间整合，促进乡村由传统社会向现代社会的转型发展。农业与乡村地理专业学者更应抢抓机遇，着眼于城乡转型、互动与城乡空间重构，以凸显乡村区域价值、提升农村生产力与竞争力为重点，深入开展理论分析和实证研究，重视揭示不同类型区域的“三化”互动发展机制与模式，为构筑中国乡村发展的“新平台”做出积极贡献。

中国乡村地理学的传统研究内容侧重于乡村聚落地理（或称村落地理）与农业地理。随着城市化快速发展，与城市区域相对应，乡村地理学的研究领域应该定位于乡村地域系统，重视深入探讨复杂的乡村区域地理问题，特别关注“八个”创新领域，即乡村地区的资源评价与开发利用、乡村地域类型与功能分区、乡村景观演变与城镇化、乡村产业发展与经济布局、农业结构调整与现代农业、乡村生态价值与环境建设、转型期乡村系统功能多样性、城乡转型发展与新农村建设，以及乡村土地、交通、人口、劳动力、文化教育等方面的专项研究。应综合运用人文地理学和自然地理学的各分支学科理论与方法，并与社会学、经济学、人口学、环境科学等密切联系。

为了充分发挥乡村地理学科优势，更好地适应新时期国家战略需求，中国地理学会农业地理与乡村发展专业委员会率先倡导并组织专业队伍，研究并出版该领域的最新成果，瞄准现代农业与乡村发展的时代特色、区域态势、创新机制和科学途径，为推进新时期城乡协调发展和社会主义新农村建设奠定理论与方法论基础，为加强国内同行之间的学术交流，积极投身中国农业与乡村发展领域的创新研究提供基础的共享平台，更好地发挥地理学服务“三农”决策的思想库作用。

《现代农业与乡村地理丛书》拟计划分期出版。首批出版著作10部，包括《中国农业地理学新论》、《中国现代乡村地理学》、《中国现代农业发展论》、《中国乡村发展规划论》、《中国村镇土地利用论》、《中国乡村地域经济论》、《中国山区乡村发展论》、《中国乡村转型发展与土地利用》、《中国新农村建设地理论》、《中国转型期农村系统功能多样性》。

在项目研究、选题策划、专家论证、组织撰写与出版过程中得到了国家自然科学基金委员会、中国地理学会、农业部计划财务司、中国科学院资源环境与科学技术局、中国科学院地理科学与资源研究所、中国科学院东北地理与农业生态研究所、中国科学院新疆生态与地理研究所、中国科学院研究生院、中国农业科学院农业资源与农业区划研究所、河南省科学院地理研究所、北京大学、中国农业大学、河南大学、西南大学、海南大学、云南财经大学、南京大学、南京师范大学、陕西师范大学等单位领导和专家的大力支持与指导，科学出版社编辑赵峰、朱海燕为丛书的编辑与出版付出了辛勤劳动。借此我谨代表中国地理学会农业地理与乡村发展专业委员会和丛书编辑委员会，向大家表示最衷心的感谢和诚挚的敬意！

借此良机，我真诚期望国内高等院校、科研院所的各级领导，以及从事地理学及其相关专业研究的专家学者能够更加重视和支持中国农业地理与乡村发展专业领域的学科成长、机构建设和人才培养。真诚欢迎各位领导、专家学者为进一步提高《现代农业与乡村地理丛书》的撰写与出版水平献计献策！

中国地理学会农业地理与乡村发展专业委员会主任
中国科学院地理科学与资源研究所研究员

2008 年春节于北京

前　　言

目前，我国乡村和城市的发展都处在一个转型时期。随着经济与社会转型、区域要素重组与产业重构，特别是乡村要素非农化等带来了资源损耗、环境污染、人居质量恶化和社会发展环境欠和谐等一系列新问题：据国土资源部发布的数据，1999～2009 年全国耕地面积减少了 1 亿亩①，其中大部分转为了城镇建设用地；中国农村发展在长期城乡二元结构背景下，近 2 亿农村外出劳动力的就业、社保等系列生计问题；城镇化滞后于非农化引发了严重的农村空心化与土地资源浪费问题；工业污染导致的村民健康、饮水安全问题；农村人口向城镇迁移过程中智力资源的严重流失导致新农村建设面临主体缺位问题等问题，严重影响到我国城乡统筹协调发展。在我国城乡“二元”结构特殊体制下，城乡差距不断拉大（城乡居民收入差距由 1978 年的 2.56∶1，扩大到了 2009 年的 3.33∶1），“三农”问题日益凸显，解决好“三农”问题成为全党工作的“重中之重”。2004 年以来，中共中央、国务院连续以“1 号文件”的形式对“三农”问题进行重点关注，并相继出台了一系列支农惠农政策，做出了新农村建设和统筹城乡发展战略部署，以此稳定农业生产、调动农民积极性，推进农村生产发展，以实现“农业增效”、“农民增收”和统筹城乡经济社会协调发展的战略目标。这些举措虽起到了一定的作用，但并未从根本上遏制城乡收入差距不断拉大的趋势并真正解决“三农”问题。在中国，实现城乡统筹发展的关键在于如何顺利实现乡村的转型发展。当前，建设新农村和推进城镇化“双轮”驱动作为解决我国“三农”问题重要手段，这对快速城镇化进程中如何顺利实现乡村的转型发展提出了现实的科技需求。

快速工业化和城镇化进程伴随着城乡人口的流动和经济社会发展要素的重组与交互作用，地方参与者无疑必须对这些作用与变化做出适时的响应与调整，从而导致了农村地区社会经济形态和地域空间格局的重构，主要涉及村镇空间组织结构、农村产业发展模式、就业方式、消费结构、工农关系、城乡关系和城乡差别等方面的转变。这一过程可称之为乡村转型发展。国际著名地理学家段义孚（Yi-Fu Tuan）认为：土地利用是社会的一面镜子。社会经济演变的时空不可分离性被转移到作为主要社会经济活动载体的土地上，造就了十分复杂的土地利用格局，而该格局的变化又会影响到区域自然、生态和社会发展的进程。因此，乡村转型发展进程中暴露出来的形形色色的经济社会与环境问题均可在土地利用上得以反映。通过研究乡村转型发展进程中土地利用形态的变化及其引发的问题，并探讨相应解决方案，是开展乡村转型发展研究的一种新途径。

本书基于土地利用与覆被变化（LUCC）和全球土地计划（GLP）这两大全球研究计划，引入并拓展土地利用转型的概念内涵，对刻画乡村发展的耕地和农村宅基地这两

---

① 1 亩≈666.7m^2。下同。

种主要用地类型的转型进行深入分析研究，探讨中国城乡转型发展背景下的土地利用转型与乡村转型发展之间的耦合互动机制；基于乡村地域系统诠释城镇化进程中乡村土地利用转型的基础理论；结合乡村发展政策对土地利用转型的影响分析，从城乡综合发展的视角，探讨适应转型的中国乡村土地利用优化配置战略，旨在为拓展乡村地理学研究的理论与方法贡献绵薄之力。

本书也是我获得博士学位后从事土地利用与乡村发展研究工作 12 年来取得成果的一个阶段总结。期间，有幸得到诸多名师的指导与帮助。师从北京大学蔡运龙教授攻读博士学位期间（1996～1999 年）对开发区土地利用优化配置方面的学习研究，以及师从东北师范大学刘惠清教授攻读硕士学位期间（1993～1996 年）对水资源利用与农业发展方面的学习研究为本书的研究工作打下了很好的基础，这两位恩师在我毕业后仍然一如既往地给予无私的指导与帮助。1999 年进入中国科学院地理研究所（后与中国科学院自然资源综合考察委员会整合而成现在的中国科学院地理科学与资源研究所）在李秀彬研究员指导下开展博士后研究工作，在他的指导与启发下我迷上了土地利用转型这一研究方向，出站后他引荐我到国土资源部土地整理中心工作（2001～2006 年），提供了绝佳的将学术研究与管理实践相结合的机会。蒙李秀彬老师的极力推荐，2005 年我在国际应用系统分析研究所（IIASA，奥地利）农村可持续发展（SRD）项目组工作近一年时间，在项目组组长 Gerhard K. Heilig 教授的指导下，结合此前的工作积累我在 *Land Use Policy*、*Journal of Environmental Management*、*Land Degradation & Development* 这 3 个土地利用研究领域国际主流学术期刊上发表了 3 篇论文，这也激发了我从事科学研究的热情与信心。回国后，在李秀彬老师的引荐下，我于 2006 年 8 月加入中国科学院地理科学与资源研究所刘彦随研究员领导的农业地理与乡村发展创新团队，全心地开展乡村发展与土地利用研究。刘彦随研究员于我亦友亦师，和他愉快的合作令我收获颇丰。受中国科学院公派留学计划项目资助，我于 2009 年在英国阿伯里斯特维斯（Aberystwyth）大学地理学与地球科学学院与该学院院长、国际著名乡村地理研究专家、英国皇家地理学会（RGS-IBG）政治地理研究专业委员会前主任 Michael Woods 教授开展了为期 3 个月的访问合作研究，加深了我对欧洲乡村重构的认识，这对研究我国的乡村转型发展也具有很好的借鉴意义。

本书是我主持的国家自然科学基金项目（41171149；40771014）和中国科学院知识创新工程青年人才类重要方向项目（KZCX2-YW-QN304）的部分研究成果总结，是一本面向国家统筹城乡发展战略需求，从土地利用转型视角系统研究快速城镇化进程中的中国乡村转型发展面临的重要现实问题、理论问题、科学问题与战略问题的专著。在项目研究和本书成稿过程中，得到了国家自然科学基金委员会地球科学部一处（地理学科）的大力支持和指导，中国科学院资源环境科学与技术局、国土资源部土地整理中心、中国土地勘测规划院、环境保护部环境规划院、中国环境科学研究院、中国环境监测总站、中国科学院地理科学与资源研究所，以及相关省市国土资源厅（局）、农业厅（局）与发展和改革委员会等单位给予了指导和帮助。刘彦随研究员对书名和章节的设置提出了宝贵建议，在本书的写作过程中，研究生邹健、李裕瑞、胡智超、李婷婷和张杏娜协助撰写和整理了部分书稿，借此一并表示衷心的感谢！

在本书写作过程中，参考了许多专家的论著和科研成果，并使用了大量统计数据(未含港、澳、台地区)，书中对引用部分作了注明，但仍恐有遗漏之处，诚请包涵。由于乡村发展与土地利用涉及面很广，加之笔者才疏学浅，书中的不足之处在所难免，恳请同行专家学者提出宝贵的意见和建议！

殷切期盼同行专家学者对乡村发展与土地利用研究予以更多的重视、关注、支持和参与！

龙花楼

2011年12月于奥运村科技园

目　录

第1章　乡村转型发展与土地利用转型概述

乡村（亦称农村）本质上是一个空间地域系统，是指城市以外的一切地域（郭焕成，1988；林亚真和孙胤社，1988；张小林，1998）。2009 年，我国城区面积为 17.55 万 km^2，余下的乡村地域占全国国土面积的 98.17%。2009 年我国的乡村人口仍占到总人口的 53.4%。目前，我国乡村和城市的发展都处在一个转型时期。随着经济与社会转型，区域要素重组与产业重构，特别是乡村要素非农化带来资源损耗、环境污染、人居质量恶化和社会发展环境欠和谐等一系列新问题。

目前，人类面临的许多环境与发展问题都和土地利用与土地覆被变化（land-use and land-cover change，LUCC）有关，如大气中温室气体增加、臭氧层破坏、土地荒漠化、生物多样性丧失、森林减少、土地污染、粮食安全缺乏保障、城乡发展空间冲突等，对人类社会的生存和发展构成了极大的威胁。LUCC 研究业已成为地理学综合研究的国际性前沿课题。进入 20 世纪 90 年代以来，全球环境变化研究领域逐渐加强了对土地利用与土地覆被变化的研究。这主要与该领域具有全球影响的两大组织——国际地圈-生物圈计划（international geosphere-biosphere programme，IGBP）和国际全球环境变化人文因素计划（international human dimension programme on global environmental change，IHDP）的推动有关。自 1995 年 IGBP 和 IHDP 编辑出版了 LUCC 项目的《科学研究计划》以来，相关研究在国际上普遍展开（Aspinall，2004；Irwin and Bockstael，2007；Krausmann et al.，2003；Lambin et al.，2001；Turner et al.，2007；Veldkamp and Verburg，2004）。国内的 LUCC 研究也取得了丰硕的成果（葛全胜等，2008；刘纪远等，2005；李秀彬，2002；史培军等，2004；唐华俊等，2004）。

由于 LUCC 是很复杂的现象，为了避免研究的片面性，需要不断提出新的研究论题，发展新的研究方法，寻求新的综合研究途径（蔡运龙，2001a）。土地利用转型是 LUCC 的表现形式之一，土地利用转型研究（龙花楼和李秀彬，2002；龙花楼，2003a，2003b，2006；陆大道等，2006；Long et al.，2007a；郭素君和张培刚，2008；杨永春和杨晓娟，2009；吴俊范，2010）无疑可当作一条新的 LUCC 综合研究途径，属于由 IGBP 和 IHDP 联合发起的全球土地计划（global land project，GLP）的重要研究内容（GLP，2005）。

本章旨在界定乡村转型发展与土地利用转型的概念内涵，明晰国内外乡村转型发展与土地利用转型研究进展基础上，分析我国乡村转型发展进程中面临的土地利用转型问题，探讨如何开展土地利用转型与乡村转型发展问题的综合研究，并在借鉴已有研究方法的基础上提出乡村转型发展与土地利用转型研究的技术方法体系。

1.1 乡村转型发展与土地利用转型内涵

1.1.1 乡村转型发展内涵

关于乡村转型发展的定义，已有诸多观点见诸发表。刘彦随（2007）认为乡村转型发展是实现农村传统产业、就业方式与消费结构的转变，以及由过去城乡隔离的社会结构转向构建和谐社会过程的统一，其实质是推进工农关系与城乡关系的根本转变。这一定义强调乡村发展模式和结构以及工农和城乡关系的转变，而对发生这些转变的作用主体与作用方式没有阐述。乡村转型发展在实质上与国际上流行的乡村重构（rural restructuring）这一术语具有相似的概念内涵。乡村重构，即在快速工业化和城镇化进程中，由于农业经济地位的下降和农村经济的调整、农村服务部门的兴起和地方服务的合理化、城乡人口流动和社会发展要素重组等不同因素的交互影响下农村地区社会经济结构的重新塑造，它是地方内外影响因素相互作用与变化，以及当地参与者对这些作用与变化做出响应与调整的结果（Woods，2005）。Woods 这一概念则强调了转型发生过程中的作用因素与主体，并突出农村地区的社会经济结构的重塑，但对乡村空间重构并没有强调。而陈晓华和张小林（2008）则强调空间重构，认为乡村转型发展集中表现在经济形态、空间格局与社会形态等方面的转变，以及在此基础上实现的乡村空间重构。此外，蔡运龙（2001b）认为乡村转型发展主要体现为农民生活水平与消费水平、农业土地的经营方式、工农关系、城乡关系与城乡差别、乡村经营发展模式等方面的转变。

综上所述，乡村转型发展，即快速工业化和城镇化进程中因城乡人口流动和经济社会发展要素重组与交互作用，并由当地参与者对这些作用与变化做出响应与调整而导致的农村地区社会经济形态和地域空间格局的重构，主要涉及村镇空间组织结构、农村产业发展模式、就业方式、消费结构、工农关系、城乡关系和城乡差别等方面的转变。

当前，建设新农村和推进城镇化“双轮”驱动作为解决我国“三农”问题重要手段，这对快速城镇化进程中如何顺利实现乡村的转型发展提出了现实的科技需求。我国乡村发展的区域差异非常明显，不同类型区域的乡村发展矛盾和问题不尽相同，揭示乡村发展的区域差异性及其主控因素，基于区域差异刻画分析乡村转型发展的态势与规律，并探讨城乡统筹发展的模式与对策是当前重大的科技需求。乡村转型发展是一国际化的命题，然而，在快速城镇化进程中，具有中国特色的城乡发展协调度如何评判？乡村转型发展对当地乡村地域系统，尤其是土地利用系统会产生什么样的效应？乡村土地利用转型反过来如何影响乡村转型发展进程？如何优化配置乡村土地资源以顺利实现乡村发展转型？亟须通过典型实证研究甄别其作用机理及其优化调控原理。因此，系统研究我国快速城镇化进程中乡村转型发展的特征和问题，及其与土地利用转型之间的动力机制与效应，既是区域农业与乡村地理学科领域亟待深入研究的重要前沿课题，也是面向国家战略需求亟须推进科学决策与创新的重大战略主题。

1.1.2 土地利用转型内涵

1. 土地利用与土地覆被

土地利用和土地覆被是两个既有密切联系又有本质区别的重要概念。土地利用（land use）是指人类根据土地的自然属性和社会经济发展的需要，有目的地长期改造、开发和利用土地资源的一切人类活动，如农业用地、工业用地、交通用地、居住用地等都是土地利用的概念。而土地覆被（land cover）则是随遥感技术的应用而出现的新概念，IGBP和IHDP将其定义为“地球陆地表层和近地面层的自然状态，是自然过程和人类活动共同作用的结果”；美国“全球环境变化委员会”（USSGCR）将其定义为“覆被着地球表面的植被及其他特质”。例如，与前面所述各种用地相关的物质现状包括各类作物、土壤、冰川、水面、森林、草地、房屋、水泥及沥青路面等均为土地覆被的概念。在很多情况下，土地利用和土地覆被所指的对象是相同的，因而这两个概念容易混淆。例如，对于同一片草地或作物，不考虑其目的和用途而仅将其看作植被时，它是土地覆被；若考虑其用于放牧或粮食生产等用途时，它就是相应的牧草地或耕地等土地利用类型。

通常认为，土地利用是土地覆被变化最重要的影响因素，土地覆被的变化反过来又作用于土地利用。土地利用与土地覆被的密切关系，可以理解成事物的两个方面：一个是发生在地球表面的过程；另一个则是各种地表过程（包括土地利用）的产物。无论是在全球的尺度还是国家或者区域的尺度上，土地利用的变化在不断地导致土地覆被的加速变化。

土地利用变化导致的土地覆被状况变化主要有渐变和转换两种类型：渐变是指同一种土地覆被类型内部条件的变化，如对森林进行疏伐，或农田施肥等；转换则是指一种覆被类型转变为另一种覆被类型，如森林变为农田或草地等。此外，维护，即让土地覆被保持一定的状态，也是人类活动影响土地覆被的一种形式。由于土地利用与土地覆被之间存在着密不可分的关系，所以人们常把两者联系在一起，称为“土地利用与土地覆被变化”，并且对于它们所产生的广泛影响给予越来越多的关注。

2. 国家或区域土地利用形态与土地利用转型

“转型”顾名思义即形态的转变。土地利用转型通常是针对一个国家或一个区域而言。在解释什么是土地利用转型之先，有必要交代土地利用形态这一概念。国家或区域土地利用形态，是指一个国家或区域在特定时期内由主要土地利用类型构成的结构，与其经济和社会发展阶段相对应，即特定的经济和社会发展阶段，对应于一定的土地利用结构——国家或区域土地利用形态。它被看成是一个基本的地理概念，也是人地关系理论以及全球环境变化模拟的关键要素之一（Grainger，1995）。国家或区域土地利用形态具有空间和非空间两种表现形式：其空间表现形式指的是由耕地、草地、林地、城镇用地、废弃地等组成的某个国家或区域的地图；非空间表现形式指的是每一土地利用类型在该国家或区域领土中所占的份额（Grainger，1995）。

国家或区域土地利用形态并非一成不变，它随着某个国家或区域所处的经济和社会发展阶段的变化而变化。例如，20 世纪末期美国的土地利用形态表明其林地和牧草地的比例几乎与世界平均水平相同（图 1-1）（FAO，1991），但与在此之前的几个发展阶段相比有较大的变化：从美国建国至 20 世纪初的开发阶段，美国掠夺式的资源利用方式给西部脆弱的生态环境施加了很大压力；随后，联邦政府开始注意自然资源的节省和保护，1872 年成立了黄石国家公园，20 世纪初西部又有大片土地划为国家森林使其免遭开垦，同时对干旱草场的载畜量进行控制，20 世纪 30 年代以来，全国开始注意广泛的生态环境保护并陆续出台了一系列政策法令；20 世纪 70 年代至 90 年代，政府通过关注农业补贴的开销、环境污染以及农地转让，以识别并保护战略性的农业和自然生态环境免受开发活动影响（龙花楼和李秀彬，2000）。由此可见，与不同经济和社会发展阶段相对应的上述土地政策对美国的国家土地利用形态产生了很大的影响。

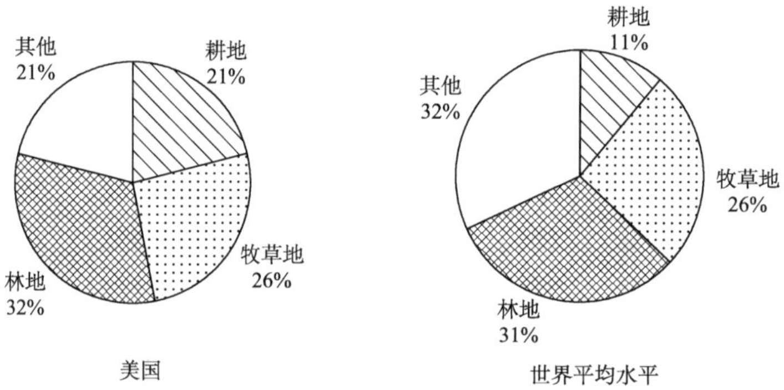

图 1-1　美国的国家土地利用形态与世界平均水平的比较

国家或区域土地利用转型，即国家或区域土地利用形态在时序上的变化，它通常与经济和社会发展阶段的转型相对应。土地利用转型最早是由英国利兹大学的 Grainger 在其研究以林业为主的国家的土地利用时提出来的，他假设大多数林业国家都要经历一些发展阶段：持续毁林，直到林业和农业部门之间达到一个新的平衡（图 1-2（a））（Grainger，1986）。由于国家土地利用形态不可能长期一成不变，因此，在转型的末期

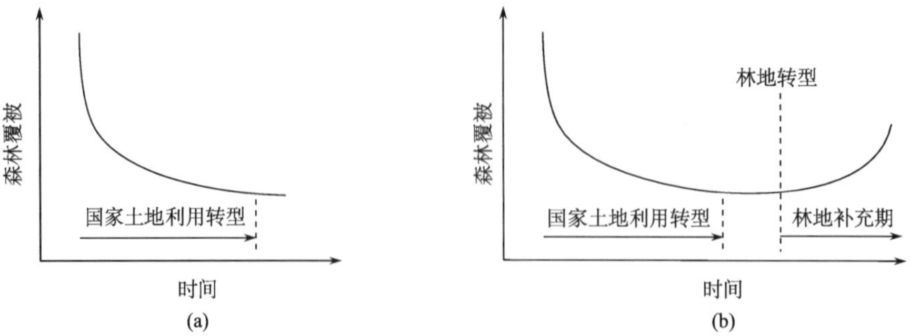

图 1-2　国家土地利用转型（a）和林地转型（b）

并不意味着林业和农业部门之间的土地利用变化不会持续下去。林地甚至可以由于自身再生和人工造林而再度增加，20 世纪的美国和英国就是如此。这一转折点，Mather（1990，1992）曾称之为林地转型，即在这一点上国家林业覆被停止降低并开始增加（图 1-2（b））。然而，土地利用转型末期的这种增加并非必然，即便增加，增加的速度也要受社会经济水平和国家有关政策的约束（Grainger，1995）。

3. 土地利用转型的驱动力

人类社会及其环境系统通过相互作用产生的变化、不稳定性及相互适应而不断地共同演进。土地利用变化是其中的一个重要方面。然而，土地利用变化是一非线性过程并通过一系列的转型与其他社会和生物自然变化密切相关（Lambin and Meyfroidt，2010）。上述的林地转型早在北美、欧洲国家及近期的中国、哥斯达黎加、印度和越南等国普遍存在（Mather and Needle，1998；Mather et al.，1999）。针对林地转型这一独特的土地利用转型形式，迄今为止开展了大量的实证研究：从早期的北美和欧洲工业化国家的历史经验（Mather，1992；Walker，1993；Mather et al.，1999；Foster et al.，1998）到近期研究成果展示的在赤道发展中国家呈现的与之相类似的森林覆被变化格局（Rudel et al.，2002；Grau et al.，2003；Klooster，2003；Hecht et al.，2006；Mather，2007；Nagendra，2007；Meyfroidt and Lambin，2008a，2008b）。

基于林地转型的研究成果，Lambin 和 Meyfroidt（2010）认为土地利用转型的产生主要来自两个方面的驱动力：一方面，土地利用转型与源于重要生态系统产品与服务供给的下降和关键资源的枯竭所引起的负反馈相关联，即由于曾经的土地利用活动导致生态系统的严重退化进而影响土地利用决策变化的与社会-生态系统耦合的内生的社会-生态反馈；另一方面，独立于生态系统之外的社会经济变化和革新引发土地利用转型，这一转型是外生性的，在城市化、经济增长或全球化驱动下通过影响土地管理决策而导致土地利用转型的发生。因此，Lambin 和 Meyfroidt（2010）认为土地利用转型的概念强调土地利用变化是一非线性过程并与其他社会和生物自然系统的变化密切相关，土地利用的转型并不是一个固定的也不是一个确定的格局，土地利用转型主要源于关键资源的枯竭所引起的社会-生态负反馈或独立于生态系统之外的社会经济变化和革新。然而，影响乡村转型发展的土地利用转型驱动力则主要来自社会经济变化和革新这一方面。

4. 土地利用转型的概念内涵

土地利用转型，即区域土地利用形态在时序上的变化。在社会经济变化和革新的驱动下，土地利用形态这一概念远远超出其数量与结构的范畴，具有广泛而深刻的内涵。土地利用形态通常具有显性形态与隐性形态两种形式（图 1-3）。

显性形态，即一个区域在特定时期内由主要土地利用类型构成的结构，含有数量和空间结构两重属性。数量属性一方面指某一种土地利用类型、几种土地利用类型组合或所有土地利用类型的面积，如水田或旱地的面积、耕地（包括水田和旱地）面积、农用地面积、建设用地面积等。另一方面，数量属性还指单一土地利用类型或几种土地利用类型的组合在高一级类型中所占的份额，如某一区域耕地中一半为水田，一半为旱地，

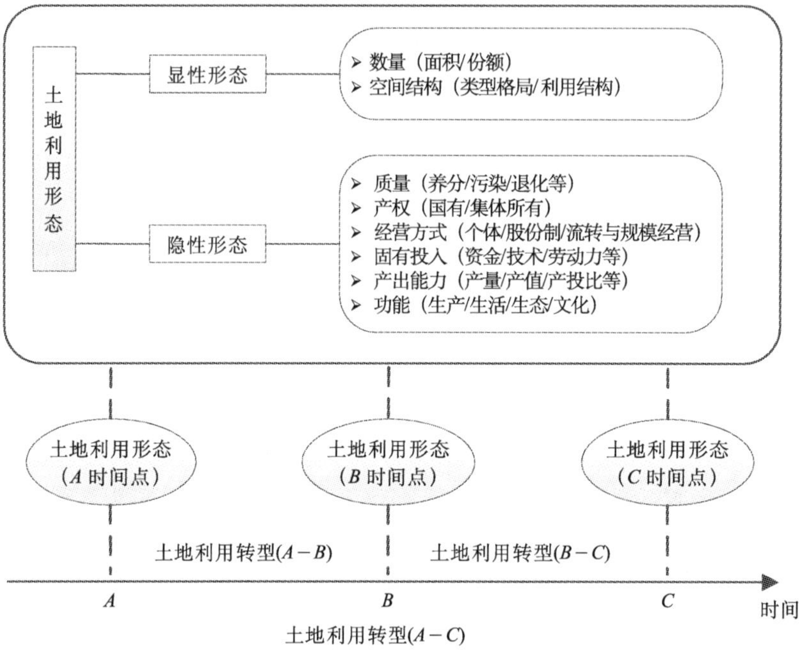

图 1-3　土地利用转型的概念模式

即为这一区域耕地数量形态的直观描述；通常所说的山区是“七山一水二分田”或“八山半水一分田、半分道路和庄园”，黄土丘陵沟壑区是“一川二沟三坡四峁梁”，便是区域土地利用数量形态的通俗说法。显性形态的空间结构属性主要是指各个土地利用类型在地域空间上的分布、排列与组合，一致的数量形态下可能显现出不同的空间结构形态，例如，同样数量形态的耕地面积，全部种小麦与小麦、玉米和大豆各占 1/3 种植面积便反映出其不同的空间结构形态。

隐性形态，即依附于显性形态的不易察觉的，需通过分析、化验、检测和调查才能获得的土地利用形态，通常具有质量、产权、经营方式、固有投入和产出能力等多重属性。目前与我国快速工业化和城镇化进程相伴的社会经济变化和革新导致的土地利用隐性形态的变化是当今土地利用转型研究的重要内容。同样的土地利用显性形态，其隐性形态可能千差万别。同一地域上规模相当的耕地，受不同程度社会经济发展的影响，可能有着相差很大的养分含量、不同的受污染程度和退化程度；在其上不同强度的资金、技术（如灌溉、病虫害防治技术）和劳动力投入，将有着不同的产量、产值和效益（产投比）；受经济发展和政策革新的影响，其经营方式有个体、股份制、流转与规模经营等差别。同一地域的林地，其产权可能有国有和集体所有之别。

基于以上分析，可对土地利用转型的概念作进一步的拓展。土地利用转型，即在社会经济变化和革新的驱动下，某一区域在一段时期内由一种土地利用形态（含显性形态和隐性形态）转变为另一种土地利用形态的过程，它通常与经济和社会发展阶段的转型相对应。某一时点的土地利用形态既是上一时间段土地利用转型的结果，又是下一时间段土地利用转型的开端，土地利用转型并不是形成一个固定或最终的土地利用形态格局，它是一个土地利用形态不断演进的过程（图 1-3）。

1.2　国内外乡村转型发展研究进展

1.2.1　国内乡村转型发展研究进展

随着改革开放以来我国乡村的发展和城乡关系的巨大变迁，农业和农村发展问题逐渐成为国内研究的重点，地理学、经济学、社会学等都在这个领域做了大量研究工作，对推动乡村发展领域的研究起到了十分重要的作用。

1. 社会学和经济学视角下的乡村发展研究

社会学是从社会整体出发，通过社会关系和社会行为来研究社会变迁的社会科学。它以社会关系、社会行为、社会结构、社会变迁作为自己的研究对象，具有整体性、综合性和应用性的特点。在 19 世纪末 20 世纪初美国的“乡村生活运动”中，农村问题得到政界和学者的关注，一批社会学者从社会学的角度开展了相关研究，农村社会学随之产生。农村社会学从农村社会的整体出发，通过考察农村居民的社会关系和社会行为，以综合的观点研究农村社会的结构、功能、发生、发展规律（韩明谟，2001）。乡村社会学主张从实际出发，通过广泛的调查研究来形成自己的见解和观点，提出全面、系统的研究报告。其显著特征可概括为三点：整体性、实用性和本土性（韩明谟，2001）。针对我国乡村发展的问题，乡村社会学研究涉及：农民的阶层分化（陆学艺和张厚义，1990；万能和原新，2009；岳明君，2000）；农村居民的婚姻与家庭（雷洁琼，1994；胡必亮，1995；李守经和钟涨宝，2000）；农村的社会组织（侯麟科等，2009）；农村社会分层及社会流动（陆学艺，1997；朱光磊，1998；王春光，2001）；农村社区的功能、类型、结构与发展（陈士辉，1992；鲁可荣和朱启臻，2008；王雅林和赵洪艳，2009）；农村贫困问题（段庆林，1997；古学斌等，2004）；农村社会保障（李守经和冯兰，1994；章辉美，2006）；农村经济社会变迁（陆学艺，1997；费孝通，2006）；乡村政治（于建嵘，2001）；农村发展模式与小城镇战略（费孝通，1996a；李守经和钟涨宝，2000）等诸多领域。

经济学是研究社会如何利用稀缺的资源生产有价值的物品和劳务，并将它们在不同的人群中间进行分配的学科。乡村地域作为城乡系统的重要组成部分，是要素、产业、人口、分配、增长等经济学传统关注对象的重要集中地。因此，乡村发展一直是经济学关注的领域之一，并形成农业经济学、农村经济学和发展经济学等完善的学科体系，制度经济学、产业经济学、区域经济学等学科也将乡村发展问题作为重要的研究领域。林毅夫等（1999）从制度变迁的角度，阐释了新中国成立以来实行的工业赶超战略对农业资本的长期剥夺，造成的农业资本积累不足，而公社化的劳动方式极大制约了劳动生产率的提升，最终导致了农业和农村发展的停滞。改革开放以来农村家庭联产承包责任制的推行，极大地刺激了乡村劳动力的劳动积极性，成为推进农业发展的巨大动力（林毅夫，1994）。对于中国乡村发展问题，经济学更侧重关心制度、市场、政策、资本、产权、生产与贸易等方面的发展同乡村经济增长的关系（蔡昉等，2008；Zhang et al.，2001，2004），实证研究集中于农民收入、乡村储蓄与投资、乡村产业、农村消费、粮食安全、乡村基础设施（黄季焜和罗泽尔，1998；安毅，2007；张林秀等，2005；张正河等，2005）等方面。

2. 地理学视角下的乡村发展研究

研究中国的乡村发展问题，对社会经济结构的研究方面，社会学和经济学都拥有其自身特有的优势。然而，社会学和经济学的社会学科特性决定其对乡村发展研究的片面性，对乡村自然环境基础与城乡空间联系等方面鲜少涉及，不能从区域功能统筹的角度看待乡村转型发展，因而针对乡村问题的分析缺乏综合性。而作为自然科学和社会科学之间的桥梁的地理学能很好地结合自然和人文学科的优势，综合看待乡村发展问题。地理学在指导农业与农村发展、乡村产业布局、乡村聚落规划、推进城乡统筹发展与新农村建设等方面，具有极强的学科优势。

（1）土地利用变化、农村产业发展与乡村转型发展

土地是人类主要社会经济活动的载体，乡村转型发展与乡村土地利用（主要是耕地和农村建设用地）的变化息息相关。国外相关研究表明，乡村土地利用变化的驱动因子有人口和社会行为的变化、土壤肥力下降、农业技术改进以及历史事件的影响等（Reenberg，2001；Gorton，2001；Coxhead and Jayasuriya，1994；Döös，2002）。国家有关城市化的增长管理政策在一定程度上也影响了乡村的发展空间及其耕地资源的变化（Frenkel，2004）。1949 年以来，尤其是近期，我国耕地面积逐年减少，其驱动因子主要是政策、人口和经济增长、农业结构调整等（刘彦随和陆大道，2003；杨桂山，2004；封志明等，2005；程叶青和张平宇，2005；濮励杰等，2002；Zhong et al.，2011）。

乡村转型发展与农村产业的转型发展之间的关系也是非常密切的。Xu 和 Tan（2002）在通过聚焦农村产业结构和城乡关系的变化来评价中国农村改革和经济重构的社会经济影响方面开展了深入的研究。费孝通（2001）在 20 世纪 30 年代就开展了有关我国典型村庄的产业结构研究。周立三（2000）主编的《中国农业地理》一书中包含我国许多老一辈地理学家在农村产业发展方面的研究成果。吴传钧（1981）早在 20 世纪 80 年代初就提出在我国要因地制宜发挥优势，逐步发展我国农业生产的地域专业化。李小建（2009）的《农户地理论》重点探讨了围绕农村产业发展农户经济活动空间的理论问题。改革开放以来，我国经济飞速发展，由此带动了农村产业结构的深刻变化（王仰麟和韩荡，1998），这一变化在发达地区尤为明显（杨桂山，1991；佘之祥，2001；宋金平和李丽平，2000）。有关研究表明，不仅区域土地利用变化与产业发展之间存在着内在的联系（黄贤金等，2002），而且不同经济发展阶段下的区域土地利用变化与产业发展之间还存在着一种互动关系（孔祥斌等，2005）。

(2) 新农村建设

随着中国新农村建设战略的提出与推进，相关研究得到政府及学术界的广泛关注。刘彦随（2007）在研究沿海地区新农村建设的基础上，提出新农村建设须遵循乡村转型发展规律，重在科学规划、分区推进，通过优化城乡用地、发展现代农业和农村特色经济，提升农村生产力，促进城乡互动与协调发展。刘彦随主持国家自然科学重点基金项目“我国东部沿海地区新农村建设模式与可持续发展途径研究”（2007～2010年），在深入研究沿海地区新农村建设基础上，提出了实施农村“三整合一提升”的整体思路，即组织整合，建设中心村和农村新社区，促进农村城镇化，优化现代农村社区服务与管理；产业整合，发展国际化现代农业与股份制企业，发展壮大循环经济；空间整合，逐步推行“迁村并点”，提高农村土地利用效率，并着力提升农村生产力与竞争力（刘彦随，2008，2011）。龙花楼等在深入分析影响我国新农村建设进程的区域差异、土地利用、农村贫困与国际政策环境等方面的因素基础上，探讨了未来我国农村发展的区域模式和对策（Long et al.，2010）。还有一些研究涉及乡村土地利用变化对新农村建设的影响及启示（Liu et al.，2008，2010；Long et al.，2009a；龙花楼等，2007），以及工业化和城镇化驱动下的乡村发展类型及其区域差异（Long et al.，2009b）等方面。甄峰等（2008）结合新农村建设从国家政策与乡村内生发展等方面对中国乡村发展进行探讨。针对山区新农村建设，陈国阶（2006）认为应注重研究建设社会主义新山区、山区工业化、农业产业化等方面。鲁奇（2009）强调新农村建设理念与实践的统一。王富喜（2009）对山东省新农村建设与农村发展水平进行了评价。此外，还有诸多实际操作层面的新农村建设研究成果（曲福田等，2007）。目前关于新农村建设和乡村转型发展的模式主要有产业带动型农村发展模式、山区生态修复型农村发展模式、集体经济主导型农村发展模式、个体经济主导型农村发展模式、现代农业主导型农村发展模式等（张利庠，2007；Liu et al.，2009）。

近几年本专业领域学者针对农村土地流转、新农村建设、农村空心化等问题撰写并上报“中办”、“国办”，得到国家领导人及部（省）长批示的重要咨询报告与建议10余份。针对当前失地农民（刘彦随，2010a）、新农村建设（刘彦随，2010b）、城镇化问题（刘彦随，2010c）与农村土地整治问题（刘彦随，2010d），在《人民日报》、《经济日报》、《瞭望》、《科学时报》等媒体发表时事观察、经济大势、人民时评、科学时评文章20多篇，在国家相关部委和社会上引起了强烈反响，为纠偏保障粮食安全、新农村建设、农村土地整治等领域的认识误区，发挥了地理学者应有的作用。

(3) 城乡统筹协调发展

城乡统筹发展问题是相对于城乡的各自发展和不协调发展而言的，而城乡何种状态的发展关注的是两者的联系方式，即到底是双方合作的互利发展还是双方排斥的独自发展。基于此，可以把城市和乡村看成两个有着独立利益的理性主体，把二者在发展中的联系方式看成由他们不同的策略组合形成的关系。刘修华（2006）根据城乡双方行动先后的不同提出两种不同的城乡博弈模式，即乡村先行动的“进城”模式和城市先行动的

"入乡"模式，并认为由城市进入乡村从而带动乡村发展是较为理想的模式。在城镇化过程中，农村地域类型不断演化，农村人口亦产生空间再分配（孙胤社和林雅贞，1988）。城镇化是推动城乡和谐发展和解决"三农"问题的有效途径。未来一段时期是我国城镇化高速推进并与工业化进一步协调发展的关键时期，需要切实解决新时期快速城镇化进程中的我国农民工问题，防范人口流动中"拉美陷阱"的弊端（辜胜阻等，2007；朱少鹏和曾刚，2007；薛德升和黄耿志，2008）。

关于城乡统筹协调发展的测度，有学者通过构建城乡统筹发展基础条件评价指标体系（涉及城镇化、经济实力、发展阶段和基础设施等因素）和城乡统筹发展综合评价指标体系（涉及经济发展、基础设施、居民生活与生态环境等因素）来评价城乡统筹发展情况（吴先华等，2010）。王富喜等（2009）在城市子系统和农村子系统的综合发展水平评价基础上，利用城乡协调度公式对2007年山东省城乡发展的协调性进行了测度，结果表明城乡协调度与经济发展水平总体呈正相关，经济发展水平越高，城乡发展协调性越好。然而，有的学者针对2000～2008年全国城乡协调发展状况的评价结果表明多数快速发展地区，在乡村转型发展过程中城乡发展不协调进一步加剧（Long et al.，2011）。

（4）农业结构调整与农村工业化和城镇化

农业结构调整是农业现代化进程的必然要求。地理学者对农业结构调整方向和农业产业化经营模式进行了深入探讨（李治洪和吴永兴，1998）。农业企业作为农业产业化的载体（黎赔肆，2000），针对工厂化农业面临的障碍性问题，林拓等从主体创新、技术创新、市场创新、扩散创新等方面探讨了加强地区创造活力，促进工厂化农业区域创新的途径（林拓，2001）。通过不同地区农业发展的现状及潜力分析，开展了农业类型划分与区划（郭焕成等，1992；郭焕成和刘盛和，1999），提出各地区农业产业化的地域模式（邱国锋，2002）。此外，就农业产业化过程中规模经营、经济合作组织模式，农业地域类型，以及地区农业优势产业确定等进行了理论与实证分析（曾尊固和熊宁，2002；郭焕成，2010；程叶青和张平宇，2005，2006；程叶青，2009，2010），并基于国内外贸工农一体化经营地域模式的比较研究，提出了我国贸工农一体化的组织形式及其利益分配的创新机制（熊宁和曾尊固，2000）。

实现农村工业化与城镇化是农村发展的重要方面。改革开放以来，农村乡镇企业获得了快速发展，农村工业化水平大幅提高，同时促进了农村地区的城镇化。苗长虹等（2002）从综合区位分析的视角，提出我国农村工业发展的形式。樊杰和陶普曼（1996）在全国省级尺度对农村工业化演进规律及发展差异进行模拟分析，提出了实现农村工业化的不同途径与模式。此外，地理学者对我国城乡结构、农村城市化界定、农村城市化机制及调控对策进行了研究，并开展典型地域实证分析，揭示农村工业发展与城镇化的密切关系（郑弘毅，1998）。小城镇作为我国城镇化的重要类型，通过对我国城市化与非农化水平的相关分析，揭示了我国城市化与非农就业水平之间的偏差呈逐步缩小的基本规律（樊杰和田明，2003）。

(5) 农村空心化与空心村整治

随着城镇化快速发展，我国农村地区以宅基地大量废弃闲置为特征的农村空心化问题日益突出。农村空心化本质上是农村人口非农化转移带来“人走屋空”、新建住房向外围扩展而产生的一种“外扩内空”的不良过程（刘彦随等，2009）。国内有关学者虽已开展了关于空心村典型案例的机理探讨（薛力，2001；王成新等，2005；程连生等，2001）和微观分析（李君和李小建，2008），以及宏观层面问题与相关对策的探讨（冯文勇，2002；王海兰，2005），但有关空心村系统的理论、实证研究与典型示范较为欠缺。对此，中国科学院农业地理与乡村发展创新研究团队的最新研究成果在某种程度上填补了这一空白：①提炼并发展了空心村演进的生命周期、代际演替空间形式、农村空心化动力学机制和农村空心化调控等基础理论，探讨通过实施空心村整治示范工程研究空心化村庄整治引领新农村建设、耕地红线保障和城乡土地统筹配置“三位一体”目标的机制、政策与模式（刘彦随等，2009）；②系统分析影响空心村形成演化的经济、自然、社会文化及制度与管理等四个方面因素，并探讨了农村空心化演化的类型、阶段特征及其动力机制（龙花楼等，2009a）；③深入开展了典型空心村识别、村庄尺度土地利用现状分类体系构建、宅基地利用属性调查表设计、高分辨率遥感影像使用与解译、空心村整治潜力类型及其测算方法等研究，构建了空心村用地潜力调查与评价的成套技术方法（朱晓华等，2010）；④围绕构建新型城乡关系和推动农村空间重构、资源整合、集约用地的指导思想，将国家战略同农民意愿有机结合，提出了城镇化引领型、中心村整合型和村内集约型等空心村综合整治模式（陈玉福等，2010a）。

(6) 农业与农村发展

在 21 世纪初，我国学者提出了评价农业和农村可持续发展的指标体系，探讨了可持续发展的机制和途径，并因地制宜地提出这些不同类型农区的农业和农村经济可持续发展模式（吴传钧，2001）。乔家君（2008）从全国、沿海发达区、省域、县域等不同空间尺度对村域经济差异及发展形势进行了多方位剖析与总结，探讨了形成不同村域经济模式的内在机理。刘君德等（1997）根据农村城市化过程中乡村-城市转型的一般理论，对上海大都市郊区乡村-城市转型的特征、动力机制以及发展模式进行了分析。关于农业与农村发展的地域类型及其机制与模式研究，姚建衢（1988）结合传统地理学分析，采用模糊聚类的数学方法对地处黄泛平原的山东陵县的农业地域类型进行了划分，各地域类型的命名采用“微地貌＋集约度＋农业方向”的三段法。此外，还有涉及耕地资源变化的地域类型及其驱动机制（刘兆德等，2001）、农村剩余劳动力转移地域类型的形成机制和模式（邸加萍和李玉江，2008；李玉江和王煜琴，1999）、农业产业化地域类型的形成机制与模式（王慧，2002）等方面的研究。

区域农业与乡村发展一直是农业地理学的研究重点之一，尤其是近年来随着研究手段的创新和完善以及我国对区域农业问题关注程度的提高，区域农业与乡村发展研究开始成为近期农业地理和乡村发展领域的研究热点。农村发展的区域差异性特征，已经引起了广泛的关注（王国升等，2006）。张富刚和刘彦随（2008）从区域农村发展模式的角度出发，剖析农村系统要素组成、结构及动力机制。具体从近几年我国各区域的研究情况来看，针对东北地区的研究主要有：刘彦随等（2006a）依据东北地区 1997～2002 年的土地利用、水资源和人口数据，从水土资源总量及其匹配的动态分析入手，研究了中国东北地区农业水土资源匹配格局。针对东部沿海地区的研究主要有：王介勇等（2010）以黄淮海平原农区的禹城市伦镇赵庄村为典型案例，结合村庄逐户调查数据，通过土地利用分类与制图，定量研究典型村庄用地格局特征、扩展模式及其动力机制；刘玉等（2010）以环渤海地区 327 个县域为研究单元，通过构建粮食生产功能指数及考核模型，深入研究区域粮食生产地域功能的时空特点；卫新等（2009）根据浙江省农业发展实际和产业布局格局及发展趋势，提出了各区域农业发展总体定位、重点优势产业与主要发展模式；万忠等（2009）结合广东省实际情况，通过对农业特色产业进行识别，提出影响特色产业发展的 6 个因子，运用“钻石模型”从区域农业角度入手对特色产业发展战略进行了研究分析；吕一峰和晏路明（2007）以福建省泉州市为例构建了福建省泉州市大农业结构的灰色局势决策模型，提出区域农业结构的调整与优化建议；马其芳和黄贤金（2006）对 2003 年江苏省 13 个城市的农业循环经济发展状况进行综合评价，计算出反映区域农业循环经济发展的综合评价指数；孙新章和成升魁（2005）基于山东寿光及河北磁县的农户调查资料对区域农业产业化进程进行了分析评价。针对中部地区的研究主要涉及农区经济类型划分（乔家君和李小建，2008）、欠发达地区县域乡村发展的若干模式（冯健，2005）及农业资源利用模式（周小萍等，2004）等。针对西北和西南地区的研究主要涉及农业资源利用和区域农业发展（刘晓燕，2009）、农村环境友好型产业发展（刘彦随等，2006b）、县域农业资源利用效率（郑海霞等，2006）和草原牧区畜牧业与旅游业等产业培育与发展问题（陈玉福等，2005）等方面。

（7）农业与乡村地理学综合研究

可持续农业和农村发展（SARD）是 21 世纪农业和农村发展的根本战略。实施 SARD 计划，是对农业与农村发展内在联系性认识的具体体现（陈厚基，1994）。地理学者侧重研究了乡村地区综合发展，针对农业与乡村发展面临问题，提出相应对策（刘彦随等，2002；刘巽浩和高旺盛，1996）；开展中国农村经济区划研究，出版了我国第一本系统论述农村经济发展及地域分布规律的著作（陆建飞等，1998），对指导全国乡村地区的综合协调发展具有重要的参考意义。张小林和盛明（2002）认为我国乡村地理学研究要以乡村社会经济变迁研究为主线，加强经济、社会、地理的综合研究，探讨空间结构模式及其规律性。近来相关研究得到蓬勃开展，涉及农村居民购物消费和销售农产品的空间等级结构（乔家君等，2009），农村聚落生态环境预警与建设（刘邵权等，2001；刘邵权和陈国阶，2001），农户自主发展能力与农户持续增收的内在关系（李小建等，2009b），农区经济发展类型与农户经济（乔家君和李小建，2008；李小建等，2008a，2008b；李小建和乔家君，2003），农业生产区位与专业村形成演化机理（李小建等，2009a；李小建和高更和，2008），区域乡村功能类型及其地域空间组织模式（郭焕成等，1990；姚建衢和郭焕成，1992；张义丰等，2009），以及村落文化景观的演化过程与机理等方面（房艳刚和刘继生，2009）。

1.2.2 国际乡村转型发展研究进展

在经济全球化背景下，乡村发展问题日渐受到世界各地（尤其是发展中国家或地区）的高度重视，国内外学者从不同的视角，开展了大量关于乡村发展问题的研究。从乡村转型发展的视角，国外学者在乡村发展的理论、影响因素、农户行为、乡村重构、乡村土地利用与乡村景观形态，以及全球化对乡村系统可持续性的影响等领域开展了大量颇具影响的研究工作。

1. 乡村发展理论

国际乡村发展的理论研究，多集中于外生式乡村发展理论、内生式乡村发展理论、内生/外生混合型即综合式乡村发展理论三个方面（Terluin，2003）。外生式乡村发展理论将乡村发展置于大的区域背景下，通过城市-工业增长极的功能作用，带动区域经济一体化的自上而下的发展，其特点是强调乡村的生产功能，而把乡村系统发展主要归功于外部因素的影响，乡村本身的重要性往往被忽视（Slee，1994）。内生式乡村发展理论强调城乡对立的后果，突出“以人为中心的发展”，主张以乡村本身为发展重点，采取自下而上的发展范式，推行乡村“自我导向”（Self-oriented）的发展过程，使乡村达到自己预期的发展模式，同时又把利用乡土资源所创造出来的总价值重新分配在该地区内（Slee，1994）。此后，针对两种乡村发展理论各自的优缺点，Lowe等（1995）及Murdoch（2000）提出了内生/外生相结合的综合式乡村发展理论。该学说摒弃片面的内生发展理论和外生发展理论，提出外在和内在力量的相互作用在调控乡村发展过程中的作用，强调乡村的发展不应受地方内部或外部二元意识形态所限制，而应是跨地方的（Lowe et al.，1995）。

2. 乡村发展影响因素

可持续农业发展是乡村系统变化的关键，包括乡村自然生态环境、经济基础与社会环境的变化（Ali，2007）。而政策因素是影响农业与乡村发展的最重要因素（Wilson，1999），乡村经济政策变动对不同种植方式农户产生不同的影响效应。商业型种植农户拥有较强的规模与技术优势，对政策变动适应能力更强，未来增长潜力更大，而传统农户适应能力差，因而需要采用不同的管理手段与政策（Nel and Davies，1999）。政治体制变迁带来的经济与社会结构变化，深刻影响乡村形态与乡村发展，推进乡村经济与社会的重构（Kiss，2000）。同时，政府住房政策的资本补贴也极大推动乡村社区的发展（Jenkins，1999）。乡村发展通常是乡村政策、生产力、就业、劳动力市场、技术、投资、企业与乡村通达性等多种因素共同作用的结果（Agarwal et al.，2009；Brunori and Rossi，2007）。经济和人口增长的实际需求、已有规划基础、利益追寻，以及更重要的地方政府追求经济快速增长的需求，共同推进城市向乡村地区的扩张（Han，2010；Zhang，2008），而不同的生活模式与风俗习惯，造成乡村家庭结构的变迁（Gruber and Pichler，2002）。不同的乡村发展模式对当地社会经济将产生不同影响，决定着乡镇企业获取高素质劳动力的不同空间策略（Sun and Wang，2007）、乡村土地保护与粮食安全（Chen，2007）以及居民生活质量（Mahon et al.，2009）。

3. 乡村经济发展导致的农户行为

近年来随着内生/外生综合式乡村发展理论的发展，国际乡村发展研究逐步转向城乡联动、多因素综合、多学科交叉的实证研究，经济发展背景下乡村农户的行为研究是一个重点领域。乡村地区拥有超过世界3/4的贫困人口，其生存与发展对自然资源、土地资源、水资源和气候资源的依赖程度极大，但全球碳循环异常引起的全球气候变化对这部分人的粮食安全造成极大影响，进而影响到他们的生产与生活行为（Tubiello et al.，2009）。Moffat 和 Finnis（2005）通过对尼泊尔城乡结合部贫民区的研究，认为城市及周边地区的政策环境可以明确为要素、自然、社会资源及三者的联系，要素（土地）与社会资源（教育）与贫民每天的生活存在密不可分的关系。Wilson（2008，2009）从人文地理学视角认识多功能农业的空间性，利用行为和思想在生产至上与非生产至上之间的决策谱，构建了多功能性概念化的标准，并对农场多功能性的农业变迁进行了分析，指出不同的农场类型会出现不同的决策，其农业变迁的潜力随着农场类型和农场所有制的差异而出现变化。

4. 乡村重构与乡村性

乡村重构是乡村社会经济发展到一定阶段的必然产物（Hoggart and Paniagua，2001）。Nelson（2001）通过对美国西部乡村社区的研究，认为移民结构、技术发展、人地关系变迁、乡村土地利用、家庭观念、居民结构等的共同作用是导致乡村重构的最主要原因，且区域间变化极大，需要跨越学科和国家来综合进行乡村领域的研究。Xu 和 Tan（2002）在通过聚焦农村产业结构和城乡关系的变化来评价中国农村改革和经济重构的社会经济影响方面开展了深入的研究，认为农民生活条件的改善不是简单地来自迅速发展的乡镇企业，而是家庭尺度的农业和工业生产的结果；私营工业的兴起，扩大了社会群体之间的经济差距，城市化迅速渗透到乡村地区，扩大村民的城市活动和行为。乡村社会与经济重构，对乡村发展带来了极大影响，尤其是乡村地区基础设施条件改善与自身独特的居住优势，吸引城市地区人口向乡村迁移，形成城市地区的“乡村化”（Lacour and Puissant，2007）。Stockdale 等（2000）通过对苏格兰乡村人口增长的研究，认为乡村人口增长不单是人口留守造成的，而更应该是乡村重构带来的就业机会改善与消费增长预期的共同作用。国际上的乡村地理学家正在重新思考城乡交互作用的本质及其衍生的空间，并认为：一方面，对由连接城市和乡村节点的多种要素流及其依存关系为特点的网状空间的认同将导致城乡二分法的终结（Champion and Hugo，2004）；另一方面，城市扩张不是同质的，将产生多个新的混合的社会空间形态，这些空间形态将模糊城乡的分野并展示各自的特质（Qviström，2007）。此外，法国地理学家主张的观点颇受争议，即乡村地区“城市化”与城市地区的“乡村化”是相伴而生的（Woods，2009b；Urbain，2002）。乡村与城市之间相互作用的强度及其对乡村发展的影响通常可以用乡村性来加以衡量。国际上的乡村地理学在乡村性的理论框架构建方面经历了三个阶段：20 世纪 70 年代功能的视角，通过明确乡村独特的功能特点来确定乡村空间；20 世纪 80 年代政治-经济视角，试图将乡村定位为广泛的社会、经济和政治过程的产物；20 世纪 90 年代将乡村性理解为社会建设（socially constructed）的视角，与乡村性、乡村空间和乡村生活密切相关的乡村重要性体现在其社会、文化和道德价值上（Cloke，2006；Woods，2009a）。

5. 乡村土地利用与乡村景观形态

国外相关研究表明，驱动乡村土地利用变化的因子主要有人口和社会行为的变化、土壤肥力下降、农业技术改进、体制变迁以及历史事件的影响等（Reenberg，2001；Gorton，2001；Coxhead and Jayasuriya，1994；Döös，2002；Bicik et al.，2001；Hara et al.，2008）。国家有关城市化的增长管理政策在一定程度上也影响了乡村的发展空间及其耕地资源的变化（Frenkel，2004）。就中国而言，国家农业和农村政策对保护农村土地有一定的积极作用（Hamblin，2009），但在政府推进经济快速发展和生活质量提升的一系列政策下，这种保护作用很难有效实施（Xie et al.，2005）。政府作用对城乡土地配置起着关键作用，政府为获取财政收入，使得城乡土地的价值差成为农用地快速非农化的主要驱动因素（Lichtenberg and Ding，2009；Ding，2007）。Kombe（2005）通过对坦桑尼亚的研究，认为城市周边贫困地区的城市化进程是影响土地利用变化、土地交易变化、城乡人口迁移增长和土地利用转型的最关键因素，城市周边土地的无管制发展，造成城市迅速扩张，而新增的土地利用形态与规划标准、土地价值、城市土地规划、基础服务公平分配等极不协调。城市和农村落后的经济和增长的贫困，使得政策和规划无力抑制这种无序扩张，最终导致乡村土地的大量流转。乡村土地利用变化与乡村景观形态变化密切相关。乡村景观形态变化是乡村转型发展的重要表现形式，主要集中于空间结构与形态的变化（Sofer and Applebaum，2006）、空间密集度（Abrudan and Turnock，1999）、空心化（Smailes，2002）、土地用途（Kamada and Nakagoshi，1997）、植被变迁（Maurer et al.，2006）等方面，通常认为人口变化、经济发展、乡村文化特征、政策环境、城乡关系、交通状况、农业生产方式、农业结构调整等因素的变化是乡村景观形态变动的主要驱动力（Iliopoulou et al.，2006；Xu and Tan，2002；Antrop，2004；Pacione，2004；Kamada and Nakagoshi，1997；Smailes，2002）。

6. 全球化对乡村系统可持续性的影响

2011 年 8 月在爱尔兰高威大学（NUI Galway）召开的国际地理学联合会（IGU）农村系统可持续性专业委员会（CSRS）第 19 届年会，其主题是“农村系统的可持续性——地方和全球的机遇与挑战”，涉及 6 个议题：①土地利用、农业和食物；②遗产、旅游与环境；③经济社会变化背景下的农村社会、人口与居民点；④农村发展与管理；⑤农村和区域就业机会创造的新方法；⑥农村社会和可持续能源（龙花楼，2011）。此次年会研讨主题及相关内容聚焦于来自地方及全球发展过程的变化给农村系统的持续性带来的机遇与挑战。全球化对农村系统可持续性的影响是本次年会的核心议题。与会学者认为，全球化给农村社会带来的发展机遇主要体现在：提高了农村信息化程度并使得远离经济活动中心的地方也能基于新技术创造就业机会；改善的交通系统缓解了许多农村地区与城市的自然隔离；信息通讯技术有助于地方及其产品知名度的提升并在此过程中产品能找到新的市场，地方能吸引更多的旅游者并为当地创造就业机会；有时经济增长导致农业部门和从事其他农村经济活动的劳动力供不应求，从而为本地或外地的农村劳动力就业创造了机会。然而，全球化也使农村社会发展面临着新的挑战：技术改进可在后台支持服务方面创造就业机会但也会使在线购买产品与本地产品形成竞争；信息通讯技术的进步也会促使投资资本为逐利而转移到成本低廉的地区，从而导致就业机会产生周期趋短；全球化背景下新通信技术使得信息流动并对地方文化传统和本土语言带来负面影响；农村地区和居民参与现代化的程度不一，有些可能由于区位和资源禀赋原因在全球化过程中变得更为隔离，落后地区则由于外出移民和老龄化使得当地居民生活水平下降①。毫无疑问，全球化给中国农村的发展同样带来了机遇与挑战。

1.2.3 乡村转型发展国内外研究进展比较

由于不同国家和区域政治经济方面的差别，以及国家和地方参与程度的不同，无孔不入的经济全球化对世界各地的农业与乡村产生着不同程度的影响。全球化的结果虽然不会导致均质化乡村的产生，但却能很快塑造一个由全球、国家和地方等不同尺度的参与者、网络和发展势力共同构建，由不同的村域混合而成的全球意义的乡村（Woods，2007）。与印度和巴西等其他发展中国家一样，城市化、城乡人口迁移和收入差距的扩大对我国的乡村发展影响深远。这种情形下，国家政府的首要任务是刺激乡村经济的发展，将全球化和经济发展的好处惠及乡村并加强人口分布的管理（龙花楼等，2010）。

目前我国乡村发展的状况及面临的挑战在某些方面与第二次世界大战后许多发达国家的乡村地区具有可比性：①均面临着由以农业为主的经济向多样化乡村经济的转型；②均需要适应新技术和扩张的市场；③均需在应对城市掠夺的同时为急速发展的城市提供各种资源；④均需改善业已陈旧且有限的基础设施；⑤均试图控制人口尤其是年轻且具有一定技能的人口外流（龙花楼等，2010）。然而，当今全球化的高级阶段及我国特殊的政治经济体制使得这些挑战与第二次世界大战后的欧洲相比有很大差异。诸多成功案例表明，全球化有助于增加经济发展知识与实践的国际转移，将国际知识转移至地方经济发展实践中，为地方发展战略问题提供国际上相关解决方案（Alene et al.，2006；Ten et al.，2005；van Dormael et al.，2007）。当今的一些发达国家，其乡村发展历程中也曾经历过与目前中国相类似的发展阶段并遇到相似的发展问题。因此，借鉴当时这些发达国家解决这些问题的经验和教训有助于解决目前中国乡村发展过程中遇到的诸多问题。然而，考虑到国际乡村发展政策

① 19th Colloquium of the Commission on the Sustainability of Rural Systems（CSRS）of the IGU/UGI，The Sustainability of Rural Systems：Local and Global Challenges and Opportunities（Programme and Abstracts），National University of Ireland Galway，1-7 August 2011.

的趋同与差异，任何国际乡村发展政策和模式的采纳均需要根据我国特殊的文化、经济、政治传统和环境予以调整（龙花楼等，2010）。目前，世界上多数发达国家普遍采用基于内生发展的“自下而上”的方法谋求依托当地优势通过提高和增加当地自然和人力资源的价值来振兴乡村经济（龙花楼等，2010）。由于受计划经济的思维影响，我国的乡村发展政策长期以来一直是以“自上而下”的方式所主导，今后在乡村发展政策的制定过程中应更多地体现“自下而上”。

中国作为一个发展中国家、农业大国，城乡二元结构的体制矛盾，决定着城乡关系始终处于各种经济社会关系之首。能否处理好城乡关系，使农业和乡村得到良性发展是事关改革发展前途与命运的关键所在。随着经济全球化进程日趋加快，中国逐步进入社会经济快速转型发展的重要阶段。从国际发展经验来看，对于一个经济起飞的国家，这个关键时期往往是产业结构快速转型、社会利益格局剧烈变化、政治体制不断应对新挑战的时期，是既充满新的机遇、又面临着各种社会风险挑战的时期。因此，正确处理城乡关系、缩小城乡差距上升为国家长远发展所面临的战略问题。今后，我国应进一步学习和吸收国外在工业化中后期高度发达阶段解决农村问题的经验和教训，前瞻性地考虑快速城镇化进程带来的特殊的、复杂的我国农业与乡村发展新问题。

1.3　与土地利用转型相关的国际研究计划

英国利兹大学的 Grainger（1986）首次提出土地利用转型，在 21 世纪初这一研究方向被引入我国并结合我国的社会经济特点相关研究得以开展（龙花楼和李秀彬，2002；龙花楼，2003a）。近 10 年来，土地利用转型研究工作在国内蓬勃开展，主要涉及土地利用转型的理念（陆大道等，2006）、规律（蔡运龙等，2009）、理论（龙花楼，2006）与假说（李秀彬，2008），土地利用方式（吴俊范，2010）、模式（郭素君和张培刚，2008）和结构（杨永春和杨晓娟，2009）的转型，单一土地利用类型的转型（龙花楼和李秀彬，2005；马继红，2009；刘成武和李秀彬，2006b），以及土地利用转型与其他土地利用活动的关系（龙花楼，2003b）等方面。国际上土地利用转型研究的进展已在本章第一节中有所提及。本节主要阐述与土地利用转型密切相关的两大国际研究计划——土地利用与土地覆被变化研究计划和全球土地计划。

1.3.1　土地利用与土地覆被变化研究计划

1. 土地利用与土地覆被变化研究的焦点

IGBP 和 IHDP 两个国际组织在 1995 年共同拟定的《土地利用与土地覆被变化科学研究计划》中，提出了 3 个研究重点（表 1-1）：

表 1-1 土地利用与覆被变化研究焦点（Lambin et al.，1999）

项目	焦点 1 土地利用变化机制	焦点 2 土地覆被变化机制	焦点 3 区域和全球模型
研究方法	比较分析	实地调研和诊断模型	综合分析与评价
实施策略	通过案例研究，在全球范围内，对标准化研究区域的土地利用变化和土地管理，进行分析和建模	通过对解释变量的直接观察和测量，开发土地覆盖的经验诊断模型	利用对研究重点之一和之二的分析，发展区域或全球的整合和诊断模型
具体内容	土地利用行为与决策； 从过程到格局：将当地土地利用决策与区域和全球过程联系起来，以研究在此过程下的土地利用格局； 持续性和脆弱性情景	土地覆被变化指标体系、热点和关键区域研究； 社会化像元：把每个研究单元赋予社会属性； 从格局到过程：从区域 LUCC 时空特点的分析出发，再通过案例研究，来探讨所观测土地格局在不同尺度下的潜在过程	区域模拟研究的回顾、总结与对比； 区域 LUCC 模型建立的方法论问题； LUCC 及其关联系统的动态； 重大环境问题的情景分析与评价

注：由于驱动未来土地利用变化的主要因子，如人口、区域需求、政策等含有很大的不确定性，因此有必要清楚地定义一些未来区域发展的“情景”。这样，通过模型可以分析评估 LUCC 的可能范围，以及对区域环境的可能影响。

（1）土地利用变化的机制

通过区域性个案的比较研究，分析影响土地使用者或管理者改变土地利用和管理方式的自然和社会经济方面的主要驱动因子，建立区域性的土地利用与土地覆被变化的经验模型。

（2）土地覆被变化的机制

主要通过遥感图像分析，了解过去 20 年内土地覆被的空间变化过程，并将其与驱动因子联系起来，建立解释土地覆被时空变化和推断未来 10～20 年土地覆被变化的经验诊断模型。

（3）建立区域和全球尺度的模型

建立宏观尺度的，包括与土地利用有关的各经济部门在内的土地利用-土地覆被变化动态模型，根据驱动因子的变化来推断土地覆被未来（50～100 年）的变化趋势，为制定相应对策和全球环境变化研究任务提供可靠的科学依据。

2. 土地利用与土地覆被变化研究的主要科学问题

1999 年，IGBP 与 IHDP 的 LUCC《执行战略》指出，LUCC 研究应具体回答以下与人类的生存与发展密切相关的科学问题：

1）近 300 年来土地覆被是如何受人类的影响而发生变化的？

2）在不同的地区与不同的历史时期内土地覆被的变化主要受哪些人为因素的影响？

3）近 50～100 年来土地利用的变化是怎样影响到土地覆被及其变化的？

4）对于某一特定的土地利用类型来说，近期有哪些人为因素或者自然环境要素的变化影响到土地利用的可持续性？

5）气候与地球生物化学圈层的变化是怎样影响土地利用与覆被及其变化的？

6）土地利用与覆被的变化又是怎样反过来影响人类的行为的？土地覆被的变化如何导致或者加剧某些特定区域的脆弱性？

要回答第 1）～3）、5）问题，必须进行土地利用与覆被变化的预测，并探讨土地利用与覆被变化和全球变化的相互作用关系。而第 4）、6）问题则涉及土地利用与覆被变化与人类自身的密切关系，与当今人类所面临的一系列有关可持续发展的问题密切相关。而且，土地利用与覆被变化的研究并不仅仅是为了回答上述这些问题，而且必须探讨有效地解决这些问题的方法、机制或者途径。

2002 年起，IGBP 和 IHDP 对以往的 LUCC 研究计划进行了总结，颁布了今后 10 年土地研究计划——IGBPⅡ（Ojima et al.，2002）。将研究重点转向与其他研究领域的综合，尤其是强调与全球变化与陆地生态系统研究计划（global change and terrestrial ecosystems project，GCTE）的整合，研究对象也扩展到“人类-环境陆地系统”（terrestrial human-environment，T-H-E），更加强调生态系统功能与人类社会动态的紧密联系。同时，还提出了土地变化科学（land change science，LCS）新的科学范式及其研究的三个焦点（Moran，2003）：

1）土地系统变化的原因和本质，强调对人类活动，尤其是对土地利用活动产生的影响；

2）土地系统变化的影响，强调不同程度的土地利用对生态系统产生的影响；

3）综合分析和建模，强调复杂系统的突变性质和非线性特征，构建适应系统复杂性的一组时空模型。将通过定点研究、长期观测和实验、过程模型分析、决策支持模型和综合模型来进行研究，强调将区域研究和过程研究相结合，进行综合模拟。

LCS 是对 IGBP-LUCC 计划的一种超越（Kates et al.，2001），体现在两方面。一是研究对象和目标的彻底改变。研究对象由 LUCC 上升到 T-H-E，研究目标由“了解 LUCC 的途径和规律”转变为“减小人类与环境系统面对全球变化的脆弱性，实现它们的可持续性”。二是 LCS 的本质是综合和深化。综合体现在视角的综合、研究领域和学科间的综合和方法的综合。深化则体现在认识上的深化和方法的深化等（蔡运龙等，2004）。

3. 土地利用与土地覆被变化研究的内容

土地利用是土地覆被变化最重要的影响因素，土地覆被的变化反过来又作用于土地利用。土地覆被的变化表现在生物多样性、土壤质量、地表径流和侵蚀沉积及实际和潜在的土地第一性生产力等方面。全球环境变化委员会将其与气候变化、季节性和年际气候波动以及臭氧层耗损并列为影响地球生命支撑系统的全球四大环境变化之一。另外，作为地圈与大气圈的界面，土地覆被及其变化是地圈、生物圈和大气圈中多数物质循环和能量转换过程，包括温室气体的释放和水循环的源汇。因此，国际上有关研究项目主要围绕土地利用与覆被变化以及全球环境变化与可持续发展的关系展开（李秀彬，1996）。

（1）土地覆被变化对全球环境变化的影响

主要回答土地利用如何通过改变土地覆被影响全球环境变化。全球变化包括系统性变化和累积性变化两种形式。系统性变化是指地球系统中显著的全球性变化，如大气组成、土地覆被格局、气候波动和碳循环变化等；累积性变化则是指大量小范围变化所产生的影响积累造成的区域性变化，但其累积效果影响到全球性的环境现象，如植被破坏、生物多样性损失及土壤侵蚀等。LUCC对全球变化的影响主要是通过累积性方式发生作用的。例如，小范围的土地利用变化对于地球系统的主要性质来说似乎可以忽略不计，然而这样的变化并不是偶然或孤立发生的，而是在时间和空间上不断地重复出现，从而通过累积效应产生全球影响。森林砍伐、化肥的施用，以及城市的扩大等都具有这样的性质。土地覆被变化对系统性全球环境变化影响的研究包括：温室气体的净释放效应、大气下垫面反照率的变化等；对累积性变化影响的研究包括：土地退化、生物多样性、流域水平衡、水质和水环境、河流泥沙及海洋生态系统等方面。

（2）全球环境变化对土地覆被变化的影响

主要研究全球气候变化对土地利用与覆被的影响，以及土地利用与覆被对全球气候变化的响应。气候变化对土地利用与覆被的影响包括通过气温和降水波动造成的直接影响以及通过干旱、洪水、土地退化产生的间接影响，土地利用与覆被对气候变化的响应包括土地对气候变化的敏感性、对气候变化具有减缓作用的土地利用等。各种土地利用方式对气候波动的敏感性差异很大，如旱作农业比灌溉农业脆弱得多。这方面研究主要通过各种环境条件假设的模型模拟进行。

（3）土地利用与土地覆被变化和可持续发展

由于陆地和海洋生态系统的土地、水、食物及纤维等资源的丰缺都会受到土地利用与覆被变化的直接或间接影响，因此世界环境和发展大会所提出的许多可持续发展问题均和土地利用与覆被变化有关，包括土壤利用与侵蚀速率、土壤养分保持、水资源利用、农业生态潜力和承载力、农村规划、环境与发展、国内与国际政策等。这方面的研究主要着眼于：一是协调各经济部门对土地的利用，保护那些对人类未来发展至关重要的土地利用方式和土地覆被类型，如耕地和湿地的保护；二是探索有利于生态和环境的土地利用方式，如免耕和少耕农业、生态农业以及复合农林业等；三是现状土地利用方式的可持续性及其调控，如河北平原地下水位降低的主要原因是耕作制度的变化，这就涉及土地利用方式本身的可持续性。

1.3.2　全球土地计划

1. 全球土地计划的起源与目标

通常认为，地球系统是指全球尺度的人类-环境耦合系统，作为其陆地主要组成部分的“土地系统”则是认识人类与其环境之间关系的重要窗口。人类从陆地环境中获取了诸多的商品和服务，同时也极大地改变了陆地环境。土地利用和管理的变化影响着生态系统的状态、特性和功能，而这些又影响了人类福祉、社会决策制定以及人类生存能力。同时，土地系统是全球尺度相互作用的物理、化学、生物循环和能量流的关键组分，这些循环和流动为地球上的生命提供了必要的条件，并影响地球系统内的变化速率。

研究地球系统功能中人类对土地系统的改造及土地系统作用的变化之间的联系时，面临两个主要的研究挑战：①转换提升对局地和区域过程的认识尺度进而认识全球过程；②综合集成产生问题的社会和环境因素。早期的如 LUCC 的部分工作帮助国际研究团队大大提高了对土地利用变化的自然动态过程及其后果的认识，也使我们日益意识到，对有关的社会内部动态过程的认识仍然很有限。同时，全球变化与陆地生态系统的研究工作极大提高了对全球环境变化对自然和农业生态系统的潜在影响的认识，但由于以往研究过度拘泥于探究脆弱的社会系统如何响应这些变化，关于全球环境变化对生物自然方面的影响的认识不尽如人意。因此，目前我们认识上的主要不足之处在于自然与社会的界面。GLP 将建立在对过去这些工作的有价值的传承之上，从而有助于应对这些挑战（图 1-4），不同的是将采用一个更为集成的土地系统研究方法。

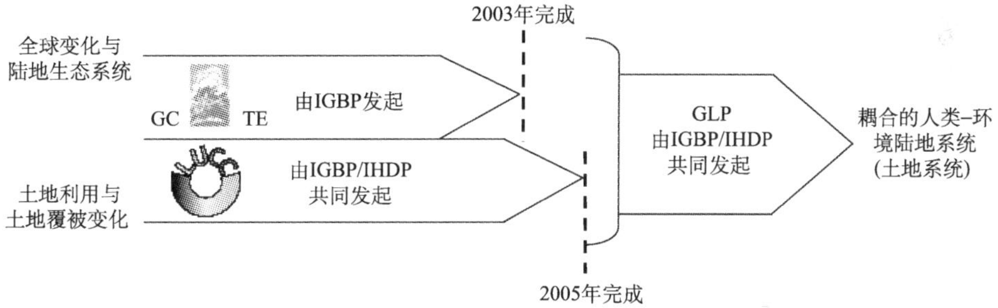

图 1-4　GLP 的起源（源自此前的全球变化计划；GLP，2005）

土地利用变化研究需要提高对人类活动如何影响陆地生物圈的自然过程和这些过程的主要社会驱动力及动态过程的认识；更需要评价这些变化在不同土地系统中的后果（Kates et al.，2001；NRC，1999）。地球上的每一处都可以被界定在由社会动态过程与自然动态过程相互作用而产生的状态连续体（从荒野到大城市）之上（图 1-5）。这个连续体的动态过程一般是（但并非总是）沿着人类占有和人类影响不断增加的方向演进。农田可能退还成森林，伐光了的森林也可能重新生长。然而，一个地区一旦承载了人类建筑物，就很难回复为空旷的土地。沿着这个连续体运动的时间尺度不断变化，随着经济和社会机遇的出现，人类开发在几年甚至几个月内就可能发生，但是，重回荒野景观却需要数个世纪。GLP 意图更清晰地定义这种连续体，量化景观变化的速率，解释隐含的因果关系和相关的决策。

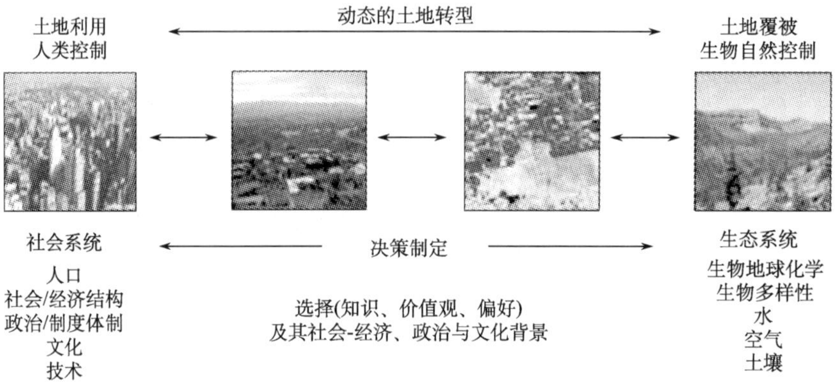

社会挑战	生态挑战	生态系统商品与服务
贫困	污染	洁净的空气
冲突	疾病	干净的水源
社会公正	食物/纤维/燃料短缺	废物循环利用
移民	过分拥挤	食物/纤维/燃料
消费	干净水源供用	休闲
健康		

图 1-5　由社会与自然动态过程之间的相互作用引起的状态连续体（GLP，2005）

经济和社会的发展依赖于地球提供的服务——诸如淡水、清洁空气、气温调节、初级生产力以及遗传多样性带来的系统适应力。然而，经济增长不可能无限制地降低这些服务的价值、甚至替代它们。更确切地说，可能存在某一阈值，超过该值，地球系统，包括所有经济的、技术的和其他社会的响应，就不能再吸收对它的影响。但是这一阈值是什么？什么时候到达这样一个临界点，在这个点上必须改变我们大家的生产和消费模式，如通过更有效的资源利用。GLP 将有助于从土地系统角度阐明这些问题。

GLP 的目标是：度量、模拟和认识耦合的人类-环境陆地系统。这个耦合的人类-环境陆地系统也称作“土地系统”。GLP 的研究目标是认识人类与其环境之间相互作用的变化及其引起的社会、经济和政治后果。

2. 主要科学问题与研究框架

构成 GLP 研究目标基础的主要科学问题包括：①需要从当前土地系统科学社团的学科分裂迈向更为集成的方法；②需要科学成果真正的集成以应对发生在土地系统中的大尺度变化；③对观测体系和方法、个案研究、实验及模型分析进行跨越自然因素和科学因素的尺度缩放的方法；④整合社会和环境变化的时间尺度和历史背景的研究方法。具体涉及5个方面的内容：①终结学科分裂；②尺度问题；③案例研究比较；④利用过去，预知未来；⑤动态模型所揭示的综合洞察力。

面对这一系列问题，GLP首先聚焦于一批探寻陆地系统中人、生物体与自然资源之间的界面问题，其次聚焦在详细的区域研究与全球性比较视角的融合。

GLP研究框架的目标：①识别陆地上人类-环境耦合系统变化的动因、结构和性质，量化它们对耦合系统的影响；②评估生态系统服务供给如何受到上一目标中提到的变化的影响；③鉴别在相互作用的扰动（包括气候变化）下脆弱的与可持续性的人类-环境耦合系统的特征和动态过程。

从这些目标中可提炼出三个主题领域：①土地系统的动态过程；②土地系统变化的后果；③土地可持续性的集成分析和模拟。

焦点领域是影响决策制定、土地利用管理的实施、对生态系统和环境动态过程的影响、生态系统服务供给，以及评价土地系统对全球环境变化的脆弱性或者可持续性（尽管这些变化仍在进行）的因素。

（1）主题1：土地系统的动态过程

问题1.1　全球化和人口变化如何影响区域和局地土地利用决策和实践？

问题1.2　土地管理决策和实践的变化如何影响陆地和淡水生态系统的生物地球化学、生物多样性、生物自然特性和干扰状况？

问题1.3　全球变化的大气、生物地球化学和生物自然因素如何影响生态系统的结构和功能？

（2）主题2：土地系统变化的后果

问题2.1　生态系统变化对地球耦合系统的关键反馈是什么？

问题2.2　生态系统结构和功能的变化如何影响生态系统服务的输送？

问题2.3　生态系统服务如何与人类福祉相联系？

问题2.4　人们如何在各种尺度上和不同背景中响应生态系统服务供给的变化？

（3）主题3：土地可持续性的集成分析与模拟

问题3.1　土地系统变化的关键路径是什么？

问题3.2　在响应人类-环境相互作用的变化中，土地系统对危害和扰动的脆弱性和适应力如何变化？

问题3.3　哪些制度促进了土地系统可持续性的决策制定与管理？

GLP成功与否将取决于计划在多大程度上帮助制定一个以可持续性的方式应对环境的更完善更平衡的战略。为了在这一方面做出实质性的贡献，GLP进行的研究必须是与政策相关的。这并不意味着只进行应用研究，也不只是听命于政治，而是意味着重要部分的研究应定向于对社会面临的问题的响应（Clark et al.，2004）。这也意味着其重点从问题驱动的研究转向解决问题驱动的政策支持和试验。对解答这些问题，研究仍是必要的，但是选择要解答的问题则是有策略的，应将优先权给予那些要产生政策相关的科学成果所需要解答的问题（图 1-6）。

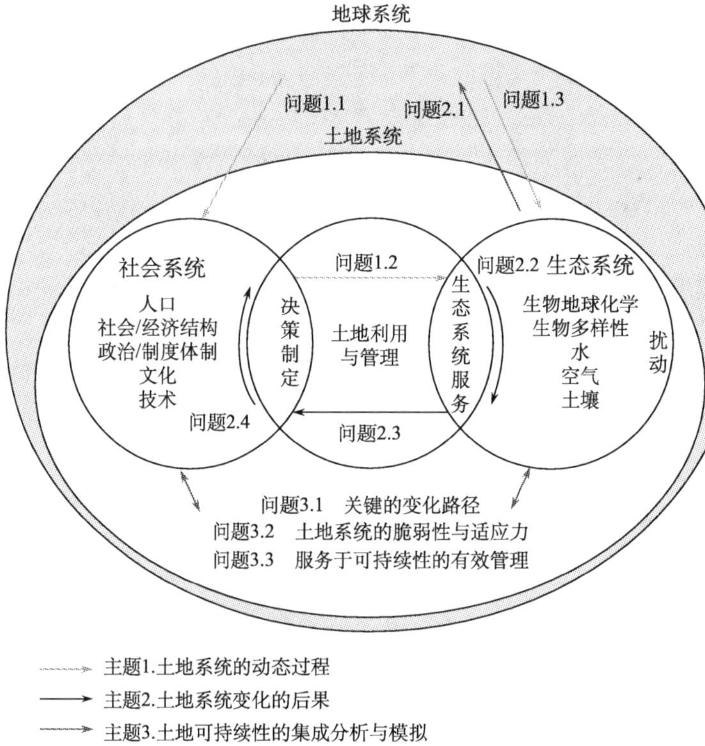

图 1-6　GLP 的分析结构（GLP，2005）

1.4　中国乡村转型发展中面临的土地利用转型问题

通常，社会经济演变的时空不可分离性被转移到作为主要社会经济活动载体的土地上，造就了十分复杂的土地利用格局，而该格局的变化又会影响到区域自然、生态和社会发展的进程。因此，乡村转型发展进程中暴露出来的形形色色的经济社会与环境问题均可在土地利用上得以反映。随着我国经济社会的快速发展，工业化与城镇化进程使乡村地域不断被蚕食，建设用地需求不断增加，保障食物安全和保红线、保发展的压力不断加大，乡村转型发展进程中面临的土地利用矛盾与问题日益凸显。这些问题主要涉及耕地利用与保护、村庄空心化、土地污染等方面。

1.4.1　城乡快速转型发展进程中的耕地保护问题

城乡用地的快速扩张，导致人地矛盾日益尖锐。据国土资源部统计数据，1996～2008 年，全国城乡建设用地面积（城市、镇、村庄、工矿用地）由 21.45 万 km^2 扩大到了24.76万km^2，年均增长2758km^2。然而，在城镇建设用地不断扩张、农村人口大量向城镇转移的同时，村庄用地规模不减反增。据统计，1997～2008年，农村人口减少了约14%，而村庄用地却增长了约4%，呈人减地增的逆向发展趋势。目前农村居民点用地高达2.48亿亩，占全部建设用地的51%，占城乡建设用地的68%，是城镇用地的4.2倍。与此同时，耕地持续减少，坚守耕地"红线"压力不断加大。1996～2008年，我国耕地面积从19.51亿亩减少到18.26亿亩。目前人均耕地面积不足1.37亩，不到世界平均水平的40%。

与此同时，建设用地的供需矛盾更加突出。到2020年，我国人口总量预期将达到14.5亿，为保障国家粮食安全，必须保有足够数量的耕地。同时，保障国家生态安全，也需要加强对具有生态功能的农用地特别是耕地的保护。但是，随着耕地保护和生态建设力度的加大，我国可用作新增建设用地的土地资源十分有限，各项建设用地的供给将面临前所未有的压力。我国正处于城镇化、工业化快速发展阶段，到2020年，城镇化率将达到58%，城镇工矿用地需求量将在相当长的时期内保持较高水平；推进城乡统筹和区域一体化发展，将拉动区域性基础设施用地的进一步增长；建设社会主义新农村，还需要一定规模的新增建设用地周转支撑。工业化、城镇化的快速推进仍将不可避免地占用一部分耕地，而我国的耕地后备资源少，生态环境约束大，严重制约着土地开发增地和耕地数量补充的能力。这对我国城乡快速转型发展进程中的耕地保护造成了前所未有的压力。

1.4.2　耕地利用与粮食安全问题

快速的经济发展与城镇化的持续推进，驱使大量农村剩余劳动力向城镇和其他产业转移，加之种粮较低的效益，由此带来的耕地劳动力投入的降低和大面积耕地闲置的现象，对粮食安全造成很大的负面影响。日益趋紧的土地供应政策有效地抑制了耕地非农化进程，2005～2008年东部沿海地区年均减少耕地11.4万hm^2，明显低于2000～2005年耕地减少速度（年均减少17.1万hm^2），耕地非农化有所收敛。但是，由于东部沿海地区人均耕地面积仅半亩左右，再加上市场需求驱动与农业劳动力快速非农化，沿海地区比较效益低下的粮食生产正被优质、高效的蔬菜及苗木园艺经济所取代，园区农业、都市农业、观光休闲等新型农业类型得到较快发展，耕地非粮化加剧，沿海地区2008年粮食作物播种面积占农作物总播种面积的比重仅为64.3%，低于全国平均水平(68.3%)。遵循市场经济规律，农村生产要素由粮食种植向非粮农作物种植、由农业产业向非农产业流动的趋势不断加快，分工深化基础上的农村要素配置效率显著增加，东部沿海地区已经出现"一半农民离开土地、一半耕地不种粮食"的生产局面。可以预期，伴随着工业化与城镇化的进一步推进，沿海地区耕地非粮化仍是长期趋势，这将对我国的粮食安全带来不可低估的影响。

随着工业化和城镇化的快速推进，农田水利设施配套、区位条件好的优质耕地被不断占用。为了维持一定的耕地保有数量，处于边缘化的土地将成为未来农业用地开发的焦点，这将对生物多样性、土壤质量、供水的数量和质量产生严重的影响和后果。为了提高农产品产量，滥用化肥、杀虫剂甚至激素物质，对资源环境、农产品品质乃至人们的身心健康将造成不同程度的负面影响（王卉，2008）。如何保障粮食的品质安全受到广泛关注。

1.4.3 乡村转型发展与土地污染退化问题

我国正处于工业化中期和城镇化快速发展时期，城乡发展进入转型升级关键阶段，建设用地仍呈现增长趋势，农耕地流失、浪费和质量下降，以及人多地少矛盾问题会更加激化，土地利用正经受着养活众多人口、保障城乡发展和支撑生态建设的历史性考验。而不合理的土地利用方式人为地改变着区域土地覆被格局，促使人地关系地域系统发生巨大变化，造成多数地区资源与环境质量急剧恶化。昔日水土丰腴的商品粮基地如今成为城市化地区，耕地污染、农业滑坡问题日益突出。在乡村转型发展进程中，初级的工业化——尤其是不少乡镇企业——对污染物排放控制不严，直接导致土壤、地表水和地下水被严重污染，而要治理好被污染的土地将十分困难。2007 年世界地球日期间，国土资源部的一则报道表明：中国 1/10 以上耕地遭到污染——据不完全调查，目前全国受污染的耕地约有 1.5 亿亩，污水灌溉污染耕地 3250 万亩，固体废弃物堆存占地和毁田 200 万亩（王卉，2008）。

目前，我国的农田污染具有明显的区域特点。如东北地区的大豆基地由于长期使用农药使害虫具有很强的抗药性，化肥的不合理施用致使土壤养分失衡进而影响农产品品质；东部沿海地区现代农业的发展，具有高投入、高产出的特点，新特农药和肥料的使用带来新的污染源；中部地区突出的是大规模畜禽养殖，由于相关设施、设备和技术的不配套带来严重的农田面源污染；西部地区果业的大量发展带来综合的农业污染，农药化肥的不当使用致使土壤残留污染严重。新时期基于“区域比较优势”和“市场有效需求”两大准则的中国农业结构调整，已成为促进中国农业走向区域化、专业化与市场化的根本驱动力。今后一段时期内，东部地区将成为高科技农业、高价值农产品和出口创汇农业的优势区；东北及中部粮食主产区，推行优质化工程，做深、做优粮食产业，注重加工转化和产业化经营，形成中国粮食安全的“心脏”；西部地区将因地制宜地发展环境友好的特色农业、生态农业和节水农业（王卉，2008）。然而，如果不加以防范，农地的集约利用及农业区域化、基地化和规模化经营将会带来新的污染。

1.4.4 农村集体建设用地利用低效与村庄空心化问题

改革开放以来，随着我国工业化、城镇化的快速发展，城乡人口非农化转移不断加快，农村常住人口逐渐减少，农村人地关系发生了巨大变化，其中最突出的问题是造成“人走房空”的“空心房”现象，并逐步由个体出现、扩张，发展为村域成片废弃和整村闲置，产生了农村聚落大规模的“空心化”景观。由人口空心化逐渐转变为农村人口、土地、产业和基础设施空心化的农村地域空心化问题，这种现象不断发展的结果就产生了大量的“空心村”（刘彦随等，2011）。2006 年末，我国 1656 万 hm^2 的农村建设用地，占全国建设用地的一半以上（国土部数据）。1996～2007 年随着农村人口的减少，农村居民点用地却增加了 18.28%，户均超过 1 亩，人均达 229m^2，农村土地整治潜力巨大。

我国村庄数量多、占地规模大，据住房和城乡建设部统计数据，2007 年年末，我国有 264.7 万个自然村，57.2 万个行政村。1978～2008 年，我国农村户数由 1.74 亿户增加到了 2.57 亿户，而期间的乡村常住人口则减少到 2008 年的 7.21 亿（图 1-7）。

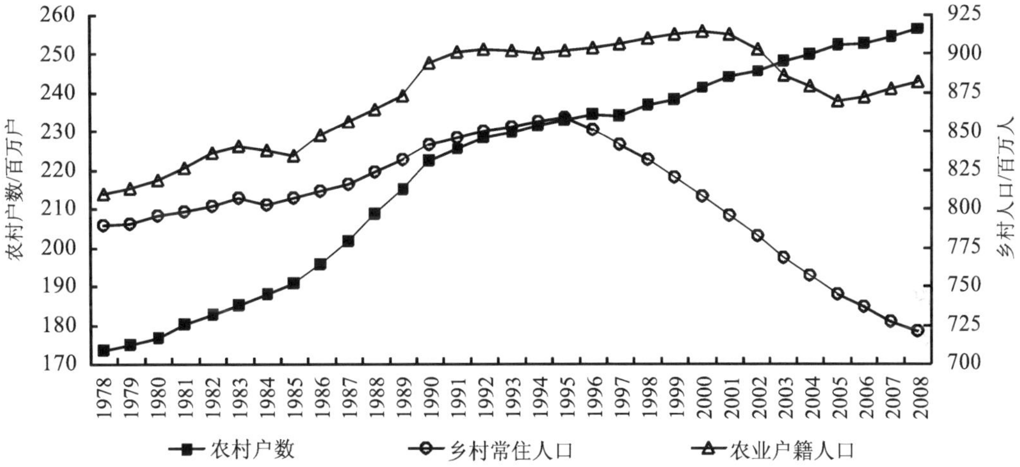

图 1-7　中国农村户数和人口的变化（1978～2008 年）

资料来源：农村户数数据来自《新中国农业 60 年统计资料》（2009 年）；农业户籍人口数据来自《中国人口统计年鉴》（1993～2006 年）和《中国人口和就业统计年鉴》（2007～2009 年）；乡村常住人口数据来自《中国人口统计年鉴》（2001 年）和《中国统计年鉴》（2001～2009 年）。

迄今为止，随着农村人口非农化转移减少，农村居民点建设用地“不减反增”的格局没有转变。农村空心化与新房扩建占地相伴而生，建新不拆旧、新房没人住，造成了大量农村土地的浪费和耕地资源的严重破坏，成为新时期顺利实现乡村转型发展面临的首要难题。由于我国城乡二元结构的体制架构仍未根本突破，城乡之间的利益冲突与农民工就业的压力尚未根本缓减，农村土地制度改革和规划管理滞后的局面也未全面改观，中国农村空心化将会呈现愈演愈烈趋势。因而农村土地整治成为顺利实现乡村转型发展的重要基础。

目前，以增加耕地面积，落实占、补平衡任务，提高农业综合生产能力为导向的村庄整治与新农村建设工作已在各地如火如荼地开展，但在实施过程中，由于农业、农村与农民长期以来的相对弱势地位，宅基地所具有的社会福利和保障功能受到有意无意的忽视。农村土地价值增值分配明显偏向于城市地域，且村庄整治目标停留在增加耕地面积、改善村庄交通条件等表面层次，缺乏对村镇体系优化、公共资源配置、农村产业培育、农户住房改善、农民就业保障等方面的系统集成考虑（Long et al.，2012）。城市倾向或者工业倾向之下剥夺或忽视农民利益的情况依然存在，乡村转型发展进程中如何依托村庄综合整治优化乡村生产、生活与生态空间的保民生战略体系亟待构建。

1.5　乡村转型发展与土地利用转型综合研究的技术方法

1.5.1　乡村转型发展与土地利用转型问题综合研究

土地是人类主要社会经济活动的载体，土地利用是社会发展的一面镜子。乡村转型发展进程中暴露出来的形形色色的社会经济问题均可在土地利用上得以反映。通过研究乡村转型发展过程中土地利用形态的变化、问题及相应解决方案，是乡村转型发展问题研究的一种新途径。土地利用转型是人类土地利用活动的直接作用结果。巴洛维(1989) 提出应在自然条件的可能性、经济的可行性以及体制的可容性三重框架下来解释人类的土地利用活动。毫无疑问，土地利用转型任何时候都发生在自然系统、经济系统及体制系统的三重框架之内。自然系统指的是以植被和土壤为核心的地表自然环境，经济系统可以理解为土地利用系统，而体制系统则由相互作用的私人和公共部门共同组成。通常，这三重框架是相互关联，共同起作用的，用五条线将三个系统连接起来，可以得到一个影响土地利用转型的“土地利用-环境效应-体制响应”反馈环（图 1-8）(Platt，1996；李秀彬，2002)。

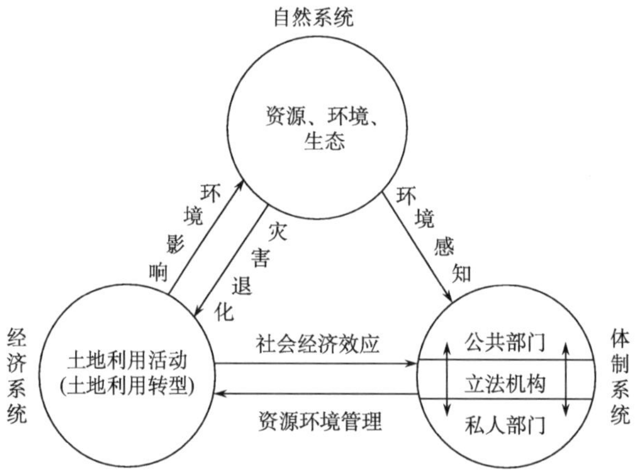

图 1-8　“土地利用-环境效应-体制响应”反馈环中的土地利用转型（李秀彬，2002)

任何形式的土地利用活动都或多或少地对地表自然环境施加影响。后者也同时反作用于前者，这种反作用有时候以极端的形式出现，比如洪水等自然灾害，使土地利用系统受到直接的打击。地表自然环境的变化往往表现为自然资源的衰竭（如耕地数量减少和质量退化）和环境的退化（土地污染或盐碱化)，当这些问题足够严重以至于引起公众的关注时，体制系统就可能通过法律、法规及政策等资源和环境管理手段调整土地利用系统。如城镇化进程中的耕地占用和劳动力转移问题、工业化导致的农村环境问题等，当这些问题足够严重并影响乡村转型发展进程时，政府便通过耕地保护、新农村建设等一些政策法规手段来调整土地利用系统。乡村转型发展进程导致的土地利用变化与土地利用问题，可借助土地利用转型这一综合的土地利用与覆被变化研究途径来研究解决。

通常可以不同时期的土地利用与覆被数据为基础数据，建立研究区资源环境要素空间数据库，搜集相应时段的水文、气象等自然环境要素数据和经济社会统计或调查数据（人口、经济发展水平、产业结构、技术应用等方面），结合上述数据资料，对研究区土地利用与覆被空间变化进行动态分析，主要分析土地利用总体结构和空间格局的变化、变化较大的土地类型和热点地区，并区分变化的区域类型。参照国外相关国家的发展历程，综合国内社会经济发展阶段及其对土地利用转型的影响，分别假设主要土地利用类型的变化所要经历的一些发展阶段。重点分析自改革开放以来主要土地利用类型其形态的变化特征，以确定与各变化区域相对应的土地利用类型所处的转型阶段，并运用概念性模型，探讨形成区域土地利用转型阶段的影响因子之间的关联性，及其所处转型阶段最终形成的驱动机制。在土地利用变化的区域类型研究基础上，选取典型研究区，通过典型区土地利用变化及其形成区域土地利用转型阶段的影响因子的比对分析，探讨各种社会经济因素对土地利用转型阶段形成的作用强度，为土地持续利用途径的选取提供依据。最后，基于各区土地利用存在的主要问题，研究从传统利用方式向土地可持续利用方式的转换机制，及可持续土地利用的操作化途径，并结合各区主要土地利用类型目前所处的土地利用转型阶段及其即将步入的转型阶段，提出区域土地资源开发利用途径与城乡统筹发展的战略措施（图 1-9）。

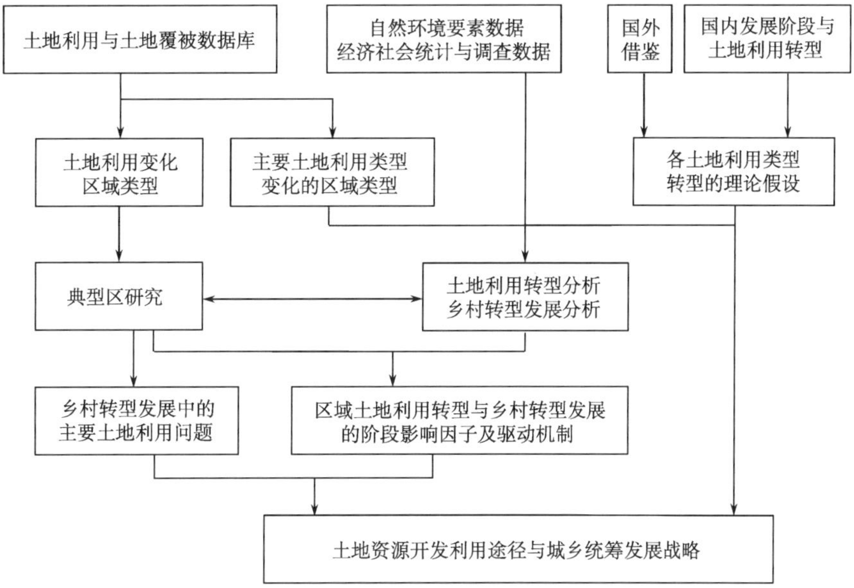

图 1-9　土地利用转型与乡村转型发展问题综合研究框架

1.5.2　乡村转型发展研究的技术方法

农业地理与乡村发展研究具有的复杂性、区域性、阶段性、随机性特征，使得开展规范化、定量化的研究成为重要方向。如农户访谈、问卷调查等都是从事乡村发展研究的经典方法。有别于此前该研究领域盛行的定性研究方法，定量化研究可以较准确地描述农村发展状态，揭示农村发展系统之间的相互作用关系，为农村发展建设提供更加可靠的决策支持。定量研究方法包括数学方法、系统分析方法和模型方法等。近年来，农业地理与乡村发展研究中新技术方法得到了广泛运用。主要包括："3S" 技术方法、样带研究方法、网络分析方法和改进的熵值法等。

1. "3S" 技术方法

"3S" 技术方法包括地理信息系统、遥感技术和全球定位系统。地理信息系统（geographic information system，GIS）在整合、分析各种数据尤其是空间数据方面有独特优势，遥感技术（remote sensing，RS）、全球定位系统（global positioning system，GPS）可以实时获取农村资源与环境数据。摸清农业与乡村发展的空间布局、资源分布及其变化均需要遥感技术的支持。进入 20 世纪 90 年代后期，遥感技术的 SPOT-5、Quick Bird、IKONOS 等高空间分辨率卫星数据开始运用于土地利用动态遥感监测实践，并逐步建立了全国土地遥感监测体系。现代遥感技术，尤其是高空间分辨率遥感数据，已成为农村资源环境调查的重要数据源：一是采用高空间分辨率遥感影像进行农村土地确权调查；二是采用高光谱数据进行农村耕地质量调查；三是采用高空间分辨率遥感影像开展农村空心化调查。目前地理信息系统已广泛应用于农村地区的资源评价和开发利用、农村居民点整理潜力评价、新农村建设规划，以及农村地域产业发展与经济布局等多个领域，为农村发展研究提供了强有力的技术支持。

2. 样带研究方法

IGBP 陆地样带（Terrestrial Transect）强调以梯度方法来阐释全球变化问题，如温度、降水、土地利用都可作为其中的梯度因子（龙花楼和李秀彬，2001a）。近年来，样带研究方法已被越来越多地应用到农业地理与乡村发展研究中。龙花楼选取无论是在自然环境条件还是在区域社会经济发展程度等方面均存在明显梯度的长江沿线样带作为研究区，研究发现长江沿线样带各区段所处的农村宅基地转型阶段与样带内各区段所处的经济发展水平相吻合，很好地验证了提出的相关理论假设（龙花楼和李秀彬，2005；龙花楼，2006）。陈玉福等（2010b）以江苏省 204 国道沿线 15 县（市）组成的典型样带为研究区域，根据农林牧渔业总产值及其增长率、农业产值占地区 GDP 比重、农业产业结构、农业优势度等多项发展指标，应用统计模型和 GIS 空间分析方法，研究了改革开放以来样带区农业发展的差异格局。

目前，中国科学院地理科学与资源研究所农业地理与乡村发展创新研究团队正在以福建闽江沿线样带、丽温台甬-宁杭公路样带、苏南-陕北样带、"106 国道" 北部沿线典型样带区为研究区域，开展农村发展区域差异、农业地域类型及其功能演进等方面的研究。

3. 网络分析方法

李二玲和李小建（2009a，2009b）通过对国际经济地理学的文献分析和研究体会，提出企业网络研究在经济地理学新近出现的研究方向中占重要地位。中国特殊的国情，促成了中国特殊的企业网络，为经济地理学家提供了得天独厚的条件。基于河南农区三个不同网络类型集群129家企业的调查，通过对比三个集群中的衍生网络、情感网络、咨询网络以及合作网络的网络特性，鉴别出欠发达农区集群网络中的核心节点、重要关系及不同网络组织类型的区域效应。研究发现：先导企业是集群衍生的孵化器，亲属或厂属关系是区域产业繁衍的关键渠道；大企业是技术创新和扩散的中心，供需关系和技术工人流动是区域学习的重要路径；中等企业是情谊联系的活跃点，长期合作关系能培养区域信任；中介组织与服务机构、“生产组织者”是企业间合作的“桥梁”，上下游的经济联系对区域合作影响巨大。从集群的网络组织类型来看，混合性的转包网络和互补性的垂直网络比竞争性的水平网络对区域内的网络学习、信任培养、合作行动以及区域发展能带来更好的效果。相对于偏重技术联系的发达地区高技术集群来说，欠发达农区传统制造业集群网络的形成和演化更具有内生性和自组织规律。在集群成长和网络演进的过程中，集群网络中的核心关系受农村社区聚落环境的影响，并随农区企业规模、地位和能力的改变而演变。依此集群网络的形成和演化经历四个阶段，即家族或泛家族网络阶段、内部分工生产网络阶段、本地创新网络阶段和全球供应链网络阶段，各类型网络在集群发展的不同阶段起着不同的作用。

4. 改进的熵值法

乔家君从系统功能角度设计河南省可持续发展的指标体系，评述熵值法的运算步骤及对该方法进行了改进，并用改进的熵值法对河南省可持续发展能力及其结构做了定量分析（乔家君，2008）。借助地理学及其他相关学科理念，根据实地调查的大量农户数据，从微观视角对村域人地关系系统进行了定量分析。用人地关系系统熵来表征人地系统的状态函数，用熵变来反映人地系统的发展变化，用熵流来表示人地系统各空间形式地域主体之间的流动。从微观地域、微观个体视角，提出了村域人地系统相应的调控措施。

1.5.3　土地利用转型研究的技术方法

土地利用转型是土地利用变化的表现形式之一。因此，有关土地利用变化的传统研究方法无疑可用作土地利用转型研究。传统方法中，有通过土地利用与覆被变化的影响因子数值之间的统计关系来筛选确定其主导驱动因子的典型相关分析法和多元线性回归法；有对研究客体概念、特点及其相关因素的分析，以及对土地利用与覆被变化的驱动力进行定性描述的定性分析方法；最为常见的是运用数学模型筛选驱动因子、模拟驱动过程和预测未来动态的一些传统模型模拟方法（葛全胜等，2008）。针对土地利用转型的概念内涵及其与乡村转型发展问题研究之间的关系，独特的土地利用转型研究模型与方法有：通用杜能-里嘉图（GTR）模型、样带研究方法、横向比较研究方法、演绎法和对应关系与系统综合分析方法。

1. 典型相关分析

典型相关分析是一种经典的多元统计方法，它揭示的是两组多元随机变量之间的关系。这两组多元随机变量中，一组是自变量组，另一组则是标准变量组。和其他相关统计方法进行对比，典型相关分析特别适合所分析的标准变量组，其各个变量之间本身具有较强的相关性（唐守正，1986）。不同的土地利用类型之间相互影响，相互制约，所以典型相关分析法被广泛用来研究土地利用特征同自然、人为因素之间的关系。具体做法是：在第一组变量中提出一个典型变量，在第二组变量中也提出一个典型变量，并使这一典型变量组合具有最大的相关；然后，又在每一组变量中提出第二个典型变量，使得在与第一个典型变量不相关的典型变量中，这两个典型变量组合之间的相关是最大的。将此过程继续进行，直至两组变量之间的相关被提取完毕为止。可见，典型相关分析把原来较多变量转化为少数几个典型变量，通过这较少的典型变量之间的典型相关系数来综合地描述两组多元随机变量之间的相关关系（张明，1999）。该方法已被成功应用于长江沿线样带、安徽省和张掖绿洲的土地利用格局及其影响因子分析研究（龙花楼和李秀彬，2001a；朱会义等，2001；龙花楼等，2002b；蒙吉军和李正国，2003）。

2. 多元线性回归

多元线性回归模型是一种经常用来解释土地利用、土地覆被变化的经验模型。该模型要求在某一地区、某一段时间内的土地利用、土地覆被变化（因变量）与其驱动因子（自变量）之间存在线性关系，然后运用统计方法，进行显著性检验。通过对可能引起土地覆被变化的各种驱动因子的多变量进行分析而建立的一种数学模型，以便更明确鉴别土地覆被变化的原因。此类模型又分为两类：一类是通过回归统计分析确定土地利用变化的驱动力；另一类是为了弥补多元回归法较难妥善处理的土地利用未发生变化与发生变化这两类变量的不足，而采用的 Logistic 回归统计模型。例如，王群从区域层次上和时空尺度上研究中国省区土地利用差异的成因及其驱动因素，在单因素分析的基础上，进行全国和省区土地利用差异的多因素综合分析，应用 SPSS 软件进行定量分析，并建立相应的多元回归模型，为分析现状和规划未来提供科学依据（王群和王万茂，2005）。甘红等结合 1999～2000 年中国省域土地利用变化的普查数据与社会经济统计资料，揭示了中国土地利用结构空间分布及其变化与人文因子（人口增长、经济发展、消费水平）的定量关系（甘红等，2004）。王秀兰通过分析内蒙古各旗县人口和土地利用程度指数与土地利用动态度的关系，确立了人口与土地利用变化之间的线性回归关系（王秀兰，2000）。史培军等运用土地利用变化的监测数据，通过回归统计模型，分析了深圳市土地利用变化与社会经济指标的相互关系（史培军等，2000）。摆万奇等在对大渡河上游地区的土地利用变化研究中，运用 Logistic 模型，通过从 15 个自然和社会经济因素中筛选出对不同地类具有重要影响的关键因素，确定了各因素之间的定量关系和影响比重（摆万奇等，2004）。对于土地利用、土地覆被变化驱动力研究而言，多元回归模型不失为一种比较有力的研究工具。但是，回归模型只具有数量统计功能，并不能对研究因子进行空间分布统计，因此无法将变化落实到具体的变化地点上（黄秋昊和蔡运龙，2005）。

3. 定性分析法

定性分析是指通过对研究客体概念、特点及其相关因素的分析，对土地利用、土地覆被变化的驱动力进行定性描述。较早期的土地利用、土地覆被变化及其驱动力的分析多采用这种方法。目前，定性分析法已成为驱动力研究的基础，成为人类逻辑思维直接作用于土地这一研究客体的表达方式。Ehrlich 提出的描述性概念模型——PAT 模型就是在定性分析的基础上，与模型化方法相结合建立的（李静等，2004）。顾朝林利用 20 世纪 70 年代、80 年代和 90 年代（SPOT）三个时段北京市的土地利用资料进行土地利用、土地覆被研究，定性分析了北京市土地利用、土地覆被变化机制。北京市土地利用变化的形式主要以轴向扩展、卫星城建设、工厂郊迁、郊区大型中价商城建设、郊外别墅区等为主；土地覆被变化的主要形式有内城更新与改造、商贸街的重建、由粗放型用地向集约型用地的转变等（顾朝林，1999）。

4. 传统模型模拟方法

应用模型化方法进行驱动力研究是指通过对土地利用、土地覆被变化驱动因子与变化过程之间的简化、拟合、验证等，达到去伪存真的目的，实现对驱动因子的筛选、驱动过程的模拟和对未来过程的预测。模型化研究是整个土地利用、土地覆被变化驱动力研究的发展趋势。目前，土地利用、土地覆被变化的模型主要有基于经验的统计模型、基于过程的动态模型和综合模型。在选择模型进行分析时，需要就具体问题进行具体分析，如果对土地利用变化的过程比较了解，并且数据翔实，可采用统计模型，否则就需要有辅助方法支持或是直接采用其他方法了。统计模型可以将复杂问题简单化，并且比较容易应用，但它也存在因变量难量化、自变量与因变量难以区分、因变量过少和假设的因果关系不成立等缺点。动态模型是在熟识 LUCC 驱动力的基础上，模拟系统中各组成部分之间的相互作用，进而模拟 LUCC 的过程。目前，国内外 LUCC 研究中应用较多的、基于结构的动态模型包括以下几种。

（1）土地利用变化及其效应模型

土地利用变化及其效应（CLUE）模型属于一种动态的、多尺度的土地利用变化空间分布模拟模型。由四个主要的模块组成，即需求模块、人口模块、产量模块和空间分配模块（Verburg and Chen，2000；Verburg et al.，2002）。在国家级层次上，需求模块计算国家农产品需求时主要考虑人口增长、膳食结构变化和进出口数量。人口模块将利用历史时期的人口统计数据进行人口变化的趋势预测，求算各地区预测期内各年份包括总人口、城镇人口、农村劳动力、农业劳动力等的增长率、人口结构变化以及相关的特征。产量模型以空间解释的办法计算产量水平的变化。空间分配模块直接受需求和人口模块的影响，是整个模型的核心部分。该模块将利用统计分析模块在不同规模尺度上对土地利用与自然生态条件、社会经济因素之间复杂的相互作用关系的分析结果，根据需求模块所确定的土地利用变化目标进行优化。小尺度土地利用变化及其空间效应（CLUE-S）是在CLUE模型的基础上发展的，有所不同的是，CLUE模型主要适用于大尺度的宏观研究，所模拟的单元土地利用特征用复合类型表示，即不同土地利用类型所占的百分比，主要用于发现土地利用变化的热点地区。而CLUE-S模型所模拟单元的土地利用特征用主要的土地利用类型表示，不仅可以发现土地利用变化的热点地区，还可以模拟近期土地利用变化的情景（蔡玉梅等，2004）。目前，CLUE-S模型已被成功地运用到土地利用变化的空间模拟研究中（蔡玉梅等，2004；张永民等，2003）。

（2）元胞自动机模型

元胞自动机（cellular automata，CA）模型是在20世纪40年代由Ulam首先提出，后被Von Neumann用来研究自组织系统的演变过程。元胞自动机是时间、空间、状态都离散，空间的相互作用及时间的因果关系皆局部的网格动力学模型。其最主要的特点是复杂的系统可以由一些简单的局部规则来产生。单元、状态、规则和邻域是CA模型的主要组成部分。每个单元具有有限数目的状态中的一种，同时所有单元的状态根据转移规则同时更新。某一时刻的单元状态依赖于其前一时刻的自身和邻域。该模型把每个格子划分为大小适合的元胞，每个元胞都有一个特定的状态，未来的状态由根据邻域的条件制定的转换规则来决定。所有的元胞都遵从一个转换规则，模型中的时间是不连续的，元胞状态的更新也可能是不同步的（Hegselmann and Flache，1998）。这种模型能够描述局域中相互作用的多主体系统的集体行为随时间的演化情况，也能表现出区域的环境条件、周围的土地利用类型及土地利用类型之间的相互作用关系（Wu，1998）。近期，该模型在土地利用变化模拟中得到了广泛的应用（White et al.，1997；Li and Yeh，2001；Wu，2002；黎夏和叶嘉安，2002）。

（3）马尔可夫链模型

由于土地利用变化过程复杂，所以有时能将变化过程视为随机过程进行模拟。马尔可夫分析是利用某一系统的现在状况及其发展动向预测该系统未来状况的一种概率预测分析方法与技术。在马尔可夫过程中，较简单和常用的是一阶马尔可夫过程，即系统转移到次一状态的概率，仅取决于该系统前一个状态，与再往前的状态无关。马尔可夫的中心机制是转移概率，即在给定的时间间隔内，土地类型由 i 转化为 j 的转移发生率。计算转移发生率是通过对过去土地利用转移数量的统计得出来的（黄秋昊和蔡运龙，2005）。虽然该模型建立的前提是转移矩阵固定不变，但是也能在固定的转移矩阵间变化或引入外部的转移变量来实现转移概率的动态化。目前，一阶马尔可夫模型多应用于较小空间尺度的植被变化与土地利用变化中，如李德成采用马尔可夫过程模拟土壤侵蚀变化信息（李德成，1995）、王铮利用一阶马尔可夫模型预测城市土地利用变化（王铮，2002）以及仝川等（2002）用一阶马尔可夫模型预测锡林河流域草原退化格局的变化。有关研究表明，该模型只适合短期的、小尺度的土地利用、土地覆被变化的模拟和预测（黄秋昊和蔡运龙，2005）。

(4) 系统动力学模型

系统动力学（system dynamics，SD）模型，是以研究反馈系统结构、功能和动态行为为特征的一种动力学模型。其突出特点是能够反映复杂系统结构、功能与动态行为之间的相互作用关系，从而考察复杂系统在不同情景下的变化行为和趋势，为决策提供依据。此外，该模型适用于对数据不足的土地利用、土地覆被变化案例进行研究（王其藩，1994；黄秋昊和蔡运龙，2005）。目前，系统动力学模型多应用于区域土地利用、土地覆被变化研究中。例如，摆万奇在分析深圳市土地利用变化与驱动力时，采用系统动力学模型，将城镇用地细化为工业用地、居住用地和第三产业用地，并将它们与耕地和工业投资、人口增长、收入水平、水资源状况等主要驱动力纳入统一的总体结构中，采用系统动力学的方法，定量地描述它们的动态关系（摆万奇，2000）。何春阳等（2004）利用系统动力学的原理和方法，发展了区域土地利用情景变化 SD 模型，在不同系统状态下，模拟了中国北方 13 省未来 50 年在不同社会经济情景下的区域土地利用结构变化，并初步评价了这些变化所带来的可能的生态影响。

(5) 基于主体模型

在有关计算机科学与社会学、经济学、系统科学的交叉研究中，通常把从事社会活动的个体虚拟成计算机模拟中的一个独立对象，一般称为主体（agent）。在许多情况下，这些主体都给赋予了一定的选择、适应、模仿、学习等决策能力，因而又被称为智能主体（史忠植，2000）。这些主体在一个虚拟的环境下自主运动和进化，彼此相互作用。相应地，利用计算机技术模拟多个主体之间相互作用的研究方法被称之为基于主体模拟的建模方法（agent-based modeling）（Epstein and Axtell，1996）。Agent-based 模型可以从微观水平上解释土地利用、土地覆被变化的细节，能模拟土地利用的决策行为，以及社会群体与自然环境之间的相互作用，因此 Agent-based 模型对于 LUCC 中人为驱动力的研究分析具有很好的发展前景（蔺卿等，2005）。

(6) BP 神经网络方法

土地利用、土地覆被变化过程与其驱动力之间的关系具有较强的非线性，且数据中有很大的噪声，有时很难用常规的数学模型来描述。另外，由于土地利用、土地覆被变化的复杂多变性以及数据获取的难度较大，不易选取因子分析法和逐步回归法来建立线性模型。此时，可以用神经网络来处理此类复杂的非线性问题。BP 神经网络是一种多层感知器网络，其网络学习采用误差反向传播算法（error back-propagation algorithm）。它是由输入层、若干隐含层和输出层相互连接而构成。连接的结构是：前、后相邻层的节点两两相连，非连接层的节点间无任何连接，从输入层开始逐层相互连接，到输入层连接结束，同层节点间无任何连接。神经元是神经网络的基本处理单元，若输入神经元的变化对输出神经元影响的相对误差在允许范围内，即使不考虑该输入神经元的信息也不会影响输出神经元的输出状态，则可以剔除该输入神经元。依此类推，即可剔除掉影响不显著或不重要的输入神经元，从而确定影响神经元输出的主要因素，以建立简化模型或用于方案的综合评价和决策（沈世镒，2000）。刘旭华等以全国耕地变化为例，首先通过GIS和遥感技术对全国耕地的变化与自然、社会经济状况进行综合分区，然后利用人工神经网络对各类型区的耕地变化的主导因素进行了分析，该研究方法对其他类型的土地利用、土地覆被变化驱动力研究具有一定的借鉴作用（刘旭华等，2005）。

5. 通用杜能-里嘉图模型

通用杜能-里嘉图（generalized thunen-ricardian，GTR）模型是传统杜能模型的扩展，它将城市化作为土地利用变化的主要驱动因子（Konagaya et al.，1999）。当地的自然条件也被考虑到了模型当中，并与城市化一起并列为模型的两大解释成分。其中的Thunen成分包括城市中心人口和农村与城市间的距离，代表着来自区域城市中心的影响方面的两个状态变量。Ricardian成分包括代表当地自然条件的海拔和坡度这两个自然条件变量。在Konagaya等的研究中，这两大成分被综合在GTR模型中用以预测中国的三大土地利用类型：城市用地、农业用地和其他用地。

龙花楼和李秀彬（2001b）进一步扩展了GTR模型，增加了土地利用变化的另一驱动因子：农村发展（Zhou and Fischer，1999）。因此，模型中涉及三个变量组。①城市状态变量：以距离为权重的中心城市人口和当地城市化水平；②自然条件变量：平均海拔和坡度低于25%的面积比例；③农村状态变量：人均农业总产值。

模型中涉及三种土地利用类型：建设用地（包括城市建设和农村建设用地）、耕地（包括水田和旱地）和其他地。另一与原始GTR模型不同的地方是，根据研究区的实际情况及数据掌握程度，以县级行政单元为观测单元。因此，多边形成为空间分析单元，有别于原始模型中栅格形式的空间分析单元。由于代表各县市的空间分析单元的多边形尺寸大小不一，原始GTR模型中不同利用类型面积的绝对值无法用来预测。因此，各县市每一土地利用类型面积占总面积的比例替代了面积的绝对值被应用到模型中。三大类型面积所占百分比的总和等于1。

此外，模型中Thunen成分也需要修订。在Konagaya等的GTR模型中，城市人口的影响与每个栅格距城市中心的距离由远及近呈线性递增。在本章中，中心城市人口影响系数与各县市距最近经济区中心城市（地级行政单元首府）的距离成反比。模型假设每一县市只受距其最近的中心城市的影响，与该中心城市之间的距离越短，则受其影响越大。计算公式如下（龙花楼和李秀彬，2001b）：

$$Y_i = \frac{1/d_i}{\sum_{i=1}^{n}(1/d_i)} \times P \tag{1-1}$$

式中，Y_i为县市i的中心城市人口影响系数；i为某一中心城市所影响的县市数目（$i=1, 2, 3, \cdots, n$）；P为中心城市人口；d_i为县市i与中心城市间的距离。据此，修订后的GTR模型表述如下（龙花楼和李秀彬，2001b）：

$$\begin{cases} K_i(c) = K_{0i}(c)[\exp(a_1(c) \times Y_i + a_2(c) \times X_i)] \\ \qquad \times [\exp(a_3(c) \times E_i + a_4(c) \times S_i)][\exp(a_5(c) \times R_i)] \\ \sum_{c=1}^{3} K_i(c) \equiv 1 \end{cases} \tag{1-2}$$

式中，i 为某一中心城市所影响的县市数目（$i=1, 2, 3, \cdots, n$）；c 为土地利用类型（1=耕地；2=建设用地；3=其他用地）；K_i 为土地利用类型面积百分比；K_{0i} 为常数；Y_i 为县市 i 的中心城市人口影响系数；X_i 为县市 i 非农人口比例；E_i 为县市 i 的平均海拔；S_i 为县市 i 坡度低于 25%的面积百分比；R_i 为县市 i 的人均农业总产值。

该修订后的 GTR 模型被用来预测 2015 年和 2030 年长江沿线样带的土地利用变化：先运用 1995 年的土地利用数据及相应的与驱动因子相关的变量来估算模型的参数，然后运用 1995 年和 2000 年的数据于模型中，比较分析模型预测结果与实际观测结果以检验模型的预测能力（龙花楼和李秀彬，2001b）。图 1-10 展示了各变量数据的来源及如何组织，也提供了该土地利用模型的主要成分及其计算步骤。

按图 1-10 中步骤，建立模型如下：

$$\begin{cases} K_i(1) = 0.3191[\exp(-0.3341 \times Y_i - 0.5846 \times X_i)] \\ \qquad \times [\exp(-0.0361 \times E_i + 0.8780 \times S_i)][\exp(0.0033 \times R_i)] \\ K_i(2) = 0.0931[\exp(1.3940 \times Y_i + 2.5373 \times X_i)] \\ \qquad \times [\exp(-2.6512 \times E_i - 0.2337 \times S_i)][\exp(0.2515 \times R_i)] \\ K_i(3) = 0.7023[\exp(-0.0402 \times Y_i - 0.0219 \times X_i)] \\ \qquad \times [\exp(0.0120 \times E_i - 0.5494 \times S_i)][\exp(-0.5583 \times R_i)] \end{cases} \tag{1-3}$$

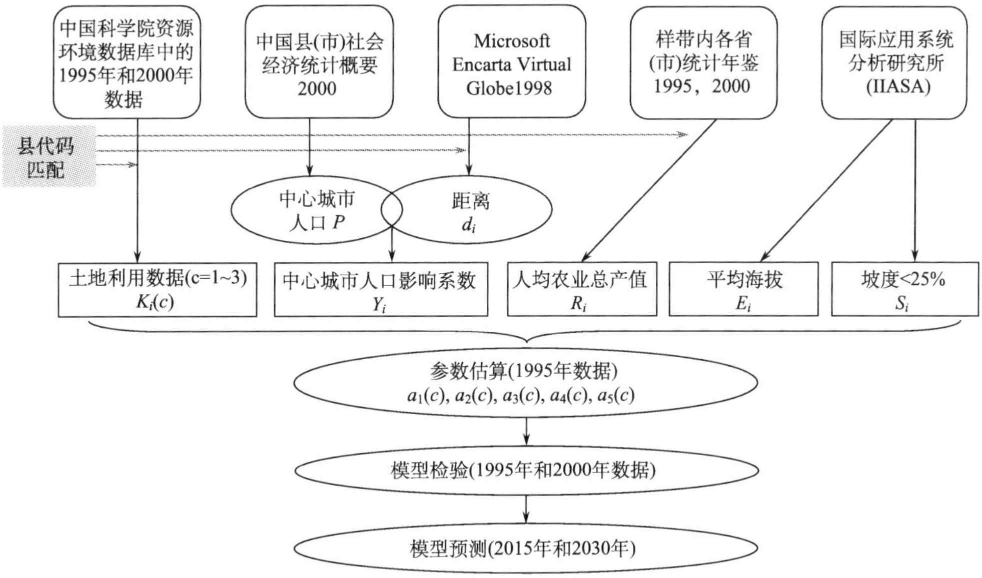

图 1-10　数据流程图及方法论

模型解释 310 个县市的耕地、建设用地和其他用地三大土地利用类型，其 R^2 判定系数分别为 0.668、0.611 和 0.639。比较分析 1995 年和 2000 年耕地和建设用地模型预测值和实际观测值，表明模型能很好地反映耕地和建设用地的分布格局。

6. 样带研究方法

IGBP 陆地样带（terrestrial transect）强调以梯度方法来阐释全球变化问题，如温度、降水、土地利用都可作为其中的梯度因子。每一条 IGBP 样带通常都被选择来反映主要环境因子变化对陆地生态系统的结构/功能/组成，生物圈-大气圈痕量气体交换和水分循环的影响，因此，每条样带都由分布在一个大的地理范围（量级为 1000km 或更大）的一系列站点组成（图 1-11）。

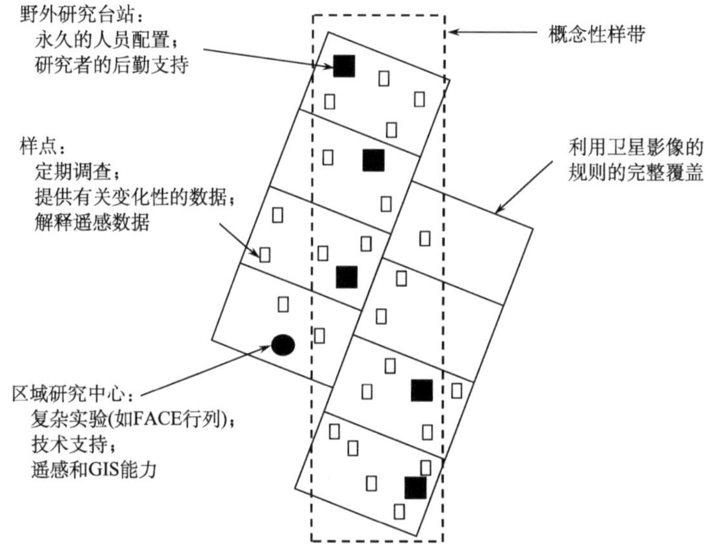

图 1-11　一般样带研究设计（Koch et al.，1995）

注：概念性样带大约 1000km 长，数百公里宽。

除了单一环境因子在空间上连续变化的相对明确的样带之外，还确定了一组 IGBP 样带，其基本梯度是土地利用强度（表 1-2）。这些梯度在空间上比线性样带更为复杂，因为经受不同土地利用强度的生态系统很少以这样一种方式分布，即沿一个区域性样带的距离直接对应于土地利用强度。不过，可能经常沿一个强度梯度（如从未经营管理的森林到择伐林地，到皆伐林地，随之森林演替而转成牧场，到永久性的高产出农业）来设置不同的土地利用样带。在一个区域内的样点就能根据它们沿着这样一种梯度的位置来定位和评估，从而形成一种类似于单调空间上的湿度或温度梯度的状况（Koch et al.，1995）。LUCC 可以利用样带作为一系列连贯的研究点来测定土地利用和相关的土地覆被，在社会和环境因素的影响下是如何发生全球性变化的（Koch et al.，1995；高琼等，2003）。

表 1-2　与 LUCC 相关的 IGBP 优先区域的样带及其一般特征（Koch et al.，1995）

地区	土地覆被	全球变化主要梯度	次要梯度
潮湿热带［南美亚马逊样带（LBA）；东南亚样带和中非 Miombo 森林样带］	热带森林及其农业衍生物	土地利用强度	降水
半干旱热带［西非萨王纳样带（SALT）、南非卡拉哈里样带和澳大利亚北部热带样带（NATT）］	森林—疏林—灌丛（稀树草原）	降水	土地利用强度、养分状况
中纬度半干旱带［中国东北样带（NECT），北美样带（NAMER）和阿根廷样带］	森林—草原—灌丛	降水	土地利用强度

目前，IGBP 已设置了 14 条样带，其中有 3 条是基于土地利用变化强度这样一个概念性梯度而设置：南美亚马逊样带（LBA）；东南亚样带和中非 Miombo 森林样带。IGBP 于 1997 年制定的中非 Miombo 生态系统 LUCC 的样带研究框架，其研究目标是要探讨土地利用是怎样影响土地覆被及其相关的生态系统过程，评估这些变化乃至全球变化的影响因子，并反过来预测全球变化对土地利用动态及生态系统结构和功能所产生的影响（Desanker et al.，1997）。此外，以土地利用强度作为样带设置的次要梯度因子而设置的半干旱热带样带有西非萨王纳样带（SALT）、南非卡拉哈里样带（Scholes and Parsons，1997）和澳大利亚北部热带样带（NATT），中纬度半干旱样带有美国、阿根廷的样带和中国东北样带（NECT）（张新时等，1997；周广胜等，2002）。表 1-2 描述了与 LUCC 相关的 IGBP 优先区域的样带及其一般特征。此外，国内一些学者参与了中国全球变化样带的设置与研究工作（张新时和杨奠安，1995；康慕谊等，2000），龙花楼（2001a）选取长江沿线样带并系统地开展了土地利用变化研究。

7. 横向比较研究方法

由于土地利用与覆被变化是很复杂的现象，为了避免研究的片面性，需要不断提出新的研究论题，发展新的研究方法，寻求新的综合研究途径（蔡运龙，2001a）。土地利用转型研究是土地利用变化研究的一个新论题（龙花楼，2003a，2006）。然而，国外的土地利用转型研究采用的是在一较长的时间序列上进行纵向比较的研究方法（Grainger，1995；Mather，1992，2004；Lambin and Meyfroidt，2010），而我国土地利用统计数据的时间序列比较短，如何针对这一不足来进行中国的土地利用转型研究？再者，如何将土地利用转型研究和土地持续利用进行有机结合？这是开展中国土地利用转型研究不可避免的问题。我国地域辽阔，自然环境和社会经济发展的空间差异显著，这就决定了土地资源的利用方式、区域土地利用结构、土地利用程度具有明显的区域特点。在我国，由于区域社会经济发展程度的差异而导致在同一时段内含有不同土地利用转型阶段。据此，中国的土地利用转型研究可采用横向比较研究的方法，通过对比分析研究区域土地利用形态的变化、影响因子及其所处土地利用转型阶段的驱动机制，进而探讨土地持续利用的操作化途径与区域战略（龙花楼，2003a）。

8. 演绎法

英国著名地理学家 Harvey（1969）在其著作《地理学中的解释》中提到，通往科学解释之路有归纳法和演绎法两种，其中以演绎法较为常用，即通过知觉经验了解真实世界结构的形象，在此基础上抽象出先验模型（形象的形式表示），随后借助先验模型的描画可以假设一种理论，再对照官能-感知数据并求助于一种后验模型（以另一种方式来表示包蕴在理论中的观念，如用数学符号的方式）对理论中的假说予以验证。这一方法在土地利用转型的理论探讨方面较为实用，龙花楼（2006）采用该方法探讨了中国农村宅基地转型的相关理论问题。

9. 对应关系与系统综合分析方法

陈传康（1991）通过对连云港、泸州、安阳、白银、邹县、青岛等地的发展战略研究，提出了地域结构对应变换分析理论和方法，即把自然结构与生产力布局结构和产销、消费结构进行对应变换分析，解决了这些市县的发展战略问题，并进而提出了区域旅游开发的结构对应变换研究方法，建立了区域旅游发展战略理论（陈传康，1998）。这一研究方法可资土地利用转型与乡村转型发展研究借鉴：通过进行研究区域的自然-生态结构、技术-经济结构、社会-政策结构的结构对应分析和对比研究，为土地利用与乡村转型发展研究提供科学依据；开展系统综合分析，整合社会和环境变化的时间尺度和历史背景，通过测度、模拟和认识人类-环境耦合的土地利用与乡村系统，诊断土地利用与乡村转型发展阶段及其效应，以探讨区域土地利用转型与乡村转型发展的动力机制，提炼乡村转型发展的模式，并探讨促进城乡经济社会协调发展的优化调控途径与措施。

1.5.4 乡村转型发展与土地利用转型研究技术方法的综合集成

针对中国农村地区普遍存在的“空心村”问题，有关学者综合集成地理学、信息科学、土地科学等多学科的优势和技术手段，以综合性、区域性、实用性作为基本原则，尝试构建空心村用地整治潜力调查与评价的技术方法（朱晓华等，2010）。并结合典型村调研和应用研究，逐层递进地构建了空心村用地整理调查与评价的成套技术方法，以山东禹城市徐集村等 13 个村为典型案例，通过该方法应用于实证分析，取得较好的初步成果。空心村用地整治潜力构建的具体方法包括选取区域典型空心村；基于高分辨率遥感影像确定村庄尺度土地利用现状分类体系；制定宅基地土地利用属性调查表；获取村庄尺度的土地利用现状数据；确定空心村整治潜力类型及其测算方法等 5 步。在上述 5 个步骤当中，多尺度和多数据的综合集成具体表现在如下方面：首先通过高分辨率 RS 数据，将微观层面的“空心村”问题上升到村与乡镇尺度；其次结合区域的自然、区位和社会经济要素，利用 QB、SP、ETM 数据把尺度扩展到县省区域尺度；最后把政策制度、社会文化和经济全球化因素纳入考虑范畴，利用 SP、TM、MODIS 数据把研究尺度扩大到全国尺度。

中国科学院地理科学与资源研究所农业地理与乡村发展研究团队结合高分辨率遥感数据和实地调查工作，瞄准保障 18 亿亩耕地红线、城乡一体化协调发展和新农村建设等国家重大发展战略的现实科技需求，针对我国乡村转型发展中面临的土地利用转型问题开展研究。从村域土地利用现状分类体系制订、村域尺度土地利用现状数据获取，到农村土地整治潜力分类及测算方法，从信息采集、信息管理、模型模拟、专家决策、未来情景分析等方面实现了对乡村转型发展与土地利用转型研究技术方法的有益综合集成与创新（图 1-12），并为专业人才培养和高质量成果的产出提供了保证。

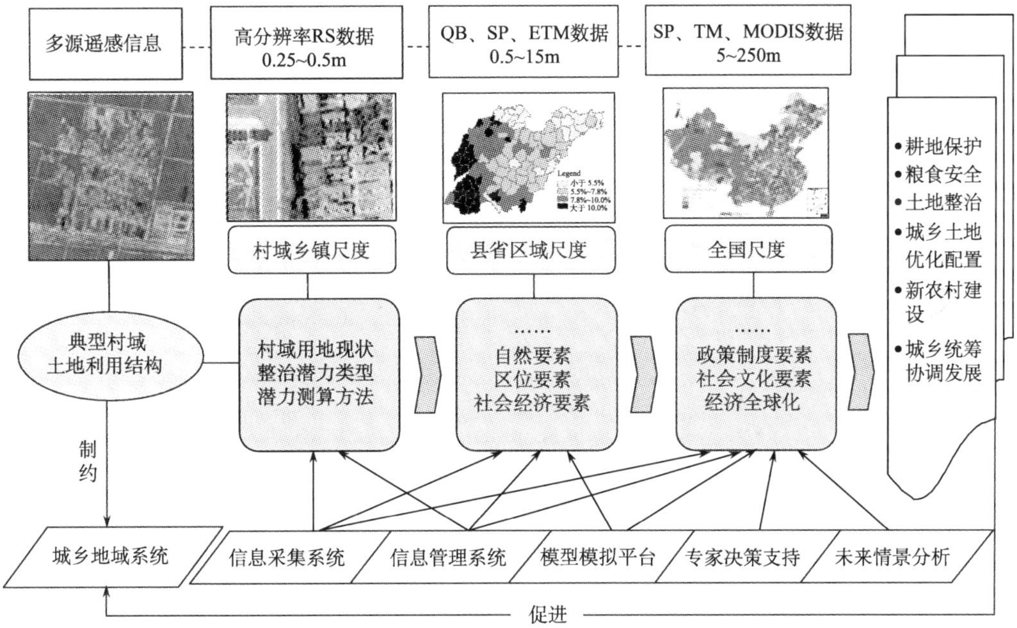

图 1-12　乡村转型发展与土地利用转型研究技术方法的综合集成（据刘彦随，2011；有删改）

第2章　基于土地利用转型视角的乡村转型发展研究

土地利用转型任何时候都发生在自然系统、经济系统及体制系统这三重相互关联、共同作用的框架之内。毫无疑问，乡村转型发展也无法逃脱这三重框架的约束。土地利用转型的驱动因素，如资金和劳动力投入状况、产业发展状况、乡村人口就业与迁移等，这些均与乡村转型发展的影响因素息息相关。而乡村转型发展进程中暴露出来的种种社会经济问题均可在土地利用上得以反映。乡村转型发展促使土地利用转型，土地利用转型的结果反过来作用于乡村的转型发展，土地利用转型与乡村转型发展两者之间相互影响且在某种意义上存在一种耦合关系。本章基于土地利用转型的视角构建了乡村转型发展过程中的发展类型划分及其乡村性评价的指标体系与方法，并对东部沿海地区进行了实证研究（龙花楼等，2009b）；基于土地利用转型的视角构建了乡村转型发展评价指标体系并对中国乡村转型发展的现状进行了评价分析（Long et al.，2011）；以常熟市为案例探讨了土地利用转型与乡村转型发展之间的互动关系（Li et al.，2010）；最后分析指出耕地和农村宅基地乃乡村转型发展与土地利用转型之重要源头，这也是本书后续章节侧重探讨耕地转型和农村宅基地转型之原因所在。

2.1　乡村发展类型划分与乡村性评价

2.1.1　中国乡村发展类型与乡村性

1. 乡村发展类型

由于乡村始终处于动态性的演变过程之中，加上影响乡村发展的各要素对乡村发展的贡献程度及其交互作用难以定量把握，在某种程度上加大了我们对乡村发展的类型及其所处阶段判断的难度。通常，农村问题与农村经济、政治、社会和文化发展的边缘化密切相关，这一边缘化又因农村生产、生活方式的物质和非物质元素交互作用的不同而各异（Cloke et al.，1995）。农村与城市相比就处于边缘化位置。从区位条件来看，偏远农村的发展就更加边缘化，在接受信息、技术扩散等发展要素方面相对更难。边缘化具体体现在农村生产生活方式的物质和非物质元素方面，其中的非物质元素主要包括观念、信息等方面。农村经济社会和文化发展的边缘化加大了区域差异，不仅在我国的东、中、西部地区有明显差异，即使在经济发达的东部沿海地区内部也有很大差异。

通常情况下，一个地区的产业发展状况决定了当地的经济发展和就业水平。研究表明，发展中国家农村产业分工的特点是（周志祥和范剑平，1988）：产业分工的不发达性和兼业农户的广泛性；农村产业分工受邻近城市经济的制约性大；农村与外界的联系状况直接影响着产业分工的发展程度；农村产业分工往往开始于劳动密集型产业，并随着劳动者文化教育程度的提高而扩展到其他产业；生产要素地区流动的限制性制约着农村产业分工的发展。尽管农村与城市相比处于边缘化位置，但通常难以明确界定哪是乡村，哪是城市？张小林认为界定乡村的困难在于乡村整体发展的动态性演变、乡村各组成要素的不整合性、乡村与城市之间的相对性，以及由于这三大特性形成的城乡连续体（张小林，1999）。城乡之间的难以分割性，加上农村产业和城市产业之间存在着千丝万缕的联系，使得脱离城市来谈一个区域的乡村发展变得不现实。

以产业为载体，农村生产生活方式的物质和非物质元素之间发生各式各样的交互作用，也正是由于这种各异的交互作用，造就了不同的乡村发展类型。我国过去 30 年改革开放进程中，在快速工业化和城镇化驱动下，外资、技术的引进促进产业升级，带动了相关乡村产业的发展，改变了乡村发展的均质状况。在我国东部沿海地区，如江苏省昆山市，从 20 世纪 80 年代开始迅速发展，目前已稳居全国百强县名单中的前两位，其快速的工业化进程对当地农村产业与就业转型产生深远的影响，其乡村发展可归为工业主导这一类型。北京市周边的郊县，商贸、旅游及服务等第三产业对其乡村发展影响较大，其乡村发展可归为商旅服务业为主导这一类型。而对于那些落后的山区、偏远地区，城市化进程比较缓慢，地方经济发展主要以农业产业为主导，可归为农业主导性的乡村发展类型。对于那些城镇与农村发展势头不相上下，三次产业的发展均无明显优势的区域可归为均衡性乡村发展类型。

2. 乡村性

由于区域自然和经济社会发展条件的差异，将导致同一乡村发展类型区其乡村发展程度不一致。各乡村类型发展程度的差异，可采用乡村性指数（rurality index）来刻画。国外学者曾利用包括人口、住户满意度、就业结构、交通格局及距城市中心的远近等社会经济统计数据，构建一个乡村性指数，将英格兰和威尔士地域划分为极度乡村（extreme rural）、中等程度乡村（intermediate rural）、中等程度非乡村（intermediate non-rural）、极度非乡村（extreme non-rural）和城市（urban）5 个类型（Cloke，1977；Cloke and Edwards，1986）。Woods（2005）在充分肯定 Cloke 等工作的基础上，就其所选取指标与乡村性的关联程度、权重的设置以及类型边界的确定等方面提出了一些质疑，并认同 Halfacree（1993）指出的众多描述乡村性方法的本质问题，即这些方法只是对乡村性进行了描述，而未定义和解释为什么会如此。

目前，国际上流行一种更具灵活性的称作社会表征的方法（social representation approach）来定义乡村性（Woods，2005；Halfacree，1993），诸如当地居民所认为或想象的乡村性形象与标志、社会经济的变化对农村环境的影响等均囊括其中。但作者认为其在操作性和可比性方面有所欠缺。我国学者张小林（1998）对乡村性的理论探讨则顾及了这一点，他认为：在当今世界城市化的大背景下，在一定地域内考察乡村性质的强弱（其对立面就是城市性的弱强），比起不断划分过渡地带的做法更具操作性和可比性；每个地区都可以看作城市性与乡村性的统一体，之间不存在断裂点，城乡之间是连续的；乡村性指标的高低应以城市的标准来衡量，这样可以在统一的框架下反映其社会经济发展的差异，不同地域之间具有可比性；此外，乡村性除了与选择的参照标准有关，还与研究的尺度大小、选择的指标与采用的方法相关，随着社会经济的发展可不断对它们进行调整完善。

作者认同张小林的观点，即在城乡一体的地域内考察乡村性质的强弱，更具操作性和可比性，也更符合我国乡村发展的实情。在实际操作中，作者认为乡村性指数评价指标的选取应充分体现乡村对社会具有的功能。通常，影响乡村长远发展及其对社会所具有功能发挥的与乡村土地利用密切相关的因素主要来自：①食物和农村原材料的生产；②乡村人口的变化；③乡村经济的发展水平；④乡村人口活动与就业的空间组织水平。据此，本章在选取东部沿海地区各县市的乡村性评价指标时，考虑到指标的代表性和数据获取的可能性，选取了耕地变化速率、乡村人口变化率、一产就业比例、农地产出率和农业劳动生产率五个指标。

如某一县市的耕地面积呈增加趋势则表明其乡村性渐强，反之如耕地面积在工业化和城镇化的过程中不断减少，则其乡村性渐弱。如某一县市的乡村人口呈增加趋势则表明其乡村性渐强，反之如乡村人口不断减少，则其乡村性渐弱。如某一县市的劳动力总数中在第一产业就业人数的比例越高，表明其乡村性越强。通常，某一县市单位耕地面积农业总产值越低，表明该县市经济发展水平低，农业经营较粗放，乡村性就越强。一般情况下，某一县市农村劳动力的平均农林牧渔总产值越低，表明该县市经济发展水平低，农业经营模式缺乏多样性且较粗放，乡村性就越强。据此，构建乡村性指数评价指标见表 2-1，其中各指标的权重根据专家评分法计算得来，耕地变化速率和乡村人口变化率根据 1996 年和 2004 年两个年度的数据计算，其他三个指标所取数据年份为 2004 年，数据来自相关省市的社会经济统计年鉴。

表 2-1　乡村性指数评价指标

指标（权重）	计算方法	指标说明
耕地变化速率（0.262）	(末期耕地面积－初期耕地面积)/初期耕地面积	正指标（值越大，表明区域的乡村性越强）
乡村人口变化率（0.225）	(末期乡村人口数－初期乡村人口数)/初期乡村人口数	正指标（值越大，表明区域的乡村性越强）
第一产业就业比例（0.154）	第一产业就业劳动力/劳动力总数	正指标（值越大，表明区域的乡村性越强）
农地产出率（0.167）	农业总产值/耕地总面积	逆指标（值越小，表明区域的乡村性越强）
农业劳动生产率（0.192）	农林牧渔总产值/农林牧渔业劳动力总数	逆指标（值越小，表明区域的乡村性越强）

2.1.2　东部沿海地区乡村发展类型划分与乡村性评价

1. 乡村发展类型划分指标体系和方法

在我国东部沿海地区，既有经济发达的乡村，也有相对落后的农村地区（主要分布在偏僻的平原地区和山区），其乡村发展是我国乡村发展的一个缩影。乡村的发展通常是以产业为载体，因此可以采用产业发展现状来刻画某一地域目前所处的乡村发展类型。本章选取我国东部沿海地区 615 个县市[①] 2006 年的 GDP 及其中的三次产业产值（数据来自相关省市的社会经济统计年鉴），构建刻画乡村发展类型的指标：①GDP1%——GDP 中第一产业所占百分比；②GDP2%——GDP 中第二产业所占百分比；③GDP3%——GDP 中第三产业所占百分比。首先统计各指标的均值和标准差（表 2-2），标准差可反映一个数据集的离散程度，即每一个样本的分值与平均分值之间的平均差异。通常情况下，如果某一县市的三次产业中某一产业在 GDP 中所占的百分比超过全体样本的平均值与标准差之和，则该产业无疑在地方经济发展中占据主导地位。因而规定：如某一县市其某项指标超出该指标的均值和标准差之和，即判定该县域的农村发展状态为某类指标因素所主导。例如，指标 GDP2%在所有样本中的均值为 47.13%，标准差为 13.36%，如果某一县域该指标的值超过两者之和 60.49%，则判定该县域属工业主导乡村发展类型。据此，构建乡村发展类型划分指标体系见表 2-3。

表 2-2　指标的均值和标准差

项目	GDP1%	GDP2%	GDP3%
均值	19.19	47.13	33.66
标准差	12.76	13.36	8.13

表 2-3　乡村发展类型划分指标体系

类型	划分指标及取值
农业主导型	GDP1%≥31.95%
工业主导型	GDP2%≥60.49%
商旅服务型	GDP3%≥41.79%
均衡发展型	不属于上述三个类型的县市

2. 乡村性指数（RI）评价方法

本章采用线性加权和法综合表 2-1 中的 5 个指标来计算乡村性指数，以反映待评价县域的乡村性强弱。由于各个指标的量纲不同，采用极值法对各指标进行标准化处理：

$$S_i=\begin{cases}\dfrac{x_i-x_{\min}}{x_{\max}-x_{\min}}\text{（正指标）}\\[2ex]\dfrac{x_{\max}-x_i}{x_{\max}-x_{\min}}\text{（逆指标）}\end{cases}\tag{2-1}$$

式中，S_i 为各指标标准化值（无量纲）；x_i 为第 i 指标数值；$x_{\min}$ 为该指标的最小值；$x_{\max}$ 为该指标最大值，$i=1, 2, \cdots, 5$。各县市的乡村性指数为

① 均为县级单元（县或县级市），以 2004 年行政区划为准，不包括近几年新的县改区，地级市的市区被剔除。

$$\mathrm{RI}=\sum_{i=1}^{5}w_iS_i \tag{2-2}$$

式中，w_i 为各指标权重；S_i 为各指标标准化值；RI 为县域乡村性指数，数值越大表明其乡村性越强。

3. 划分与评价结果

综合评价我国东部沿海 10 省市 615 个县（市、区）的产业发展现状，划分东部沿海地区乡村发展类型，并计算各县（市、区）的乡村性指数。东部沿海地区乡村发展类型的划分及其乡村性评价结果如图 2-1、表 2-4、表 2-5、表 2-6、表 2-7 和表 2-8 所示。

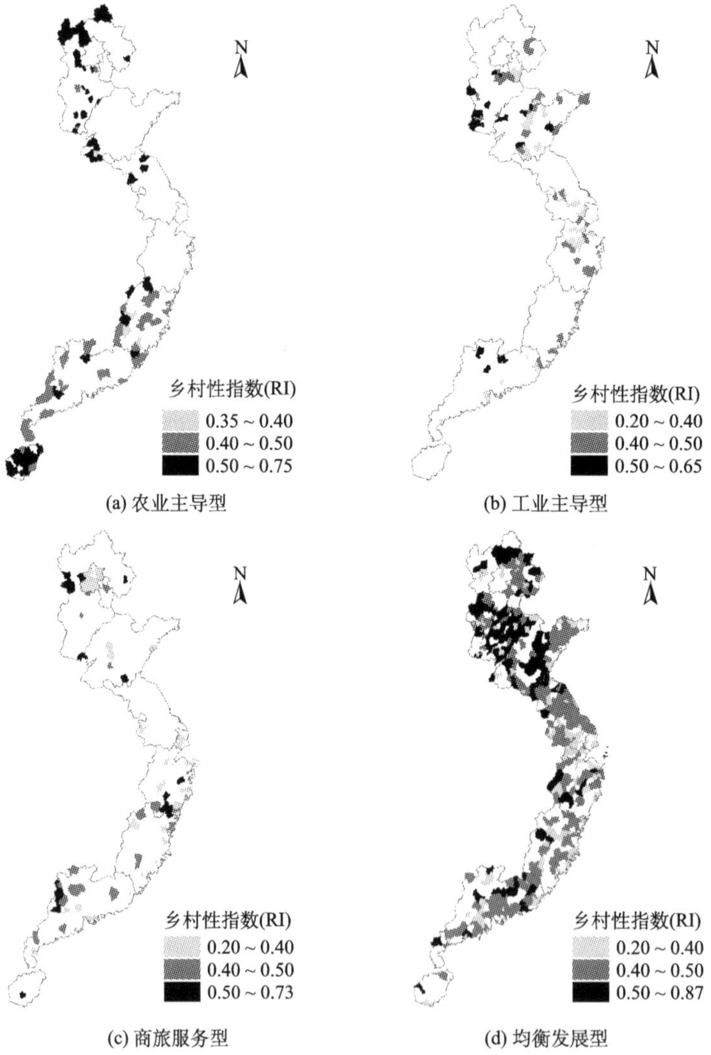

图 2-1　东部沿海地区不同乡村发展类型的乡村性指数（RI）

表 2-4　东部沿海地区乡村发展类型划分及其乡村性评价结果

乡村发展类型	面积/万 km^2	比例/%	RI 值	县（市、区）个数	不同指数区间类型面积/万 km^2	比例/%
农业主导型	16.28	18.64	0.35～0.40	4	0.5973	3.67
			0.40～0.50	32	6.0655	37.26
			0.50～0.75	53	9.6174	59.07
工业主导型	10.48	11.99	0.20～0.40	30	3.4963	33.37
			0.40～0.50	37	4.4883	42.84
			0.50～0.65	19	2.4931	23.79
商旅服务型	10.26	11.75	0.20～0.40	33	4.3847	42.73
			0.40～0.50	16	3.0738	29.96
			0.50～0.73	17	2.8025	27.31
均衡发展型	50.34	57.63	0.20～0.40	83	8.6783	17.24
			0.40～0.50	164	23.0625	45.81
			0.50～0.87	127	18.6032	36.95

表 2-5　东部沿海地区农业主导型乡村发展类型

RI 值	县（市、区）名称
0.35～0.4	成武、明溪、连城、华安
0.4～0.5	阳西、连江、罗定、东山、建宁、建瓯、南靖、大田、电白、尤溪、雷州、漳浦、南雄、长汀、高要、紫金、临高、郁南、遂溪、万宁、阳山、徐闻、信宜、云霄、封开、惠来、政和、永泰、武平、始兴、定州、成安
0.5～0.751	永清、诏安、浦城、固安、南河、涿鹿、翁源、松溪、光泽、澹州、平和、澄迈、定陶、昌黎、新兴、望都、灌云、饶阳、武邑、涟水、定安、东方、博野、琼海、巨野、肥乡、张北、陵水、尚义、泗洪、围场、鄄城、临漳、任县、沽源、赤城、宁化、郓城、威县、曹县、廉江、康保、广宗、单县、琼中、吴桥、保亭、乐东、屯昌、文昌、白沙、云安、清流

表 2-6　东部沿海地区工业主导型乡村发展类型

RI 值	县（市、区）名称
0.2～0.4	天津市辖区、东营、潍坊、淄博、莱芜、临沂、枣庄、泰州、镇江、常州、苏州、梅州、惠州、湛江、潮安、晋江、海宁、昆山、富阳、太仓、慈溪、诸暨、绍兴、海盐、江阴、中山、德清、张家港、三河、玉环
0.4～0.5	吴江、长乐、文登、乐清、扬中、桐庐、南安、永嘉、江都、浦江、龙海、上虞、鹿泉、静海、平湖、荣成、桓台、胶南、仪征、任丘、迁安、饶平、霸州、高阳、垦利、招远、雄县、宽城、永康、滕州、清河、容成、广饶、新泰、迁西、沙河、文安
0.5～0.646	安新、寿光、邹城、乳源、武安、佛冈、高唐、博兴、邹平、诸城、宁晋、邢台、临清、邯郸、涉县、平山、涞源、内丘、连平

表 2-7 东部沿海地区商旅服务型乡村发展类型

RI值	县（市、区）名称
0.2～0.4	昌平、大兴、苍南、密云、北京市辖区、济南、泰安、青岛、南京、上海市辖区、杭州、绍兴、宁波、金华、温州、福州、泉州、厦门、漳州、潮州、广州、肇庆、深圳、珠海、阳江、湛江、延庆、平谷、舟山、瑞安、邵武、宁德、台州
0.4～0.5	平阳、乐昌、霞浦、英德、武夷山、连南、广宁、化州、五华、漳平、涿州、宝坻、恩平、龙泉、阜平、曲阜
0.5～0.725	怀来、丽水、天台、连山、文成、泰顺、德庆、蔚县、怀集、阳原、怀安、卢龙、大名、苍山、魏县、景宁、通什

表 2-8 东部沿海地区均衡发展型乡村发展类型

RI值	县（市、区）名称
0.2～0.4	常山、高明、怀柔、双桥、张家口、双滦、秦皇岛、唐山、石家庄、河口、衡水、烟台、滨州、德州、威海、邢台、聊城、青岛、日照、济宁、菏泽、徐州、淮阴、盐城、邗江、扬州、南通、无锡、马山、嘉兴、衢县、衢州、南平、龙岩、曲江、同安、韶关、揭阳、潮阳、汕头、云浮、佛山、汕尾、江门、茂名、坡头、霞山、花都、仙居、莆田、江宁、南汇、南海、奉贤、惠安、青浦、三明、余姚、萧山、长兴、顺昌、澄海、连云港、清远、安吉、湖州、乐陵、温岭、新会、鄞县、义乌、藁城、常熟、武进、沧州、大厂、福清、福鼎、龙口、古田、鹤山、宁海
0.4～0.5	桐乡、嵊州、东莞、上杭、罗源、和平、东阳、崇明、金坛、新昌、三水、德化、闽侯、开平、闽清、六合、蕉岭、嘉善、海丰、斗门、正定、余杭、永安、靖江、武义、江浦、锡山、丹阳、顺德、胶州、临安、临海、长泰、贾汪、番禺、博罗、大丰、宜兴、栾城、河源、增城、兖州、建阳、章丘、惠阳、保定、大埔、唐海、新乐、寿宁、仙游、姜堰、普宁、高邮、香河、吴川、周宁、石狮、丰南、淮安、江山、即墨、高邑、永定、乳山、龙门、饶平、辛集、溧水、高州、东台、柘荣、兰溪、乐亭、泰兴、福安、揭东、龙游、海安、盐都、建湖、高淳、五莲、揭西、丹徒、惠东、台山、玉田、溧阳、射阳、青田、通州、安溪、蓬莱、屏南、从化、海门、肥城、连州、平阴、莱州、如皋、启东、永春、深泽、晋州、易县、如东、栖霞、四会、沂源、响水、遵化、莱西、宝应、金湖、兴宁、兴隆、蓟县、长清、句容、泗阳、建德、青县、满城、丰润、兴化、井陉、黄骅、金乡、抚宁、琼山、无极、廊坊、阜宁、微山、宿豫、宿迁、洪泽、沛县、涞水、庆元、象山、海阳、馆陶、新沂、三门、安平、铜山、武清、沭阳、梅县、莱阳、宁阳、平度、无棣、承德、泊头、赵县、禹城、永年、隆尧、高密、安国
0.5～0.87	滦平、阳春、滦南、冀州、邳州、清苑、寿光、临邑、泗水、丰县、滦县、肃宁、武城、滨海、柏乡、青州、邱县、赣榆、平泉、汶上、宁津、利津、平原、蠡县、商河、故城、睢宁、徐水、顺平、景县、济阳、定兴、赞皇、深州、临朐、唐县、河间、东平、盱眙、元氏、沙县、陆丰、嵊泗、南宫、泰宁、阜城、茌平、嘉祥、蒙阴、枣强、清新、灵寿、龙川、高青、昌邑、鱼台、东源、东光、庆云、万全、阳谷、昌乐、灌南、曲阳、崇礼、东阿、丰宁、鸡泽、东海、郯城、曲周、宣化、夏津、沧县、武强、行唐、大城、磁县、平邑、青龙、海兴、陵县、东明、齐河、安丘、宁河、孟村、冠县、费县、临城、临沭、临西、梁山、新河、广平、莒南、莘县、丰顺、南皮、平乡、廉江、巨鹿、沂水、献县、隆化、沾化、奉化、沂南、盐山、惠民、阳信、缙云、磐安、仁化、开化、云和、阳东、淳安、松阳、遂昌、高碑店、岱山、平远、新丰、昌江、将乐、陆河

2.1.3　东部沿海地区乡村发展评价与分析

进入 21 世纪，我国农村和城市发展进入新的转型期：一方面是社会转型，即从传统的农业社会向现代工业、城市社会转型；另一方面是经济转型，即从传统的计划经济向现代的市场经济转轨（龙花楼，2006；林毅夫等，1998；蔡运龙，2001b）。沿海地区农村工业化和城镇化进程加快、人口快速增长及市场经济的发展引起农村产业结构、就业结构和土地利用格局的快速转变（樊杰和千庆兰，2004；Liu et al.，2008；Long et al.，2007b，2009a；杨桂山，2002）。沿海地区农业功能与经营方式也呈现多元化，逐步由数量型向质量、效益型转变，园区农业、都市农业、观光休闲农业不断兴起（刘彦随和陆大道，2003；刘彦随，2007）。随着经济与社会的转型，区域发展要素重组与产业重构，深刻地改变着东部沿海广大的农村地区，并造就了不同的乡村发展类型。

东部沿海地区凭借其得天独厚的区位优势和国家政策倾斜，多半县市的三次产业得到均衡发展；农业主导、工业主导和商旅服务业主导的发展地域类型分别占总面积的 18.64%、11.99%和 11.75%（表 2-4）。表 2-1 中所构建的乡村性指数评价指标可反映待评价乡村地域的发展现状及其对社会具有功能的发挥情况。因此，该指数在一定程度上也能反映不同地域上同一乡村发展类型其所处的发展阶段，将其与不同区域的自然与经济社会条件相结合，有助于我们分析乡村发展类型的区域差异，以便因地制宜地选取新农村建设措施，促进区域农村经济的发展。

农业主导乡村发展类型中乡村性较强（$RI>0.5$）的地域占到 59.1%，主要分布在冀北、鲁西南、冀鲁交界处、苏北和闽西部分地区及海南省的大部分地区。这些地区多处山地丘陵区或远离经济发达地市，多为大宗、初级农产品的生产区域，农村劳动力在第一产业中就业居多。乡村性弱（$RI<0.4$）的地区很少，只有 4 个县，其主要特征是耕地面积和农业人口数量减少较快，农地产出率较高。其余大部分地区为乡村性居中（$0.4<RI<0.5$）的地域，占东部沿海地区该类型总面积的 37.3%，主要分布在福建和广东的部分地区（图 2-1（a）和表 2-4）。

工业主导乡村发展类型中乡村性弱和居中的地域分别占到 33.4%和 42.8%，主要分布在京津冀交界处、长江三角洲、鲁中南及鲁、粤、闽沿海一带（图 2-1（b）和表 2-4）。这一带的工业多以高精尖的工业产品为特色，工业产品的附加值较高，这些地域的乡村劳动力多数在工厂中就业，快速工业化进程致使大量耕地被占用。乡村性较强的工业主导乡村发展类型占到该类型总面积中的 23.8%，主要分布在河北南部和广东北部的一些县域，这些地方城市化水平不高，经济发展相对落后，尽管第二产业在 GDP 中占主要地位，但产品中附加值低的初级工业产品所占的比重较大。

商旅服务业为主导的乡村发展类型中，大部分地域（42.7%）乡村性弱，主要分布在北京、上海、济南、青岛、南京、广州、湛江、深圳，以及浙闽一些县市（图 2-1（c）和表 2-4）。这些地方的商务、旅游及其他服务业高度发达，对当地乡村发展无论是在产业还是在就业层面均具有很强的带动作用。乡村性较强和居中的地域分别占到 27.3%和 30.0%，主要分布在河北西部、浙闽交界处和粤西北地区，这些地区主要以初级旅游产品的开发为主，商服层次较低，对当地乡村发展的带动性有待加强。

东部沿海地区略过半数（57.6%）的地域农业、工业和商旅服务业得到均衡发展，但其发展层次有较大的差异性，这一差异性从乡村性指数及不同指数值在地域空间上的分布特点可得到充分体现。乡村性弱的地域占17.2%，主要在怀柔、张家口、三亚、烟台、日照，以及长江三角洲、珠江三角洲和福建沿海一带。这些地方的农业产品附加值较高，高科技农业、观光农业发达，工业发达，商旅服务业层次也较高。乡村性较强的地域占到37%，主要分布在河北、山东中西部、浙闽西部和广东北部的部分县市，这些地域属低层次的各业均衡发展。接近半数（45.8%）的均衡发展类型区其乡村性居中，属介于前两者之间的中层次的农业、工业和商旅服务业均衡发展（图2-1（d）和表2-4）。

此处运用乡村性指数来刻画同一乡村发展类型区其乡村发展程度的差异。不同的乡村发展类型可能会具有相同或相近的乡村性指数值，如农业主导型县域也有某些地区其乡村性较弱，工业主导型、商旅服务型县域也有一些地区其乡村性较强。这主要归因于当今全球化和社会经济重构背景下乡村的多功能性发展和立足当地（place-based）的乡村发展模式（Woods，2009c）。经济的快速发展、交通系统的不断完善和网络信息技术的不断升级，一些立足乡村地域的工业、高技术观光农业和商旅服务业得到迅速发展，使得某些县域的乡村性指数值与其他同类地区差异较大，以及同一乡村性指数值可能对应不同的乡村发展类型。

乡村发展决定于影响其发展的各类要素的变化，这些要素包括物质层面和非物质层面两大类，涉及自然资源、人力资源、产业与就业、信息、科技、风俗等。这些要素的变化，甚至在区域间的流动引起了乡村发展状态从量变到质变过程的发生。因此，本书所划分的各乡村发展类型不会是一成不变的，随着时间的推移至少量变是时刻在发生的。至于将来会转变为哪种类型，何时开始转变，则要看这些影响要素的消长态势。除了塑造某一乡村发展类型之外，这些要素综合作用的另一种表现形式便是某一地域的农村经济社会发展模式。

摸清区域乡村发展类型及其所处发展阶段的分异格局，可为研究不同类型及其所处阶段的进一步发展提供依据。据此，在经济社会转型的过程中，研究在统筹城乡发展格局下对典型乡村类型的各种发展要素流，如何进行其状态评判和情景预测，以实现对乡村发展要素流动的合理调控和优化配置，促进乡村产业与就业的顺利转型。同时梳理不同类型中农村经济社会发展的现有典型模式，并分析其不足及其得以持续成长的创新途径，将成为农业与乡村地理学科领域亟待加强研究的重要内容。

2.2　中国乡村转型发展评价

2.2.1　乡村转型发展评价的三个维度

一般而言，综合的乡村发展理论认为乡村系统内在因素和外援驱动力的共同作用，是推动乡村系统发展的关键（Terluin，2003）。乡村系统与外援系统的相互影响和交流，特别是城乡两大系统之间在物质和文化方面的广泛交流，已成为现在乡村发展研究的重要组成（Murdoch，2000）。乡村农业发展通过保障粮食和工业原材料供给，在区域工业化和城镇化进程中扮演着至关重要的角色。随着城乡交流和联系的不断发展，社会产业整体在城镇与乡村系统间的功能分工愈加广泛和深刻，在促使城乡联系更加紧密的同时，也推动城镇系统和乡村系统在持续的工业化和城镇化进程中不可避免的变动和转型（McGee，2008）。

区域经济社会发展包括经济总量增长与社会经济结构优化两个方面，而城乡协调发展是各地乡村转型发展的主要目标。因此，衡量一个地区的乡村转型发展，应从乡村发展、社会经济结构转变和城乡关系改善三个方面入手，即乡村发展、乡村转型和城乡协调等三个维度，如图 2-2 所示。

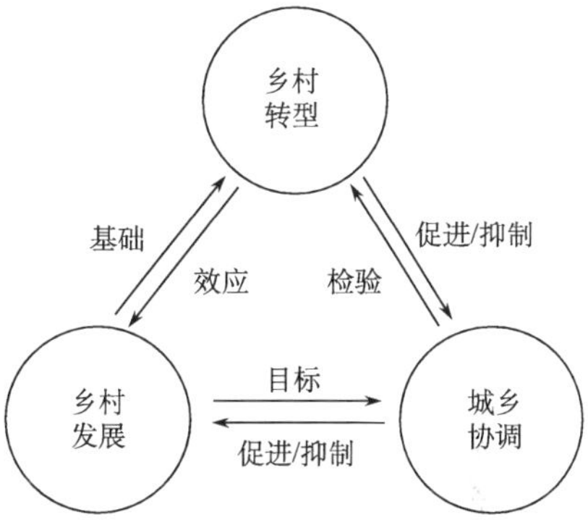

图 2-2　乡村转型发展各维度间相互关系

乡村发展度（rural development level，RDL），综合度量了乡村系统转型发展之前所拥有的社会经济条件基础和转型前后发展水平的变化，以及乡村转型对乡村系统社会、经济和文化观念变化方面的综合作用结果。

乡村转型度（rural transformation level，RTL），即乡村社会经济结构和消费结构的变化程度，综合反映乡村内部社会经济结构的转变速率和方向，揭示了乡村系统由粗放无序发展向高效有序发展的转变程度。

城乡协调度（urban-rural coordination level，URCL），从本质上揭示区域资源在城乡之间合理有效配置程度，以及乡村转型发展是否有效促进了区域经济社会发展的整体效益最大化。城乡协调发展程度能有效检验乡村转型发展的合理性，良性的乡村转型能推进区域城乡协调发展，而恶性的乡村转型只会加剧乡村的被剥夺。推进乡村发展的目标是缩小城乡差距，实现城乡协调发展，而协调的城乡关系能有效整合与配置区域资源，进一步促进乡村的持续发展。

乡村转型发展是乡村经济社会发展到一定阶段的产物，特定区域的乡村转型发展需要适应于其自身的乡村发展度基础。一般而言，较低的乡村发展度意味着区域乡村系统在发展资金、农业技术、人力资本、基础生产和服务设施等方面缺乏足够的积累，难以有效支持乡村在每个功能子系统的全面升级和转型。若在此状况下盲目推进乡村转型发展，将打乱原有的乡村积累和发展模式，致使乡村功能子系统的结构升级难以达到成功改善乡村内生发展能力的目标，并最终导致乡村系统发展受限和城乡不协调发展。但如果推进乡村转型的程度适中，且乡村经济的转型集中于改善原有的农业基础设施和生产技术条件，最终将促进区域乡村发展度的显著改善，并有效推动城乡关系的协调发展。

当区域乡村系统经历了快速发展并成长到一定阶段，在原有发展模式下乡村系统必然难以保持应有的发展速度以满足区域整体发展的需求。及时推进乡村转型发展，通过政策激励、就业支持和技术改进等措施，推动乡村产业发展，促进乡村系统结构的优化，加快乡村发展速率，成为推动城乡协调、保障区域整体持续快速发展的客观需要。

随着社会经济的持续发展，区域乡村发展度得到不断增长，而乡村社会经济结构转型是否平稳将极大影响区域城乡协调发展的进程。简而言之，特定的初始乡村发展度面对不同的乡村转型度，最终将导致城乡关系协调程度的不同和区域发展模式的差异（图 2-3）。

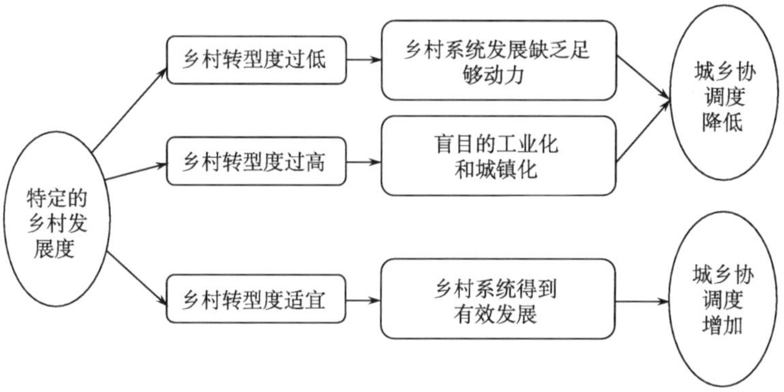

图 2-3　乡村转型发展三个维度间的作用关系

2.2.2　乡村转型发展评价指标体系

乡村发展度、乡村转型度、城乡协调度三者密切相关，是衡量地区乡村转型发展不可或缺的重要复合标准。本书将针对此三个衡量标准，以乡村转型发展相关理论为基础，基于科学性、目标性、系统性、层次性、可操作性与动态性等原则（毛汉英，1996；刘慧，1997），分别构建评价指标体系，以实现对乡村转型发展的综合评定。

1. 乡村发展度

乡村地域系统的综合发展，包括其社会、经济、文化、资源环境等方面的综合变化，可以从生产、生活与生态环境三个方面进行概括。结合乡村经济发展的综合表征，确定乡村发展度评价的四个准则层，参考前人（毛汉英，1996；刘慧，1997）有关区域与农业可持续发展方面的评价指标体系，构建乡村发展度评价指标体系（表 2-9）。

表 2-9　乡村发展度评价指标体系

准则层	指标层	计算方法	指标说明
乡村经济发展	人均农业总产值	农林牧渔业总产值÷农业人口（元/人）	正指标
	人均乡村社会总产值	乡村社会总产值÷乡村总人口（元/人）	正指标
	乡村从业人员比例	乡村就业人口÷乡村总人口（%）	正指标
	农业劳动生产率	第一产业产值÷第一产业就业人口（元/人）	正指标

续表

准则层	指标层	计算方法	指标说明
农业生产投入	农业资金投入强度	农林牧渔业增加值÷农业投资额（%）	正指标
	农业机械投入	农业机械总动力÷耕地面积（kW/hm^2）	正指标
	农业化肥投入	农业化肥施用总量÷耕地面积（t/hm^2）	正指标
	乡村灌溉设施	有效灌溉耕地面积÷耕地面积（%）	正指标
	耕地复种指数	农作物总播种面积÷耕地面积（%）	正指标
乡村社会发展	乡村交通设施	乡村公路里程÷乡村总人口（km/人）	正指标
	乡村电力设施	乡村用电量÷乡村总人口（kW·h/人）	正指标
	乡村通信设施	乡村电话机总数÷乡村总人口（部/人）	正指标
	乡村教育水平	中学以上文化程度人口÷乡村总人口（%）	正指标
	乡村医疗卫生条件	乡村医院床位总数÷乡村总人口（张/人）	正指标
	人口平均预期寿命	—	正指标
	农民收入水平	农村居民人均纯收入（元）	正指标
	乡村消费水平	农村居民人均生活费支出（元）	正指标
	农民组织化程度	加入合作社农民总数÷农业人口（%）	正指标
乡村生态环境	人均耕地资源	乡村耕地资源总面积÷乡村总人口（hm^2/人）	正指标
	森林覆盖率	乡村森林面积÷乡村土地总面积（%）	正指标
	水土保持系数	乡村水土保持面积÷乡村土地总面积（%）	正指标
	自然灾害成灾率	自然灾毁耕地面积÷乡村耕地总面积（%）	逆指标
	环境污染程度	污染物排放总量÷乡村土地总面积（t/km^2）	逆指标

2. 乡村转型度

乡村转型的本质在于其系统内部产业、就业方式与消费结构的变化，以及由此带来的人口与土地利用方式的转变，因此对乡村转型度的评价需从这几种因素的结构变化着手，整体分析乡村系统内部结构变动的综合效应，基于此得到乡村转型度评价指标体系（表 2-10）。其中，针对“粮食作物种植比重变化”这一指标，作者认为在谋求地区社会经济发展的前提下，收益率更高的经济作物对粮食种植面积的挤占程度越高，地区经济收益相应越高，更有利于推动乡村经济增长以促进区域协调发展的目标，据此本章将其设定为逆向指标。

表 2-10　乡村转型度评价指标体系

指标	计算方法	指标说明
非农人口比重变化	非农人口占总人口比重的变化	正指标
产业结构变化	第一产业产值占 GDP 比重的变化	逆指标
劳动力就业结构变化	农林牧渔业从业人口占总就业人口比重的变化	逆指标
乡村消费结构变化	农村居民消费恩格尔系数的变化	逆指标
粮食作物种植比重变化	粮食作物种植面积占总播种面积比重的变化	逆指标
复种指数变化	（农作物总播种面积÷耕地面积）的变化	正指标

3. 城乡协调度

城乡协调的评价涉及城镇与乡村两个不同地域发展水平的比较，因而需要选择更为概括、直观、可比较的指标进行对比度量，以综合反映城乡之间社会、经济、文化、资源环境等方面的协调发展程度。参考有关城乡统筹发展评价指标体系（田美荣和高吉喜，2009），构建城乡协调度评价指标体系（表 2-11）。鉴于我国乡村发展普遍落后于城镇，表 2-11 中所列指标均以乡村相对城镇的发展水平作为评判标准，乡村相对发展水平越高，城乡差距越小，城乡发展越协调。局部地区部分指标值超过"1"所显示的乡村发展水平超过城镇的现象，是城乡发展高度协调、乡村社会经济高度发展的表现，本章也将此种情况纳入正常考量范围。

表 2-11　城乡协调度评价指标体系

指标	计算方法	指标说明
城乡人均 GDP 对比	乡村人均 GDP÷城镇人均 GDP	正指标
城乡人均收入对比	农村居民人均纯收入÷城镇居民人均可支配收入	正指标
城乡消费结构对比	城镇居民消费恩格尔系数÷农村居民消费恩格尔系数	正指标
产业劳动生产率对比	（第一产业 GDP/第一产业就业人口）÷（第二、第三产业 GDP/第二、第三产业就业人口）	正指标
城乡教育水平对比	乡村中学以上人口比重÷城镇中学以上人口比重	正指标
城乡医疗卫生条件对比	乡村医院人均拥有床位数÷城镇医院人均拥有床位数	正指标
城乡污染物处理率对比	乡村污染物处理率÷城镇污染物处理率	正指标

2.2.3　中国乡村转型发展特征与地域空间格局

1. 评价指标体系和数据处理

（1）指标选取与权重

进入 21 世纪后，中国社会经济保持快速稳定发展，在国家社会主义新农村建设与统筹城乡发展战略与政策的推动下，乡村地区经济与社会得到有效发展。以产业为载体，各地区大力推进发展要素重组与产业重构，有效促进了乡村地区社会经济发展的快速转型。本书基于上述乡村转型发展评价指标，依托各地区可获取且可比较的统计数据，挑选其中部分概括性与综合性比较强的指标，并结合层次分析法（AHP）与德尔菲法（Delphi）分别对各类评价指标赋予权重（表 2-12，表 2-13，表 2-14），以初步分析评价 2000～2008 年我国乡村转型发展的态势与空间格局。

表 2-12　乡村发展度评价指标及权重

准则层	权重	指标层	权重
乡村经济发展	0.383	人均农林牧渔业产值	0.542
		农业劳动生产率	0.458
农业生产投入	0.263	农业机械投入	0.344
		农业化肥投入	0.310
		农业灌溉设施	0.346
乡村社会发展水平	0.354	乡村电力设施	0.283
		农民收入水平	0.363
		农民消费水平	0.354

表 2-13　乡村转型度评价指标及权重

指标	权重
非农人口比重变化	0.209
产业结构变化	0.204
劳动力就业结构变化	0.200
乡村消费结构变化	0.174
粮食作物种植比重变化	0.123
复种指数变化	0.090

表 2-14　城乡协调度评价指标及权重

指标	权重
城乡人均收入对比	0.433
城乡消费结构对比	0.304
产业劳动生产率对比	0.263

（2）数据处理

研究以市（地区、自治州）为基本单元，针对四个直辖市（省级行政单位），北京、天津、上海因空间面积较小而不再进行区县划分，对面积较大的重庆市则采用市中区、市辖区与市辖县分别进行数据统计与处理。

A. 标准化

为消除乡村发展度各指标的不同量纲对综合评价的影响，采用极值标准化方法对各指标数据进行处理，鉴于所选指标对目标层的作用方向都为正，故而仅采用正向极差处理，如公式：

$$X'_{ij}=\frac{X_{ij}-X_{\min i}}{X_{\max i}-X_{\min i}}$$

式中，下标 ij 表示第 j 准则层的第 i 个指标，X'_{ij} 为标准化后 i 指标的值，X_{ij} 为处理前 i 指标的值，$X_{\max i}$ 与 $X_{\min i}$ 分别为所有年份 i 指标中的最大值和最小值。

乡村转型度与城乡协调度的评价指标均为相对指标，为调整各指标值间的可比性，如下式采用一般标准化将各指标值校正到［－1，1］范围，计算综合评价得分时对所有逆指标都乘以负 1 后再进行加权求和。

$$X_i' = \frac{X_i}{X_{\max i}}$$

式中，X_i'为标准化后 i 指标的值，X_i 为处理前 i 指标的值，$X_{\max i}$为所有年份中 i 指标绝对值的最大值。

在标准化过程中，鉴于乡村发展度与城乡协调度均涉及不同年份的评价与比较，故而各指标极值统一采用该指标在所有年份中的最大值与最小值，以保证评价结果在时间尺度上的可比性，并采用 2000 年与 2008 年乡村发展度与城乡协调度得分分别作差，得到乡村发展度与城乡协调度的变化度。

B. 空间聚类模型

模糊空间聚类是在空间数据分析和地域类型划分研究中一种常用的分析方法，每个空间单元的空间坐标信息和属性信息都作为主要因素参与到聚类过程中。此处将综合运用 SPSS 13 中的 K-mean 算法空间聚类模型和 ArcGIS 9.2 中各研究单元（地市）的空间坐标信息，结合各研究单元乡村转型发展的特征信息，利用高频率的迭代计算，以实现空间和属性特征的高效精准聚类。最后，利用 ArcGIS 9.2 的制图功能将此聚类结果直观投影在空间上，形成进入 21 世纪以来中国乡村转型发展的地域空间格局。

2. 评价结果

（1）乡村发展度

受物质条件和社会经济发展格局的限制，除西北地区乡村发展度相对较高外，2000 年中国乡村发展度呈现由东向西逐级递减的态势（图 2-4）。优越的空间区位条件、较高的社会经济发展水平、国家经济发展政策的偏向，有效地促进了东部沿海地区农业生产条件的不断优化和进步，推动经济型农业的快速发展，农业收益水平高，而良好的乡镇企业基础又极大提高了农民收入与消费水平，导致了东部沿海地区普遍较高的乡村发展程度。

中部地区是我国重要的粮食生产基地，在机械设备、灌溉设施、资金积累等方面具备极好的农业生产条件，促使其拥有较高的农业生产水平和相对较高的乡村发展水平。但受相对滞后的地区社会经济和乡村非农产业发展的影响，区域农业生产难以得到长期有效的资金支持，导致其乡村发展程度普遍低于东部地区。东北地区拥有广袤的大平原，以及以黑土为代表的肥沃土壤与齐全的灌溉设施条件，这些优势促成其较高的农业产出。但东北地区同时也是我国传统的重工业基地，20 世纪 90 年代以来面临持续的经济衰退和产业结构重组，地区社会经济发展难以有效支持农业基础设施的改善，导致了该区域近 20 年的农业发展停滞和普遍低于东部沿海地区的乡村发展水平。

西部地区农业生产条件普遍较为恶劣，西南地区崎岖的山地地形条件和西北地区极端干旱的气候条件导致农业生产难以高效普遍开展，而落后的社会经济条件造成极端薄弱的农业基础设施和极低的乡村产业发展基础，导致西部地区普遍较低的乡村发展度。其仅有的少数高乡村发展度的地区，主要集中在部分大城市周边的社会经济中心或农业

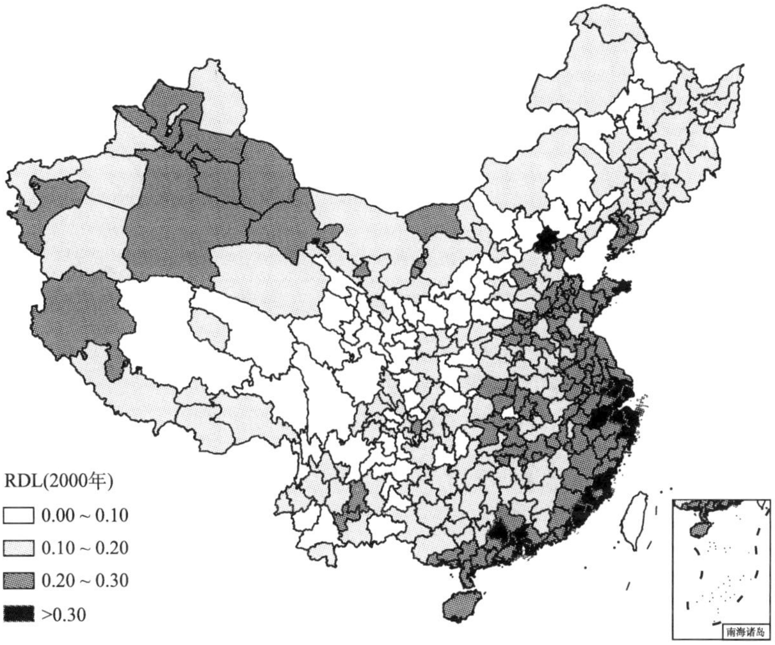

图 2-4　2000 年中国乡村发展度（RDL）空间格局

灌溉条件能得到改善、农业生产能得到财政有效支持的地区，主要为成渝地区、滇中经济作物集中区（烟草）和天山融雪灌溉区。

随着中国社会经济的快速发展，全国范围内的乡村发展水平普遍呈现显著的增长，并在不同的区域发展模式和政策条件下呈现不同的增长速率（图 2-5）。东部沿海地区经济社会飞速发展，为农业和农村的快速发展提供了足够的资金和技术支持，推动其较高的乡村发展速率。东北地区在国家振兴东北老工业基地战略支持下，经历深刻的产业

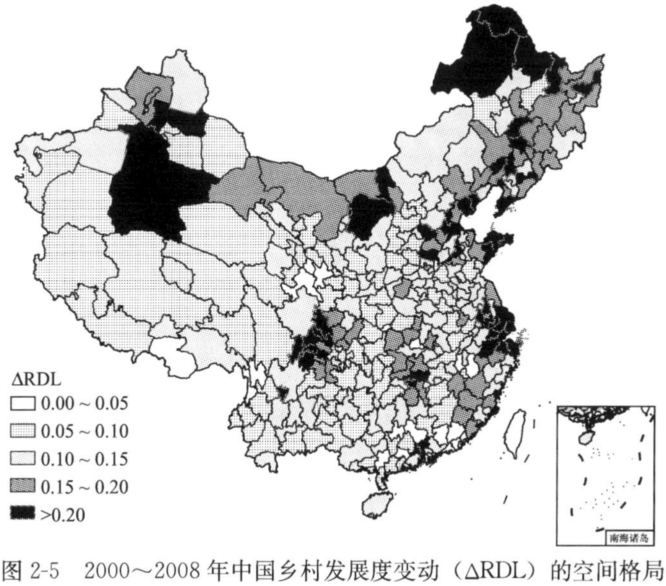

图 2-5　2000～2008 年中国乡村发展度变动（ΔRDL）的空间格局

重组，并带来了乡村发展条件的显著改善和较高的乡村发展度增长速率。

相比于东北地区的快速增长，中部崛起和西部大开发等国家战略却未能给这些地区的社会经济发展提供足够的动力，导致普遍较低的乡村发展度增长速率，其乡村发展度高增速地区主要集中成都、重庆、武汉、长沙、鄂尔多斯和乌鲁木齐等区域的经济中心城市地区，经济发展对中部和西部地区乡村发展水平改善的作用极为突出。

（2）乡村转型度

2000年以来中国经历了社会经济结构的深刻转型和经济的快速发展，由此对中国的乡村转型度造成了巨大影响。总体上看，由于各地区差异明显的发展模式，2000～2008年中国各地的乡村转型度也呈现为极其复杂的空间格局（图2-6）。

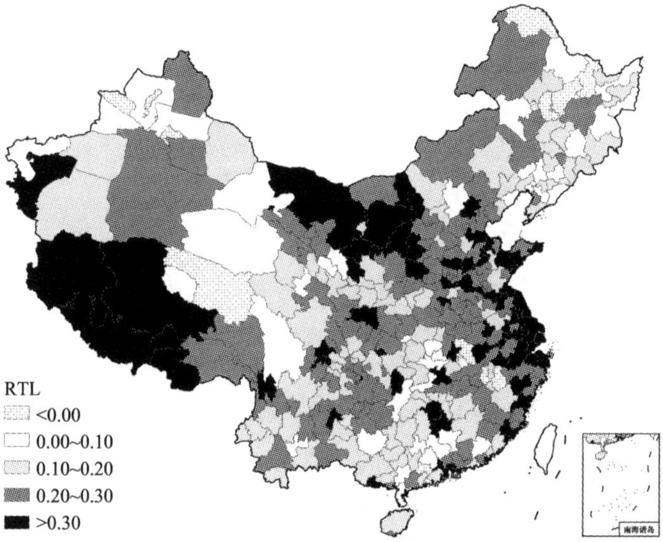

图2-6 2000～2008年中国乡村转型度（RTL）空间格局

长江三角洲地区通过深化乡镇企业改革以适应经济全球化和国家出口导向发展战略的需求，有效地促进了区域乡村经济的发展和在乡村系统结构优化方面的巨大进步，推动区域极高的乡村转型度。北京、天津、山东、河北和河南省政府积极推动地区工业化和城镇化进程，导致了这些地区相对较高的乡村转型度。拥有丰富能源和矿产资源的地区，如山西、陕西、宁夏、内蒙古和贵州等省区，在矿产开发等重工业方面普遍取得了较大进步，促进了该地区飞速发展的社会经济和很高的乡村转型度。

（3）城乡协调度

受不同经济发展模式和乡村转型强度的影响，2000～2008年各地区城乡协调度并未呈现出具有显著地带性规律的空间格局（图2-7）。总体上看，2000～2008年中国城乡协调发展经历了一个普遍衰退的时期，57.9%的地市呈现城乡协调度的负增长，全国层面的城乡协调度降低了1.3%。从区域上看，城乡协调度降低的地区主要集中在东部沿海地区、中部地区和能源矿产开发基地等经济快速发展地区，其经济的发展并未实现城乡系统的互动和协调发展。

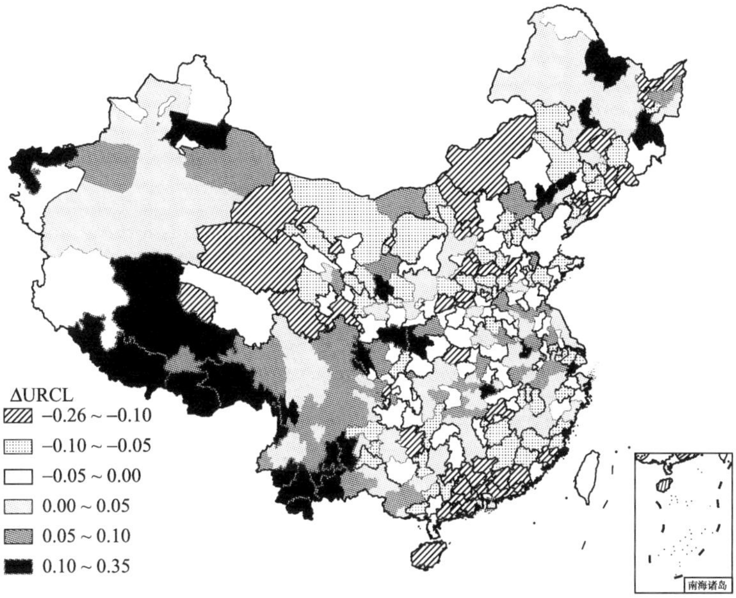

图 2-7　2000～2008 年中国城乡协调度变动（ΔURCL）的空间格局

3. 中国乡村转型发展的地域类型

（1）地域类型划分

鉴于中国乡村转型度和城乡协调度的复杂空间格局，有必要依靠区域转型特征、自然条件差异和社会经济发展条件，分析不同地区乡村转型发展的内在机制。因此，深入

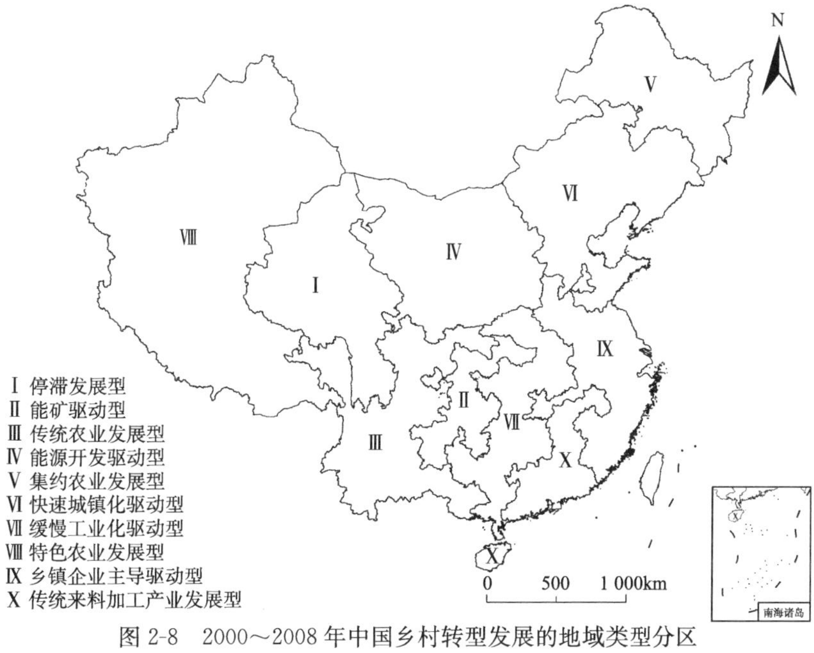

图 2-8　2000～2008 年中国乡村转型发展的地域类型分区

分析和评价中国乡村转型发展，需要基于区域乡村发展度、乡村转型度和城乡协调度等评价标准，对各地乡村转型发展进行合理的地域类型划分，并分析不同类型区乡村转型发展的相关特征。

本章利用 SPSS 13 和 ArcGIS 9.2 软件平台，利用 K-mean 空间聚类模型，采用各地市的空间地理坐标、初始乡村发展度（2000 年）、乡村发展度的变化量、乡村转型度、城乡协调度的变化量等作为聚类因子，以探索中国乡村转型发展的内在机制。基于聚类结果，最终形成中国乡村转型发展的 10 个地域类型区（图 2-8），其各自的乡村转型发展特征按初始乡村发展度的高低顺序列于表 2-15 中。

表 2-15 各地域类型区乡村转型发展的特征

乡村转型发展地域类型区	平均初始乡村发展度	平均乡村转型度	乡村发展度的平均变化	城乡协调度的平均变化	城乡协调度增长的单元在其类型区中所占比重/%	单元总数
停滞发展型（Ⅰ）	0.108	0.063	0.104	−0.073	14.3	7
能矿驱动型（Ⅱ）	0.117	0.233	0.106	−0.029	25.0	24
传统农业发展型（Ⅲ）	0.119	0.219	0.131	0.084	100.0	40
能源开发驱动型（Ⅳ）	0.122	0.253	0.107	−0.043	23.3	43
集约农业发展型（Ⅴ）	0.124	0.072	0.178	0.018	68.8	16
快速城镇化驱动型（Ⅵ）	0.176	0.194	0.166	−0.053	14.5	55
缓慢工业化驱动型（Ⅶ）	0.177	0.156	0.120	−0.003	42.9	42
特色农业发展型（Ⅷ）	0.177	0.180	0.113	0.062	70.0	20
乡镇企业主导驱动型（Ⅸ）	0.235	0.312	0.159	0.002	50.7	69
传统来料加工产业发展型（Ⅹ）	0.271	0.199	0.124	−0.114	9.7	31
全国水平	0.175	0.216	0.135	−0.013	42.1	347

（2）各地域类型区乡村转型发展特征

一般情况下，不同的地区会选择适应于自身自然环境条件和社会经济特征的发展路径，以实现社会经济的快速发展。各地区的初始乡村发展度普遍较低，低初始乡村发展度意味着农业生产和乡村发展缺乏足够的积累。在此情况下，过低或过高的乡村转型度都将不可避免地导致城乡之间的不协调发展。同样，低初始乡村发展度地区因选择不同的发展道路，将得到不同的发展结果并形成不同的乡村转型发展地域类型。

具体来看，类型区Ⅱ和Ⅳ拥有较为相似的发展态势，都因较低的投资强度而呈现薄弱的农业生产基础，稀缺的耕地资源更时刻面临水土流失和荒漠化威胁，滞后的乡村经济和乡镇企业发展，同时，也都储有丰富的能源和矿产资源。其相似的以资源开发为核心的重工业发展道路，推动其劳动力就业、社会资源和资金由农业和农村系统快速转向重工业和城镇系统。其结果是在工业和城镇快速发展的同时，农村和农业生产发展因缺乏足够的外部支持而停滞，在伴随高乡村转型度的同时，呈现较低的乡村发展度增长速率和显著的城乡协调度降低（表 2-15）。

部分类型区拥有相对较高的乡村转型度，但其转型发展主要集中于农业复种指数和乡村消费结构的优化上，其区域发展战略重点在于夯实农业生产基础以取代盲目加速工业化和城镇化，由此推动了城乡之间的协调发展和城乡协调度的显著增长。例如，类型区Ⅲ和Ⅴ，其发展的重心都在于改进传统农业，加强农业集约化生产和规模化经营，并取得了城乡协调度的普遍性增长（表 2-15）。然而，在低初始乡村发展度情况下，并非越低的乡村转型度就越符合区域发展需求，如类型区Ⅰ因其极端的自然环境条件和落后的社会经济条件而导致其最低的初始乡村发展度和乡村转型度。在此状况下，滞后的工业化和城镇化难以带来有效的乡村发展，并导致其较低的城乡协调度水平。

类型区Ⅵ和Ⅶ的初始乡村发展度接近于全国平均状况，但其乡村转型度都低于全国平均水平。较低的乡村转型度难以促进区域整体经济社会的有效发展，最终导致城乡协调度的降低，特别是类型区Ⅵ，其社会经济发展极为迅速，乡村发展度增长了 0.166，但城乡协调度却降低了 0.053。但是，也有特殊的情况，如类型区Ⅷ，其初始乡村发展度居于平均水平，其相对较低的乡村转型度并未导致城乡协调度降低，原因在于伴随适中的工业化和城镇化进程，其以高寒区畜牧产品、干旱区蔬菜瓜果产品等为代表的地区特色农业得到极大发展，促进了农业生产和乡村发展的巨大进步（表 2-15）。

类型区Ⅸ和Ⅹ地处我国经济发展最为迅速的地区，其初始乡村发展度普遍较高，但同时也面临着普遍降低的城乡协调度，特别以广东和海南两省最为突出。类型区Ⅸ，其高乡村转型度在一定程度上推动了乡村系统的发展，但加速发展的工业化、城镇化也促进了城镇系统的有效进步，导致区域城乡协调发展程度并未显著改善，城乡协调度相对恒定。而尽管类型区Ⅹ拥有最高的初始乡村发展度，但其较低的乡村转型度和加速发展的工业化、城镇化，导致了剧烈的城乡不协调发展，其城乡协调度减少了 0.114（表 2-15）。因此，拥有发达的乡村和农业系统的地区，其系统的乡村转型发展须得到及时与持续的推进，以实现城乡之间的协调与可持续发展。

2.2.4　中国乡村转型发展的规律与机制

1. 基于统计特征的中国乡村转型发展一般规律

鉴于各地区乡村转型发展特征相对复杂，为简洁地揭示区域乡村转型发展的内在机制，本书基于指标的数理统计特征，将所有单元的初始乡村发展度划分为四个等级，将乡村转型度划分为 5 个等级（表 2-16）。

表 2-16　中国乡村转型发展统计描述的定级标准

等级	统计标准	初始乡村发展度范围	乡村转型度范围
低	(−∞，均值−0.5 标准差]	(−∞，0.135]	(−∞，0.154]
较低	(均值−0.5 标准差，均值]	(0.135，0.175]	(0.154，0.216]
较高	(均值，均值+0.5 标准差]	(0.175，0.216]	(0.216，0.277]
高	(均值+0.5 标准差，+∞*)	(0.216，+∞)	(0.277，0.339]
极高	(均值+标准差，+∞)	—	(0.339，+∞)

* 乡村转型度分级中，高乡村转型度等级为（均值+0.5 标准差，均值+标准差）。

鉴于拥有高初始乡村发展度和高乡村转型度的单元（地市）数量相对较多，其数据的统计特征相对复杂，故本书增加了一个特殊的“极高”等级来描述部分高乡村转型度的单元，并最终得到了相关等级的统计特征表（表 2-17）。

表 2-17 中国乡村转型发展的统计特征

初始乡村发展度等级	乡村转型度等级	乡村发展度的平均变动	城乡协调度的平均变动	城乡协调度增长的单元在所处等级中的比重/%	单元数
低	低	0.118	0.009	44.1	34
	较低	0.119	0.005	56.1	41
	较高	0.116	0.001	46.2	26
	高	0.120	0.028	59.1	22
较低	低	0.154	−0.052	28.6	14
	较低	0.133	−0.030	37.0	27
	较高	0.138	0.027	72.7	11
	高	0.154	0.061	70.0	10
较高	低	0.117	−0.019	44.4	18
	较低	0.118	−0.018	31.3	16
	较高	0.129	−0.011	55.6	9
	高	0.131	0.027	68.8	16
高	低	0.125	−0.086	11.8	17
	较低	0.132	−0.086	14.3	14
	较高	0.144	−0.063	20.8	24
	高	0.167	−0.018	27.8	18
	极高	0.207	−0.010	36.7	30

表 2-17 中呈现出一个显著的趋势，即除低的初始乡村发展度等级外，各等级的城乡协调度变化总是随着乡村转型度的增加而增加。此现象表明，一旦初始乡村发展度达到“较低”这一等级，乡村转型的增强或乡村转型度的增加将导致乡村发展度的逐步改善和城乡协调度的增加，即有效地推进了城乡协调发展。但这一规律并不适用于低的初始乡村发展度等级，正如上节乡村转型发展地域类型区的特征分析中所揭示的，由于低初始乡村发展度的不同地区通常会选择不同的发展道路以适应其各自的自然和社会经济条件，并将导致不同的转型发展结果。

高初始乡村发展度等级中由于普遍较低的乡村转型度，各地区都呈现出不同程度的城乡不协调发展。2000～2008 年中，尽管在高乃至极高的初始乡村发展度和乡村转型度等级中，因对农业和农村发展进行了充分的积累，各地呈现出显著的乡村发展度增加，但却因区域乡村转型发展的步伐难以赶上快速工业化和城镇化的进程，城乡协调度呈现为普遍的负增长。

2. 中国乡村转型发展的内在机制

受不同自然环境和社会经济发展条件的共同作用，进入 21 世纪以来中国乡村转型发展呈现出较为复杂的空间格局。通过对中国乡村转型发展进行地域类型划分和数理统计分析，本书揭示了中国乡村转型发展的内在机制，即低的初始乡村发展度经历过低或过高的乡村转型度将不可避免地导致城乡之间的不协调发展；拥有特定乡村发展度的地区，其推进乡村转型将有效地促进城乡系统之间的协调发展和城乡关系的积极改善；高初始乡村发展度的地区面临更大的推动乡村转型的压力，以确保城乡协调发展格局的稳定，否则将因区域快速的工业化和城镇化而导致城乡协调度的持续性负增长。

一般而言，中国乡村系统和城镇系统的发展都在经历转型阶段，中国乡村转型发展主要以加速乡村地区的工业化和城镇化进程为特征，由此造成乡村地区的巨大变化，集中表现为耕地和劳动力的大量非农化流转，以及由此带来的乡村产业结构、就业结构和土地利用模式的巨大转变。进入 21 世纪后，缩小城乡差距，统筹城乡发展逐步成为中共中央政府所关注的头等大事，但城乡发展关系的基本格局并未得到有效改善。以东部沿海地区为代表，21 世纪以来其快速的工业化和城镇化进程在一定程度上推动了乡村系统的发展，但也造成了非农产业和城镇系统对社会经济资源、政策资源的更多占用，并对农业和农村系统在资金、技术、劳动力等方面进行长期剥夺，使得乡村快速发展和缩小城乡差距的目标难以实现。

通过更大强度地推进乡村转型发展，持续加强工业和城市在资金、技术上对农业和农村的支持力度，从而逐步改变农业和农村地区经济被剥夺的地位，促进乡村发展度和个体竞争力的有效提高。稳步夯实农业与农村发展基础，大力推进乡村转型发展，是在快速工业化和城镇化背景下，实现 21 世纪中国城乡协调发展的基本模式。

2.3　土地利用转型与乡村转型发展——以常熟市为例

2.3.1　常熟市概况

常熟市位于江苏省东南部长江三角洲经济发达地区（图 2-9）。地处 120°33′～121°03′E，31°30′～31°50′N；东邻太仓，距上海 100km；南接昆山、苏州；西连无锡、江阴；北濒长江黄金水道，与南通隔江相望；西北境与张家港接壤。常熟县域总面积达 $1264km^2$，境内地势低平，海拔多在 3～7m。年平均气温约 17℃，年降水量约 1150mm，全年日照时数约 1800h，适合于农业生产，曾是有名的“鱼米之乡”。改革开放以来，常熟的社会经济发展明显加速，城镇化、工业化水平不断提高。2009 年，三次产业的增加值比重分别为 2.19%、56.21%、41.60%；人均 GDP 达 82 951 元，是同期全国平均水平的 3.24 倍；农民人均纯收入达 12 985 元，是同期全国平均水平的 2.52 倍；城镇化率由 1990 年的 17.60%增加到 2009 年的约 55%。区域经济的快速发展产生了巨大的人口聚集力。2006 年全县外来常住人口总量达 74.2 万人，仅比户籍人口数量少 31.3 万人，按常住人口计算的人口密度高达 1421 人/km^2。经济增长和人口集聚过程中，土地利用状况发生了巨大变化，建设用地急剧增加而耕地快速减少且破碎化加剧是其重要表征，建设用地占总面积的比重已经由 1990 年的 12.91%增加到 2006 年的 27.78%。

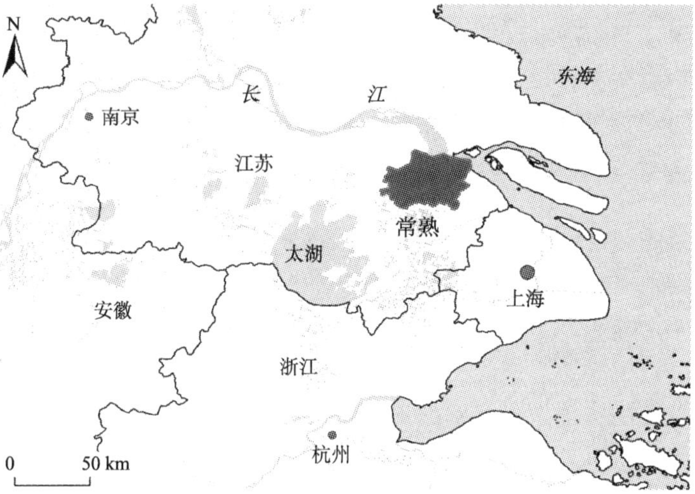

图 2-9　常熟市区位示意图

2.3.2　数据来源与分析方法

基于中国科学院资源环境数据库和环境保护部提供的 1990 年、1995 年、2000 年、2006 年常熟市四期遥感影像（图 2-10），采用土地利用变化转移矩阵和土地利用变化综合动态度模型定量分析该市 1990～1995 年、1995～2000 年、2000～2006 年三个时段的土地利用变化特征，尤其是耕地利用转型特征。再结合《常熟统计年鉴》（2007 年）和《江苏统计年鉴》（2007 年、2010 年）提供的社会经济统计数据，综合分析不同时段土地利用转型和乡村经济社会发展转型的互动关系。

1. 土地利用变化转移矩阵

土地利用变化转移矩阵是用于定量分析区域土地利用类型变化特征的常用方法。本书的做法是：将基期和末期的土地利用现状数据转化为栅格数据（100m×100m），基于叠加分析编制转移矩阵；矩阵中非对角线上的数值表示转移了的斑块面积占总面积的比重；对角线上的数值表示未发生变化的斑块面积占总面积的比重；右侧的行和、底部的列和分别表示用百分比刻画的基期的土地利用结构特征和末期的土地利用结构特征（Pontius et al.，2004；Manandhar et al.，2010）。此外，各土地利用类型其末期相对于基期的变化率用公式（2-3）表示（Long et al.，2007b）：

$$CH_i = (p_{+i} - p_{i+})/p_{i+} \times 100 \tag{2-3}$$

式中，CH_i 是土地利用类型 i 相对于基期的变化率，p_{+i}是类型 i 的行总栅格数，p_{i+} 是

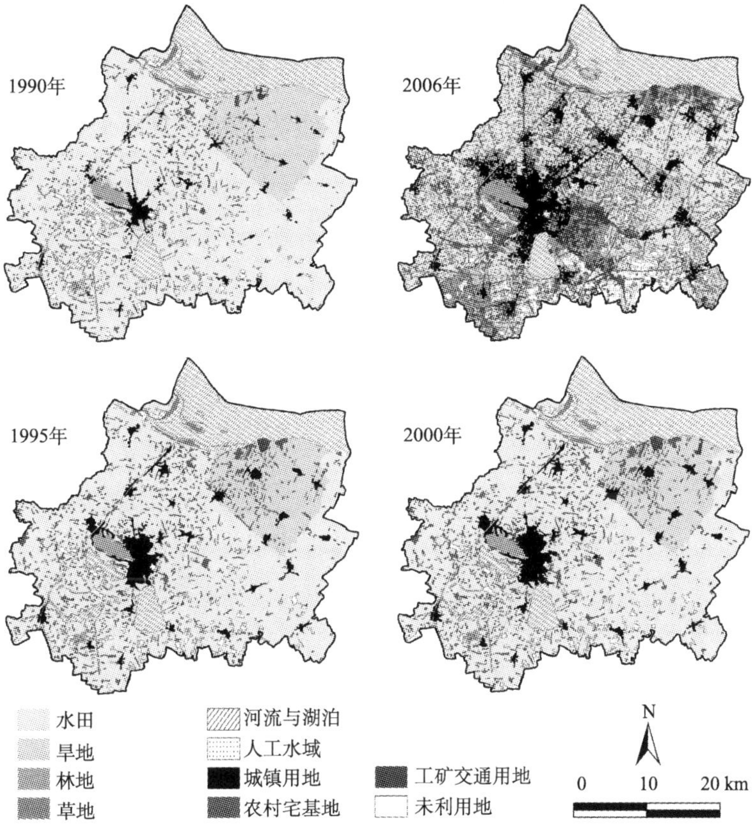

图 2-10　1990 年以来常熟市土地利用变化

类型 i 的列总栅格数。根据公式（2-4）计算土地利用类型 i 向类型 j 的“变化减少”或“变化获得”在类型 i 的“总减少”或“总获得”中所占的百分比（Long et al., 2007b）：

$$P_{\text{loss}(i),j} = p_{i,j}/p_{\text{loss}i} \times 100, \quad i \neq j$$
$$P_{\text{gain}(i),j} = p_{j,i}/p_{\text{gain}i} \times 100, \quad i \neq j \tag{2-4}$$

式中，$P_{\text{loss}(i),j}$ 为类型 i 向类型 j 转化的面积占类型 i 的转出面积的比重；$P_{\text{gain}(i),j}$ 则为由类型 j 转入类型 i 的面积占转入类型 i 的总面积的比重；$P_{\text{loss}i}$ 和 $P_{\text{gain}i}$ 分别为类型 i 的总转出量和总转入量；$P_{i,j}$ 和 $\mathrm{P}_{j,i}$ 是变化矩阵表中的单个数值。

2. 土地利用变化综合动态度

采用如下模型进一步分析土地利用变化的综合活跃程度（刘纪远和布和敖斯尔，2000）：

$$\text{LUC} = \frac{\sum_{i\ j}^{n} \Delta \text{LU}_{i \to j}}{\text{LU}} \times \frac{1}{T} \times 100\% \tag{2-5}$$

式中，LUC 即为土地利用变化综合动态度，$\Delta LU_{i \to j}$ 为土地利用类型 i 向类型 j 转化的面积；n 为土地利用类型数；LU 为研究区域的总面积；T 为时段。

2.3.3　常熟市乡村转型发展特征

乡村产业转型是乡村转型发展的主导驱动力，因而乡村产业构型特征可作为乡村转型发展的重要评判依据。基于政策背景分析、文献资料整理和统计数据分析，将改革开放以来苏南地区的乡村产业发展划分为三个阶段（Li et al.，2010；Long et al.，2011）：1978～1995 年，乡镇企业快速发展的“苏南模式”时期；1995～2000 年：乡镇企业改制的“阵痛期”；2000 年至今：以工业园区为载体的多种所有制、大中小企业协同发展的“新苏南模式”时期。

1. 1978～1995 年

在本时段内，乡镇企业对苏南地区的乡村发展起到了重要的推动作用（费孝通，1996b；Word Bank，1999；Zhao and Wong，2002），是“苏南模式”发育和形成的重要时期。尽管大部分乡镇企业为集体所有、产权不甚明晰、经营规模较小，但由于以市场为导向，具有较强的生产自主性，能充分发挥农村劳动力和土地均极为廉价的成本优势。在生产资料、生活资料相对短缺的该时期，其竞争力往往不亚于国有企业，甚至具有一定的国际竞争力（Zhao and Wong，2002；Fu and Balasubramanyam，2003）。乡镇企业的快速发展驱动县域乡村由传统农业生产模式向乡村工业化模式转型。

2. 1995～2000 年

进入 20 世纪 90 年代中期，乡村企业逐渐失去其竞争力。主要原因在于（洪银兴和陈宝敏，2001；Zhao and Wong，2002）：政企不分，产权不明；产品市场开始由卖方市场向买方市场转变，原本在短缺经济条件下不愁产品销路的乡镇企业不得不面对产能过剩、产品积压、效益滑坡的严峻形势；国有企业在放开搞活后进入市场，个体私营经济也日益壮大，迅速壮大的“三资企业”也是市场竞争的有力对手，均在激烈地争夺市场份额；“村村点火、户户冒烟”的分散布局使得耕地非农化突出、环境污染严重。于是，在外部产品市场不景气、内部经营机制没理顺的情况下，改制成为必然选择。经过改制，乡镇企业的产权主体由原来的乡镇政府和村集体转换为作为产权所有者的职工代表和私营企业主，以多元化产权主体为特征的混合所有制在苏南乡镇企业中得到普遍的推行（曹宝明和顾松年，2006）。苏南地区乡镇企业改制于 1999 年前后基本完成。改制过程中，乡村产业发展的步伐明显放缓（Zhao and Wong，2002；Shen and Ma，2005）。

3. 2000 年至今

随着改革的不断深化，个体经济、私营经济取代集体经济成为推动乡镇企业发展的主要力量，给乡镇企业发展带来了新的生机和活力，使乡镇企业的面貌发生了一系列深刻的变化，显示出了良好的发展态势（Li and Rozelle，2000；王荣等，2007）。加之农业生产向规模化经营集中、工业项目向园区集中、居住向城镇和农村新型社区集中的“三集中”战略的不断推进，“新苏南模式”逐渐形成，促进了城乡经济一体化、城乡企业联合，带动了城镇化的新发展（洪银兴和陈宝敏，2001）。此外，在农业领域，为更好地适应经济社会发展过程中城乡居民食物消费转型、提高农业生产效益，江苏省于2001年出台了《关于推进苏南（苏中、苏北）地区农业结构调整的指导性意见》。由此，各地加大了对农业结构调整的扶持力度，水产养殖、果蔬种植等产业发展迅猛，带动农业的市场化转型。总体而言，经济全球化、产业和人口集中、城乡居民消费转型驱动城乡空间重构，促使城乡景观显著变化。

作为苏南地区的典型县域，常熟经历了与其背景区域极为相同的发展动态。这在数据分析中也得到了直观的体现（图 2-11）：1990～1995 年，全社会固定资产投资、工业总产值、地区生产总值和农民人均纯收入等主要社会经济指标的增速相对较快；但是，在 1995～2000 年的改制“阵痛期”内，增速明显放缓；而自 2001 年开始，改制带来的积极效应凸显，乡村产业发展重现活力，主要社会经济指标增速大幅提升。由此，1995～2000 年可视为乡村转型发展的一个转折期。

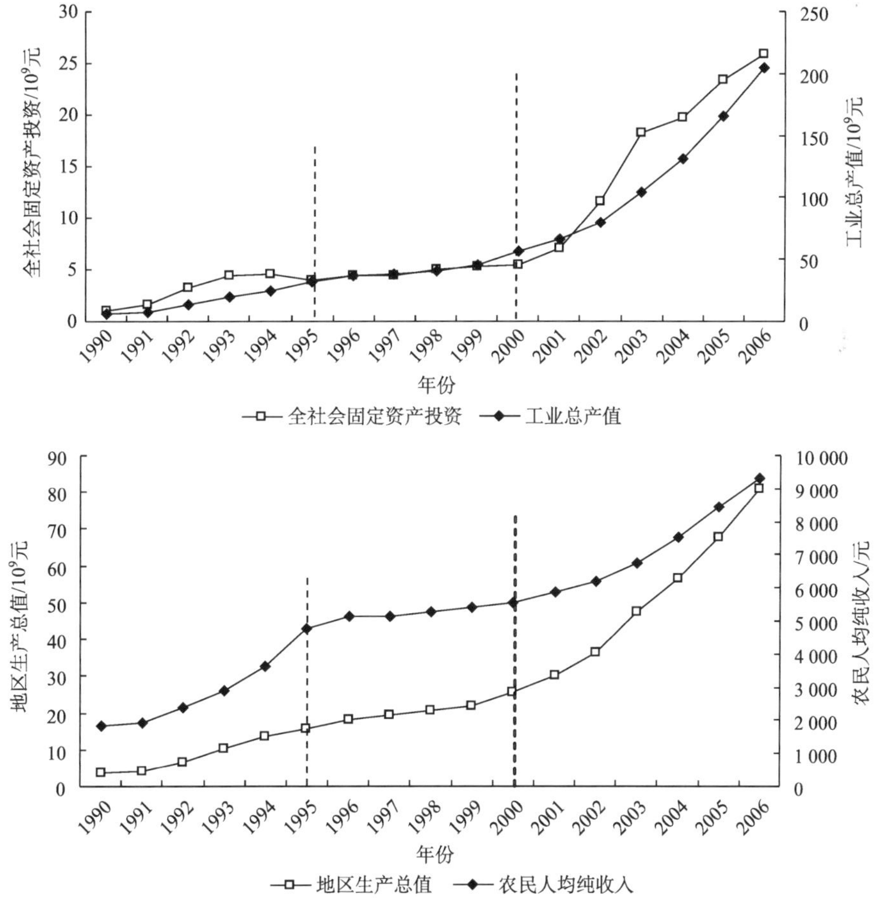

图 2-11　常熟市主要社会经济指标变化

资料来源：《常熟统计年鉴》（2007 年）

2.3.4 常熟市土地利用转型特征

1. 1990～1995 年常熟市土地利用变化

本时段内，常熟的乡镇企业发展迅速，驱动区域土地利用快速变化，由表 2-18 可见：旱地和水田分别减少 15.38%和 5.83%；城镇用地、农村宅基地、人工水域分别增加 92.10%、49.19%和 28.62%；林地、草地和天然水面的变化并不显著。进一步的计算分析可发现，99.93%的新增城镇用地和 100%的新增农村宅基地由水田和旱地转化而来。总体来看，综合土地利用变化动态度为 1.11%，表明本期土地利用变化剧烈程度适中。

表 2-18 常熟市土地利用变化转移矩阵（1990～1995 年） （单位：%）

1990 年利用类型	1995 年利用类型										合计（1990 年）	减少	期间变化
	PF	DL	FL	GL	LR	AP	US	RS	CL	UL			
PF	57.70	0.00	0.00	0.00	0.00	0.59	1.35	1.63	0.00	0.00	61.28	3.58	−5.83
DL	0.00	10.81	0.00	0.00	0.00	0.00	0.98	0.99	0.00	0.00	12.77	1.96	−15.38
FL	0.00	0.00	1.38	0.00	0.00	0.00	0.00	0.00	0.00	0.00	1.39	0.00	−0.11
GL	0.00	0.00	0.00	0.67	0.00	0.00	0.00	0.00	0.00	0.00	0.67	0.00	0.00
LR	0.00	0.00	0.00	0.00	13.88	0.00	0.00	0.00	0.00	0.00	13.88	0.00	0.00
AP	0.00	0.00	0.00	0.00	0.00	2.06	0.00	0.00	0.00	0.00	2.06	0.00	28.62
US	0.00	0.00	0.00	0.00	0.00	0.00	2.53	0.00	0.00	0.00	2.53	0.00	92.10
RS	0.00	0.00	0.00	0.00	0.00	0.00	0.00	5.32	0.00	0.00	5.32	0.00	49.19
CL	0.00	0.00	0.00	0.00	0.00	0.00	0.00	0.00	0.10	0.00	0.10	0.00	0.00
UL	0.00	0.00	0.00	0.00	0.00	0.00	0.00	0.00	0.00	0.00	0.00	0.00	0.00
合计（1995 年）	57.70	10.81	1.38	0.67	13.88	2.66	4.86	7.94	0.10	0.00	100.00	5.54	
增加	0.00	0.00	0.00	0.00	0.00	0.59	2.33	2.62	0.00	0.00	5.54	0.00	

注：PF 表示水田；DL 表示旱地；FL 表示林地；GL 表示草地；LR 表示河流与湖泊；AP 表示人工水域；US 表示城镇用地；RS 表示农村宅基地；CL 表示工矿交通用地；UL 表示未利用地。

2. 1995～2000 年常熟市土地利用变化

由表 2-19 可见，本时段内，林地、旱地和水田分别减少 3.13%、2.94%和 1.97%；工矿交通用地、城镇用地、农村宅基地和人工水域分别增长 118.75%、11.20%、9.28%和 4.62%；草地和天然水面的面积变化依然较小。进一步分析发现，95.32%的新增城镇用地、93.40%的新增农村宅基地由水田和旱地转化而来；新增的 $152hm^2$ 工矿交通用地全部来自旱地，新增的 $168hm^2$ 人工水域全部来自水田。本阶段综合土地利用变化动态度为 0.31%，明显小于前一阶段。

表 2-19　常熟市土地利用变化转移矩阵（1995～2000 年）　（单位：%）

1995 年利用类型	2000 年利用类型 PF	DL	FL	GL	LR	AP	US	RS	CL	UL	合计（1995 年）	减少	期间变化
PF	56.56	0.00	0.00	0.00	0.00	0.13	0.43	0.57	0.00	0.00	57.70	1.14	−1.97
DL	0.00	10.49	0.00	0.00	0.00	0.00	0.08	0.12	0.12	0.00	10.81	0.32	−2.94
FL	0.00	0.00	1.34	0.00	0.00	0.00	0.02	0.02	0.00	0.00	1.38	0.04	−3.13
GL	0.00	0.00	0.00	0.66	0.00	0.00	0.00	0.00	0.00	0.00	0.67	0.00	−0.35
LR	0.00	0.00	0.00	0.00	13.86	0.00	0.00	0.02	0.00	0.00	13.88	0.02	−0.16
AP	0.00	0.00	0.00	0.00	0.00	2.65	0.01	0.00	0.00	0.00	2.66	0.01	4.62
US	0.00	0.00	0.00	0.00	0.00	0.00	4.86	0.00	0.00	0.00	4.86	0.00	11.20
RS	0.00	0.00	0.00	0.00	0.00	0.00	0.00	7.94	0.00	0.00	7.94	0.00	9.28
CL	0.00	0.00	0.00	0.00	0.00	0.00	0.00	0.00	0.10	0.00	0.10	0.00	118.75
UL	0.00	0.00	0.00	0.00	0.00	0.00	0.00	0.00	0.00	0.00	0.00	0.00	0.00
合计（2000 年）	56.56	10.49	1.34	0.66	13.86	2.78	5.41	8.68	0.22	0.00	100.00	1.53	
增加	0.00	0.00	0.00	0.00	0.00	0.13	0.54	0.74	0.12	0.00	1.53	0.00	

注：同表 2-18。

3. 2000～2006 年常熟市土地利用变化

本时段内，常熟市土地利用变化明显加剧，类型间的交叉转化增多（表 2-20）：水田和旱地分别减少 32.59%、83.02%；工矿交通用地、林地和人工水域分别增长 2483.57%、469.12%和 252.85%；城镇用地、草地和农村宅基地分别增长 89.16%、71.20%、和 26.70%。新增工矿交通用地的 53.44%来自水田、23.56%来自旱地、14.65%来自农村宅基地；新增农村宅基地的 81.07%来自水田、9.85%来自旱地；新增城镇用地的 53.44%来自水田、21.23%来自农村宅基地、10.34%来自旱地。耕地依然是其他用地新增面积的主要来源，新增城镇用地、农村宅基地、工矿交通用地、人工水域、草地和林地的 76.99%、90.92%、76.99%、90.09%、83.68%和 79.77%分别来自耕地。本阶段的综合土地利用变化动态度达 7.88%，是 1990～1995 年的 7.10 倍、1995～2000 年的 25.42 倍。

表 2-20　常熟市土地利用变化转移矩阵（2000～2006 年）　（单位：%）

2000 年利用类型	2006 年利用类型 PF	DL	FL	GL	LR	AP	US	RS	CL	UL	合计（2000 年）	减少	期间变化
PF	29.73	0.29	4.77	0.67	0.88	7.06	3.89	6.36	2.92	0.0	56.56	26.84	−32.59
DL	5.57	1.17	0.60	0.24	0.10	0.15	0.60	0.77	1.29	0.0	10.49	9.32	−83.02
FL	0.07	0.08	0.89	0.0	0.01	0.12	0.04	0.08	0.05	0.0	1.34	0.45	469.12
GL	0.04	0.08	0.01	0.05	0.26	0.09	0.0	0.09	0.05	0.0	0.66	0.61	71.20
LR	0.14	0.01	0.14	0.02	13.06	0.21	0.01	0.15	0.12	0.0	13.86	0.79	6.08
AP	0.29	0.0	0.13	0.08	0.11	1.80	0.06	0.15	0.15	0.0	2.78	0.97	252.85
US	0.20	0.01	0.30	0.02	0.12	0.04	4.39	0.24	0.10	0.0	5.41	1.02	89.16

续表

2000年利用类型	2006年利用类型										合计（2000年）	减少	期间变化
	PF	DL	FL	GL	LR	AP	US	RS	CL	UL			
RS	2.09	0.15	0.71	0.06	0.15	0.33	1.24	3.16	0.80	0.01	8.68	5.52	26.70
CL	0.0	0.0	0.07	0.0	0.01	0.0	0.0	0.0	0.13	0.0	0.22	0.09	2483.57
UL	0.0	0.0	0.0	0.0	0.0	0.0	0.0	0.0	0.0	0.0	0.0	0.0	0.0
合计（2006年）	38.13	1.78	7.63	1.14	14.70	9.80	10.23	11.00	5.59	0.01	100.00	45.63	
增加	8.40	0.61	6.74	1.09	1.64	8.00	5.84	7.84	5.46	0.01	45.63	0.0	

注：同表2-18。

4. 1990～2006年常熟市耕地利用转型特征

1990～2006年，常熟市土地利用变化与耕地变化密切相关，耕地参与了绝大部分的土地利用类型转换，并且随着产业类型多样性的增强，耕地的转出类型也逐渐增多（表2-21）。

表2-21　常熟市耕地转用情况（1990～2006年）

项目	1990～1995年	1995～2000年	2000～2006年
年均变化率	－1.54%	－0.43%	－8.28%
转化为	RS：47.3% US：42.1% AP：10.7%	RS：47.3% US：35.7% AP：8.9% CL：8.1%	AP：23.8% RS：23.5% FL：17.7% US：14.8% CL：13.9%
转化自	RS：100%	—	RS：70.9% AP：9.3% US：6.6% FL：4.8% LR：4.6% GL：3.7%

注：同表2-18。

1990～1995年减少的耕地中，分别有47.28%、42.05%和10.66%转化为农村宅基地、城镇用地、人工水域；1995～2000年，减少的耕地中分别有47.32%、35.69%、8.92%和8.07%转化为农村宅基地、城镇用地、人工水域和工矿交通用地；2000～2006年，由于乡村产业转型，减少的耕地中，仅有23.53%和14.84%转化为农村宅基地和城镇用地，而另有23.78%、17.74%和13.88%转化为人工水域、林地和工矿交通用地。但是，仅有极小部分其他用地转化为耕地，即便是2000～2006年，新增的耕地仅占当期耕地损失量的10.42%。总体来看，尽管三个时段内耕地都呈减少之势，但减少速度存在明显差异：1990～1995年年均减少率为1.54%，是全国同期水平的10

倍[①]；1995～2000 年年均减少率为 0.43%，是全国同期水平的 1.23 倍；2000～2006 年骤增至 8.28%，为全国同期水平的 9.6 倍。

2.3.5　常熟市土地利用转型与乡村发展转型的互动关系

1990 年以来，常熟市的乡村发展经历了三个阶段，发展速度基本呈快速、低速、高速的特征。而从土地利用来看，该区域的土地利用同样经历了三个类似的且与乡村发展具有较强互动性的时段，耕地变化分别呈快速、中速、高速下降的态势（表 2-22）。

表 2-22　常熟市乡村转型发展与土地利用转型的互动关系

时段	乡村发展特征	耕地变化特征（耕地年均减少率/%）	乡村转型发展与土地利用转型的互动关系
1990～1995 年	“苏南模式”主导下的乡村地区产业经济快速发展	1.54	产业空间布局分散，“村村点火、户户冒烟”造成大量耕地非农占用；突出表现为农村居民点用地扩张占用耕地
1995～2000 年	乡镇企业改制带来发展“阵痛”，工业化减速，乡村发展短期停滞	0.43	乡镇企业改制促使产业发展减速，进而减缓了耕地被非农占用的速率
2000～2006 年	改制后“新苏南模式”下的“三集中”战略带动区域产业经济重现活力，城镇化加速，农业结构调整加快	8.28	大中小型企业协同快速发展，产生了巨大的耕地转用需求；城镇扩张也造成大量耕地被占；农业结构由粮经作物向花卉苗木、水产养殖转换致使耕地向园地、水面转变

1）1990～1995 年，“苏南模式”下的乡镇企业发展驱动农村居民点扩张、城镇化发展带来城镇建设用地扩张，并导致耕地快速减少。

2）1995～2000 年，乡镇企业发展陷入困境，由此进行改制并导致乡村发展相对缓慢，用地需求明显减少；加之国土资源部的成立加强了全国土地管理尤其是耕地保护力度，乱占耕地行为得到有效遏制，耕地非农化速度下降。

3）2000～2006 年，乡镇企业改制，乡村产业重现活力，在三集中战略推进下，多种所有制、大中小型企业协同快速发展，产生了巨大的用地需求，在空间上表现为大量工业园区的出现，在用地上表现为工矿用地急剧增加。并且，对农业的产品和服务的需求变化，引致农业结构调整，促使传统农业向多功能农业转型，表现为种植结构的多样性增加、人工水面的增大、园地和林地的增大。此外，乡村产业发展加快且在城镇不断集中，由此驱动城镇化进程加快，城镇扩张占用耕地。

① 1990～1995 年全国耕地面积年均变化率－0.15%，1995～2000 年全国耕地面积年均变化率－0.35%，2000～2006 年年均变化率－0.86%。

从动力视角来看，工业化、城镇化、农业结构调整和农村住房建设是常熟市土地利用转型尤其是耕地转型的重要驱动力，其相互作用关系具体包括以下几点。

1）工业化与耕地转型。20世纪90年代初期，“村村点火，户户冒烟”的乡村工业化模式导致大量耕地转化为居民点用地，本期耕地年均减少率为1.54%；90年代中后期的乡村产业发展受改制带来的负面影响突出，并使得工业扩张对耕地的占用量下降，本阶段内耕地年均减少率为0.43%；2000年以来，改制使得农村中小企业恢复活力，发展迅猛，由此导致大量耕地被占用，本阶段内耕地年均减少率为8.28%，远远高于前两个阶段。定量分析发现，耕地面积与全社会固定资产投资、全部工业总产值、第二产业从业人数的相关系数分别高达−0.8929（$P<0.01$）、−0.9278（$P<0.01$）和−0.4964（$P<0.01$）。由此表明工业化与耕地转型密切相关，工业发展迅速的阶段，耕地占用加剧，工业发展较慢的阶段，耕地占用减少。

2）城镇化与耕地转型。以工业化为主导驱动力的城镇化进程对耕地转型也有着重要影响。1990～2006年，常熟的城镇化率由17.60%增加到51.55%，造成大量城镇周边地区的耕地转化为城镇商业用地、住房用地。尤其是工业化快速推进的2000年以来，城镇化快速发展，城镇用地急剧扩张。城镇化率与耕地面积的相关系数达−0.9213（$P<0.01$），充分证实了二者间的动态关系。

3）农业结构调整与耕地转型。1990年以来，常熟的市场导向型农业结构调整速度加快，在近年集中表现为水产养殖业急速扩张，在土地转用方面体现为9330hm^2耕地转用为养殖水面，人工水面增长253%。定量分析发现，水产品产量与耕地面积变化间的相关系数达−0.8451（$P<0.01$），由此表明农业结构调整尤其是农村水产业发展对耕地转型具有显著影响。

4）农村住房建设与耕地转型。工业化、城镇化和农业结构调整带来农民收入的快速增加，在农村建设用地管控效力不足的情况下，导致大量耕地转化为农村居民点用地。基于土地利用变化转移矩阵的分析发现，约93%的农村居民点用地增长是以耕地转用为代价的。1990～1995年、1995～2000年、2000～2006年的三个时段内，耕地减少量的47%、47%、24%是由农村居民点用地扩张造成的。

由此可见，乡村转型发展与土地利用转型存在较强的互动性。工业化、城镇化、农业结构调整、农村住房建设综合驱动的乡村社会经济发展是土地利用转型的决定性因素。在乡村社会经济发展迅速、城镇化加速的阶段，耕地非农转用加快，而在乡村社会经济发展停滞的阶段，耕地非农转用也随之减速。总体来看，土地利用转型是适应乡村社会经济发展转型的结果。

在财政分权以致“土地财政”现象突出、GDP至上的官员晋升与考核体制等制度背景下，现行的土地利用管控体系尚难以对产业结构优化、空间结构优化起到应有的调适作用，难以对耕地保护起到明显作用。“亲财政、远耕地”的现象普遍发生，土地利用与乡村发展相互影响、相互促进的良性互动机制尚未出现。由此，在新时期如何切实实现“节地型”内涵式优化发展，仍需在完善相关体制，尤其是土地利用管控体系、财税体制和官员晋升与考核体制等方面做出更多努力。

2.4　土地利用转型与乡村转型发展之重要源头：耕地和农村宅基地

2.4.1　耕地和农村宅基地与土地利用转型

中国古代的《击壤歌》有这样一段描述：天下大治，百姓无事，田间老父击壤而歌，观者叹息道："大哉帝德!"老父回答："日出而作，日入而息。凿井而饮，耕田而食。帝力于我何有哉!"其中的"日出而作，日入而息"成为我国几千年农耕文化下人类活动对土地利用影响的真实写照。太阳升起就开始耕作，太阳下山就回家休息，耕地和农村宅基地成为与早期人们生产生活最为密切的两种土地利用类型。乡村孕育了城市，城市的形成与发展也离不开耕地和农村宅基地的变迁。土地是人类主要社会经济活动的载体。通常情况下，社会经济发展影响土地利用形态，土地利用形态又反过来作用于社会经济的发展，社会经济发展与土地利用形态的这种相互作用、相互影响促成了土地利用转型（龙花楼，2006）。因此，区域土地利用形态的变化基本上能从与人类生产活动最为密切的耕地和农村宅基地的变化上得到反映。耕地和农村宅基地这两种地类在土地利用转型过程中具有"牵一发而动全身"的重要地位，是乡村转型发展与土地利用转型之重要源头。

2.4.2　耕地利用转型与乡村转型发展

1. 耕地对乡村发展的功能特性

耕地不仅是重要的生产要素，而且是人类生存的根基；耕地利用不仅有生产功能（经济效益），更有生态服务功能（生态效益）和社会保障功能（社会效益）（蔡运龙，2001b）。耕地具有基础性的经济价值。据测算，耕地提供人类 88%的食物以及其他生活必需品，95%以上的肉、蛋、奶是由耕地提供的产品转化而来的，以农产品为原料的加工业产值占到轻工业产值的 50%～60%。耕地直接或间接为农民提供了 40%～60%的经济收入和 60%～80%的生活必需品。另外，耕地具有重要的社会价值。"民以食为天，地为粮之本"，耕地是粮食生产的载体，是粮食安全的根本保障。在农业科技还没有重大突破的情况下，必须要有稳定的一定数量和质量的耕地作保障，以稳定和提高粮食生产能力，保证国家粮食安全。"为政之要，首在足食"，这是历代治国安邦的经验。我国有 13 亿多人口，其中多半生活在农村，耕地还担负着农民的就业、养老和发展问题，承担着农民的基本生存保障功能。因此，耕地是农民稳定、农村发展的重要基础，也是农业发展的重要基础。而农业的稳定则是国家物价持续稳定的重要前提，进而促进了全社会的稳定。此外，耕地还是绿色环境的重要组成部分，其生态效益不可低估。

2. 乡村转型发展对耕地利用转型的影响

伴随着我国快速的城乡转型发展进程，耕地利用也在悄悄地转型，不但体现在数量上，而且还体现在上述三个功能上（蔡运龙，2001b）。

1）经济体制从计划经济向社会主义市场经济转变。在市场经济体制下，比较效益较低的耕地有向效益较高的其他用地转换的冲动，耕地将进一步丧失。

2）农民生活水平从“温饱”向“小康”转变，人均消费水平正在迅速提高。此外，由于人口基数大，即使严格实行计划生育，农村人口也将有较大幅度的增加。因此，对粮食和其他农产品的需求会进一步膨胀，耕地更显不足。

3）农业土地的经营方式从粗放向集约转变。这种转变有利于提高单位面积产量，弥补耕地数量减少对食物安全的不利影响。但是应该指出，由于报酬递减律的作用，这方面的潜力不是无限的。

4）农业和农村从被工业化“剥夺”向受工业和城市“反哺”转变。新中国工业化过程中的原始积累在很大程度上是通过剥夺农业和农村来实现的，包括低价征用耕地。现在，我国工业和整个国民经济已有了相当的基础，应该给农业和农村更多的补偿。另一方面，工业和城市也有了一定的实力，以资本和劳动投入替代紧缺的土地资源。

5）从城乡差别的相对固定向城乡壁垒势必被冲破转变。农村人口的城市化有利于耕地向种田能手集中，逐步实现规模经营，提高农业的劳动比较效益。同时，城市和工业的大发展将进一步加大对土地的需求，占用更多的耕地。

6）从封闭的小农经济走向世界经济一体化。随着我国加入世界贸易组织，农产品市场也将随之与国际接轨。目前我国主要粮食品种的价格已高于国际市场价，而活家畜、肉类及其制品、茶叶、纺织纤维等类农产品仍具有比较优势，可以利用比较优势进行有选择的农产品国际贸易。但是，不能指望靠进口粮食来保障我国的食物安全。

3. 耕地利用转型对乡村转型发展的影响

人类土地利用活动的变化历史，在很大程度上说，是耕地在空间上的扩展和收缩。耕地的变化及其相关的农村劳动力就业转移、城市化、地方经济的发展等对农村发展的影响，也主要体现在耕地经营方式与农村产业结构的变化上。改革开放以来，我国经济飞速发展，由此带动了农村产业结构的深刻变化，这一变化在发达地区尤为明显（宋金平和李丽平，2000；佘之祥和马毅杰，2002；刘彦随等，2005；王宇和欧名豪，2006）。以我国东部沿海地区为例，耕地被大量征用为城市和工业用途后，由于农村人均耕地仅半亩左右，再加市场需求驱动，低效益的粮食生产正被优质、高效的蔬菜及苗木园艺经济所取代，促进了高效特色农业发展。但是，经历 20 多年大规模开发，东部沿海地区人地关系发生了巨大变化（张雷和刘毅，2004）。昔日水土丰腴的商品粮基地如今成为城市化地区，耕地流失、农业滑坡问题日益突出（张燕和张洪，2001；Skinner et al.，2001）。1990～2005 年，东部沿海地区耕地减少 331.8 万 hm^2，粮食产量减少 1306.6 万 t，人均粮食由 413kg 降为 319kg，成为我国粮食生产重心“北进东移”的主要原因，从而也成为制约沿海地区农村可持续发展的重要瓶颈（刘彦随，2007）。

随着耕地利用的转型，农民的生产方式及获取经济收入的途径发生了变化，经营耕地已不再是其主要或唯一谋生手段，耕地对其生存和发展的保障功能已经弱化甚至消失，他们的生产方式和生活方式呈现出一定的非农化和城镇化特征。因此，如何正确处理变化着的不同群体的特征及其与耕地利用转型之间的关系将直接影响到乡村的转型发展。

2.4.3 农村宅基地利用转型与乡村转型发展

在工业化与城镇化过程中，农民进入城镇是城镇化发展进程中必然要经历的过程。当前我国出现的这种农民工两栖状态的所谓“半城市化”情况，以及我国改革开放以来“离土不离乡”、“进厂不进城”的分散式农村工业化和城镇化政策引导下，所形成的一种城乡土地利用混杂交错的“半城市化地区”状况，必然会随着工业化与城镇化的进一步发展而过渡到完全的城镇化状态。这一客观规律决定了推动农村宅基地集约利用转型是大势所趋。目前，由于农业劳动力以当地非农就业和就近城镇转移为主，农村人口不断减少，而农村人均用地规模却在持续增大，并未实现农村人口转移与农村居民点的减少相挂钩，这为挖掘农村用地潜力、统筹城乡用地配置带来新的契机（刘彦随，2007）。然而，这一农村建设用地潜力的挖掘受到我国农村宅基地制度的严重制约。

新中国建立以来，宅基地的制度变迁经历了多个历史时期，从宅基地所有权与使用权的变迁角度，可将其划分为三个阶段（陈前虎和吴一洲，2010）。

第一阶段（1949～1956 年），该时期废除了封建土地产权制度，建立了以受法律保护的农民土地私有制、宅基地可以自由流转、宅基地所有权与房屋所有权一体化等为核心的宅基地制度。

第二阶段（1956～1988 年），这一时期的宅基地制度核心为：农村宅基地属于集体所有，城市宅基地属于国家所有；农民对宅基地只有使用权，并严禁土地流转；农村建房必须统一规划、合理布局、节约用地、通过审批。该时期构建了我国宅基地使用权制度的基本框架，并由此形成我国农村个人住房所有权和宅基地使用权相结合的产权结构。

第三阶段（1988 年至今）：宅基地集体所有、使用权流转转轨时期。这一时期宅基地制度的核心已经转化为：农村宅基地集体所有，城市宅基地属于国家所有；农民无偿取得宅基地，并无限期使用；宅基地取得与建房限定标准，均需依法申请；宅基地使用权与房屋所有权一体化。

我国正在经历重大的经济、社会转型，立足于计划经济体制上的农村宅基地限制使用制度，其赖以生存的经济、社会条件正在逐步丧失，现行的农村宅基地流转制度与日益完善的市场经济体制越来越不相适应。经济的快速发展和城乡一体化进程不断地冲击着宅基地制度，其中也更加暴露出农村存在的土地利用问题。无论是城镇化进程还是农民融资、农村的发展都离不开包括农村宅基地在内的农村土地的市场化配置。然而，这一现行制度的约束严重扭曲了农村土地的市场化配置，严重影响了乡村转型发展进程，主要表现在：①制约农村剩余劳动力转移，阻碍农村经济的发展；②封闭农民的融资渠道，不利于实现新农村建设的“生产发展”目标；③导致宅基地自由流转的混乱，造成农村土地资源的浪费；④强化城乡二元结构，阻碍城乡统筹协调发展。

第3章　中国乡村转型发展进程中耕地利用转型分析

耕地和农村宅基地这两种地类在土地利用转型过程中具有“牵一发而动全身”的重要地位，乃乡村发展与土地利用转型之重要源头。其中又以耕地最为重要，乡村发展转型要依托于耕地，耕地之变诱发其他诸多地类的转型。通常情况下，城镇的扩张占用耕地直接导致乡村发展的快速转型，乡村转型发展又进一步影响耕地利用的转型。耕地的数量和集约利用程度的变化对国家粮食安全格局又将带来直接的影响。由于我国地域广阔，经济社会发展程度差异明显，不同类型地区的乡村转型发展对耕地利用转型的影响也不一。本章拟分析进入 21 世纪以来国家尺度上的耕地利用变化情况；探讨改革开放以来中国耕地利用转型对粮食生产安全格局的影响；随后以地跨差异显著的不同自然地带与经济社会发展带的“苏南-陕北”样带为研究区，深入研究其乡村转型发展进程中耕地利用转型的地带性特征，以揭示我国不同发展类型地区乡村转型发展对耕地利用转型的影响。

3.1　中国耕地利用变化分析

3.1.1　数据来源与分析方法

1. 研究数据

中国耕地利用变化的时空格局分析采用国土资源部自 1996 年起发布的全国各省（区、市）土地利用年度变更调查数据，其中 1996～2001 年数据采用的是 1984 年发布的《土地利用现状调查技术规程》中制定的土地利用现状分类系统。2002 年之后的数据采用国土资源部最新推出的土地利用分类系统——《全国土地分类》（试行）。此处采用 2000～2008 年 31 个省（区、市）的耕地统计数据开展中国耕地利用时空格局变化分析。

此外，采用环境保护部提供的 2000 年、2005 年和 2008 年三期 Landsat TM 影像解译土地利用数据以分析耕地变化的来源与去向。

2. 耕地利用变化分析指标

耕地利用年变化率可定量描述耕地资源的变化速度，并可进一步用来分析耕地增减变化的区域差异，计算公式如下：

$$K=\frac{U_t-U_0}{U_0}\times\frac{1}{T}\times 100\%$$

式中，K 为某一土地利用类型面积在时间 T 内的年变化速率；U_0、U_t 分别为研究基期和研究末期某一土地利用类型的面积；T 为研究时段，当计算各省（区、市）耕地在 2000～2008 年整个过程中土地利用总的变化率时 T 单位取为 8 年，当计算各省（区、市）耕地年变化率时 T 单位取为 1 年。

由于各省（区、市）耕地数据的同源性，因而在进行省际耕地利用变化的比较时可以直接采用源数据或分析指标结果，而不另需对数据进行统一性处理，如数据标准化等。

3.1.2　2000～2008 年各省区耕地变化

2000 年到 2008 年全国各省（区、市）耕地变化的总体趋势集中表现为耕地的普遍性减少，如图 3-1 所示。在此期间全国耕地总面积减少 5.1%，约 1 亿亩。全国 31 个省（区、市）中，仅有黑龙江省表现耕地面积的增长，而其增长幅度也极小（不足 1%）。其余各省均表现耕地面积的减少，且减少幅度存在明显的省际差异。北京作为全国的政治经济文化中心，为城区面积飞速扩张的城市之一，其耕地流失现象最为严重，在这 8 年约有 1/3 的耕地被转为其他类型土地；宁夏耕地面积减少速率超过 20%，成为仅次于北京的耕地流失最为严重的地区；上海、重庆、陕西和青海四个省市的耕地也存在显著的减少，但其减少速率略比北京、宁夏缓和，但仍显著强于其他省区。

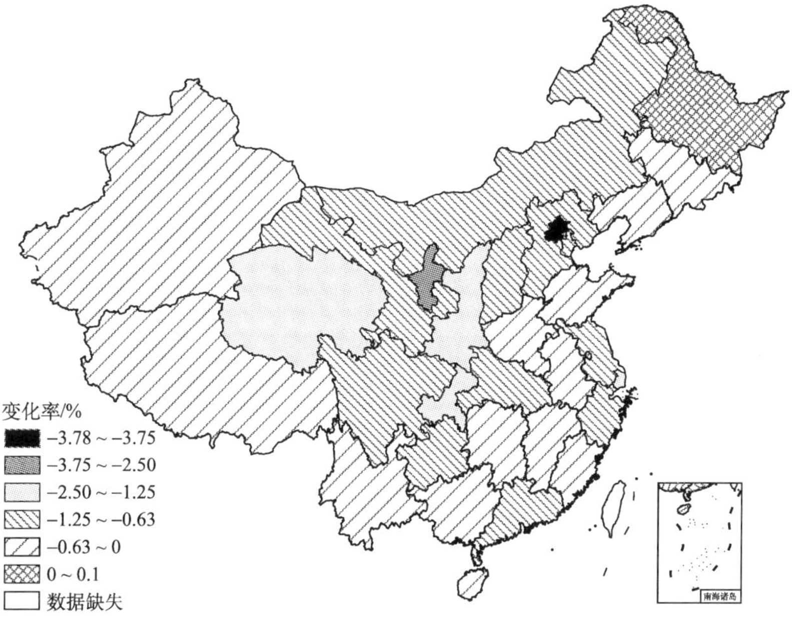

图 3-1　全国各省（区、市）耕地年变化率示意图（2000～2008 年）

耕地得到有效保护的地区没有明显的规律性空间格局，分散于东北、东部、中部和西部地区，辽宁、吉林、山东、河南、安徽、福建、江西、湖南等地区的耕地面积减少都控制在 5%的幅度以内；西部的广西、云南、新疆和西藏也呈现出较好的耕地保护效果，新疆和西藏两区土地面积广阔，人口稀少，加之较为恶劣的生产和生活条件，大部分地区受人类活动侵扰影响很小，保留有大量的可垦荒地，使得其后备耕地资源相对充足，耕地资源能得到有效的保护和开发。从图 3-2 可以看出，上述地区的耕地变化率在 2000～2008 年间呈现一定的相似性，大多经历了“缓慢减少—急剧减少—缓慢减少—趋于稳定”的变化过程。在 2003 年之前的 2 年中，各省区都呈现出缓慢减少的趋势，2001 年表现最为明显；2002 年到 2003 年，各省区的耕地减少速率陡然增加，主要是由于 2003 年全国生态退耕的力度加大而带来耕地资源的普遍迅速减少；此后的 2 年，退耕工作由片面追求数量效果向追求质量效果逐步深入，各省区耕地迅速流失的现象得到了较好的控制，再次呈现出缓慢减少的态势；从 2006～2008 年，大多数省份的耕地数量趋于相对稳定，这与我国政府近年来制定的一系列耕地保护政策有关。面对世界普遍存在的粮食安全问题，充足的耕地资源成为解决粮食安全问题的关键所在，而之前耕地资源的迅速减少使得原本就人多地少的中国粮食安全面临更为严峻的挑战，我国政府在这一时期颁布的耕地保护政策有效的扭转了耕地持续减少的态势。总体上看，较好的后备耕地资源开发和现有耕地保护工作，使得这些省区的耕地面积基本稳定，成为我国耕地保护成效最为显著的地区。

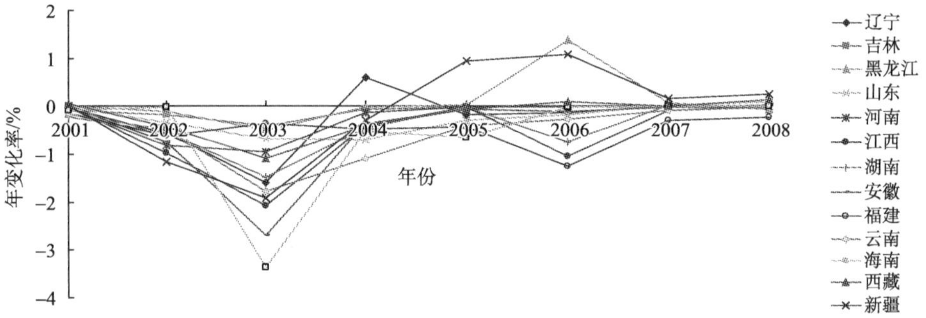

图 3-2 有效保护省（区、市）耕地的年变化率（2000～2008 年）

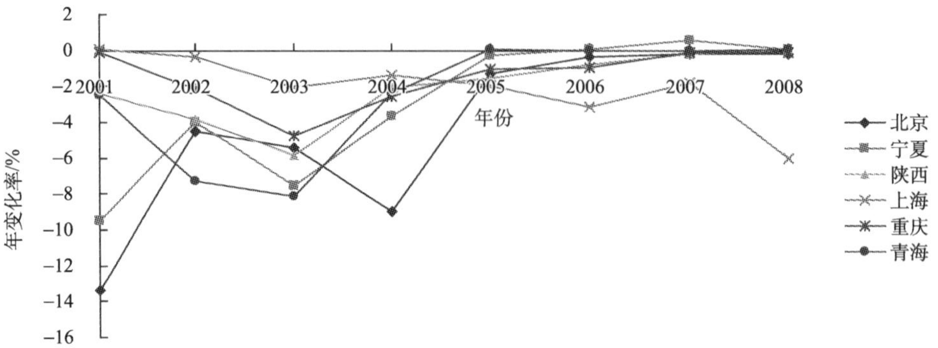

图 3-3 耕地流失严重省（区、市）耕地的年变化率（2000～2008 年）

由图 3-1 可以看出，全国各地区普遍存在着耕地面积减少的情况，其中尤以北京、宁夏、陕西、青海、重庆和上海最为剧烈。具体分析这 6 个典型地区的耕地年变化趋势，如图 3-3 所示，可以看出在宁夏、陕西、青海和重庆这些生态脆弱区，耕地变化的剧烈波动都集中在 2003 年，这是由于 2003 年生态退耕力度加大而带来耕地资源的普遍迅速减少引起的。

北京和上海这两个经济高速发展的直辖市，其耕地变化趋势与生态退耕政策规律在时间上的吻合性相对较低。上海市其耕地面积一直呈现平稳减少的态势，在 2003 年并未像其他省区表现出耕地面积的陡然下降，但在 2008 年我国耕地面积减少态势有所缓减的时候，其耕地面积反而呈现出较大的减少。北京市其耕地面积变化态势较为复杂，在 2004 年出现了剧烈下降，但随着耕地保护政策的实施，耕地减少趋势有所缓减，在 2008 年前后趋于稳定。

3.1.3　中国耕地利用变化的驱动力分析

耕地作为与人类生产活动最为密切的土地利用类型，其变化既受到自然因素影响，又受到社会、经济、技术、政策等人为因素影响。一般而言，较短时间尺度上（几年或几十年）自然因素具有相对稳定性，耕地变化主要是受到与社会经济活动相关的人为因素的驱动。研究表明，驱动耕地利用变化的因素主要包括城乡建设占用、农业结构调整和生态退耕等方面。此处利用遥感影像解译数据分析典型地区 2000～2008 年耕地变化转移结构，并借助该地区的社会经济统计数据探讨其耕地利用变化的驱动力。

1. 城乡建设占用

统计数据显示我国耕地在 2000～2008 年总体呈现出由剧烈减少到趋于稳定的变化态势（图 3-4）。2000～2004 年期间耕地面积减少幅度较大，2000 年耕地面积约 19.23 亿亩，2004 年耕地面积约 18.37 亿亩，在 4 年间耕地面积减少约 1 亿亩；2004～2008 年耕地面积减少幅度很小，逐步趋于稳定。

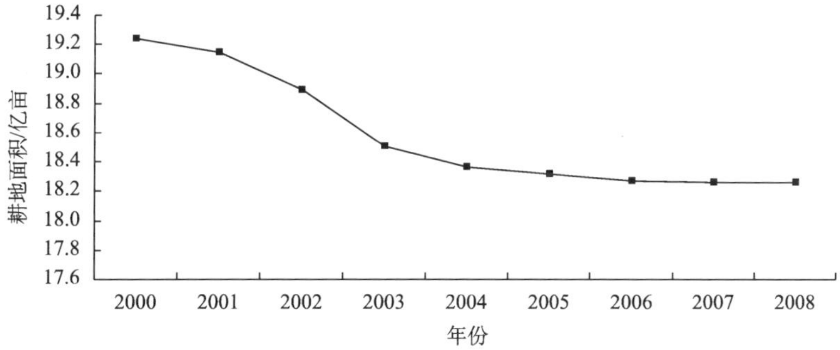

图 3-4　全国耕地面积（2000～2008 年）

鉴于我国耕地目前总体呈减少的趋势，此处在耕地资源转移矩阵分析中只考虑耕地的转出结构。对遥感解译数据将土地利用类型划分为耕地、林地、草地、水域、城乡工矿居民点用地、未利用地等 6 种类型。为深入研究耕地变化的驱动力，特将城乡工矿居民点用地进一步细分为城镇用地、农村居民点用地和其他建设用地，所得耕地转出结构见表 3-1。鉴于全国层面的遥感数据有几个省份的数据缺失，在耕地利用变化驱动力分析中共选择 20 个省（区、市）作为典型区进行分析，这些地区在我国的东部、中部、西部和东北地区均有分布，在揭示耕地变化驱动力方面具有一定的代表性。

表 3-1　典型省（区、市）耕地变化转出结构（2000～2008 年）　（单位：%）

省（区、市）	林草水域用地	林地	草地	水域	建设用地	城镇用地	农村居民点	其他建设用地	未利用地
重庆	0.00	0.00	0.00	0.00	99.97	59.01	30.01	10.95	0.03
辽宁	0.00	0.00	0.00	0.00	94.70	43.96	29.06	21.68	5.30
浙江	3.56	0.00	0.03	3.52	96.44	42.52	16.73	37.19	0.00
湖南	19.70	1.39	0.00	18.30	80.04	34.37	22.90	22.78	0.26
上海	0.26	0.00	0.00	0.26	99.74	5.56	75.13	19.05	0.00
安徽	0.00	0.00	0.00	0.00	99.91	24.51	70.17	5.23	0.09
天津	0.56	0.00	0.56	0.00	98.29	15.22	67.44	15.63	1.15
河北	0.00	0.00	0.00	0.00	99.23	28.24	59.69	11.31	0.77
山西	0.00	0.00	0.00	0.00	99.23	13.13	54.06	32.04	0.77
江苏	5.44	3.92	0.21	1.31	94.42	31.88	45.42	17.12	0.14
广东	0.00	0.00	0.00	0.00	97.07	14.46	45.02	37.59	2.93
广西	0.00	0.00	0.00	0.00	100.00	39.77	41.75	18.48	0.00
北京	1.28	1.10	0.00	0.18	98.56	35.30	36.78	26.49	0.16
江西	0.00	0.00	0.00	0.00	94.27	4.34	3.09	86.84	5.73
福建	0.00	0.00	0.00	0.00	99.58	20.39	13.06	66.12	0.42
山东	0.00	0.00	0.00	0.00	99.10	40.63	17.19	41.28	0.90
海南	98.95	96.79	0.00	2.16	1.05	0.80	0.04	0.21	0.00
湖北	89.60	36.64	0.67	52.28	9.96	5.23	3.56	1.18	0.44
黑龙江	75.04	63.31	4.75	6.98	12.13	2.48	8.80	0.85	12.83
贵州	67.05	27.26	3.26	36.53	32.95	18.83	9.79	4.33	0.00

改革开放政策的实施使我国经济进入了快速发展阶段，经济的持续增长有赖于土地资源的持续供给。在传统农业型社会，农用地的扩张是农业持续发展的基础，而在工业社会中，建设用地的扩张是经济持续有效发展的保障。我国正处在工业化中期发展阶段，经济发展对建设用地提出持续需求，但建设用地的扩张势必会对原城镇郊区和工矿场地周边地形条件较好的土地产生更多的用地需求，而这些区域往往拥有较好的自然耕作条件和交通条件，因而成为耕地资源富集的地区。因此，在城乡转型发展进程中，建设用地占用耕地不可避免。

从表 3-1 可看出，2000～2008 年大部分省（区、市）耕地资源的转出结构中建设用地所占比重都超过 90%，明显大于耕地转化为林地、草地、水域和未利用地所占的比重，且耕地向建设用地各亚类的转移也存在差异。其中重庆、辽宁、浙江和湖南四省区耕地转化为城镇用地的比重大于耕地转化为农村居民点和其他建设用地的比重，依次为 59.01%、43.96%、42.52%和 34.37%；上海、安徽、天津、河北、山西、江苏、广东、广西和北京耕地转化为农村居民点的比重大于耕地转化为城镇用地和其他建设用地的比重；江西、福建和山东三省耕地转化为其他建设用地的比重大于耕地转化为城镇用地和农村居民点的比重，依次为 86.84%、66.12%和 41.28%。耕地向不同建设用地类型的转化其驱动因素存在差异，因此可按照城镇建设占用、农村居民点占用和其他建设用地占用作为耕地变化的驱动力作进一步的分析。

(1) 城镇持续扩张

全国各省区几乎普遍存在城镇用地增加和耕地减少并存的现象，且耕地向城镇用地转换的现象在一些省份尤为突出。观察耕地资源的转出结构（表 3-1），耕地向城镇用地转化最为剧烈的省份依次为重庆、辽宁、浙江和湖南，这四个典型省区其城镇用地在 2000～2008 年都存在不同幅度的增加（图 3-5）。辽宁位于东北地区，浙江位于东部地区，湖南位于中部地区，重庆位于西部地区，充分说明了耕地向城镇用地的转化在全国各地区普遍存在，并可选取这四个典型省区来分析我国不同地区耕地向城镇用地转变的动力机制。

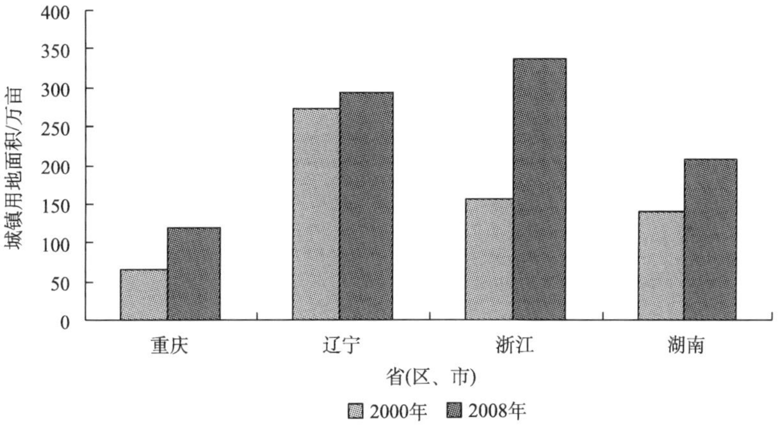

图 3-5　典型省区城镇用地面积变化（2000～2008 年）

在全国范围内普遍存在着城镇用地的扩张，其扩张因素大致可分为工业化和城镇化因素。30 多年前制度改革和对外开放政策的施行，在我国主要发生了基于国内环境的农村产业化和基于国际市场的工业化。一方面伴随着经济的快速发展和居民收入水平的大幅度提高，人们的需求结构和需求层次发生了变化，继而引发的产业结构的变化最终导致就业非农化和人口非农化，推动了城镇化水平的提高，城镇化进程的加快不可避免地造成城镇用地的刚性增加；另一方面随着非农产业的扩张和固定资产投资的增加，产业结构进行了优化升级，工业化进程中的园区建设提出了对城镇用地的需求。且随着工业化和城镇化程度的加深，对城镇土地的需求也进一步加剧。

重庆、辽宁、浙江和湖南其城镇用地的需求也决定于其对应地区的工业化和城镇化水平。表征工业化水平的因素主要有：人均收入水平；三次产业产值结构和就业结构；

工业内部结构；在这些指标中，人均收入水平的变动决定着需求结构的变动，是工业化演进的基本动因，因而是反映工业化进程最为重要的一个指标（郑宇和刘彦随，2007）。但如果只有对土地的需求，没有资本要素的投入，也不可能使耕地转化为城镇用地。大量的投资是耕地转化为城镇用地的主要驱动力，因此用人均收入水平和全社会固定投资更能很好地表征工业化水平，且考虑到工业化水平对城镇用地的需求，特将人均收入水平用人均第二、第三产业 GDP 来代替。

图 3-6 和图 3-7 表明，重庆、辽宁、浙江和湖南的人均第二、第三产业 GDP 和全社会固定资产投资在 2000～2008 年都有很大程度的增长，且位于东部和东北地区的浙江和辽宁增幅强于位于中西部地区的湖南和重庆；且在该期间各地区的差异逐渐变大，2000 年浙江和辽宁的两个指标值均略高于湖南和重庆，差距不明显，但 2008 年浙江和辽宁的两指标远远超出了湖南和重庆，差距被拉大。

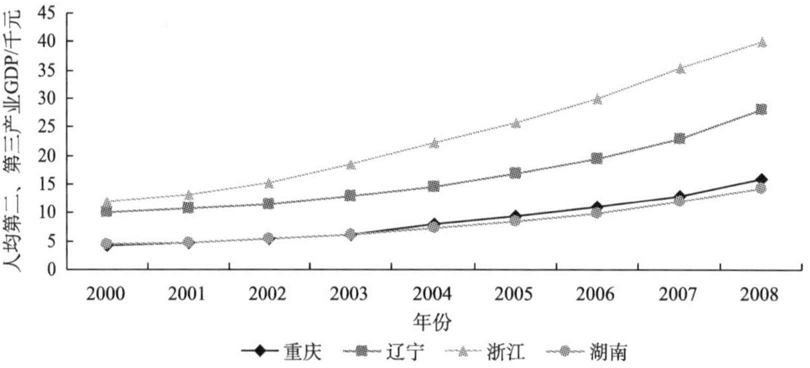

图 3-6 典型省区人均第二、第三产业 GDP（2000～2008 年）

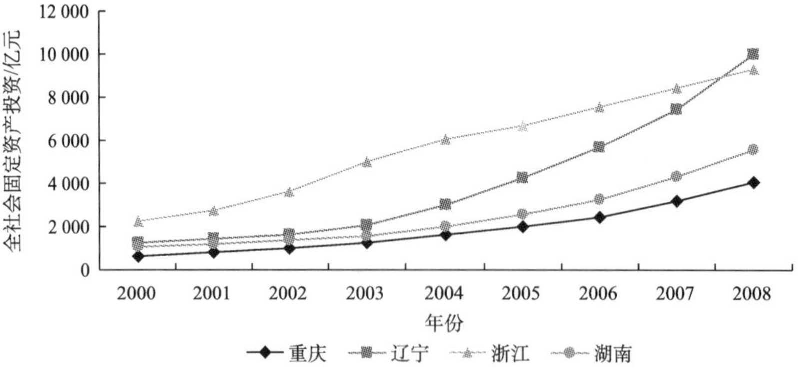

图 3-7 典型省区全社会固定资产投资（2000～2008 年）

由此可见，进入 21 世纪以来，与中西部地区相比，东部地区工业化对城镇用地需求的决定作用更强。城镇化是在经济发展的过程中与工业化相伴相随的重要现象。它反映了人口、产业和要素资源在空间上的配置规律，其核心内容是城乡劳动力迁移，用城镇常住人口在总人口中比重（即城镇化率）表征。在 2000～2008 年，浙江和辽宁的城镇化率始终远远高于湖南和重庆，但位于东部地区的浙江和辽宁其城镇化率在该时间段内变化不明显，而中西部地区的湖南和重庆其城镇化率有了大幅度的提高（图 3-8）。上述现象表明了经济发达的东部地区其城镇化在 20 世纪末就已初步形成，而中西部地区在 21 世纪进入了城镇化快速发展阶段。

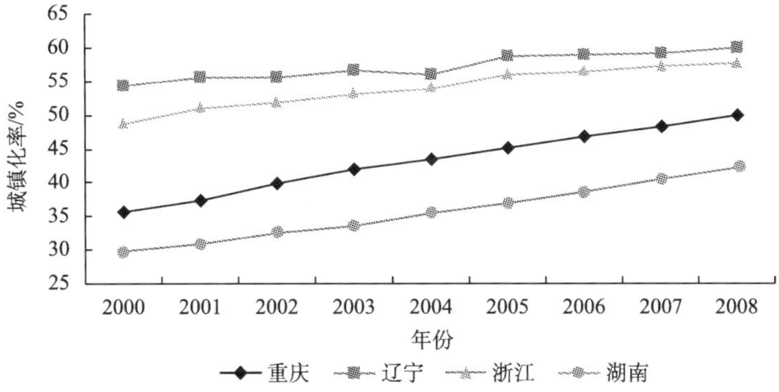

图 3-8　典型省区城镇化率（2000～2008 年）

由此可见，工业化和城镇化共同决定了城镇用地的需求。在经济发达的东部地区主要受工业化水平的影响，而中西部地区则主要受城镇化水平的影响。有限的城镇用地难以满足工业化和城镇化进一步需求，城镇势必向外扩张以获得更多的土地资源，其扩张的过程将不可避免地占用其他土地利用类型，造成其他土地利用类型向城镇用地的转变。目前我国耕地的大量流失引起了社会的广泛关注，表 3-1 显示在耕地的转出部分中城镇用地所占比例较大。因此可以认为工业化和城镇化水平的提高增加了对城镇用地的需求并储备了较强的投资能力，进而加剧了对耕地资源的占用。现以四个典型省区为例深入分析工业化城镇化与该地耕地减少的关系。

重庆和湖南位于我国的中西部地区，其城镇用地的扩张主要受城镇化水平的影响，由此对两地区的城镇化水平和耕地面积做相关分析（图 3-9 和图 3-10）。结果表明：重庆和湖南其耕地面积与城市化水平均呈指数逆相关。

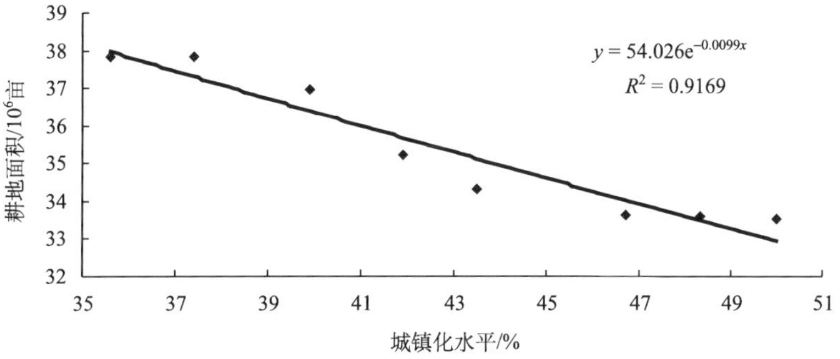

图 3-9　重庆市城镇化水平与耕地面积相关关系

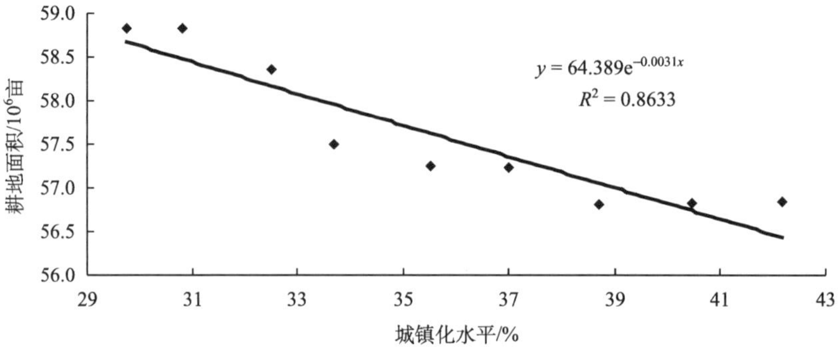

图 3-10　湖南省城镇化水平与耕地面积相关关系

浙江省位于经济快速发展的沿海地区，其城镇用地的扩张主要受工业化水平的影响。为了深入分析浙江省工业化发展过程与耕地变化的关系，重点对浙江省人均耕地面积与非农化指数（第二、第三产业总产值占国内生产总值百分比）进行相关分析（图 3-11）。结果表明：浙江省非农化指数与人均耕地面积呈现指数逆相关。随着工业化的发展，第二、第三产业产值不断增长，但这种增长主要是以各产业部门不同程度的规模扩张占用耕地为代价的，这是浙江省耕地减少的根本原因。

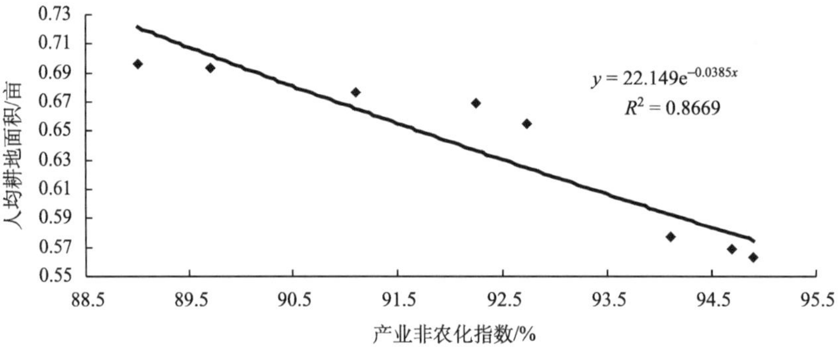

图 3-11　浙江省产业非农化指数和人均耕地面积相关关系

辽宁省位于我国的东北地区，其城镇用地的扩张主要受工业化水平的影响，其重化工业比较发达，在此选择能反映城镇用地扩张驱动力的全社会固定资产投资与人均耕地面积做相关分析（图 3-12），结果表明：辽宁省全社会固定资产投资和人均耕地面积呈指数逆相关，人均耕地面积随着固定资产投资的加大呈指数减少。为了拉动经济的快速发展，辽宁省不断加大投资力度。2000 年辽宁省全社会固定资产投资额为 1267.7 亿元，到 2008 年投资额已增加到 10 019.1 亿元，增长了 8751.4 亿元，年均增长 86.3%，投资的增加带动了城镇用地扩张占用耕地。

(2) 农村居民点不断增加

农村居民点用地与耕地作为农村两大土地利用类型，各自变化及相互间的转换对农

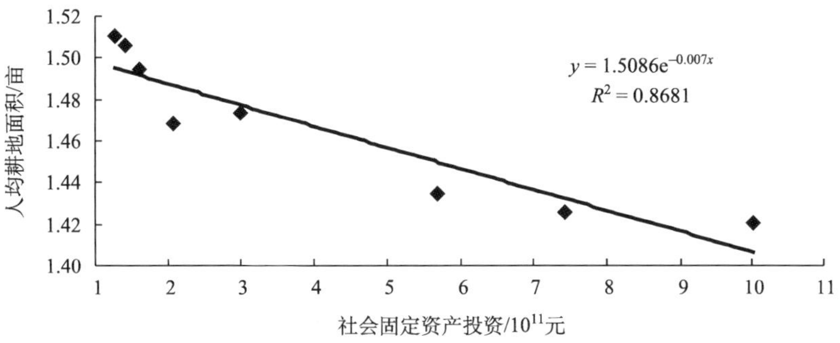

图 3-12　辽宁省全社会固定资产投资与人均耕地面积相关关系

村的土地利用结构影响极大。伴随着农村人口由农村向城市转移，农村居民点用地应该逐渐减少，而实际中在我国却出现了农村居民点用地不减反增的现象。各地农村都普遍存在着空心村和空置房的问题，农村宅基地超标占用土地现象突出，其中非法占用耕地的问题日益严重。表 3-1 显示，在耕地的转出结构中，上海、安徽、天津、河北、山西、江苏、广东、广西和北京这十个地区耕地向农村居民点用地转换的比重最大，上海减少的耕地中向农村居民点转换比例达到 75.13%，北京达到 36.78%，现以这些典型地区为例分析耕地减少与农村居民点占用之间的关系。

随着时代的进步，人们的生活方式和价值观念也发生了改变，过去“四世同堂”式的生活不再流行，并逐渐被以夫妻为中心的小家庭所替代。小家庭逐渐从大家庭中脱离出来自立门户，这就必然产生住房需求，在该情况下农村户数的增加将在很大程度上决定农村居民点的扩张。在上述十个地区中，安徽、天津、河北、山西、广东和广西在 2000～2008 年农村户数明显增加，广东省农村户数变化率达到 13.96%，唯有上海、江苏和北京出现农村户数的减少（图 3-13）。

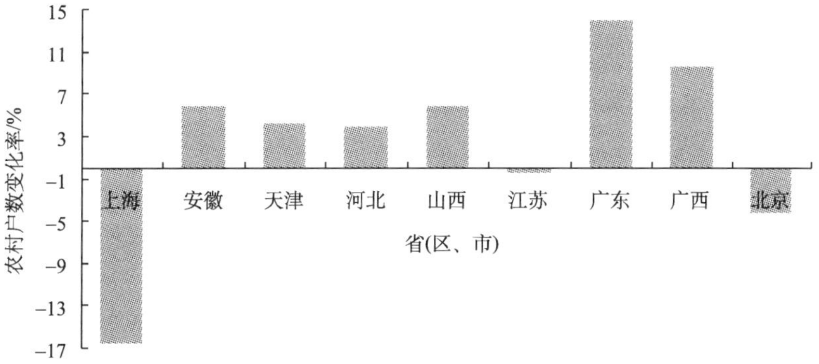

图 3-13　典型省区农村户数变化率（2000～2008 年）

经济发展是农村居民点用地发生变化的最重要的驱动力之一。经济的快速发展提高了农村人均收入水平，部分外出务工人员利用打工收入返乡建房；部分已在城市解决住房问题的进城务工人员，由于宅基地限制流转依然占有原有农村宅基地并对原有房屋进行新建、扩建，被称为“两栖”人口；而留守农民随着收入水平的提高，用于住房的支付能力增强，用于住房消费的支出增多，“一户两宅”和“一户多宅”的现象非常严重。图 3-14 表明，上海、江苏和北京位于我国东部沿海经济快速发展区，虽然其农村户数呈现减少趋势，但农村居民人均收入都远远超过了全国平均水平，且差距在逐步增大。2008 年上海和北京的农村居民人均收入分别为 11 400 元和 10 747 元，分别为全国平均水平的 2.4 倍和 2.3 倍，江苏省 2008 年的农村居民人均收入为 7357 元，与全国 4761 元的平均水平相比超出 2596 元。

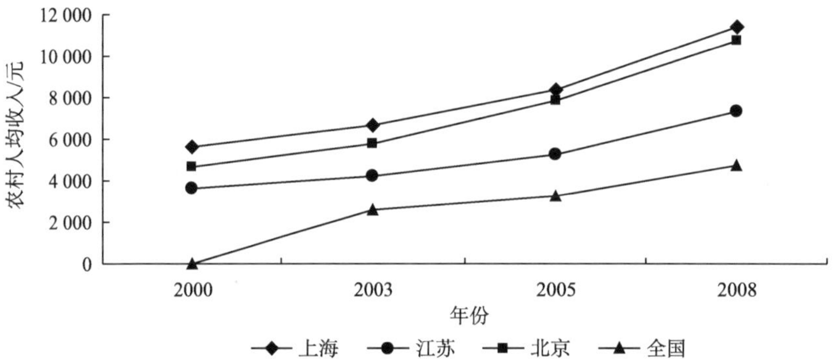

图 3-14　农村居民人均收入（2000～2008 年）

新时代下农村户数的增加与农村居民人均收入水平的大幅提高共同促成了对宅基地需求的增加，而农民收入水平的提高又为满足建房需求提供了经济基础，对宅基地需求的增加与建房能力的提高共同导致了农村宅基地建设高潮的来临。而农村宅基地建设中普遍存在的建新不拆旧的现象又进一步提出了巨大的用地需求。为了获得更加便利的生活条件，农民纷纷选择在交通便利的地方盖房，而这些地区往往是优质高产耕地的聚集区，因此耕地不可避免地被宅基地所占用。

（3）其他建设用地占用

2000～2008 年江西、福建和山东耕地向其他建设用地转化最为明显。从图 3-15 可看出，在研究时段内三个典型省区的耕地总面积变动不大，其年减少率都控制在 0.6% 以内，且从三省区耕地的转出结构来看，流失的耕地大部分转化为其他建设用地，江西省流失耕地向其他建设用地的转化率高达 86.84%（表 3-1）。

福建省和山东省位于我国东部地区，对其能源工业投资和耕地面积做相关分析（图 3-16 和图 3-17），结果表明：福建省和山东省能源工业投资与耕地面积之间呈现指数逆相关，耕地面积随着能源工业投资额的增加而呈现指数减少。与福建省和山东省相比，江西省能源工业投资和耕地面积之间的相关性相对偏低（图 3-18）。

能源工业投资增加了相应企业的数量或进一步扩大了已有企业的规模，无论数量的增加还是规模的扩大，都对土地资源提出了更大的需求，且投资额本身就为其他建设用

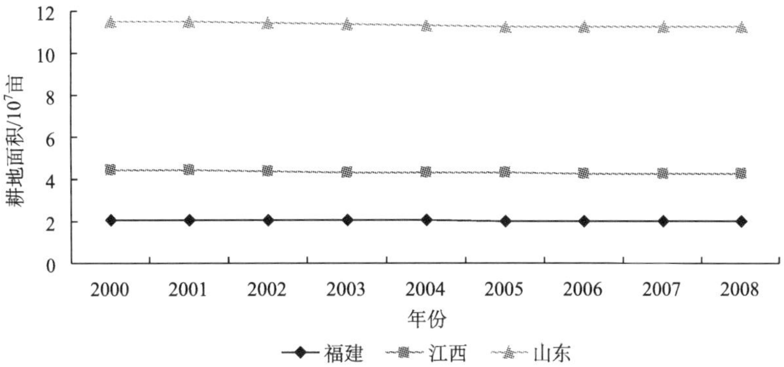

图 3-15　福建、江西和山东耕地面积（2000～2008 年）

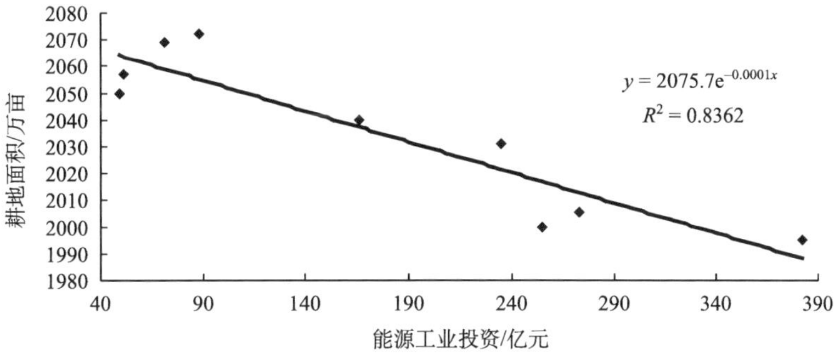

图 3-16　福建省城镇能源工业投资与耕地面积相关关系

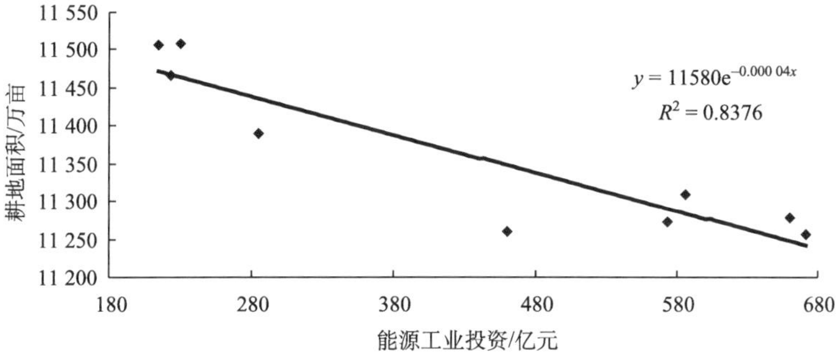

图 3-17　山东省城镇能源工业投资与耕地面积相关关系

地的扩建提供了资金支持，共同促成了对其他土地利用类型的占用。耕地转化为其他建设用地是受比较利益的驱动。长期以来我国的农业存在规模化程度和机械化程度低，农业生产单位成本高、投入产出比低的现象，而建设用地的边际收益远高于耕地的边际收益。在经济利益的驱动下，耕地大量转为非农用地。

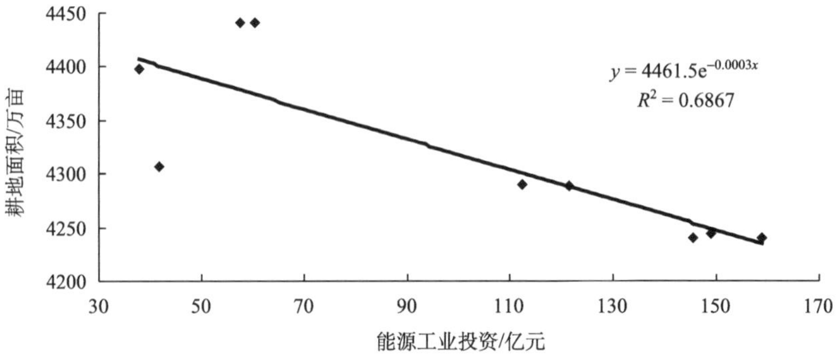

图 3-18　江西省城镇能源工业投资与耕地面积相关关系

2. 农业结构调整

农业结构调整是农业现代化进程的必然要求，是实现农业增效、农民增收的有效途径。一方面农民为了提高生活水平，增加农业经济收入，在比较经济利益驱动下，纷纷改耕地为林地、园地、草地和养殖水面等其他用地；另一方面随着生活水平的提高，人们的食物消费结构向着中热量、高蛋白、低脂肪的模式不断升级，对食物种类和数量的需求也不断变化。在市场经济的作用下，部分耕地被重新分配，向高价值农产品用地类型转化，将耕地用来改林、改果、改渔。适当的农业结构调整是必要的，但不合理的农业结构调整将挤占大量耕地，使耕地数量锐减。

近年来，耕地损失中相当大的比例是农业结构调整造成的，主要表现为经济作物取代了传统的粮食作物，粮食作物播种面积在农作物总播种面积中所占比例下降。如图 3-19 所示，2000～2008 年大部分地区其粮食作物播种面积在农作物总播种面积中的比重有所下降，其中西藏、浙江、福建和宁夏下降现象最为明显，依次下降 14.84%、13.49%、11.10%和 10.96%；西北地区和东南地区其粮食作物播种面积在农作物总播种面积中所占比重减幅控制在 5%～10%；我国中部的省（区、市）其比重减幅控制在 5%以内。从图 3-19 可以看出，仍然有部分省（区、市）其粮食作物播种面积在农作物总播种面积中所占比重出现了增加的情况，这些地区主要包括东北三省、内蒙古、北京、天津、山西、江苏、安徽和江西。农业结构调整带来对耕地资源的占用，且这种占用一般是不可逆的，在短时期内很难恢复。因此，在因地制宜发展多种农业经营方式的同时，应严格控制因农业结构调整而盲目占用耕地的现象。

3. 生态退耕

生态退耕还林还草是中国生态与环境建设的一项宏大工程，是抑制中国水土流失、风蚀沙化等生态问题的有力措施，对中国土地利用变化，特别是耕地资源变化造成了极为深刻的影响。2000～2008 年全国累计生态退耕面积达 9.767×10^7 亩，成为全国耕地减少的最主要原因。

从时间上看，生态退耕面积在此期间经历了先增加后减少的趋势（图 3-20）。2002

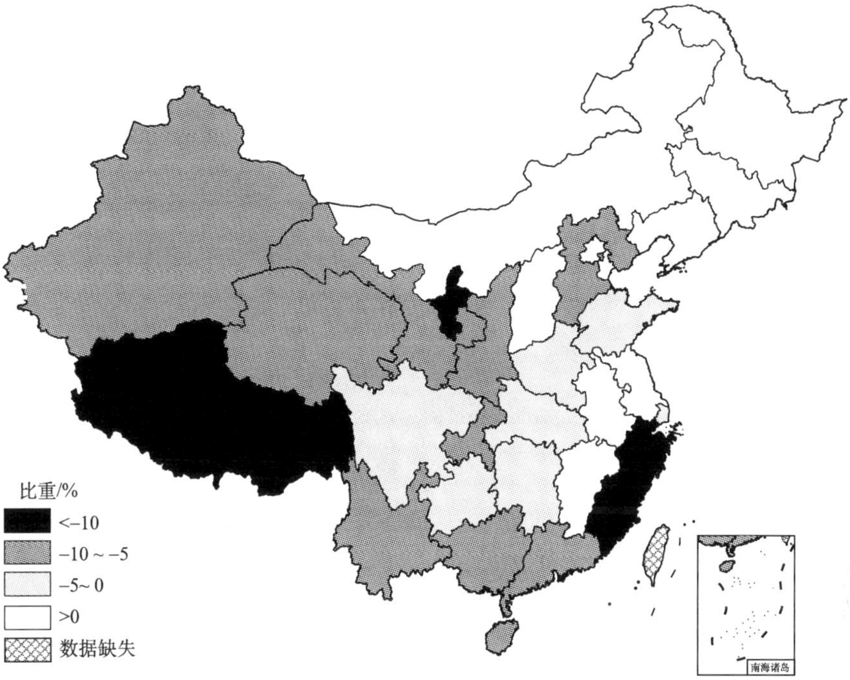

图 3-19　粮食作物播种面积占农作物总播种面积比重变化示意图（2000～2008 年）

年是退耕面积进入迅速增加的转折点，该年国务院正式颁布的《退耕还林条例》将生态退耕工作向全国推广，全国生态退耕面积急速上升。2003 年退耕面积高达 3355 万亩，此后随着符合生态退耕标准的耕地逐渐减少，生态退耕幅度逐渐降低，2008 年退耕面积只有 11 万亩。

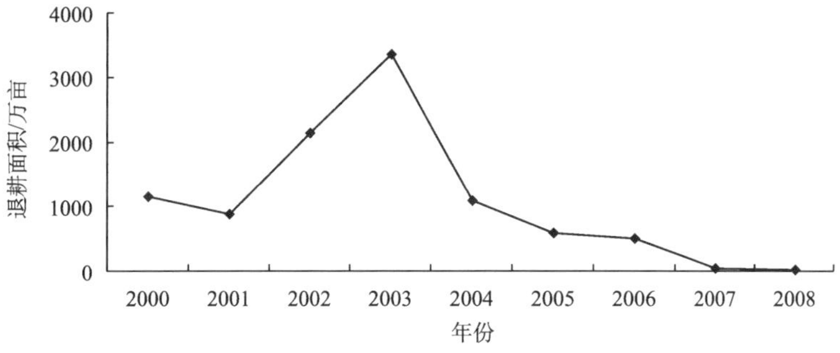

图 3-20　生态退耕面积变化（2000～2008 年）

从空间上看，生态退耕工程呈现较明显的东中西差异。东部地区地形以平原为主，且濒临海洋，降水丰富，河湖众多，雨热同期的季风气候使东部地区成为我国最主要的农业区，耕地产能高，优质的耕地资源不符合生态退耕的标准；中部地区省份其耕地产出效率位于东部和西部地区之间，其退耕面积多于东部地区；西部地区因其特殊的区位、恶劣的自然条件、严峻的生态与环境状况，成为中国生态退耕的重点区域，尤以内蒙古和陕西最为突出（图 3-21）。

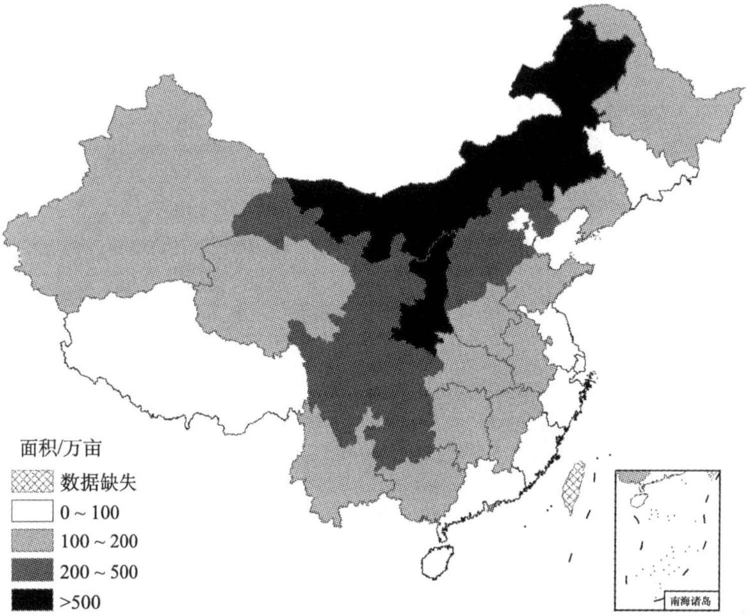

图 3-21　全国各省生态退耕面积（2001～2007 年）

3.2　中国近 30 年来耕地利用转型与粮食生产安全格局

保护利用好宝贵的耕地资源与保障粮食安全，是我国社会经济发展的重要目标之一。2008 年通过的《中共中央关于推进农村改革发展若干重大问题的决定》中，着重强调了严守 18 亿亩耕地红线，实行最为严格的耕地保护政策，加强耕地的节约集约利用，保障耕地安全；确保国家粮食安全，把发展粮食生产放在现代农业建设的首位。面对快速攀升的农产品价格，中共中央强调了稳定农产品市场价格的必要性，认为耕地保护与粮食安全是“菜篮子”工程的根基。2011 年中央一号文件中也再次强调了耕地保护和粮食生产安全的重要性，并为耕地保护与粮食生产制定了更为明确的目标和更加详细的措施。

近年来关于我国耕地利用和粮食生产安全的问题一直是国内外学术界研究的一个热点（Yang and Li，2000；Li and Wang，2003），主要集中在耕地资源的集约与可持续利用（蒙吉军和傅在毅，1998；刘成武和李秀彬，2006a；朱会义等，2007）、数量和质量变动现状与机制及其作用于粮食生产的机理等方面（刘成武和李秀彬，2006b；李秀彬，1999a；闫慧敏等，2005）。我国耕地利用面积一直处于较大的变动过程中。毕于运等指出在 20 世纪 80 年代以前我国的耕地面积是增加的，而 80 年代初期以来我国的耕地面积则处于不断下降的过程中（毕于运和郑振源，2000）。耕地数量的变化直接作用于粮食生产，使得粮食产量受到极大影响。傅泽强等将耕地面积年变化率和粮食产量年增长率进行相关分析，结果表明耕地数量变化与粮食产量表现出基本一致和变化不同步的两种不同的相关性（傅泽强等，2001）。此外，耿玉环等（2007）利用我国 1997～

2005 年的耕地面积和粮食产量数据进行相关分析，指出耕地数量的减少直接引起粮食产量的减少，耕地资源的数量强烈影响着我国的粮食安全。在微观尺度上，姚慧敏等通过对济南市耕地资源数量变化与粮食生产相互关系的分析，指出耕地面积的减少极大地削弱了粮食生产能力，而耕地复种指数的提高在一定程度上缓解了耕地减少的这种削弱作用（姚慧敏等，2007）。因而不能简单地认为保有了一定的耕地面积或保证了一定的播种面积就必然能保障一定数量的粮食产量（刘正山，2006）。当然，耕地面积的下降并不一定会带来粮食产量的下降，特别是近年来生态退耕工程的实施，使得粮食作物播种面积大幅下降，但通过包括退耕在内的产业结构调整，使得片面为了追求粮食自给而进行的大规模粮食种植的局面得到合理调整，提高了土地总体质量，增强了单位耕地面积的粮食综合生产能力（陈百明和周小萍，2004）。石淑芹等（2007）通过对吉林省中西部地区的耕地质量进行模拟与分等，揭示了耕地质量对粮食单产的显著影响作用。

尽管关于我国耕地利用与粮食生产安全问题的研究已有很多，但受耕地质量不便量化的局限，使得全国范围内的耕地利用时空格局研究稍显不足。本节以省为单元，通过分析我国耕地集约利用水平的时空动态格局；构建"粮耕弹性系数"来反映耕地资源变化与粮食生产的互动关系（邹健和龙花楼，2009），据此提出保护耕地和保障粮食安全的对策建议。

3.2.1　研究方法与数据来源

1. 耕地集约利用水平评价

对影响粮食生产的耕地质量的评价，在宏观尺度区域范围内受到数据和调研资料不足的极大限制，加之大区域内耕地之间的变动情况异常复杂，很难利用传统的土地评价方法对大区域范围内的耕地进行客观的分等定级评价。农业生产是人类利用和改造自然环境最为深刻的行业，单位耕地面积的粮食生产能力并不单取决于耕地的原生自然属性，人工物质、技术、资金、动力等投入在现代农业生产中占据了更为重要的地位。因而对大区域范围内单位耕地面积粮食生产能力的评价，可以考虑利用融合在耕地利用中的人为因子投入强度，即通过考察耕地利用的集约化程度来替代耕地质量在粮食生产中的影响作用。

鉴于耕地集约利用影响因素的多样性和复杂性及其内涵的宽泛性，对耕地集约利用水平的评价需要根据区域耕地利用特征建立科学的评价指标体系，以进行全面综合的评价（李秀彬等，2008；刘新卫，2005）。本节研究以省为单元考察自 1980 年以来全国耕地的集约利用水平，因而需要采用各省区之间统一的指标。参考刘新卫关于农用地资源的集约利用评价体系（刘新卫，2005），选取 9 个反映耕地集约利用水平的指标，通过多因素综合分析法，计算各年份综合得分，从而确定全国耕地集约利用水平的时空变化格局。

(1) 评价指标体系构建

从耕地集约利用的内涵和评价指标体系构建的原则出发，参考前人（刘新卫，2005；吕晓等，2007）已建立的评价指标体系，结合宏观尺度数据统一性的需求及其可得性，采用层次分析法（AHP），构建目标层、准则层和指标层三个层次的耕地集约利用水平指标体系，包括投入强度、利用程度和产出效果 3 个准则层和 9 个反映耕地集约利用水平的指标，结合运用德尔菲法（Delphi）与层次分析法，对准则层和指标层分别赋予权重（表 3-2），以计算耕地集约利用水平综合指数。

表 3-2　耕地集约利用水平评价指标体系

目标层	准则层		指标层		
	因素	权重	指标	权重	指标描述
耕地集约利用水平	投入强度	0.329	动力投入	0.361	农业总机械动力/耕地总面积
			劳动力投入	0.329	总农业劳动力/耕地总面积
			化肥投入	0.310	总化肥使用量/耕地总面积
	利用程度	0.293	复种指数	0.436	农作物总播种面积/耕地总面积
			灌溉指数	0.328	耕地有效灌溉面积/耕地总面积
			粮耕指数	0.236	粮食作物播种面积/农作物总播种面积
	产出效果	0.378	粮食单产	0.357	单位面积粮食产量*
			地均产值	0.386	种植业总产值/耕地总面积
			人均粮食产量	0.257	人均粮食占有量*

* 分析过程中该指标数据采用统计资料中直接统计的数据。

需要指出的是，上述指标体系中引入“粮耕指数”这一指标用以反映粮食作物播种面积比重对耕地集约利用水平的贡献。由于本章侧重分析耕地集约利用对粮食生产安全格局的影响，作者认为通常越高的粮食作物播种面积比重代表着越强的粮食生产能力，因此其对于粮食生产安全这一目标来说是越集约的，它有别于从投入角度通常所认为的经济作物在种植结构中比重越大则集约度越高。

（2）数据标准化

为消除各指标之间不同量纲对分析带来的影响，使各指标数据之间具有可比性，利用极差标准化方法对原始数据进行标准化处理。由于采用指标都是对目标层的正效应，故只采用正向极差，如下式：

$$X'_{ij} = \frac{X_{ij} - X_{\mathrm{min}i}}{X_{\mathrm{max}i} - X_{\mathrm{min}i}}$$

式中，下标 ij 表示第 j 准则层的第 i 个指标，X'_{ij} 为标准化后 i 指标的值，X_{ij} 为处理前 i 指标的值，$X_{\mathrm{max}i}$ 与 $X_{\mathrm{min}i}$ 分别为所有省区所有年份 i 指标中的最大值和最小值。

由于最终计算得到的耕地集约利用水平得分需要在各省区间进行比较，因而标准化过程中，对于不同省区同类指标采用统一极值的选取，即所有省区所有年份的某类指标中的最大值或最小值作为各省区该指标标准化所采用的统一极值，以保证各省区耕地集约利用水平评价的最后得分拥有更强的客观性和可比性。

（3）综合评价分值计算

利用各指标权重和标准化值，将各省的各个指标值进行加权求和，最终得到各省区各年份的耕地集约利用水平综合指数，计算公式如下：

$$F_j = \sum_{i=1}^{3} X'_{ij} \times W_{ij}$$

$$F = \sum_{j=1}^{3} F_j \times W_j$$

式中，F_j 为准则层得分，X'_{ij} 是标准化后的指标值，W_{ij} 是指标层权重；F 为耕地集约利用水平综合指数，W_j 为准则层权重。

(4) 耕地集约利用水平变化

为了反映各省区不同年份之间耕地集约利用水平的变化，本章选择较为简单的方法计算两个年份之间的直接变化，来客观反映耕地利用中人工投入因素的变化，以便为解释耕地集约利用水平变动与“粮耕弹性系数”之间的相互关系提供更直观的信息，公式如下：

$$\Delta F_{ij} = (F^j - F^i) \times 100\%$$

式中，ΔF_{ij} 为某省从 i 时期到 j 时期耕地集约利用水平变化，F^i、F^j 分别为某省 i 时期和 j 时期耕地集约利用水平综合指数。

2. 粮耕弹性系数

耕地的质量和数量同时作用于粮食生产，因而在考察耕地利用时空变动对粮食生产的影响作用时，还需明确耕地数量变动与粮食产量变动的互动关系。借鉴经济学中“弹性系数”的概念，构建“粮耕弹性系数”指标以反映此种互动关系。公式如下（邹健和龙花楼，2009）：

$$C_j = \frac{(Q_{i+1} - Q_i)/Q_i}{(S_{i+1} - S_i)/S_i}$$

式中，j 表示省区，Q_i、Q_{i+1} 分别代表 j 省区 i 和 $i+1$ 时期粮食产量，S_i、S_{i+1} 分别代表 j 省区 i 时期和 $i+1$ 时期耕地面积。C_j 为粮耕弹性系数，反映 j 省区 i 时期到 $i+1$ 时期粮食产量和耕地面积变动的互动关系。在分析该指标之前先确定各省区耕地面积的变动状况，以便更加明确地反映该系数的意义。

当 $C_j>0$，粮食产量与耕地面积同向变动，粮食生产受耕地面积变动作用明显。若耕地面积增加，C_j 值越大表明粮食生产受耕地面积变化的影响相对越小，受耕地质量或耕地集约利用水平变化的影响相对更大；若耕地面积减少，C_j 值越大，表明粮食减产越严重，耕地面积的减少给粮食生产带来的负面效应越大。

当 $C_j<0$，粮食产量与耕地面积逆向变动，粮食生产受非耕地因素影响显著。C_j 绝对值越大，表明粮食生产所受非耕地面积因素影响作用越显著：若耕地面积增加，表明耕地质量或集约利用水平衰退对粮食生产的负面效应超过耕地面积增长带来的正面效应；若耕地面积减少，表明耕地质量或集约利用水平提升对粮食生产带来的正面效应超过耕地面积减少带来的负面效应。也即当 $C_j<0$ 且 C_j 绝对值越大时，耕地质量或集约利用水平的变动对粮食生产的作用比耕地面积带来的作用更加显著。

3. 数据来源与处理

研究所选取指标数据均取自中国统计年鉴与各省统计年鉴，并保证不同地区的相同数据拥有相同的统计口径。在耕地集约利用水平评价指标数据的选取中，选取 1978 年、1980 年、1985 年、1990 年、1995 年、2000 年、2004 年和 2008 年 8 个年份的截面数据，其中 1978 年、1985 年、1995 年和 2004 年数据仅作为参照系，而不进行具体的分析比较。在分析粮耕弹性系数的数据选取中，选取 1980 年、1990 年、2000 年和 2008 年 4 个年份截面数据。其中种植业产值采用 1990 年不变价进行统计。

3.2.2　耕地集约利用水平与粮食生产安全格局

改革开放以来，计划经济体制下的传统公社化农业生产模式，逐步被农村家庭联产承包责任制所取代，农业劳动力积极性得到极大释放，农业生产力也随之获得很大提升，加之技术、资金等农业投入的飞速增长，使得粮食生产能力得到长足进步。因而 1980 年以来，全国耕地利用过程中，人为因子投入不断加大，耕地集约利用程度普遍持续提升（图 3-22）。

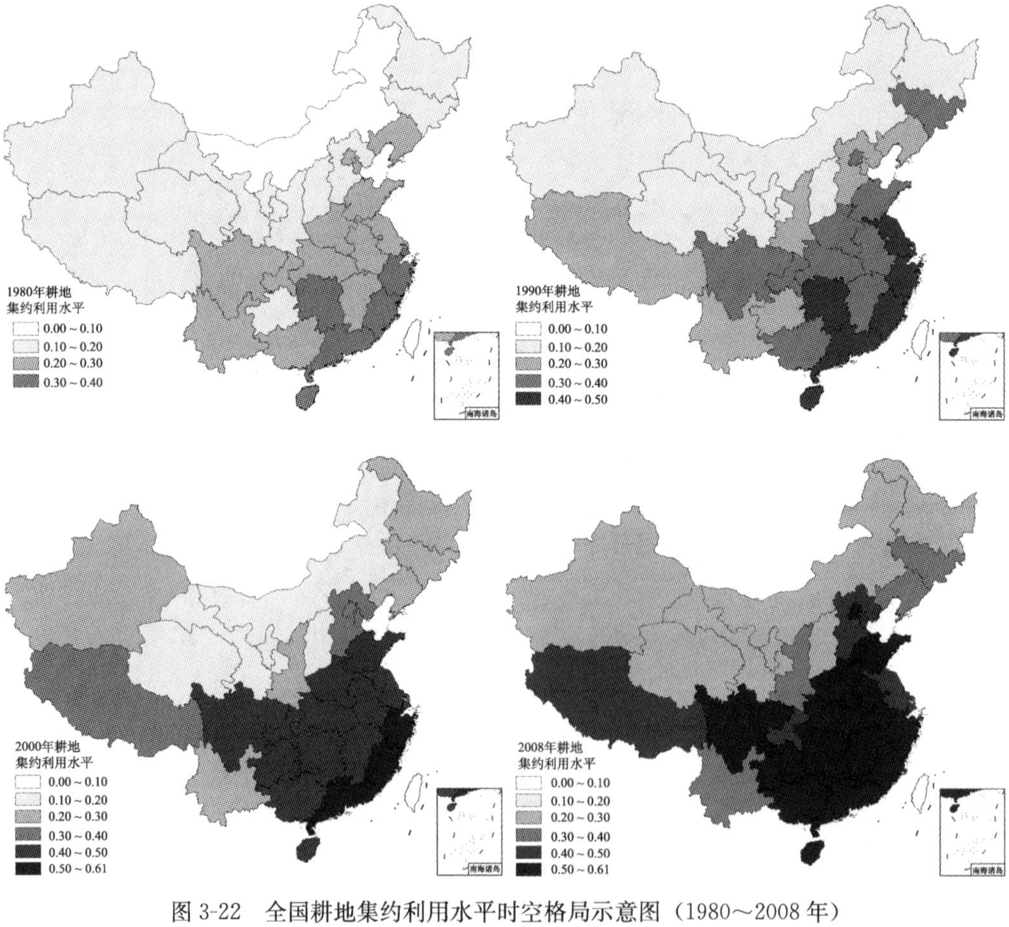

图 3-22　全国耕地集约利用水平时空格局示意图（1980～2008 年）

1. 1980 年

新中国成立以来实行的工业赶超战略，通过“三位一体”的经济发展模式，促使农业资本大量向工业资本的转移以完成重工业的资本积累，农业生产的资本积累极其薄弱，农业资金和技术投入长期停滞，最终导致改革开放以前全国农业生产的极端落后（林毅夫等，1999）。落后的农业生产条件，使得全国耕地利用集约度普遍低下，各省农业生产受自然条件影响很大。南方各省区由于较好的水热条件，使其拥有较高的耕地复种率和粮食单产（周立三，2000；朱希刚，1997），以及由此带来的较高地均产值，使得南方各省区耕地集约利用程度普遍高于北方，并随纬度增加耕地集约利用水平由南方省区的超过 0.3 逐步降低到北方省区的低于 0.2。总体上看，这一时期全国耕地利用的人工投入大体相同，耕地集约利用程度的差异主要受自然条件，特别是水热地带性的作用明显，因而呈现出由南向北显著的递减态势。

2. 1990 年

1978 年确立社会主义市场经济体制以来，农村逐步实行家庭联产承包责任制生产，农业劳动力劳动积极性得到极大释放；传统工业赶超战略的逐步衰退，极大地缓解了农业生产的资本流出压力；国家重化工业逐步开始为国内农业生产服务，农业技术和资金投入逐步加大。这一系列的变化促进农业的迅速发展，特别是农业机械化的推广、单位耕地化肥投入的成倍增长、耕地承包后复种指数的提高以促进耕地的开发，都使得全国范围内耕地集约利用程度得到普遍提升。特别是华南、华中和华北等地势低平地区，地势的平坦有利于机械化的率先推广；靠近沿海的优势使得这些地区处在改革开放的最前沿，经济发展极为迅速，为加大农业资金和技术投入提供了良好的经济基础，使得这些省区耕地利用集约化程度迅速提高，华中、华南地区耕地集约利用水平普遍超过 0.4，华北地区也普遍超过了 0.3。相反，西北干旱省区与黑龙江省等地方，受过低农业生产人口和相对落后经济的限制，农业发展相对缓慢，耕地集约利用水平仍普遍维持在 0.2 以下；西南山区受地形限制，农业机械化很难推广使用，加之地区经济十分落后，除去经济发展相对较快的四川省与重庆市，各省农业生产都相对停滞，耕地集约利用水平与 1980 年基本持平。

3. 2000 年

随着市场经济体制的逐步完善，中国经济进入了高速稳定的发展时期，社会经济、文化和科技发展都有了长足的进步，全国范围内的农业机械化普遍推广，化肥使用量持续增长，使得全国耕地集约利用水平都有较大的提升。东部沿海省区经济的迅速发展，为农业发展提供了充足的资金和技术支持。农业机械和化肥投入量持续高速增长，耕地复种指数进一步提高，使其成为全国耕地集约利用水平提高最为迅速的地区，其耕地集约利用程度已达到 0.5 乃至更高的水平；华中、华北和东北地区，农业机械化推广和化肥投入持续增长，农业灌溉设施不断改善。山东、河南与河北等人口大省农业劳动力大量增加，都使得此区域耕地集约利用水平得到很大提高；西南地区经济的逐步发展，保证了农业机械化的推广和化肥投入的增加，农业劳动力持续增长。加之西南地区适宜的水热气候条件和较为稀缺的耕地资源，使得单位面积耕地内的人力投入迅速提升，耕地集约利用水平普遍超过 0.4，成为耕地集约利用的另一个增长极；黄土高原、青藏高原和西北干旱地区，随着经济的初步发展，农业生产有所进步，但经济落后且发展缓慢，加之较差的水热自然条件，使得这些地区农业发展受到很大限制，耕地集约利用水平提升不明显，大部分省区仍维持在 0.1～0.3 的较低水平。

4. 2008 年

2000 年以来，是中国经济发展最为迅速的时期，各地经济都有了长足进步，但经济高速发展给耕地利用带来的效用却是不同的。

一方面，经济快速发展的几个区域，如京津地区、长江三角洲地区及东南沿海省区，经济腾飞带来耕地和农业人口的急剧非农化发展，农业产业结构调整，经济作物用地比重上升导致的粮食减产，尽管农机和化肥利用量仍旧持续增长，但耕地集约利用的整体水平却处于相对停滞局面。北京、天津和上海耕地集约利用程度维持在与 2000 年相近的 0.5 左右；东南沿海省区也只是在化肥投入和产值大量增长的情况下耕地集约利用程度略有提升，但幅度不大，仍维持在 0.5～0.6；浙江省由于农业劳动力迅速非农化转移和粮食播种面积的大幅下降，耕地集约利用程度甚至出现降低，但由于经济迅速发展带来的农业基础条件提升使得这个降低幅度并不显著。

另一方面，经济高速发展的影响逐步向内地渗透，使之形成与沿海省区上一时期相类似的发展态势，耕地投入和复种力度加大，而农业人口非农化相对滞后于经济发展，成为这一时期耕地集约利用水平提升最为迅速的地区。其中尤以河南省和贵州省最为显著，机械化投入和化肥投入的成倍增长，农业劳动力、耕地灌溉水平和复种指数的有效提升，粮食播种面积的较少流失，使得两省粮食产量和产值迅速提高，共同促进了耕地集约利用水平分别从 2000 年的 0.44 和 0.40 迅速提高到 2008 年的 0.56 和 0.51。内陆干旱地区和青藏高原地区，受经济发展和国家西部大开发战略的带动，农业技术和资金投入增长较快，耕地开发力度加大，耕地集约利用水平也有所提高。

总体上看，自改革开放以来全国耕地集约利用水平呈现由经济快速发展带来的普遍性提升局面，并呈现提升速率由东南沿海向内陆梯级递减的态势，同时这种提升态势将随着时间和经济发展而出现由沿海地区向内地的推移。但经济的高速持续发展并不能带来耕地集约利用程度的持续提升：一方面由于耕地和农业人口非农化与农业产出结构调整带来的耕地集约利用程度降低；另一方面则是由于单位耕地面积内的农机和化肥等投入增长空间有限，从而使得耕地集约利用呈现较高水平的稳定状态。

3.2.3　粮耕弹性系数与粮食生产安全格局

随着市场经济体制的确立，社会经济高速发展带来的城镇化和工业化进程十分迅速，城镇建设用地需求的大量增长必然对耕地保护带来极大压力。在经济利益差异的驱动下，耕地的非农化进程难以避免（李秀彬，2002；蔡运龙和霍雅勤，2002；Liu et al.，2008)，“吃饭”与“建设”之间如何协调，将是长期困扰我国社会发展的重要问题（蔡运龙，2000）。此外，人口的持续增长给耕地利用带来巨大压力，加之农业人口的持续非农化，耕地闲置和退化现象十分严重（毕于运，1999；孙燕等，2006）。自改革开放以来，全国耕地面积普遍呈现持续减少的状态，但在不同时期，耕地面积减少带来的粮食生产变动，会在不同耕地集约利用水平变动的情况下，呈现不同的效应（图 3-23 和图 3-24）。

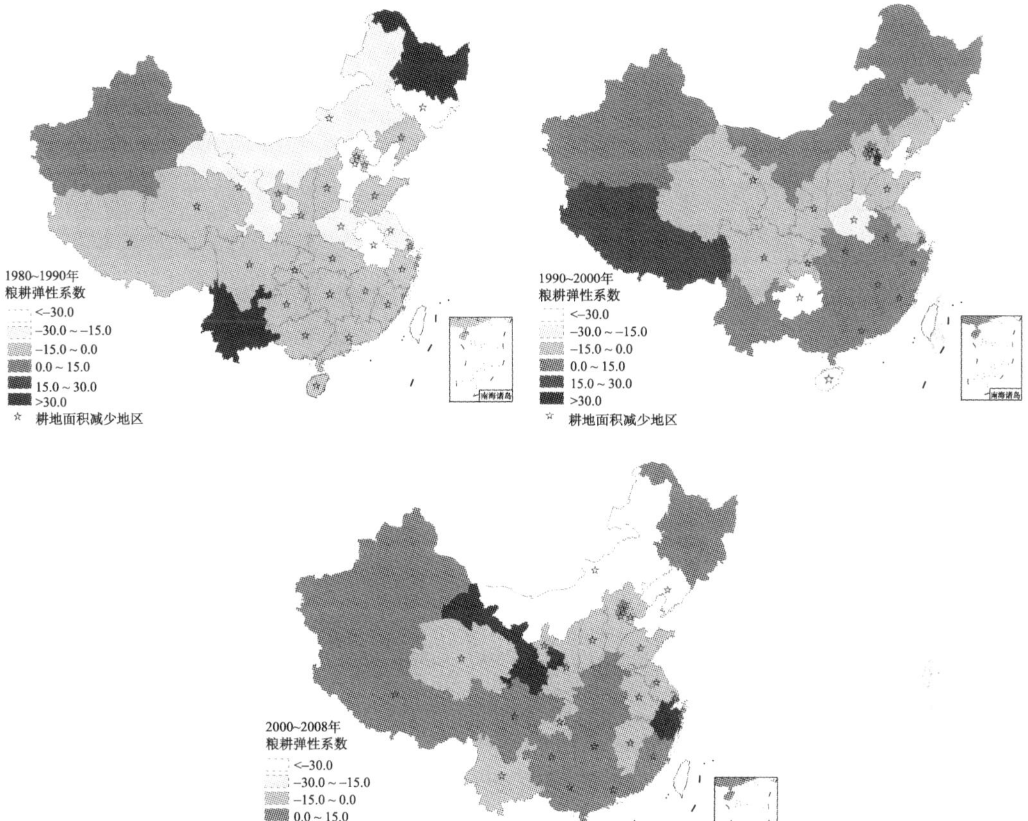

图 3-23　全国粮耕弹性系数变动（1980～2008 年）

1. 1980～1990 年

改革开放初期经济发展迅速，而相应的土地管理政策未能同步到位，经济利益的驱动使得大量耕地的非农化流转，出现全国范围内的耕地面积普遍减少现象。但耕地面积的普遍减少并未带来粮食产量的普遍降低，相反，各省粮食普遍增产成为全国农业生产力快速发展的最佳诠释。从图 3-23 可以看出，全国粮耕弹性系数普遍呈现负值，但其绝对值在大部分省区都在 15 以内；而粮耕弹性系数绝对值较高的省区集中在东北、华北和华中地区，以上地区成为这一时期粮食增产最为迅速的地区。

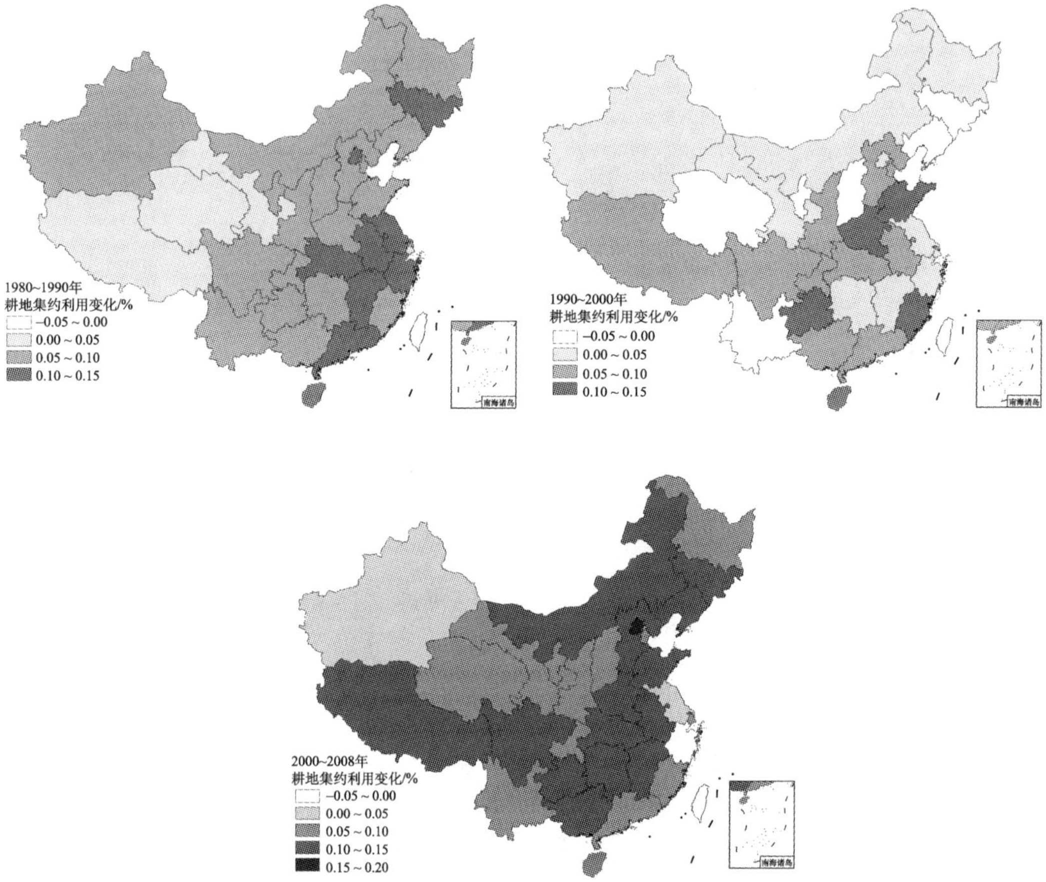

图 3-24　全国耕地集约利用水平变化（1980～2008 年）

农村家庭联产承包责任制的确立极大地刺激了农村劳动力的积极性，保证了耕地集约利用所需的劳动力基础。耕地面积普遍减少时，耕地集约利用水平的普遍提高，正好与全国范围内粮食增产相吻合；而少数几个耕地集约利用水平迅速提升的省区，也与粮食增产幅度最大的省区相吻合。在此时期，由于原先农业生产基础的薄弱，耕地集约利用水平的提升在很大程度上促进了粮食生产，保证了全国耕地普遍流失态势下粮食生产的普遍较快发展。

2. 1990～2000 年

西部各省区现有耕地资源的保护与后备耕地资源的开发，与东中部地区耕地普遍流失形成鲜明对比，而全国范围内的粮食普遍增产仍是这一时期的主要特点，粮耕弹性系数的区际差异较为显著。西部各省区粮耕弹性系数值大多为正，中部、西部及华北耕地减少但粮耕弹性系数为负的省区，恰好与耕地集约利用水平的高增长区极为吻合。耕地集约利用水平的提高仍是该时期这些省区维持粮食生产安全的重要保障。辽宁和吉林两省因长期面临传统重工业为核心的产业结构调整滞后，致使其对农业生产的有效支持不足，耕地集约利用水平呈现负增长，最终导致其在耕地稳定情况下粮食生产的停滞乃至小幅减产。

与此同时，华中与华南地区则呈现出耕地减少态势下粮食的普遍减产，这些地区经济迅速发展带来的耕地集约利用水平的持续提升，在一定程度上保证了粮食生产的稳步发展。但由于单位面积内农机和化肥的投入增加带来的粮食增产边际效益的递减性（蔡运龙，2000），除少数耕地集约利用基础较差的省份外，各耕地集约利用大省，特别是东南沿海各省，其高耕地集约利用水平并未带来粮食产量的持续提升，粮食减产已成为这些地区经济快速发展导致耕地减少的必然后果。以广东省为例，数据表明，广东省这一时期耕地面积变动为－10.9％，由于其1990年耕地集约化利用水平已达到0.44，尽管该指标十年间增长了0.9，但其较高的耕地集约化利用基础，相对较低的边际效用使得广东省在耕地面积大量减少的情况下，出现了3.9％的粮食减产。

3.2000～2008年

2000年以来随着社会经济进入另一个快速的发展时期，工业化与城镇化进程的不断深入对耕地的侵占十分严重，加之国家生态退耕政策的实施（Liu et al.，2008），在很大程度上造成了全国范围内耕地资源的普遍急剧流失。但随着我国粮食安全形势的日趋严峻，耕地保护与粮食安全逐步成为保障社会经济和人民生活持续稳定发展的关键。经济发展带来的资金和技术支撑，与国家促进农业和粮食生产政策的共同推动，使各地耕地集约利用水平都呈现极快的增长，极大地保障了各地粮食生产的稳定发展。但与此同时，东南沿海地区仍表现为耕地减少带来的粮食普遍减产，其较高耕地集约利用水平带来的农业集约投入难以持续快速增长与边际效益的不断降低，导致东南沿海地区耕地减少态势下粮食生产发展不可持续状态的继续出现。

总体看来，耕地面积和人为因子投入的相互补充和促进，决定着粮食生产的良好有序发展。在改革开放初期由于农业生产基础条件较弱，耕地人为“质量”随着经济发展的迅速提升，对保障粮食生产起到重要作用。随着经济的发展和农业基础条件的完善，融于耕地中的人工投入增长对粮食生产安全的贡献作用日渐降低，而耕地面积的稳定逐步成为保障粮食生产安全的重要因子。由于我国经济发展和耕地集约利用的梯级性分布与演进，所带来的影响粮食生产安全的主导因子也将呈现东、中、西梯级差异态势和梯级化演进的模式。面对我国经济持续高速发展的态势，如何减缓快速城镇化和工业化带来的耕地流转压力，保护现有耕地面积，成为保障我国长期粮食安全战略的关键。

3.3　耕地利用转型的地带性特征——以“苏南-陕北”样带为例

“苏南-陕北”样带（以下简称“样带”）（图3-25），是我国乡村转型发展最显著和集中的地区（图2-6和图3-25）。样带地跨江苏、安徽、河南、山东、山西、陕西六省共53个县市，总面积约7.5万km^2，2008年常住人口总计约3738.22万人。样带地跨差异显著的不同自然地带与经济社会发展带，深入研究其乡村转型发展过程中耕地利用转型的地带性特征，对于揭示我国不同类型地区乡村转型发展对耕地利用转型的影响，具有很好的典型性。

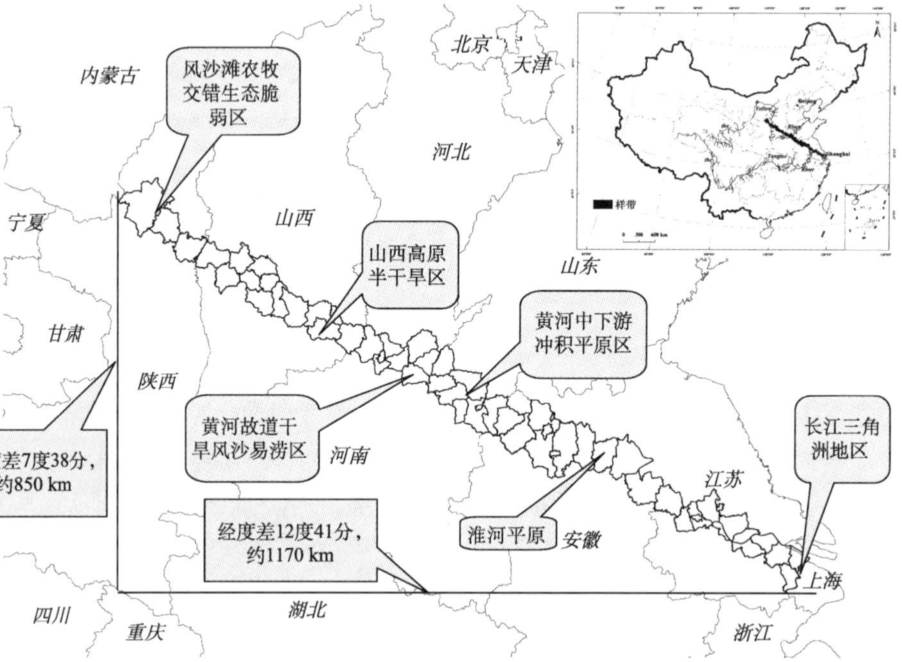

图 3-25　“苏南-陕北”样带概况

3.3.1　样带的典型特征

1. 自然地带特征

样带由东南向西北过太行山脉跨越我国两大地形阶梯，地跨长江中下游平原区、黄淮平原区、太行山区、山西高原区、吕梁山区、陕北高原区、鄂尔多斯高原区 7 大地形区，跨越长江、淮河、黄河、汾河等重要水系，农业灌溉条件和耕作方式在空间上存在较大的变化。

样带东西长约 1170km，沿纬线地跨 12.7°经度，经海洋性过渡气候、大陆性过渡气候和大陆性气候三大气候区，降水条件由昆山市 1400mm 年降水量逐步递减到横山县毛乌素沙漠地区的不足 400mm；南北长约 850km，沿经线跨 7.63°纬度，跨北亚热带、暖温带与中温带，从苏州到榆林年均温由 16℃逐步降低到约 8℃。随经纬度变化的水热条件、地形地貌条件及由此形成的土壤条件，使得各地在农业生产条件和农村生活习俗等方面有着极大的差异，成为各地区选择不同的乡村转型发展模式与耕地转型轨迹的重要基础。

2. 经济社会发展特征

样带地跨 6 省区，不同的自然地理单位与区位条件赋予了各地区不同的社会经济发展特征，进入 21 世纪后中国经济步入快速稳定发展时期。不同区位、资源与社会条件导致了不同类型地区之间发展的极大差异，样带上由东南向西北呈现截然不同的 5 个经济发展类型区：苏南外向型经济发展区、豫东皖北苏北传统农区与矿产开发区、豫北农业集中发展区、晋中矿产富集区、陕北农业开发与生态涵养区。

苏南外向型经济发展区：是长三角经济发展圈的重要组成，以昆山、常熟为代表的“苏南模式”，带动区域经济迅速发展，成为全国外向型经济发展的龙头地区。同时，苏南地处长江中下游，有着优越的水热条件与地形条件，是我国最为重要的水稻生产基地，素有“鱼米之乡”的称号。传统农业与乡镇制造业的有机结合与相互博弈，成为苏南地区乡村转型发展的重要特征与驱动力。

豫东皖北苏北传统农区与矿产开发区：地处黄河与淮河流域广袤的平原地带，水热、土壤与地形条件十分有利于农业生产开发，是我国最主要的粮食生产基地，农业生产在国民经济中占有较大比重，人口规模大且农业人口比重较高。近年来豫东丰富的能源储备和皖北苏北地区富集矿产资源的逐步开发，推动其社会经济迅速发展，以矿产资源为依托的重化工业成为区域经济发展的主导力量。

豫北农业集中发展区：豫北是我国传统的农业生产集中区，新乡、商丘等地自古就是中原地区重要的粮食生产地，也是现今我国重要的商品粮基地，农业生产在国民经济中占有很大比重。独特的自然条件与人口规模，保证了农业生产的持续高效发展。

晋中矿产富集区：位于太行山脉与吕梁山脉之间的黄土高原地区，农业自然条件相对较差，崎岖的地形和滞后的经济条件制约了农业的有效发展。以煤炭为主的矿产资源储量极其丰富，矿产开采业成为晋中地区经济发展的支柱，但对矿产开发的过度依赖和资源深加工产业的滞后发展，在大量占用稀缺的土地、人口、资金等社会资源的同时，并未推动社会经济整体的快速有效发展，地区经济结构单一，发展程度普遍较低。

陕北农业开发与生态涵养区：陕北榆林市地处黄河河套地区，丰富的黄河水资源使其成为黄土高原重要的农业生产区，而地处半干旱与半湿润交界的农牧交错带，与北靠鄂尔多斯高原的毛乌素沙漠，使其成为我国最关键的生态保护区之一，政策性生态退耕规模很大，农业开发与生态保护成为陕北经济发展的两大主题；北部横山县紧靠神木煤田，丰富的煤炭资源使陕北逐步形成自身特有的区域发展模式。

3.3.2　样带乡村转型发展评价与地域类型划分

基于第 2 章所揭示的中国乡村转型发展的时空特征和一般规律，本节将沿用中国乡村转型发展评价的相关方法，从样带实际状况出发，构建县域尺度乡村转型发展的评价指标体系，探索样带乡村转型发展的地带性特征并划分地域类型区。以此评价与类型区划分结果为基础，结合样带空间影像分析，揭示各地域类型区乡村转型发展对耕地利用转型的影响效应。

1. 样带乡村转型发展

以中国乡村转型发展的一般评价指标体系为基础（表 2-9、表 2-10 和表 2-11），考虑县域经济的独立性和特殊性，并结合县级统计数据的可靠性和可获取性。本节挑选其中部分数据易获取且综合性较强的指标，构建样带县域乡村发展度和乡村转型度的评价指标体系（表 3-3 和表 3-4），并结合层次分析法（AHP）与德尔菲法（Delphi）分别对各类评价指标赋予权重。鉴于县域经济的综合性和独立性，且在我国统计体系中尚未针对县域等级的城乡社会经济统计进行明确划分，难以获取详尽的统计指标对县域城乡协调发展进行综合衡量，因此本节仅采用“城乡人均收入对比”指标对样带乡村转型发展中的城乡协调度进行衡量。需要指出的是，从表 3-3 中可看出本节中的“县域乡村发展度”与第 2 章全国尺度测算中的“地市乡村发展度”存在一定差异，考虑县域社会经济的整体性和在城乡间的难以分割性（龙花楼等，2009b），本节所指的乡村发展度是将县域整体作为乡村进行衡量，区别于第 2 章中度量的“更为纯粹”的乡村发展度。

表 3-3 “苏南-陕北”样带县域乡村发展度评价指标及权重

准则层	准则层权重	指标层	计算方法	指标层权重	指标说明
乡村经济发展	0.383	国内生产总值水平	国内生产总值/总人口	0.346	正指标
		地方财政支出水平	地方财政支出/总人口	0.278	正指标
		固定资产投资水平	全社会固定资产投资总额/总人口	0.214	正指标
		城乡居民储蓄水平	城乡居民存款总额/总人口	0.162	正指标
农业生产发展	0.263	农业产值状况	农林牧渔业总产值/总人口	0.317	正指标
		农业机械投入	农业机械总动力/耕地面积	0.160	正指标
		农业劳动生产率	农林牧渔业总产值/农林牧渔从业人口	0.302	正指标
		耕地资源支撑条件	耕地资源总面积/总人口	0.221	正指标
乡村社会发展	0.354	社会消费水平	社会消费品零售总额/总人口	0.213	正指标
		通信设施水平	固定电话总数/总人口	0.173	正指标
		医疗卫生条件	医疗卫生机构床位总数/总人口	0.262	正指标
		农民收入水平	农村居民人均纯收入	0.352	正指标

表 3-4 “苏南-陕北”样带县域乡村转型度评价指标及权重

指标	计算方法	权重	指标说明
城镇化率变化	城镇人口占总人口比重的变化	0.342	正指标
产业结构变化	第一产业产值占国内生产总值比重的变化	0.331	逆指标
劳动力就业结构变化	乡村农林牧渔业从业人口占乡村总就业人口比重的变化	0.327	逆指标

具体计算中，本节沿用第 2 章中的标准化和正、逆指标加权计算方法，在此不再赘述。所选时间段与第 2 章全国评价相同，即 2000～2008 年，并添加 2005 年以重点剖析

国家“十五”和“十一五”前后政策与经济环境的变迁对样带乡村转型发展过程造成的不同影响。鉴于样带评价中涉及 2000 年、2005 年、2008 年三个统计年份，在标准化过程中为实现相同指标在不同时段的可比性，针对各指标极值都统一采用该指标在三个年份中的最大值与最小值进行，由此得到计算结果如图 3-26 和图 3-27。

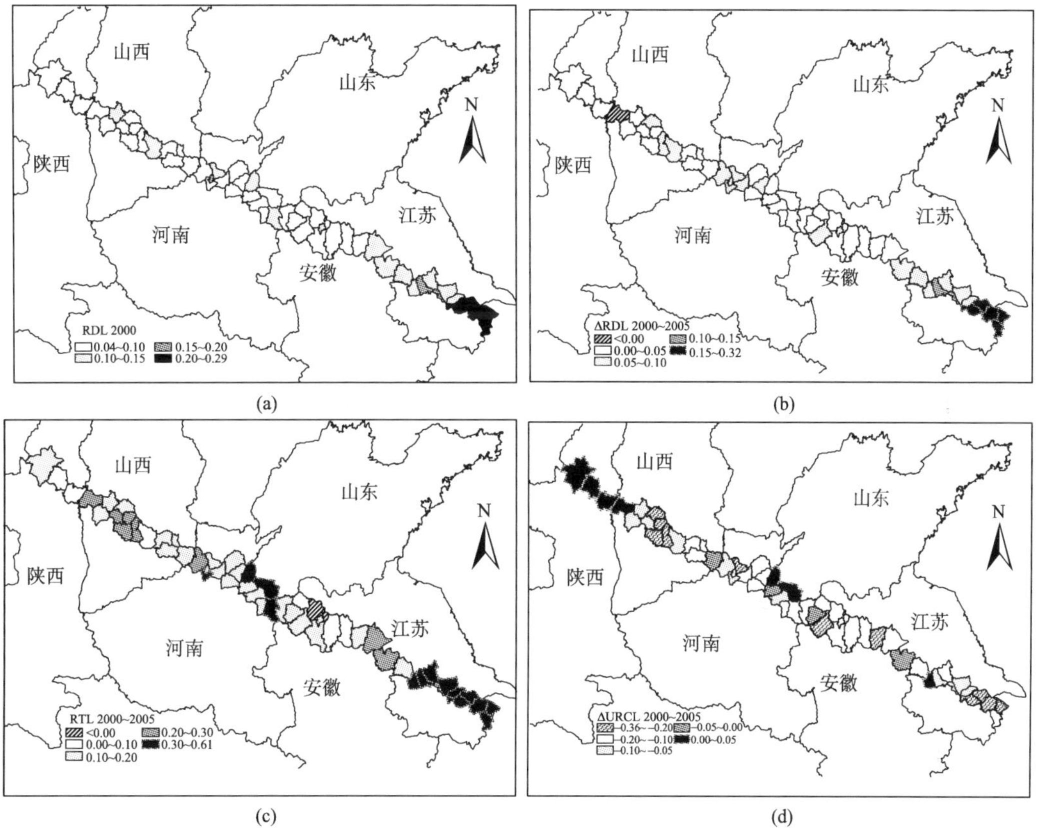

图 3-26　“苏南-陕北”样带乡村转型发展评价结果（2000～2005 年）

2. 样带乡村转型发展地域类型划分

以样带乡村转型发展评价结果为基础，考虑其空间格局特征的复杂性。为有效摒弃县域经济发展中各自独特的发展路径对转型发展结果的差异性影响，以提取相近地域各县乡村转型发展的共性特征，进而揭示样带所在地区乡村转型发展的地带性规律，需要对样带各县乡村转型发展的结果进行深入的数理分析。结合各县乡村转型发展的具体路径过程与所在区域的宏观自然、经济、文化地理格局，对样带各县乡村转型发展进行合理的地域类型划分。

鉴于样带在空间上难以聚团的特点，本节针对样带的地域类型划分不再沿用第 2 章中的空间聚类模型，而采用相对简洁直观的划分方式，即按照表 3-5 的划分标准，将样带各县按东南—西北向空间顺序排列后，以其初始乡村发展度和乡村转型度排列的显著

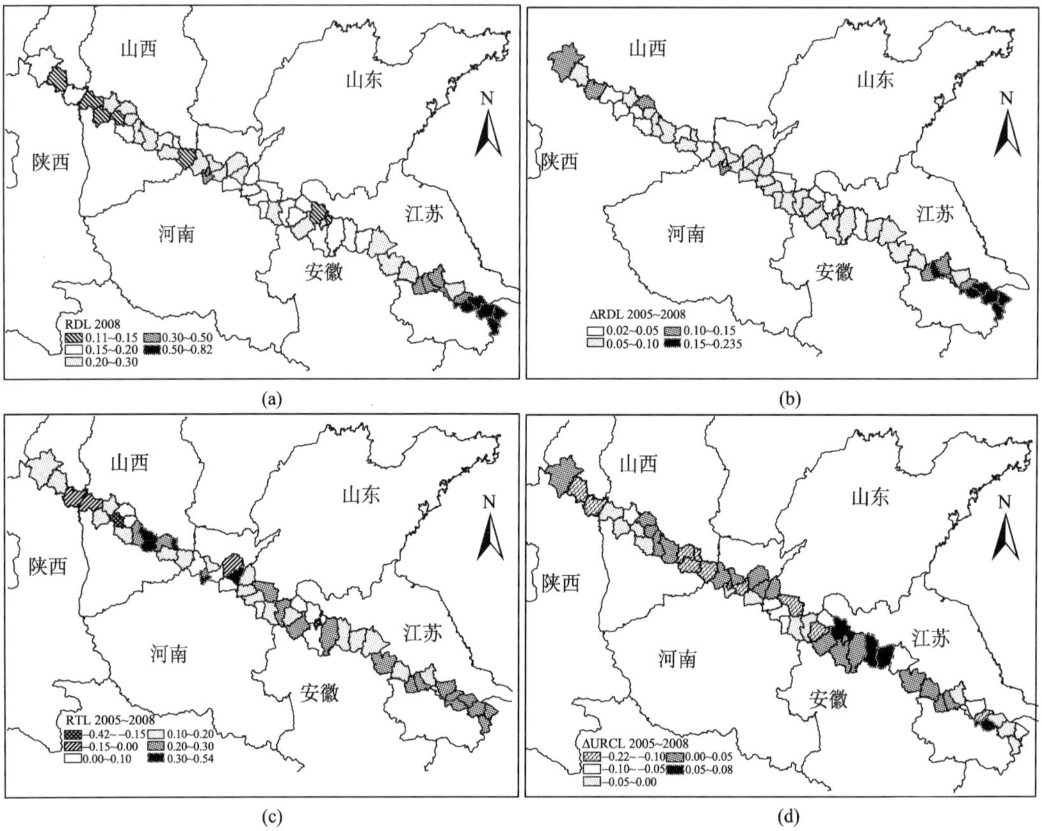

图 3-27 “苏南-陕北”样带乡村转型发展评价结果（2005～2008 年）

拐点为划分断裂点，由此将样带各县划分为 8 个地域类型区（图 3-28）。

表 3-5 样带乡村转型评价的等级划分标准

等级	统计标准	初始乡村发展度范围	乡村转型度范围
低	(−∞，均值−0.5 标准差]	(−∞，0.100]	(−∞，0.120]
较低	(均值−0.5 标准差，均值]	(0.100，0.147]	(0.120，0.193]
较高	(均值，均值+0.5 标准差]	(0.147，0.194]	(0.193，0.266]
高	(均值+0.5 标准差，均值+标准差]	(0.194，0.241]	(0.266，0.339]
极高	(均值+标准差，+∞)	(0.241，+∞)	(0.339，+∞)

注：考虑各等级在两个时间段间的可比性，等级划分标准同时采用 2000～2005 年与 2005～2008 年两时间段的初始发展度和转型度数据。

样带各类型区在自然资源环境条件、经济社会发展条件、不同行政区划下的发展政策条件的不同，造成了各类型之间发展速率和转型路径的巨大差异，由此在转型发展的数理特征上呈现出极大的不同（表 3-6）。根据各类型区乡村转型发展的历史路径和数理特征，并参考传统的三段式地域类型命名方法（姚建衢，1988），本节采用“四段式”命名法，从“区域地貌—产业特征—转型发展特征—城乡关系”四个方面对各乡村转型发展类型进行命名，得到相应的类型名称（图 3-28）。

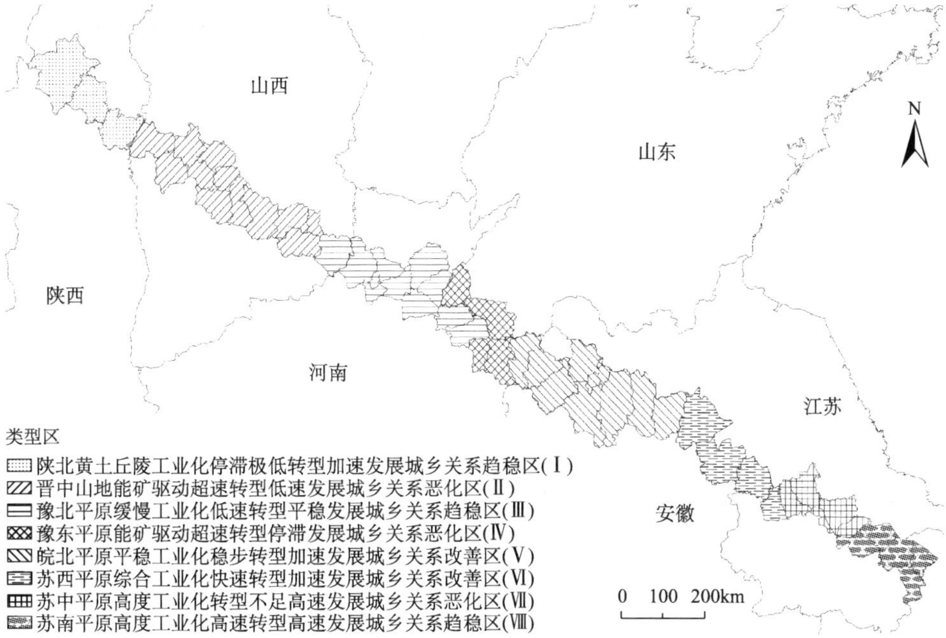

图 3-28　样带乡村转型发展地域类型划分

表 3-6　样带各类型区乡村转型发展的数理特征

类型区（县域单元数）	平均初始乡村发展度	2000～2005 年			2005～2008 年		
		平均转型度等级与得分	乡村发展度均增长	城乡协调度均变化	平均转型度等级与得分	乡村发展度均增长	城乡协调度均变化
陕北黄土丘陵工业化停滞极低转型加速发展城乡关系趋稳区(Ⅰ)(3)	低(0.046)	低(0.090)	0.032	0.037	低(0.037)	0.092	−0.082
晋中山地能矿驱动超速转型低速发展城乡关系恶化区(Ⅱ)(12)	低(0.090)	较高(0.199)	0.047	−0.158	较低(0.137)	0.058	−0.063
豫北平原缓慢工业化低速转型平稳发展城乡关系趋稳区(Ⅲ)(11)	低(0.097)	较低(0.180)	0.050	−0.109	较低(0.172)	0.077	−0.026
豫东平原能矿驱动超速转型停滞发展城乡关系恶化区(Ⅳ)(4)	较低(0.103)	高(0.305)	0.025	−0.052	较低(0.144)	0.061	−0.043
皖北平原平稳工业化稳步转型加速发展城乡关系改善区(Ⅴ)(9)	低(0.085)	低(0.117)	0.040	−0.155	较低(0.125)	0.057	0.020
苏西平原综合工业化快速转型加速发展城乡关系改善区(Ⅵ)(4)	较低(0.124)	较高(0.245)	0.062	−0.056	较高(0.203)	0.095	0.001

续表

类型区（县域单元数）	平均初始乡村发展度	2000～2005年			2005～2008年		
		平均转型度等级与得分	乡村发展度均增长	城乡协调度均变化	平均转型度等级与得分	乡村发展度均增长	城乡协调度均变化
苏中平原高度工业化转型不足高速发展城乡关系恶化区（Ⅶ）(5)	较高（0.155）	高（0.333）	0.101	−0.089	较高（0.217）	0.128	−0.057
苏南平原高度工业化高速转型高速发展城乡关系趋稳区（Ⅷ）(5)	极高（0.249）	极高（0.479）	0.232	−0.246	较高（0.251）	0.190	−0.008
平均	0.147	0.193	0.068	−0.122	0.193	0.086	−0.027

（1）陕北黄土丘陵工业化停滞极低转型加速发展城乡关系趋稳区（Ⅰ）

命名依据：陕北地区位于样带西北端，地貌特征以侵蚀型黄土丘陵为主；区域第二、第三产业发展滞后，传统农业在国民经济中占较大比重；乡村转型度水平显著低于平均水平，乡村发展逐步加速，城乡协调度变化不大，趋于稳定。

该地区紧靠神木和晋中能源矿产基地但缺乏资源基础，社会经济基础薄弱，以传统农业为核心的乡村经济发展缓慢，经济转型缺乏乡村基础与动力支撑。从数据上看，其初始乡村发展度最低，薄弱的乡村发展基础难以支撑较快的经济转型过程，导致其稳定在较低的转型度水平，但由此带来乡村发展度增长的由慢到快，乡村系统得到一定程度的发展。

需要说明的是，其城市居民的收入因榆林市财政转移支付及产业结构缓慢升级而得到了显著增长，超过了乡村发展带来的农民收入增长，导致在城乡收入这单一指标评价下其城乡协调度的大幅降低，但由于其城镇系统与乡村系统都处于低速发展阶段，城乡间发展速度差别不大，城乡关系并未呈现显著的恶化。

（2）晋中山地能矿驱动超速转型低速发展城乡关系恶化区（Ⅱ）

命名依据：位于山西高原中部，太行山脉与吕梁山脉之间，地貌以侵蚀型山地为主，能矿开发推动经济超速转型，乡村持续缓慢发展，城乡关系不断恶化。

晋中地区是我国最重要的能源矿产基地，以能矿资源开发为核心的重化工业发展与产业结构升级，在造成较高转型度的同时却未能带动经济社会的全面有效发展。其薄弱的乡村系统基础难以支撑此转型过程，且以重化工业发展为核心的产业转型难以广泛惠及乡村系统和农民生活，导致乡村系统的发展缓慢与城乡协调度的持续快速降低。

（3）豫北平原缓慢工业化低速转型平稳发展城乡关系趋稳区（Ⅲ）

命名依据：位于豫北传统黄泛区，地貌以冲积洪积平原为主；国民经济中传统农业占有重要地位，工业化进程相对缓慢；乡村转型保持中等偏低水平，乡村发展速率达平均水平，城乡协调度也趋于稳定。

豫北地区农业发展基础较好且拥有一定的资源和制造业基础，但受区位条件和薄弱的社会经济基础的限制，“十五”期间虽全力推进工业化却未能形成高转型与高增长，也忽略了农业发展，造成城乡协调度的大幅减少。“十一五”期间工业化进程仍未能得到显著改善，但农业基础地位提升和特色农业发展促进了乡村的更快发展和城乡不协调发展态势的逐步改变。

(4) 豫东平原能矿驱动超速转型停滞发展城乡关系恶化区（Ⅳ）

命名依据：位于豫东与鲁西南，地貌以淮河冲积平原为主；地区能源矿产富集，推动产业结构的快速升级，乡村转型度极高，但乡村发展度增长缓慢、城乡关系持续恶化。

鲁西南、豫东地区以传统农业为重心的经济社会基础薄弱，但受山东经济快速发展的带动，经济与产业结构受到政策的快速推动，导致其较高的乡村转型度。但快速的工业化过程缺乏足够的乡村发展基础，快速的结构转型却限制了乡村经济的正常发展，造成城乡协调发展的持续降低。

(5) 皖北平原平稳工业化稳步转型加速发展城乡关系改善区（Ⅴ）

命名依据：皖北淮河冲积平原地区，工业化进程相对平稳，乡村转型度较低但出现方式转变，导致乡村的加速发展与城乡关系由恶化到改善。

皖北及周边地区乡村发展基础条件薄弱，以资源开发与加工产业发展为主的工业化过程发展稳定。在国家和地方重视农村发展的政策驱动下，其产业转型和经济发展中表现出对乡村系统和民生工程的持续有效支持，成功实现工业化过程的良性转变，城乡协调度由快速减少转变为较快增加。

(6) 苏西平原综合工业化快速转型加速发展城乡关系改善区（Ⅵ）

命名依据：江淮冲积平原地区，综合型工业化推动乡村快速转型与发展，城乡关系相对稳定并逐步改善。

江苏西部地区承接皖北资源产业与苏南开放型产业的共同影响，区内产业一方面依托皖北资源与重化工业优势，大力发展汽车配件、线缆、化工、仪器仪表、机械制造等资源型工业。另一方面更依托苏南外向型经济的扩散带动作用，大力发展纺织服装、食品、医药、玩具、电子等出口型工业。轻重工业的有机融合与快速发展成为该地区的重要特点，导致其更快的产业升级与经济发展速度，以及更高的结构转型程度。综合型的工业化道路在促进经济整体有序发展的同时，也促使其城乡系统发展更加协调。

(7) 苏中平原高度工业化转型不足高速发展城乡关系恶化区（Ⅶ）

命名依据：长江下游冲积平原地区，工业化程度高，跟随型的工业化模式使其乡村系统转型较快但却未能满足乡村发展需要。乡村发展速度持续低于城镇系统，城乡关系持续恶化。

江苏中部地区乡村经济相对发达，受苏南经济扩散带动，以传统乡镇企业为主体的经济体系在新的发展形势下亟待快速转型以同外向型工业经济相接轨。尽管相对较高的转型政策得以推行，但仍不能满足快速发展经济的持续需求。乡村发展度的增长远低于同期的苏南地区（类型区Ⅷ），且持续关注于工业结构转型及其经济效应的发展轨迹难以对乡村生活带来较大改善，并集中表现为城乡关系的持续恶化。

（8）苏南平原高度工业化高速转型高速发展城乡关系趋稳区（Ⅷ）

命名依据：长江下游冲积平原地区，工业化程度高，外向型经济的龙头作用使其长期保持高速的转型，转型成为常规状态，推动乡村持续高速发展，城乡关系趋于稳定均衡发展。

苏南地区经济发展基础较好，“十五”期间为保持经济的持续高增长，高速推动乡镇企业改革和乡村转型以适应其较高的经济发展基础与外向型经济发展的需求，乡村系统得到极为快速的发展，但快速的结构变迁必然难以完全顾及农村生活的改善，由此导致乡村大发展基础上城乡协调度的极高负增长。“十一五”期间经济高速转型逐渐常态化与综合化，经济快速发展对农村生活的改善作用逐步得到体现，民生产业发展和城乡协调逐步受到政策与经济的支持，乡镇企业改革趋于平稳与持续，促使乡村系统保持较高的发展速度和城乡关系的有效改善。

3.3.3　样带耕地利用转型响应

农业是乡村系统生产与生活的核心，乡村系统的发展变化必然伴随农业生产的巨大调整，农业在乡村转型发展过程中也必将受不同转型模式的推动而呈现极为不同的发展态势。耕地作为主要的农业生产资料和劳动对象，以及建设用地扩张的重要来源，也将随着转型过程中农业生产和经济活动的变动而发生极大改变。深入分析样带不同地域类型区耕地资源变动的数量和结构，对于揭示不同类型区乡村转型发展对自然和经济系统的作用模式和效应，协调发展与耕地保护的持续矛盾，促进耕地资源集约高效利用，具有重要的实证意义。

1. 耕地数量变化

本节采用传统的土地覆被变化分析方法，以各类型区为基本单元，利用2000年与2008年两期影像数据（Landsat ETM＋，分辨率30m），基于ArcGIS 9.2软件平台，通过影像叠加分析，以类型区为统计单元，采用转移矩阵的分析方法，得到样带各类型区2000～2008年耕地资源的变动情况（表3-7）。

从表3-7可以看出，2000年以来耕地资源的净流出是研究区城乡发展中的普遍态势，并随着不同类型区的转型发展轨迹而呈现出不同的流转结构。总体上看，经济发展程度相对较高的后三种类型区，因其相对较快的工业化和城镇化进程而对耕地资源造成更多的侵占，其耕地资源净流失量相对更高且建设用地扩张侵占耕地的比重普遍较高。

具体来看，尽管陕北地区（类型区Ⅰ）耕地资源相对匮乏，但其相对脆弱的生态环境与严重的水土流失状况，使其成为国家推进生态退耕政策、着力治理水土流失与环境

表 3-7　“苏南-陕北”样带各类型区耕地面积变化概况（2000～2008年）

类型区	耕地转出/%					耕地流入/%					变动耕地所占比例/%
	城镇用地	农村居民点用地	独立工矿用地	农业结构调整	总计/10^3hm^2	城镇用地	农村居民点用地	独立工矿用地	农业结构调整	总计/10^3hm^2	
陕北黄土丘陵工业化停滞极低转型加速发展城乡关系趋稳区(Ⅰ)	0.3	2.3	0.2	97.2	48.4	0.0	5.7	0.0	94.2	6.6	−11.3
晋中山地能矿驱动超速转型低速发展城乡关系恶化区(Ⅱ)	7.9	47.6	5.0	39.5	11.1	0.2	24.7	0.4	74.8	5.8	−1.1
豫北平原缓慢工业化低速转型平稳发展城乡关系趋稳区(Ⅲ)	38.1	34.1	1.5	26.3	28.2	0.1	2.6	0.0	97.3	570.6	208.5*
豫东平原能矿驱动超速转型停滞发展城乡关系恶化区(Ⅳ)	13.6	51.4	8.3	26.6	36.7	0.8	48.7	0.1	50.5	20.9	−3.5
皖北平原平稳工业化稳步转型加速发展城乡关系改善区(Ⅴ)	6.4	62.4	9.8	21.4	181.0	2.1	77.5	0.1	20.3	81.5	−7.4
苏西平原综合工业化快速转型加速发展城乡关系改善区(Ⅵ)	5.2	54.6	8.6	31.6	119.0	6.4	66.9	0.5	26.2	41.3	−15.1
苏中平原高度工业化转型不足高速发展城乡关系恶化区(Ⅶ)	13.9	53.4	5.5	27.2	105.6	9.9	75.4	0.9	13.8	20.5	−25.7
苏南平原高度工业化高速转型高速发展城乡关系趋稳区(Ⅷ)	23.4	24.7	14.2	37.7	141.7	28.4	54.4	2.0	15.2	21.6	−37.5

* 2000年空间数据解译出的类型区Ⅲ的耕地资源总量偏低，造成了2000～2008年较大的耕地增长幅度。

安全的核心地区，以还林、还草为主要措施的退耕政策成为陕北地区农业结构调整大幅侵占耕地资源的主要原因。

晋中地区（类型区Ⅱ）耕地资源也极为匮乏，其耕地资源的保护力度相对较大，且能矿型经济发展对传统农业造成的影响较小，侵占耕地资源程度相对较低，耕地总量相对稳定。豫北地区（类型区Ⅲ）作为我国重要的商品粮生产基地，随着全国范围内耕地资源的不断流失与国家粮食安全形势的日趋严峻，豫北地区的农业基础地位得到不断提升。大规模的农用地整理推动牧草地向耕地的大量流转，促使豫北成为研究区内少数的耕地资源大幅净增长的地区。

豫东、鲁西南地区（类型区Ⅳ）乡村经济发展基础薄弱，冒进的工业化并未给乡村发展带来充足的动力，但其带来的城乡建设用地的盲目扩张却成为耕地资源流失的主要驱动力。皖北地区（类型区Ⅴ）大力推进资源型工业化并兼顾民生产业发展，农业和乡村发展得到有效推动，农村居民点与工矿建设用地的大幅扩张成为耕地资源流失的重要原因。但地区特色农业发展和耕保政策的积极影响，皖北地区净流失程度相对较低，工业化、城镇化与耕地资源保护之间形成了较好的平衡点。

江苏地区外向型经济发展迅速，随距离苏南区域外向型经济中心的远近变化，江苏各地区（类型区Ⅵ、Ⅶ、Ⅷ）的转型发展对耕地资源的作用也呈现出极为显著的梯级变动，即越靠近苏南（类型区Ⅷ），耕地资源的净流失比例越高，城镇与工矿建设用地扩张造成耕地资源流失的比重也更高。乡镇企业与园区工业的飞速发展与农业用地产值的比较劣势成为耕地资源大量流失的重要原因，且流失程度随着地区经济的发展而呈现急速的上升。

2. 耕地集约利用效益变化

深入分析耕地资源变化以反映农业和乡村的综合变动，不仅应以其数量和结构变动的统计分析作为背景和基础，更应综合分析耕地变动与相应的生产结构与经济效益变化的互动关系，从侧面反映耕地资源变动的经济驱动因素的同时，也直观地揭示了乡村转型发展因造成耕地资源变动而对乡村经济系统造成的影响。

本节采用单位耕地面积农业产值、单位耕地面积粮食产量、经济作物产量与粮食产量的弹性变动这三个指标对各类型区耕地资源利用的集约性进行评价，得到表 3-8。需要说明的是，为避免与乡村转型发展综合评价体系中的指标相雷同，并与前面所述的耕地资源变动相衔接，此处所采用的耕地面积仍采用遥感影像解译数据。同时受数据获取的限制，各类型区（县级）农业产值难以再获取更详细的分类产值信息（农林牧渔的分类产值），故此处产值分析中用农业总产值进行替代，其指标结果更多体现为指示性的意义。

表 3-8 样带各类型区耕地资源集约利用变化（2000～2008 年）

类型区	单位耕地面积农业产值/（万元/10^3 hm^2）		单位耕地面积粮食产量/（t/10^3 hm^2）		棉花与粮食产量的弹性变动	油料与粮食产量的弹性变动
	2000 年	2008 年	2000 年	2008 年		
陕北黄土丘陵工业化停滞极低转型加速发展城乡关系趋稳区（Ⅰ）	149	803	346	903	5.16	3.69
晋中山地能矿驱动超速转型低速发展城乡关系恶化区（Ⅱ）	627	1247	2022	2625	−2.83	−2.17
豫北平原缓慢工业化低速转型平稳发展城乡关系趋稳区（Ⅲ）	2692	4406	6711	6555	−0.20	−0.17
豫东平原能矿驱动超速转型停滞发展城乡关系恶化区（Ⅳ）	2176	4099	3696	5906	0.21	−0.64
皖北平原平稳工业化稳步转型加速发展城乡关系改善区（Ⅴ）	1851	3900	3915	5951	−0.89	−1.10

续表

类型区	单位耕地面积农业产值 /(万元/10^3hm^2)		单位耕地面积粮食产量 /(t/10^3hm^2)		棉花与粮食产量的弹性变动	油料与粮食产量的弹性变动
	2000 年	2008 年	2000 年	2008 年		
苏西平原综合工业化快速转型加速发展城乡关系改善区（Ⅵ）	1780	3557	4445	6345	−3.16	−2.55
苏中平原高度工业化转型不足高速发展城乡关系恶化区（Ⅶ）	3289	6569	5436	8015	−3.00	−1.46
苏南平原高度工业化高速转型高速发展城乡关系趋稳区（Ⅷ）	3536	8126	5096	5582*	2.49	1.68

*类型区Ⅷ是样带中粮食减产的唯一类型区。

针对经济作物产量与粮食产量的弹性变动这一指标，若其结果大于 1，表明经济作物的产量增长速度更快，经济作物对粮食作物的挤出效应更为强烈，耕地资源对乡村经济贡献的增长趋势也更强。同时，仍受数据获取的限制，本书所讨论的经济作物仅选择代表性的棉花和油料产量作重点分析。

总体上看，在国家经济迅速发展与农业生产集约性投入持续增加的推动下，样带各类型区均表现出耕地资源集约利用效益的较大增长，极大地提高了侵占耕地资源的机会成本。但在各地政府盲目追求 GDP 政绩的背景下，不断增长的粮食生产效率在确保了各地区耕保和产粮目标的同时，也为各地政府（特别是经济发达地区政府）规避耕地保护指标的限制提供了借口，进而使其大力推进以侵占耕地为基础的城乡建设用地扩张显得合理与合法，对耕地保护造成更大压力。

具体的看，受水分条件与土壤肥力条件限制，陕北地区（类型区Ⅰ）耕地资源生产力普遍很低，其单位面积耕地的产值和粮食产能都远低于样带其他类型区。尽管随着经济发展和农业生产投入的增加，其耕地产能得到了较快发展，但其较为脆弱的自然环境条件与滞后的经济发展水平，使其难以有效突破农业与粮食生产的瓶颈。在国家生态退耕政策的极大影响下，特色农业的发展得到了地方的广泛支持，棉、油等经济作物对粮食种植的挤出压力持续增大。

晋中地区（类型区Ⅱ）能矿资源的大力开发在大幅占用地方财力资源的同时，更导致了农业劳动力的大规模流转。农业生产投入的发展极为缓慢，耕地产能的增长相对较慢，且劳动力的缺失更造成了棉、油等高劳动力需求的经济作物发展的停滞乃至倒退。

黄淮平原地区（类型区Ⅲ、Ⅳ、Ⅴ）是我国重要的农业主产区与商品粮生产基地，同时也是重要的农民工输出地。随着经济发展与农业生产投入的不断加大，其耕地产能与粮食产量得到了持续增长（豫北地区耕地快速扩张致使其单产水平略有下降）。而作为地区主要经济作物的棉、油生产，在国家粮食生产任务的不断加重与农业劳动力大量流出的推动下，粮食种植对经济作物造成的挤出效应不断加大，各地普遍呈现为棉、油等经济作物产量不同程度的负增长。

与黄淮平原不同，江苏地区（类型区Ⅵ、Ⅶ、Ⅷ）虽在经济急速发展的带动下呈现耕地产能的较大提升，但快速的经济发展与工业化、城镇化进程的“双轮”驱动下，耕地资源的大量流转难以遏制，粮食总产量的增长幅度普遍较低。同时，发达的经济条件为更高附加值的经济作物提供了充足的市场，粮食增产停滞且棉、油大幅减产，单位耕地面积粮食产量的增幅显著低于农业产值的增幅，高附加值经济作物对粮食作物及棉、油等传统经济作物造成的挤出效应十分显著。

3. 不同类型区耕地转型的响应机制

陕北地区（类型区Ⅰ）乡村经济与产业转型相对缓慢，经济转型过程集中于对地区特色农业及其产业化的开发上，工业化与城镇化进程相对停滞。在此转型路径下，陕北地区因经济和产业发展因素而导致的耕地资源流失极少。相应的因特色农业及其产业化快速发展而呈现耕地集约利用效益的快速提升和经济作物产量的快速增长，而国家生态退耕的发展战略成为陕北地区耕地流失的主因。

晋中与豫东地区（类型区Ⅱ、Ⅳ）依托能矿资源开发而迅速推进重化型工业化，经济得以快速转型与发展的同时，却并未有效顾及城市与乡村的大规模建设。加之能矿产业的点源性空间特征，快速的工业化转型并未带来对耕地资源的大量侵占，耕地资源变动较小，其数量与集约利用效益的变动主要受自身农业生产条件的作用，而受经济转型的驱动作用较小。

豫北地区（类型区Ⅲ）粮食生产基地的战略地位日益突出，带动国家对其农业的生产性投入快速增长，在有效促进粮食增产的同时，也推动林地、草地等非耕农用地向耕地的大量流转。而缓慢发展的工业化进程也使得以粮食生产为中心的经济发展在城乡间得到一定平衡，粮食作物与经济作物的演替过程相对缓慢，耕地产能的大幅增长得益于农业生产水平的整体快速发展。

皖北与江苏地区（类型区Ⅴ、Ⅵ、Ⅶ、Ⅷ）经济快速转型与耕地流失并存，且越向东南，经济转型越快，发展程度越高，耕地流失也越严重，城镇扩张在耕地流失中的比重也越高。经济快速发展带来的建设用地与耕地间的利用效益差距，成为主导耕地资源流转的核心驱动力，且随着经济发展程度与土地稀缺程度的增长而愈加显著。国家粮食生产的政策性目标与城市经济发展的较大矛盾，使得耕地大量流失的同时，经济作物比重大幅下降，有限的耕地集中用于粮食生产。农产品价格与农业产值也因稀缺和经济发展而得以快速增长。

由此可见，不同的资源禀赋状况、政策取向与经济发展需求，导致不同地域类型区间不同的乡村转型发展过程，并对耕地资源带来不同的作用效应。在空间上，耕地流失程度与经济发展、转型程度有着较高的匹配度。经济社会结构的快速转型推动城乡建设的同时，亦导致耕地资源的大量流失，而国家耕地保护政策与粮食生产目标，成为限制这一流失过程的主要力量。通过有效的政策举措与发展引导，平衡经济建设与粮食生产对土地资源的不同需求，是缓解当前经济快速转型过程中“吃饭”与“建设”矛盾的关键手段。

第4章　中国乡村转型发展进程中农村宅基地利用转型分析

农村宅基地①是一种仅次于耕地对乡村发展与土地利用转型起着至关重要作用的土地利用类型。乡村转型发展促使乡村人口发生流动，从而影响农村宅基地的利用。农村宅基地利用转型反过来又能促进乡村的转型发展，给未来的乡村发展提供更为广阔的空间。本章拟分析进入21世纪以来国家尺度上农村宅基地利用的变化；提出中国农村宅基地转型的理论假设，并以长江沿线样带为案例区进行实证研究；最后探讨城乡快速转型发展进程中中国空心化村庄演化的理论问题，并开展典型村域的实证研究。

4.1　中国农村宅基地利用变化分析

4.1.1　中国农村宅基地时空变化

通过叠加分析1990年和2000年两期1∶10万全国土地利用与覆被数据（来源于中国科学院资源环境数据库，Landsat TM/ETM影像解译数据），研究发现1990～2000年，中国农村宅基地增加了79万hm^2，其中有93.2%来自于耕地。耕地转为农村宅基地导致区域耕地面积的减少，东部、中部、西部和东北地区增加的农村宅基地分别占到其耕地减少总量的39.4%、29.1%、25.5%和6.0%（图4-1）。

采用与第3章耕地利用变化分析相同的数据来源和研究方法分析中国农村宅基地利用的变化。研究表明，尽管随着城镇化进程的加快我国农村常住人口在逐渐减少，但农村宅基地面积在2000～2008年仍保持增长势头，由2000年的2.48亿亩增加到2008年的2.5亿亩。研究时段内农村宅基地的变化可分为三个阶段（图4-2）：第一阶段为较快增长阶段（2000～2005年），该时期农村宅基地面积大幅度增长，年均增长率达到0.16%，是全时段年均增长率的两倍；第二阶段为趋于稳定阶段（2005～2006年），2006年是宅基地面积趋于稳定的转折时期。经过大幅增长后农村宅基地面积基本稳定，与2005年相比，2006年宅基地面积几乎未变；第三阶段为开始减少阶段（2006～2008

---

①　通常对农村宅基地的定义有广义和狭义两种。狭义的农村宅基地是指农村居民居住也即用于所建住房的用地。广义的农村宅基地是指农村居民居住和生活所使用的土地，即农村村民用于所建住房以及与居住生活有关的建筑物和设施用地，即住房用地及其必要的附属设施用地（根据我国农民的长期生活习惯，农民的宅基地一般包括居住生活用地，如住房、厨房、牲畜房、仓库、农机房、厕所用地；四旁绿化用地，如房前屋后的竹林、林木、花圃用地；其他生活服务设施用地，如水井、地窖、沼气池用地等几个部分）。本书所指的是广义的农村宅基地。在我国农村大多数地方，宅基地就是一家一户的农民居住生活的庭院用地。本章中的农村宅基地对应于土地利用分类中的“农村居民点”这一土地利用类型。

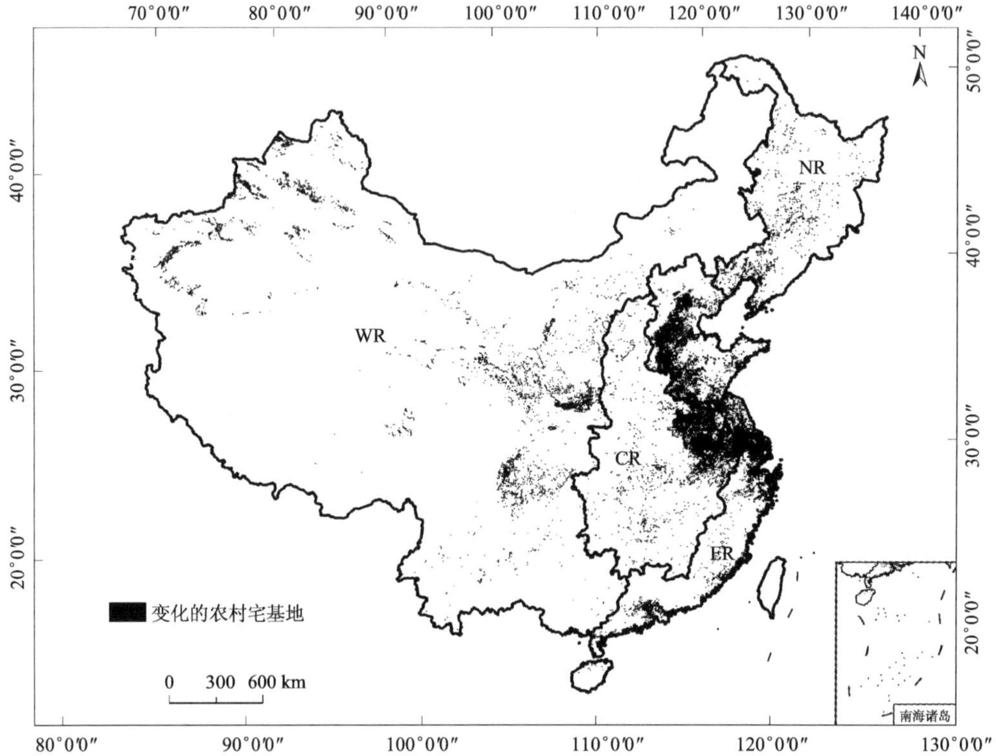

图 4-1 1990～2000 年中国农村宅基地变化的空间格局

注：ER、CR、NR、WR 分别为东部区、中部区、东北区和西部区。

年)，2007 年是宅基地面积开始减少的转折点。宅基地作为缓解我国土地供需矛盾的关键要素之一，近年来受到政府和社会各界的普遍关注，并颁布了一系列关于农村土地整治的政策制度。宅基地的减少说明对其整治工作初见成效，同时也表明在全国层面上农村建房“热”的情况有所缓减（图 4-2）。

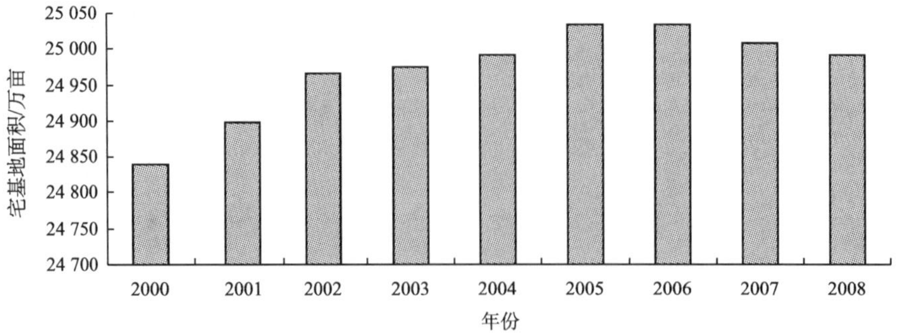

图 4-2 全国农村宅基地面积（2000～2008 年）

2000～2008 年全国农村宅基地面积的变化存在着明显的空间差异，大多数地区农村宅基地面积都呈增加趋势，只有少数地区发生了宅基地面积的减少，且集中分布。期间农村宅基地面积发生减少的地区由少到多依次是甘肃、陕西、四川、重庆、河南、安徽、湖南、江西、吉林、山东和上海，其中上海市农村宅基地面积减少最为剧烈，减少率为0.9%。期间农村宅基地面积增长率小于全国总体增长率的地区有：海南、北京、江苏、黑龙江。有16个省（区、市）宅基地面积增长率超过全国平均水平，按其增长率由低到高依次为：内蒙古、辽宁、贵州、湖北、广东、福建、云南、广西、山西、河北、浙江、西藏、新疆、宁夏、青海、天津，其中天津市增长率为1.140%，远远超出了全国平均水平（图4-3）。

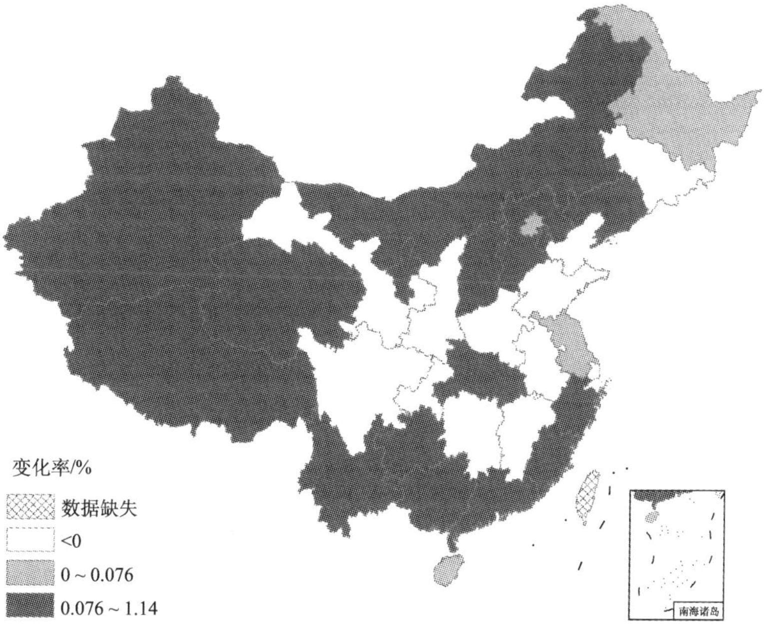

图4-3 全国各省（区、市）农村宅基地面积变化率（2000～2008年）

4.1.2 中国农村宅基地变化结构分析

基于遥感影像解译的土地利用数据，结合农村宅基地数量变化特征选取宅基地减少典型地区计算其转出结构，选取宅基地略有增加和宅基地明显增加地区计算其来源结构，通过转出结构和来源结构了解农村宅基地的动态变化方向。

1. 农村宅基地增加来源结构

期间在我国大部分省（区）普遍存在着农村宅基地增加的趋势，宅基地面积的增加伴随其他土地利用类型向宅基地的转化。分别选取农村宅基地略有增加和显著增加的典型省（区）计算其来源结构（表4-1），在典型省（区）农村宅基地增加来源结构中主要表现为农村宅基地对耕地资源的占用。海南、江苏、北京和黑龙江作为宅基地略有增加地区其农村宅基地的来源结构中耕地所占比例分别为99.81%，99.45%，90.25%和

87.73%。浙江、辽宁、山西、广西、福建、广东、河北、天津、湖北和贵州等作为农村宅基地显著增加地区其来源结构中主要也由耕地构成。

表 4-1 典型地区农村宅基地增加来源结构（2000～2008 年） （单位：%）

类别	省（区、市）	耕地	林地	草地	园地	城镇用地	其他建设用地	未利用地
宅基地略有增加地区	海南	99.81	0.00	0.00	0.00	0.00	0.19	0.00
	江苏	99.45	0.09	0.00	0.05	0.04	0.35	0.02
	北京	90.25	1.95	0.37	0.52	0.00	6.91	0.00
	黑龙江	87.73	6.92	3.92	0.40	0.00	0.00	1.04
宅基地显著增加地区	浙江	99.93	0.00	0.00	0.00	0.00	0.07	0.00
	辽宁	99.90	0.00	0.00	0.00	0.00	0.00	0.10
	山西	99.79	0.00	0.00	0.00	0.00	0.06	0.15
	广西	99.08	0.00	0.00	0.00	0.00	0.92	0.00
	福建	98.24	0.00	0.00	0.00	0.46	0.00	1.31
	广东	97.47	0.00	0.00	0.00	0.09	2.30	0.14
	河北	96.85	0.03	0.06	0.00	0.00	0.02	3.04
	天津	95.37	0.03	0.00	2.38	0.40	1.82	0.00
	湖北	72.02	19.16	0.09	7.53	0.00	0.00	1.20
	贵州	49.66	35.48	14.87	0.00	0.00	0.00	0.00

实行家庭联产承包责任制以来，农村生产力得到解放，农村经济快速发展和农民人均收入水平的提高为新、扩建农村住房提供了经济基础，使农民改善住房的意愿得以实现。同时伴随着观念的改变，"四世同堂"式的生活方式逐渐被小型化、多院落所替代，建房"热"的现象进一步加剧，农村建设用地"外扩内空"的现象日益严重；一部分农民进入城镇或成为城镇居民，但我国农村宅基地退出机制的缺失进一步造成了宅基地资源的双重浪费。农村宅基地的增加不可避免带来对耕地资源的占用，上述典型地区增加的宅基地大部分都来源于耕地资源，海南、江苏、浙江、辽宁、山西和广西其宅基地几乎全部由耕地转化而来，这一点也可从表 3-1 中耕地的减少去向得到证实。

2. 农村宅基地减少去向结构

虽然在 2000～2008 年全国范围内多数省区的农村宅基地面积呈现增加趋势，但仍然有一些省区期间农村宅基地面积有所减少，此处选取湖南、安徽、上海、吉林、河南、重庆、山东和江西作为宅基地面积减少的典型省区分析其转出结构（表 4-2）。从表中可看出，湖南、安徽、上海、吉林、河南和重庆大部分转出的农村宅基地被转化为耕地，山东和江西农村宅基地向城镇用地的转化比例分别高达 80.74% 和 48.09%。

表 4-2　典型省区农村宅基地转出结构（2000～2008 年）　（单位：%）

省（区、市）	耕地	林地	草地	园地	城镇用地	其他建设用地	未利用地
湖南	84.37	0.00	0.00	0.00	8.25	7.38	0.00
安徽	78.90	0.00	0.00	0.00	19.98	1.12	0.00
上海	75.50	0.04	0.00	0.00	3.16	21.14	0.15
吉林	74.63	0.00	0.32	9.89	0.00	0.00	15.16
河南	84.20	0.49	0.00	0.98	12.88	1.28	0.17
重庆	54.69	0.00	0.00	0.00	40.68	4.64	0.00
山东	2.53	0.00	0.00	0.17	80.74	16.57	0.00
江西	5.16	0.00	0.00	0.00	48.09	46.75	0.00

农村居民点不仅是农村人地关系的核心，同时还是解决我国耕地资源不足和建设用地供需矛盾的关键。在城镇化和工业化快速发展的大背景下，我国的耕地资源迅速减少，威胁到粮食安全，同时城镇建设对耕地占用提出了进一步的需求。在此背景下，闲置和空置的农村居民点向耕地和建设用地的合理转化成为解决上述问题的关键所在，通过对农村宅基地进行整理为粮食生产和城市建设提供充足的土地资源供应。上述几个典型省区其农村宅基地面积在研究时段内得到了有效控制并逐步向其他土地利用类型转化，其中湖南、安徽、上海、吉林、河南和重庆其宅基地主要表现为向耕地的转化，为粮食生产提供了耕地资源保障。山东和江西两省主要表现为城镇用地对农村宅基地的占用，经济的快速发展使城镇不断扩张，而有限的城镇土地资源难以满足经济发展的需求，因此对城镇周边村庄宅基地的占用将成为解决城镇用地需求增加的有效途径之一。城乡建设用地增减挂钩政策的提出则旨在将城市建设用地增加和农村建设用地减少联系起来，而这农村建设用地主要指农村宅基地。

4.2　中国农村宅基地转型：理论分析

IGBP 和 IHDP 于 2005 年 9 月联合发起了全球土地计划（global land project；GLP），GLP 的主要研究目标是通过测度、模拟和认识人类-环境耦合的陆地系统（也即土地系统），以帮助解释地表过程的变化及其引起的社会、经济和政治后果。土地利用转型研究是一种整合社会和环境变化的时间尺度和历史背景的 LUCC 研究方法，属于 GLP 涉及的主要科学问题之列（GLP，2005）。通常情况下，社会经济发展影响土地利用形态，土地利用形态又反过来作用于社会经济的发展，社会经济发展与土地利用形态的这种相互作用、相互影响促成了土地利用转型。短时期（几年或几十年）的土地利用变化，主要是人类的社会经济活动影响所致。因此，区域土地利用形态的变化基本上都能从与人类生产活动最为密切的耕地和城乡建设用地的变化上得到反映（龙花楼和李秀彬，2002）。英国诺丁汉大学当代中国研究所的 Sargeson 博士在研究中国的农村建房时曾发问：为什么在中国人口稠密的农业高产区农民粗放地使用原本稀缺的耕地来建造住宅？为什么曾经为确保国家食物安全而立法保护耕地的中国政府却难以控制农村建房的扩张态势（Sargeson，2002）？近来有关城市扩展导致耕地损失等方面的 LUCC 研究比比皆是（Weng，2002；Tan et al.，2005），而对农村建房/居民点用地扩展的研究相对被忽视（田光进等，2003）。

中国正处在快速发展时期，随着生产力水平的提高，土地利用由粗放向集约的转变势在必行。随着城市化和小城镇建设的加快，今后各项建设对土地的需求日益增加，建设用地的供需矛盾将更加突出。与此同时，建设用地，尤其是农村建设用地闲置和低效利用现象也比较严重，目前我国许多省份都不同程度地存在“空心村”和闲置宅基地、空置住宅、“一户多宅”的现象。为了集约节约用地，实现“内涵挖潜出效益”，国土资源部于2005年年底开始推行“城镇建设用地增加与农村建设用地减少相挂钩”的试点工作，即依据土地利用总体规划，通过建新拆旧和土地整理，最终实现项目区内建设用地总量不增加，耕地面积不减少、质量不降低，用地布局更合理。目前我国由各省、自治区、直辖市自行制订的农村宅基地标准存在一定的问题，其结果将导致社会经济和自然条件相差不大的地方农村宅基地标准有较大的差别，不利于实现土地的集约利用（Long et al.，2007a）。建立健全农村宅基地用地定额标准，开展农村宅基地整理，是我国资源节约型社会和社会主义新农村建设工作的重要内容。

探讨中国农村宅基地转型研究的理论问题，可为制定农村宅基地整理目标、模式及有关政策规章提供科学依据，进而促进中国的GLP研究及资源节约型社会和社会主义新农村的建设。

4.2.1 中国农村宅基地建设的发展历程与趋势

英国著名地理学家Harvey在其著作《地理学中的解释》中提到，通往科学解释之路有归纳法和演绎法两种，其中以演绎法较为常用，即通过知觉经验了解真实世界结构的形象，在此基础上抽象出先验模型（形象的形式表示），随后借助先验模型的描画可以假设一种理论，再对照官能-感知数据并求助于一种后验模型（以另一种方式来表示包蕴在理论中的观念，如用数学符号的方式）对理论中的假说予以验证（Harvey，1969）。此处拟采用该方法来探讨中国农村宅基地转型的理论问题。在提出中国农村宅基地转型的理论框架之先，需要仔细分析特定时期内农村建房的影响因素及相应的管理政策。

改革开放前中国农村建房增长非常缓慢。一方面是由于中国实行传统的计划经济，中国农村人口大都在集体农场上劳作，并分享相差不大的劳动产出。尽管中国在自然资源条件及人力资源方面存在显著的区域差异（Arayama and Miyoshi，2004；Heilig，2003），但那时区域农村经济发展水平的差异并不明显，较低的经济收入在一定程度上难以满足农民想改善自身住房条件的愿望。另一方面，类似“四世同堂”的传统观念，以及对宽敞或多套住房的渴求将会被看成“资本主义尾巴”，限制了农村住房的发展。

随着市场经济的引入，农民收入得到明显提高，希望拥有功能多样、舒适宽敞的住宅。人们的观念也发生了改变，“四世同堂”式的生活不再流行，许多青年人渴望拥有自己独立的住房。农村人口的增长、户型结构及相关经济活动的变化刺激了农村住房的增长（Sargeson，2002）。期间，农村宅基地选址有从山上向山下推移，由行路不便区域向交通要道逼近，由偏僻地域向城镇郊区集中的趋向。家庭居住条件具有家庭规模小型化、多院落、新旧房屋更替周期短期化的特点。农村建房的扩张不可避免地导致耕地的流失（Xu，2004；Yang and Li，2000）。为了保护耕地，各省都出台了有关农村建房的限制标准，但仍未能有效地控制农村建房发展过快的局势（Long et al.，2007a）。

随着城镇化进程的加快，在中国东部沿海发达的农村地区，有不少空置的农村住宅。空置的主要原因是房主拥有两套甚至多套住房，或进城打工后永久居住在城里。随着社会经济的发展，“空心村”和闲置宅基地、空置住宅和“一户多宅”现象的出现导致对土地资源的严重浪费。通常情况下，由于农村人口向城镇迁移而空闲的郊区农村宅基地将会变更为城镇或其他建设用地。郊外农村地区零散的空闲宅基地通常被转让给有此需要的村民。而成片的大量空闲农村宅基地将通过实施土地整治工程而被转变成耕地。

4.2.2 中国农村宅基地转型的理论假设

1. 理论需求与学科基础

土地变化科学的发展受制于综合不同现象、时空格局和社会自然过程时遇到的数据、方法和分析等方面的困难，以及用以解释它们的不同学科手段所产生的复杂性（Rindfuss et al.，2004）。尽管 20 年来我们对土地利用与覆被变化的认识已逐步提高，但相关的理论成果仍比较匮乏，LUCC 研究仍然有待理论化（Walker and Solecki，2004）。对未来土地利用变化的认识主要依赖于模型模拟，但所建立的模型离不开相关理论的支持（倪绍祥，2005；Pontius，2004）。模型模拟精度的提高对相关问题的理论解释则提出了更高的要求，要求充分认识和完整模拟所涉及的复杂的相互作用。

我国地域辽阔，自然环境和社会经济发展的空间差异显著，使得同一时段内含有不同的区域土地利用转型阶段。某区域农村宅基地目前的土地利用形态在其整个转型阶段中所处的位置，及其变化趋势可以给管理部门在具体制定农村宅基地整理目标、模式及有关政策规章的过程中提供决策依据。如何理解某区域农村宅基地目前所处的转型阶段并准确预测其变化趋势？在理解和预测人类对陆地生态系统的影响时，最根本的障碍就是缺乏全面的、综合的人地关系理论。土地变化科学的集成特点需要在特定的时间和特定的地方或区域从这些理论中总结一些原理以便于理解和模拟。通常情况下，在经济和社会方面，经验往往能表明一些规律，如实证研究表明环境库兹涅茨曲线假说（Dinda，2004；钟茂初，2005）、人口和城市化发展的 S 形曲线以及许多地理现象的距离衰减曲线等（Northam，1979；李秀彬，2002）都为许多环境和发展问题的预测提供了理论依据。因此，基于学科综合与集成的农村宅基地转型理论假设对于理解和预测农村宅基地转型至关重要。

农村宅基地转型研究需要寻求一种综合的方法，来对社会和环境变化的时间尺度和历史背景进行整合。对此，作为自然科学和社会科学桥梁的地理学是最能满足这一需求的学科（Grainger，1995；蔡运龙等，2004）。地理学之所以能满足这一需求，有赖于其独特的地理视角——通过运用地理技术对世界进行动态观察、综合研究和空间表达（蔡运龙等，2004）。发生在各种类型和各种尺度的区域中的过程必然产生一定的农村宅基地形态，而农村宅基地形态在时序上的变化（农村宅基地转型）又会影响到自然、生态、社会发展的进程。可见，农村宅基地转型研究涉及的范围甚广，需要地理学中自然研究和人文研究的交叉和融合，也即地理学的综合。Massey（1999）研究表明自然地理和人文地理在概念化空间、时间以及时空的表现形式上具有共性。这一共性，加上地理学在思维和方法上的独特性将有助于农村宅基地转型研究的概念化和理论化。

2. 理论假设

当前，我国农村和城市的发展都处在转型时期（刘艾玉，2000；林毅夫等，1998）：一方面是社会转型，即从传统的农业社会向现代工业、城市社会转型；另一方面是经济转型，从传统的计划经济向现代的市场经济转轨。我国无论是在社会转型还是在经济转型的过程中都存在着明显的地区差距（Heilig，2003；李秀彬，1999b）。作为一个发展中的大国，我国区域发展不平衡性极为突出，各地区有着不同的发展条件，面临着不同的发展任务（蔡运龙，1999；李善同和侯永志，2001）。同时，在区域发展阶段性规律的制约下（陈国阶和王青，2004），区域经济发展过程中量的变化和质的飞跃使区域经济发展呈现出不同的阶段性（李娟文和王启仿，2000）。经济的发展和政治决策往往是土地利用变化的主要影响因素，这就决定了土地利用变化与社会经济转型之间的密切关系（李秀彬，2002；Bicik et al.，2001；Krausmann et al.，2003）。社会经济转型和土地利用变化之间的关系是动态的，必须结合历史的和空间的分析来看待（Haberl et al.，2001；刘彦随和陈百明，2002）。

尽管土地利用变化受制于自然条件，但主要还是社会经济因子的驱动所致（Krausmann et al.，2003；Heilig，1997）。短期的变化基本上都能从与人类生产活动最为密切的耕地和城乡建设用地的变化上得到反映（龙花楼和李秀彬，2002）。土地利用转型研究往往需要长时间序列的数据，1949 年以来的几次大规模的政治、经济运动打断了统计数据的连续性，在一定程度上阻碍了中国的土地利用转型研究，但我们可以采用以区域发展上的差异来弥补长时间序列数据缺乏的横向比较研究方法来开展中国的土地利用转型研究（龙花楼，2003a）。在可获得有关研究数据的近 20 年内，庞大的基数使得建设用地总量的逐年变化并不明显，但通过分析建设用地的年增加量有助于揭示变化的区域差异（Long et al.，2007a）。

随着社会经济的发展，建设用地总量将会增加。农村宅基地在增加的建设用地总量中所占比例将会由于农村人口比例、社会经济发展水平和生态条件的不同而存在明显的区域差异。作者假定：农村宅基地在总的建设用地中所占比例将会随着城市化进程而降低；随着农村人口转变为城镇人口，农村宅基地将逐渐被转为城镇建设用地或农用地，在城市化的后期阶段这一比例将会趋向一个固定值。通常情况下，在我国的发达地区，城市化速度较快（Liu et al.，2003），农村宅基地在增加的建设用地总量中所占比例会有降低趋势；而在不发达地区，这一比例会有上升趋势，因其城市化水平较低，地区的发展仍以农村为主。据此，提出中国农村宅基地转型趋势的理论假设：通常情况下，随着社会经济的发展，农村宅基地在增加的建设用地总量中所占比例将由高逐渐降低，直到这一比例趋向于一个固定值（图 4-4）。

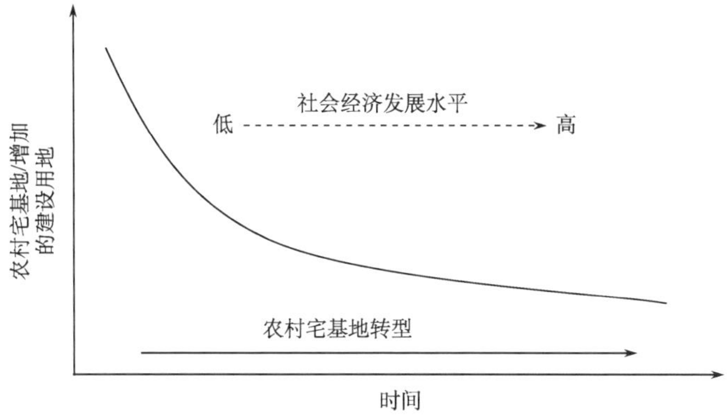

图 4-4 农村宅基地转型趋势的理论假设

4.3 长江沿线样带农村宅基地转型实证研究

蔡运龙（1996）指出："人地关系的实证研究是以观察和经验为证据，并依据公理和逻辑推导来建立人地系统的定律、模型、理论和方法体系。"上述理论假设需要凭借观察和经验予以证实。

4.3.1 长江沿线样带概况

国外的土地利用转型研究是采用在一较长的时间序列上进行纵向比较的研究方法（Grainger，1995），而我国土地利用统计数据的时间序列比较短，不利于开展中国的土地利用转型研究。我国地域辽阔，自然环境和社会经济发展程度的空间差异显著，这就决定了土地资源的利用方式、区域土地利用结构、土地利用程度具有明显的区域特点。在我国，由于区域社会经济发展程度的差异而导致在同一时段内含有不同土地利用转型阶段。据此，中国的土地利用转型研究可采用横向比较研究的方法（龙花楼，2003a），通过对比分析研究区域土地利用形态的变化、影响因子及其所处土地利用转型阶段的驱动机制，进而探讨实现土地持续利用的相关途径与区域战略。正如 IGBP 陆地样带的气温和降水等控制因素在样带上呈现规律性的梯度变化一样（Koch et al.，1995），长江沿线样带（图 4-5）无论是在社会经济发展程度还是自然环境要素变化等方面都存在明显梯度（图 4-6）。

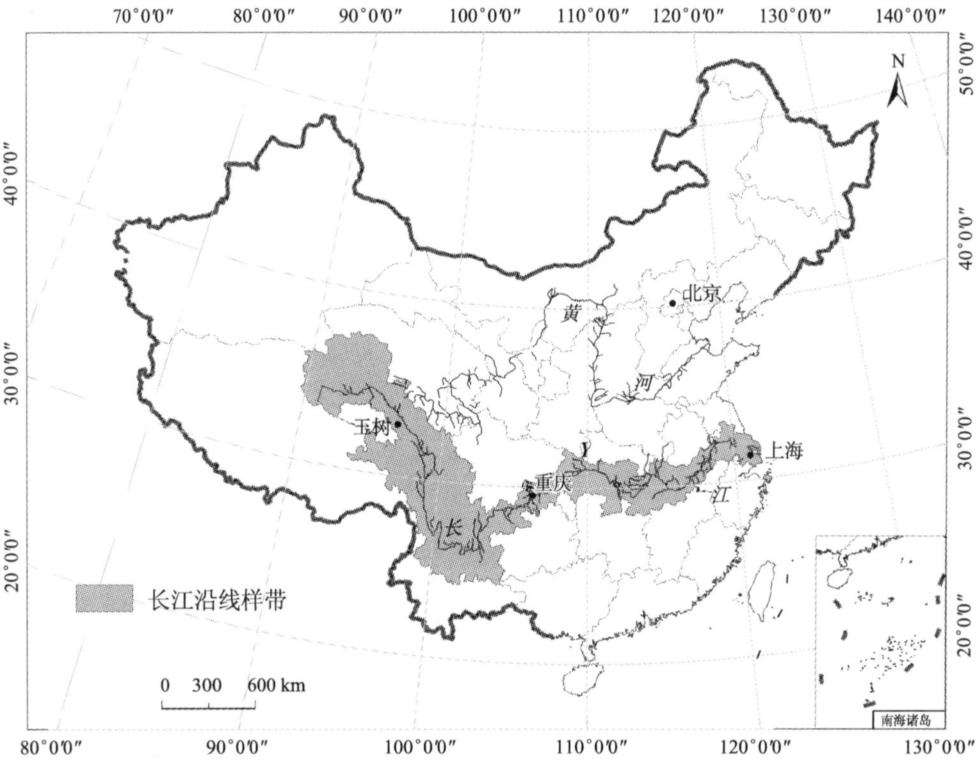

图 4-5　长江沿线样带位置图

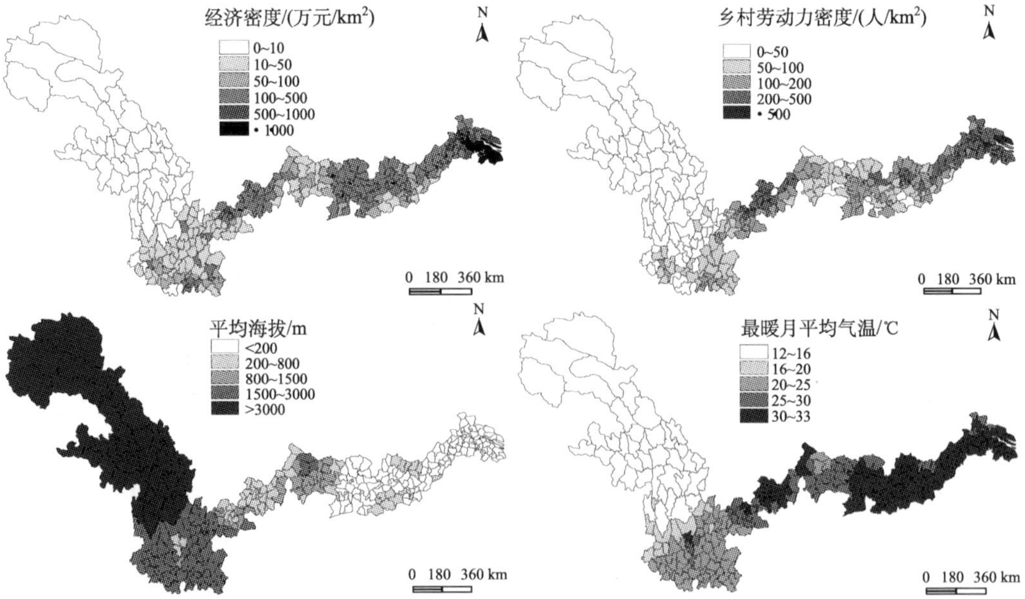

图 4-6　研究区内社会经济因子和环境因子的现有梯度

资料来源：社会经济因子数据来源于国家统计局农村社会经济调查总队．2000．中国县（市）社会经济统计概要——2000．北京：中国统计出版社；环境因子数据来源于国际应用系统分析研究所。

长江沿线样带范围的确定①主要考虑对 10 年尺度土地利用变化影响最大的社会经济发展程度，照顾行政区的边界，以沿江地级行政单位为主，河源区主要照顾县级行政单位边界，涉及沪、苏、皖、赣、鄂、湘、渝、川、滇、藏、青 11 个省、市、区，共 312 个县市，面积约 112 万 km^2（龙花楼和李秀彬，2001a，2001b）。上述呈现梯度分布的要素中，自然要素几乎是不可改变的（至少在短时期内如此），而社会经济要素常常是处于变动之中。这些可变要素的变化，将导致土地利用形态的变化，但这些变化又发生在不可变的影响要素（自然要素）的约束之内，以致形成目前的土地利用形态。

改革开放后，中国沿海地区凭借其区位优势最先发展起来。目前中国已形成了东部、中部和西部的非均衡发展格局（Kanbur and Zhang，1999；World Bank，2001）。长江沿线样带存在明显的区域社会经济发展梯度，可看成是中国区域经济发展不均衡的一个缩影，一个地理和历史的连续统一体，代表着中国不同的经济发展阶段（Long et al.，2007a）。Walker（2001）曾提出城市和农村发展两段论的假设，并指出区域经济发展程度是农村发展的主要影响因素。农村建房的发展密切联系着城市和农村这两个部门，也受制于区域经济发展程度。据此，选取长江沿线样带来研究中国的农村宅基地转型具有很好的代表性。

4.3.2　长江沿线样带农村宅基地转型分析

1. 长江沿线样带农村宅基地变化的区域类型

数据来源于中国科学院资源环境数据库中的基于美国陆地卫星（Landsat）-TM（专题制图仪）的覆盖全国的 1：100 000 土地利用图（刘纪远等，2002）。选取研究区范围内 20 世纪 80 年代末期和 2000 年两期土地利用图，分别提取农村宅基地图斑，并在 GIS 技术支持下进行叠加分析，再从中提取发生变化的农村宅基地图斑（分析表明变化的图斑绝大多数为增加的农村宅基地）。由于变化的（增加的）农村宅基地斑块面积小且比较零散，为了清晰地展示变化的空间格局并划分变化的区域类型，在 Arcview 下将变化信息放大到 1km 的栅格上，即提取所有包含变化信息的栅格，得出研究区内农村宅基地变化的空间格局。借助 GIS 技术（ArcGIS9.1）和 Fragstats3.3 软件，分别计算各地市级行政单位（河源区县级行政单位）内农村宅基地变化的聚集度指数（aggregation index，AI）②，将 42 个地市级行政单位外加河源区的 5 个县的聚集度指数按从下游至上游的顺序排列（图 4-7），根据其分布趋势，同时考虑到地域上的连续性，将其划分为 5 个农村宅基地变化的区域类型：上海-巢湖区；铜陵-宜昌区；恩施-重庆区；泸州-迪庆区；甘孜-玉树区（图 4-8）。

① 研究范围系中国科学院知识创新工程重大项目“典型地带土地利用/土地覆被变化现代过程及驱动因子研究”确定，通常 IGBP 的概念性样带设计要求长度的量级为 1000km 或更大，宽度为数百公里；长江沿线样带的长度约为 3600km，平均宽度约为 200km，符合样带设计的要求。

② McGarigal K，Cushman S A，Neel M C，et al. 2002. FRAGSTATS：Spatial Pattern Analysis Program for Categorical Maps.

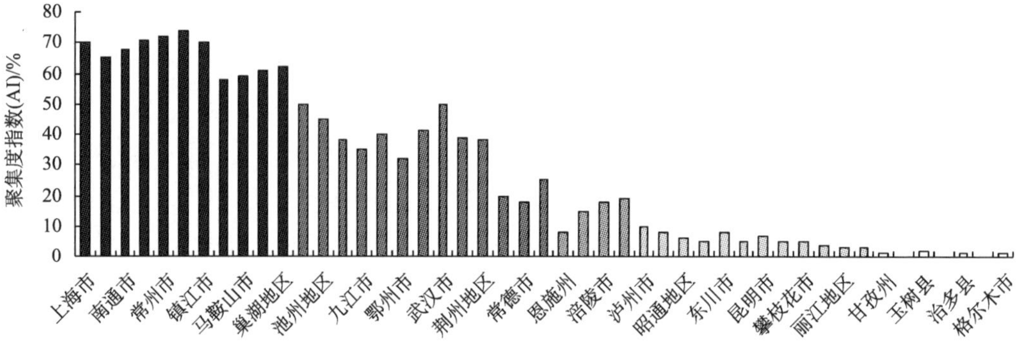

图 4-7　长江沿线样带各区县聚集度指数

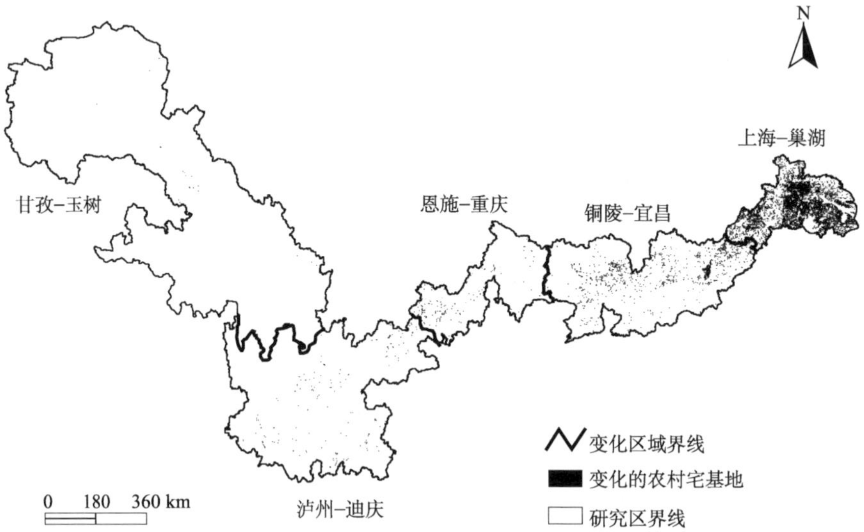

图 4-8　长江沿线样带农村宅基地变化的区域类型

2. 区域农村宅基地转型分析

图 4-9 中各区段增加的建设用地中农村宅基地所占比例的变化表明：总体上看，从东到西，从上海-巢湖区到铜陵-宜昌区、恩施-重庆区、泸州-迪庆区直至甘孜-玉树区，这一比例逐渐升高。在我国的发达地区，城市化速度较快，农村宅基地在增加的建设用地中所占比例要低于不发达地区。当然，曲线的变化不只是由城市化水平这一个因素决定的，自然因素、农民收入和有关政策等其他因素也将影响到曲线的变化。农民收入减少，自然会使农村宅基地在增加的建设用地中所占比例有所降低。例如，在图 4-9 的时序变化上，1991 年和 1992 年两年各区的比例都有一个明显的下降过程，这与从 1990 年到 1993 年我国农产品价格的持续下降有关。

甘孜-玉树区相比其他四个区，其经济发展程度最低（经济密度低于 10 万元/km^2），地广人稀（乡村劳动力密度低于 50 人/km^2），自然环境最恶劣，海拔高达 3000m 以上，最暖月平均气温低于 16℃（图 4-6）。1990 年前，牧民多以游牧为主，农村宅基地在增加的建设用地中所占比例较低，1990 年后开始实施“四配套”（围栏、棚圈、饲草料、定居点）工程，使得这一比例大幅上升，1995 年和 1999 年全区普遍遭受大雪灾，使这一比例有所下降[①]，但现在仍处于上升阶段，2001 年该比例达 38.4%。

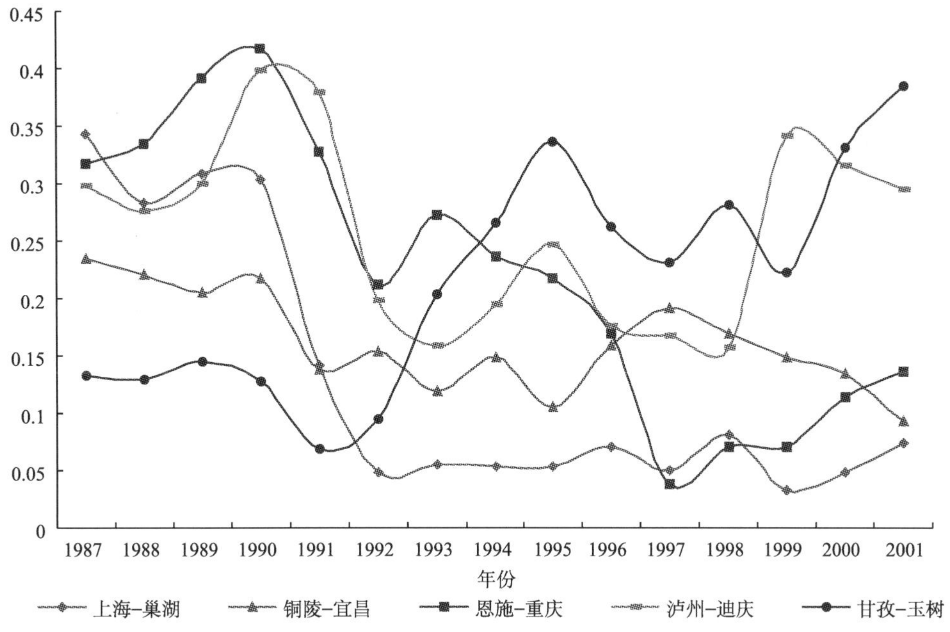

图 4-9　各区农村宅基地在增加的建设用地中所占比例的变化曲线

资料来源：原国家土地管理局，土地统计年报 1987～1995；1996～2001 年数据来源于国土资源部。

泸州-迪庆区的经济发展程度仅高于甘孜-玉树区，与东部其他三个区相比仍有较大差距，地方的经济发展很明显是以农村为主。该区大部分地区海拔处于 1500m 以上（图 4-6），多是山区、半山区、边疆和少数民族地区，加之当地允许这些特殊地区的农村居民宅基地标准可以适当放宽，使得农村宅基地在增加的建设用地中所占比例虽有所波动，但一直维持在较高水平，2001 年该比例为 29.5%。从变化曲线可看出，其增长势头不如甘孜-玉树区。

恩施-重庆区的经济发展程度在整个样带中居于中等水平（图 4-6），近期经济发展速度明显加快，农村宅基地在增加的建设用地中所占比例总体上呈下降趋势。在 1997 年前后这一比例异常偏低，主要是由于 1997 年以原四川省重庆、万县、涪陵三个地级市和黔江地区行政区域设中央直辖市重庆市。在此前后，增加的城市建设用地远远多于增加的农村宅基地，使得在 1997～1999 年恩施-重庆区增加的农村宅基地在增加的建设用地中所占比例低于 10%，2001 年基本上恢复为正常水平，达到 13.7%。

① 参见 http：//www. nj. qhei. gov. cn/gzdt/ysz. shtml。

铜陵-宜昌区的经济发展由于受沿海发达地区的辐射，其发展程度要高于恩施-重庆区，农村宅基地在增加的建设用地中所占比例总体上也是呈下降趋势，由 1987 年的 23.4％下降到 2001 年的 9.3％。

上海-巢湖区地势平坦、气候适宜、劳动力密集，其经济发展程度在整个样带中居最高（图 4-6）。农村宅基地在增加的建设用地中所占比例经过 1990～1992 年的急剧下降后，其后一直维持在 5％的水平，2001 年该比例为 7.5％，表明其农村宅基地和其他建设用地之间趋向一个新的平衡。

总体上说图 4-9 的曲线变化还是反映了城乡之间在区域经济社会发展上的相对作用。通过计算各区的购买力平价值，发现各区分属于不同的经济发展阶段（表 4-3）。对 1992～2001 年各区增加的建设用地中农村宅基地所占比例取平均值①，发现从样带的上游至下游，该值逐渐降低，在此基础上生成的乘幂趋势线（区域土地利用转型曲线）可以明显反映出各区所处的农村宅基地转型阶段。研究发现，长江沿线样带各区段所处的农村宅基地转型阶段与样带内各区段所处的经济发展水平相吻合，很好地验证了上述理论假设（图 4-10）。

表 4-3　长江沿线样带各区域类型的自然与社会经济状况

区域	年平均降水量/mm	最冷月平均气温/℃	平均海拔/m	人口密度/(人/km²)	农村人口密度/(人/km²)	经济密度/(万元/km²)	人均粮食拥有量/kg	经济发展阶段
上海-巢湖	1120	−2.5	12.7	726.8	605.3	838.7	514.6	工业化中级阶段
铜陵-宜昌	1333	−1.2	179.1	329.8	289.7	269.1	449.2	工业化初级阶段
恩施-重庆	1142	0.4	742.4	320.6	279.2	176.3	459.7	初级产品生产末期阶段
泸州-迪庆	1021	−1.9	1843.7	134.6	119.6	48.0	382.2	初级产品生产早期阶段
甘孜-玉树	452	−18.4	4260.7	3.6	2.9	1.0	265.8	原始阶段

注：经济发展阶段的划分：先算出各区的人均 GDP，再除以系数 1.959（据李善同和侯永志，2001）得到各区的购买力平价值（1998 年美元），再结合各区的购买力平价值并参考李善同和侯永志以购买力平价标准（人均 GDP，1998 年美元）划分的经济发展阶段来确定各区所处的经济发展阶段。

资料来源：社会经济因子数据来源于国家统计局农村社会经济调查总队．2000．中国县（市）社会经济统计概要——2000．北京：中国统计出版社；环境因子数据来源于国际应用系统分析研究所。

4.3.3　区域农村宅基地管理政策启示

由于土地规划管理和土地供应的调控是国家极为重要的宏观调控手段，为加强土地资源供应的调控作用和提高土地资源保障能力，作者认为目前由各省、自治区、直辖市自行制定农村宅基地标准存在一定的问题，其结果将导致社会经济和自然条件相差不大的地方农村宅基地标准有较大的差别，不利于实现土地的集约利用。不同的经济和社会

① 甘孜-玉树区在 1990 年后开始实施“四配套”工程，才使得该区牧民从游牧为主逐渐转向建设定居点，加上在 1991 年和 1992 年两年各区的农村宅基地在增加的建设用地中所占比例都有一个明显的下降过程，故选取 1992 年后的数值以便更好地反映其变化的规律性。

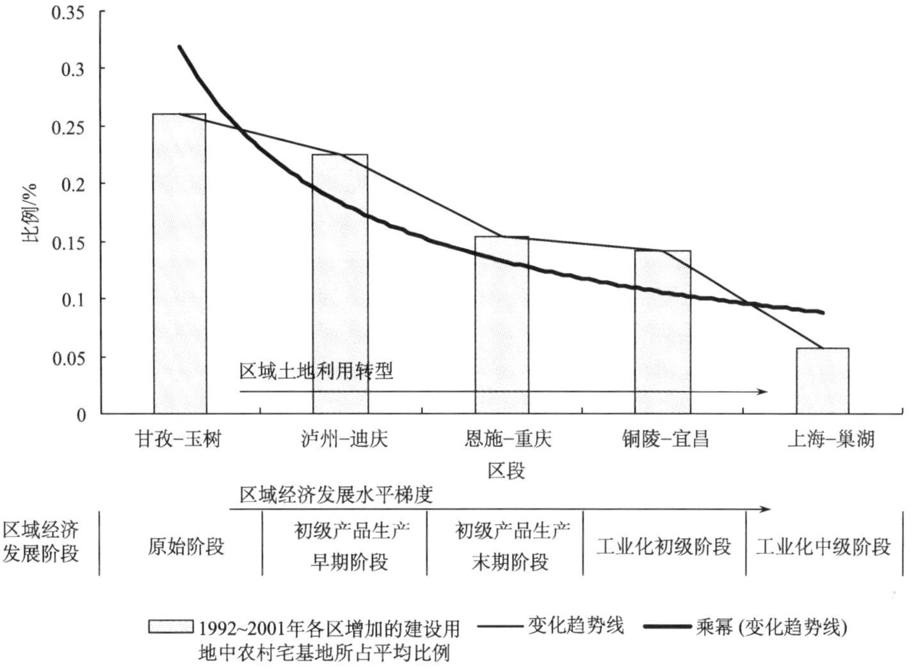

图 4-10　长江沿线样带各区所处的经济发展阶段与农村宅基地转型阶段

发展阶段，对应于一定的土地利用形态和一定的土地利用转型阶段。决策者既要充分了解待决策区域目前所处的土地利用转型阶段，又要瞄准随着社会经济的发展其即将步入的土地利用转型阶段，以增强决策的科学性。据此，国家应根据区域经济发展水平和自然条件的差异分区、分类制定农村宅基地标准。

针对研究区目前农村宅基地的发展现状，应根据区域农村宅基地转型阶段制定相应的管理对策。

1）泸州-迪庆区和甘孜-玉树区在今后的一段时期内农村建房将呈增长趋势，如目前玉树州的农村居民点占地为 126.6m^2/人，而在同省经济比较发达的海南州农村居民点占地为 374.4m^2/人，这两个区的牧民定居点是近 10 多年才逐渐开始修建的，其占地总面积还不大，随着经济的发展，占地面积势必会扩大。据此，管理部门应注意引导，实施科学的村庄规划，促进村庄的基础设施建设，优化村民的生存环境。

2）铜陵-宜昌区和恩施-重庆区其农村宅基地在增加的建设用地中所占比例处于逐渐降低并趋于稳定阶段。这些地区的农村住宅已能满足农民的基本需要，但农民随着生活水平的提高，要求改善居住条件的愿望越来越迫切。宅基地选址有从山上向山下推移，由行路不便区域向交通要道逼近，由偏僻地域向城镇郊区集中的趋向。家庭居住条件具有家庭规模小型化、多院落、新旧房屋更替周期短期化的特点。不可避免带来农村宅基地闲置、住宅空置、村内空闲地、“一户多宅”等现象。对此，应积极推进农村建设用地整理，县市和乡（镇）要根据土地利用总体规划，结合实施小城镇发展战略与“村村通”工程，科学制定和实施村庄改造、归并村庄整治计划，提高城镇化水平和村镇土地集约利用水平，节约使用集体建设用地。同时还要加大盘活存量建设用地力度，各地要因地制宜地组织开展“空心村”和闲置宅基地、空置住宅、“一户多宅”的调查清理工作。农村村民新建、改建、扩建住宅，要充分利用村内空闲地、老宅基地以及荒坡地、废弃地。对“一户多宅”和空置住宅，各地要制定激励措施，鼓励农民腾退多余宅基地。

3）上海-巢湖区其农村宅基地在增加的建设用地中所占比例基本稳定在5%上下的水平，表明其农村宅基地和其他建设用地之间趋向一个新的平衡。该区城市化进程快，农民进城打工与户口迁移、房屋继承、外延式建房等原因，致使农村宅基地闲置现象将更为突出。资源由低效利用转向高效的主要途径是通过流转。但是目前缺乏有效的农村宅基地流转途径。对此，应建立农村宅基地集约利用政策约束机制和激励机制，从完善法制与管理体制、健全收益分配机制和规范市场体系等方面来推进农村宅基地的流转。

4.4 中国空心化村庄演化：理论与实证

随着城镇化进程的加快，我国广大农村地区的村庄中心建设用地（主要是宅基地）出现废弃和闲置，形成空心化村庄（简称“空心村”）。这一现象区别于国外村庄演化发展的特征（Smailes，2002；Garcia and Ayuga，2007），在很大程度上它是我国城乡二元结构特殊社会体制塑造的独特农村聚落空间形态。有学者认为我国的“空心村”是在城市化滞后于非农化的条件下，由迅速发展的村庄建设与落后的规划管理体制的矛盾所引起的村庄外围粗放发展而内部衰败的空间形态的分异现象（薛力，2001）。

近年来，我国空心村现象呈现逐步加剧的态势。一方面造成土地资源的严重浪费，另一方面对农村生态环境带来不利影响。《国务院关于深化改革严格土地管理的决定》提出今后城镇建设用地增加要与农村建设用地减少相挂钩的要求，以此鼓励空心村整治还田。《全国土地利用总体规划纲要（2006～2020年）》强调要稳步推进农村建设用地整治，加强对“空心村”用地的改造。虽然已有一些空心村典型案例的机理探讨（薛力，2001；王成新等，2005；程连生等，2001）和微观分析（李君和李小建，2008），但主要侧重宏观层面问题并相关对策的探讨（冯文勇，2002；王海兰，2005），有关空心村系统的理论研究仍较欠缺，使空心村整治重大战略缺乏有力的科技支撑。农村空心化受自然、经济、社会、政策、技术等多种因素的综合影响，因而出现农村空心化演进的阶段性及其差异，客观上产生不同驱动力作用下农村空心化区域类型。本节主要探讨农村空心化演化的类型、阶段特征及其动力机制等理论问题并辅以实证研究，以期为推进我国空心村整治决策提供参考。

4.4.1 空心村形成演化的影响因素

1. 经济因素

改革开放以前，中国实行传统的计划经济，农村人口分享相差不大的劳动产出，较低的经济收入在一定程度上难以满足农民想改善自身住房条件的愿望（Long et al.，

2007a)。随着工业化和城镇化的快速推进，我国农村非农化发展迅速。农村产业结构发生了变化，农民收入得到明显提高且收入差距逐渐增大，条件好的农户希望拥有舒适宽敞的住宅，也具备了更新其住宅的能力。在当时的城乡二元社会体制下，富裕的农民将积蓄投入建房，大部分积蓄（有的甚至还负债）投入建房后，使得对农业生产投入明显不足。加上经济结构的非农化，致使经营农地的比较效益逐步降低（蔡运龙，2001b)，从而使得占用村边耕地建房的机会成本大大缩小，促进了空心村的产生。

土地利用不论是向广度和深度发展，都要受制于当地的科技水平和社会经济状况。影响空心村演化的技术方面的因素主要涉及景观规划与设计技术，并辅之以相关的具体操作技术（龙花楼等，2002a)。随着经济增长和技术发展，空心村的再实心化阶段将在很大程度上依赖于空闲宅基地的复垦与新型小区的规划设计技术。

2. 自然因素

影响空心村形成演化的自然因素主要包括环境变化、自然灾害和地形地貌三个方面。一些乡镇企业环保不达标导致当地自然环境被污染，危及一些村庄部分地区甚至整个村庄；有些村庄中心由于地下水超采而形成地下水位漏斗，或由于村内地势低洼排水排污能力差导致水源被污染，迫使村民逐户迁居村边水源充足或未受污染地带。由于受地形地貌的影响，有的旧宅通风、采光效果差，有的当时选址未充分考虑洪水、滑坡、泥石流等自然灾害，这些自然因素都可能促使空心村的形成。此外，为了减少有些自然条件的不利影响，目前农村宅基地选址有从山上向山下推移，由行路不便区域向交通要道逼近的趋势。

3. 社会文化因素

随着工业化和城镇化的持续推进，农村人口非农化转移的规模和速度明显加快。但是，在社会保障不健全及集体财产产权不明晰的情形下，农民不可能彻底离开哪怕是荒芜的土地和闲（空）置的农村住房或宅基地，这决定了兼业经营是当今我国农业生产的一大特点。这一社会主体行为对空心村的形成起到推波助澜的作用。我国工业化和城市化的“拉力”和农村多余劳动力的“推力”的综合作用，加大了我国农村人口城乡地域间的流动。农村人口向城市迁移方式的不同，导致了不同程度与类型的空心村的出现。此外，由于农村经济结构非农化的发展，农民的收入来源呈现多元化，人们对大家庭的依赖程度逐步降低，联合家庭开始消失，主干家庭也逐步向核心家庭过渡（薛力，2001)。家庭分户高潮开始出现，住户规模的小型化引发了建房高峰，对空心村的形成起到了促进作用。

土地利用者主体行为，如对政策的理解和运用、对产业的选择和资金投放及与政府如何协调，对空心村的形成产生较大的影响。随着住户规模的小型化，旧宅在遗产继承方面纠纷较多，产权关系复杂，给拆旧建新和宅基地的置换带来很大阻力，助长了空心村的形成。此外，农民的节约用地意识不强及法制观念淡薄导致存在认识误区促使农民自由支配宅基地，加上对旧宅的历史情感与怀旧情结及受“风水”等封建迷信思想的影响，对空心村的形成也起到了促进作用。

4. 制度与管理因素

土地管理是土地利用的直接决策因素，它通过产权制度、价格制度、土地管理政策等直接影响空心村的形成与演化。目前我国耕地不能自由转让，“寻租”活动导致其价值被贬损。加上农业产业化程度不高导致农业产出低，使得占用耕地建房的机会成本低下。宅基地无偿使用或低成本导致超标占地、一户多宅，空心村的蔓延。我国农村集体土地的产权主体不明确，形成管理上的死角，以致存在私自交换耕地获得宅基地的现象以及新宅选址的自发性。目前农村宅基地流转困难、难以异地置换，农民只有使用权而没有处置权、不能进行转让。此外，缺乏针对闲置宅基地的处理制度与法规，调控手段乏力，加上新建房屋宅基地审批制度不健全等均是造成村庄空心化的重要影响因素。通常在我国各地村庄发展的早期阶段，往往是缺乏规划或规划不完善甚至滞后，加之受经济条件的制约和涉及宅地置换和转让这一难题，即使有村庄规划也难以落实，使得原有村庄布局不合理。因此，我国普遍存在的村庄建设规划滞后及管理乏力也是促使空心村形成的不可忽视的因素。

上述因素不同程度地影响着村庄的空心化（表 4-4），在它们各自及交互作用下将导致类型各异的空心村的出现。

表 4-4　村庄空心化影响因素诊断

影响因素	对村庄空心化的影响程度
技术发展	+
自然因素	++
人口变化	+++
土地利用者主体行为	+++
社会主体行为	+++
经济增长	++++
制度与管理	+++++

注：“+”数量的多少表明影响程度的强弱，越多表明越强烈。

4.4.2　空心村演化类型诊断与划分

1. 类型诊断的方法和原则

空心村主要是人类活动改变村庄土地利用和景观格局的结果。空心村类型的划分应注重人与村庄景观相互联系相互作用所致的景观系统的功能特征，即把人类活动对村庄景观的影响作为分类的基本指导原则。抓住空心化村庄的功能特征，从其结构入手，全面反映一定区域内村庄空心化的空间分异和组织关联，揭示其空间结构与功能特征，以此作为空心村整治的基础。

空心村类型诊断的基本原则：①突出现状特征：空心村现状，是人类改造利用的结果，它能全面反映村庄的基本特征和本质差异；②过程-形态同一性：每类空心村都有其发生和演替过程，同类空心村发生和演替条件的同一性使它们之间具有共同的特征；③治理措施和利用方向的一致性：不同空心村在一定条件下对不同用途的适宜程度和限制因素都不尽相同，正因为其独特的适宜性和限制性因素，才具有相应的独特的功能，因此，同一空心村类型的治理措施和利用方向也基本上是相同的；④主导性原则：影响空心村类型发生演替的因素及单个类型的功能一般都不是单一的，但却往往具有一个最主要的，能反映其自身特征的因素或功能，这也是空心村类型诊断的立足点。

2. 空心村演化类型区的划分

空心村是区域经济社会发展到一定阶段的产物。特定的经济社会发展阶段将对应一定的空心村发展演化类型，空心村形态与社会经济发展之间的相互作用、相互影响促成了其类型的演化。在受经济发展水平这一主要因素影响之外，空心村的演化类型在一定程度上还受地形地貌、区位等因素的影响。区域经济社会与自然条件的差异性决定了差异化的空心村类型。通常情况下，城乡结合部的村域经济比较发达，平原地区和山地丘陵区、农区与牧区的乡村发展各自具有不同的特点，影响空心村的扩张形态。据此可分为 4 个空心村演化的类型区域：城乡结合部、平原农区、山地丘陵区和草原畜牧区（表 4-5）。

表 4-5　空心村演化的类型区域

类型区	空心村主要原因与特点	整治模式
城乡结合部	受城市化的影响、农村产业与就业快速转型、农村人口非农化，以及管理缺位	城乡土地一体化配置，统筹规划，整域、整村推进，强化管理，遏制“小产权房”的持续扩张
平原农区	受多因素影响，特别是缺乏规划导致建设无序，一户多宅	统筹城乡发展，规模化中心村（社区）建设引领村庄整治还田
山地丘陵区	受自然环境因素或基础设施影响而形成空心村；空心村现象不如平原地区普遍	协调乡村地域人地关系，生态型小城镇建设促进村庄迁建
草原畜牧区	主要受自然环境影响大，气候变化、环境退化等导致牧民定居点的空心化	发展生态经济，建设小城镇，促进村庄中心化和定居化

3. 空心村演化类型评价与诊断

在影响空心村演化的诸多因素中，制度与管理、技术发展、社会主体行为等在全国层面具有普遍一致性，而自然因素的影响则具有较强的地域性。经济增长与人口变化因素具有很强的地域差异性，并在较大程度上决定着土地利用者主体行为。据此，经济增长与人口变化可作为划分空心村类型的重要因素，将这两个因素融合可分为外出务工型、农业主导型、非农产业主导型三类。村庄空心化程度及空置与废弃宗地的聚散程度将在很大程度上影响空心村的治理措施和利用方向（表 4-6）。

表 4-6 村庄空心化衡量指标

指 标	计算方法	说明
村庄户籍人口密度	村庄人口总数/村庄居民点用地面积	值越小，空心化程度越高
村庄常住人口比重	常住人口数/村庄总人口数	值越小，空心化程度越高
废弃率	废弃宅基地面积/村庄宅基地总面积	值越大，空心化程度越高
空置率	空置宅基地面积/村庄宅基地总面积	值越大，空心化程度越高
空废宗地聚集度	$\left[\frac{g_{ii}}{\max - g_{ii}}\right]100^{*}$	值越大，空废宗地越集中

* McGarigal K, Cushman S A, Neel M C, et al. 2002. FRAGSTATS: Spatial Pattern Analysis Program for Categorical Maps.

村庄空心化程度可由村庄的人口密度、常住人口比重、宅基地空置率和废弃率来综合衡量，可分为高和低两个等级。空废宗地的聚集程度反映村庄内部空心化现状格局的差异，可分为集中和分散两个等级。据此，基于前述空心村类型诊断机理与影响因素分析，从村庄产业经济特征、空心化程度、空废宗地聚集度三个维度来划分空心村类型(表 4-7)。类型的命名采用“产业经济特征 ＋ 空废宗地聚集度 ＋ 空心化程度”的规则，如“外出务工型集中高度空心化”，意指该空心村类型具有产业经济特征以村民外出务工为主导、空废宗地比较集中且村庄空心化程度较高的特征。值得一提的是，表 4-7 中这些类型并非在表 4-5 中的每一类型区都存在。通常平原农区基本含有表 4-7 中的全部类型，但在城乡结合部、山地丘陵区和草原畜牧区有些类型的代表性村庄可能很少，有的类型甚至可能缺失。

表 4-7 空心村演化类型诊断

类 型	产业经济特征			空心化程度		空废宗地聚集度	
	外出务工型	农业主导型	非农产业主导型	高	低	集中	分散
外出务工型集中高度空心化	△			△		△	
外出务工型分散高度空心化	△			△			△
外出务工型集中低度空心化	△				△	△	
外出务工型分散低度空心化	△				△		△
农业主导型集中高度空心化		△		△		△	
农业主导型分散高度空心化		△		△			△
农业主导型集中低度空心化		△			△	△	
农业主导型分散低度空心化		△			△		△
非农产业主导型集中高度空心化			△	△		△	
非农产业主导型分散高度空心化			△	△			△
非农产业主导型集中低度空心化			△		△	△	
非农产业主导型分散低度空心化			△		△		△

4.4.3　不同类型空心村演进的特征分析

国内有关学者曾从不同角度对空心村的发展演化阶段进行了探讨。薛力（2001）在分析江苏省空心村时，按空心村的发展程度将其分成初期、中期、晚期三个发展阶段并与苏北、苏中和苏南三个区域相对应。王成新等（2005）也将空心村的发展演化分为初期、中期、晚期三个阶段，但将其对应于某一特定村庄的 20 世纪 80 年代、90 年代和 21 世纪初三个时期。程连生等（2001）在研究太原盆地农村聚落的基础上，提出了村核带增长过程、村核带膨胀过程、缓冲带增长过程、缓冲带膨胀过程和新扩带增长过程 5 个空心化过程模型。空心村是一独特的农村聚落土地利用形态，其发展演化可归入土地利用转型研究范畴（龙花楼，2003a）。通常情况下，社会经济发展影响土地利用形态，土地利用形态又反过来作用于社会经济的发展，社会经济发展与土地利用形态的这种相互作用、相互影响促成了土地利用转型（龙花楼，2006）。同样，特定的空心村发展阶段将对应一定的社会经济水平，空心村形态与社会经济发展之间的相互作用促成其形态的演变。

我国地域辽阔，经济社会发展的区域差异明显，致使在省域甚至更大的尺度上，同一时段内可能同时存在不同的空心村演化类型。由于村庄所处区位及受外力干预的不同，空心村的发展演化呈现不同的特征。有些地方的空心村发展演化可能会从成长期甚至萌发期直接进入衰退期，一些地方甚至不会出现明显的空心村现象。然而，在原址上完整演绎着不同发展阶段的空心村最有可能发生在城乡结合部，因在城乡一体化进程中，城乡结合部的村庄在服务于城市的过程中人口转移与土地利用效率的变化驱动着城乡结合部空心村的演变。在我国最为典型的空心村类型当属平原农区的空心村，山地丘陵区和草原畜牧区的空心村演化不具代表性。

1. 空心村演化阶段的理论解析

（1）循环演化模式

乡村地区的人口变化、就业的空间组织水平及其土地利用格局，对乡村地区可持续发展的影响深远（龙花楼等，2009a；刘彦随，2007；张小林，1999）。空心村的形成与演化正好与乡村人口的变化及其活动与就业的空间动态密切相关。村庄之所以会空心化，主要是由于村庄中心的居住人口向村庄周边或村外迁移，这一过程有些类似于城市化过程中的郊区化。土地利用动态格局是人类经济社会发展诸要素共同驱动的结果（Liu et al.，2005），受到城市化发展阶段循环模式的启发（Antrop，2004），基于农村宅基地用地特征，可构建城乡结合部空心化村庄发展阶段的循环演化概念模式（图 4-11），主要包括实心化、亚空心化、空心化和再实心化四个阶段。

在城乡结合部的中心村建设初期，受农村服务设施的吸引，其人口多呈聚居趋势，表现为村中心居人宅基地面积的持续增加和村周边居人宅基地面积的持续减少。随着时间的推移，到 A 时点，村中心居人宅基地面积增加的速度达最高值，村周边居人宅基

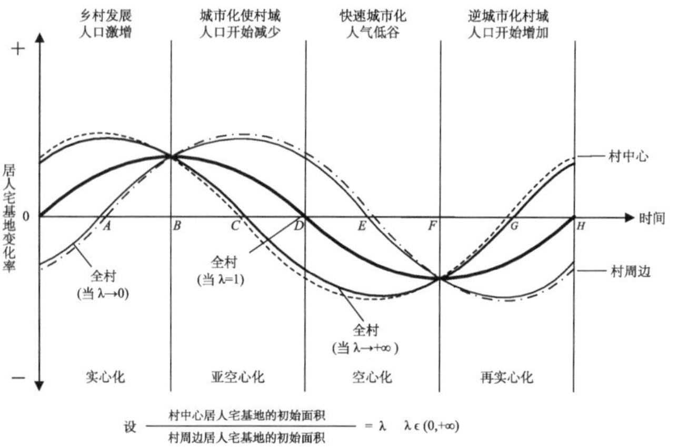

图 4-11　空心村发展阶段的循环演化模式

地面积减少趋势开始逆转；到 *B* 时点，村中心和村周边居人宅基地面积增加的速率一致，全村居人宅基地面积增加的速度达最高值，此时为整个村庄人气发展的鼎盛时期，我们将 *B* 时点之前这一时段称作村庄发展的实心化阶段。

B－*C* 时间段内，村外建房快速增加导致村周边居人宅基地面积激增，而村中心居人宅基地面积增速变缓，为村庄空心化的前奏；*C* 时点之后，村庄中心往往由于较差的人居环境导致居人宅基地面积开始减少，而村周边居人宅基地面积尽管增加速度较前期相比有所减缓，但仍在增加，开始了实质上的空心化，到 *D* 时点，由于城市化的推进，农村人口向城市的迁移使得全村居人宅基地面积随后将开始减少，我们把 *B*－*D* 时间段称作为村庄发展的亚空心化阶段。

D－*E* 时间段内，尽管受城市化的影响全村居人宅基地面积在不断减少，但村庄周边的居人宅基地面积仍在增加，而村中心居人宅基地面积在急剧减少，至 *E* 时点村中心居人宅基地面积减少的速率达最大值；*E* 时点之后，随着城市化的持续推进，以至村周边的居人宅基地面积也开始减少，到 *F* 时点，村中心和村周边居人宅基地面积减少的速率一致，全村居人宅基地面积减少的速率达最高值，此时为整个村庄人气发展的低谷时期，我们把 *D*－*F* 时间段称作为村庄发展的空心化阶段。

F－*G* 时间段内，村中心居人宅基地面积减少速率趋缓，而村周边居人宅基地面积仍在快速减少，到 *G* 时点，村周边居人宅基地面积减少的速度达最高值，而村中心居人宅基地面积减少趋势开始逆转，此时村庄的空心化过程结束；*G* 时点之后，村中心居人宅基地面积开始逐渐增加，此为逆城市化的前奏，到 *H* 时点，由于逆城市化的开始，全村居人宅基地面积随后将开始增加，我们把 *F*－*H* 时间段称作为村庄发展的再实心化阶段。

20 世纪 80 年代中期至 90 年代中期，随着城市经济体制改革的推进，非农产业发展环境变得宽松，农村获得更多改进资源配置的机会，农民收入显著提高。此时，第一次生育高峰的人群开始成家并自立门户，加剧了建房高潮的到来，大量村民在村外建新房，村庄迅速扩展。与此同时，城市化的推进使村域居住人口开始减少，空心村处于快速发展期。20 世纪 90 年代中期至 21 世纪初的近 10 年期间，农村劳动力非农化速度加快，但以短期方式流动为主，造成宅基地“季节性闲置”；现行的土地制度禁止农村房屋自由买卖，导致迁移城市的原农村居民在农村的房屋长期闲置，在一定程度上加剧了村庄空心化，村庄的形态表现出明显的新旧农宅异构的特征。如图 4-11 所示，全村居人宅基地面积减少的速率达最高值，这一村庄人气发展的低谷时期为空心村演化的兴盛期。近 5 年以来，随着国家对“三农”问题重视程度的不断加强，农村土地使用政策的不断完善，以及更为严格的耕地保护政策的实施，空心村的治理工作逐步得到重视。随着国家城乡统筹发展政策的逐步完善，城郊产业转型发展及相应的人口就业转移，今后一段时期还会出现逆城市化的现象，城乡结合部的空心村将会经历一个逐步实心化的过程。

(2) 消亡演化模式

与区位条件良好的城乡结合部的空心村相反，在偏远地区的空心村由于人口的不断迁出和自然衰减，基础设施的老化且缺乏更新，最终则趋于自然消亡或被迫迁并到相邻的中心村。其演化过程包括实心化、亚空心化、空心化和消亡四个阶段，称为消亡演化模式（图 4-12）。

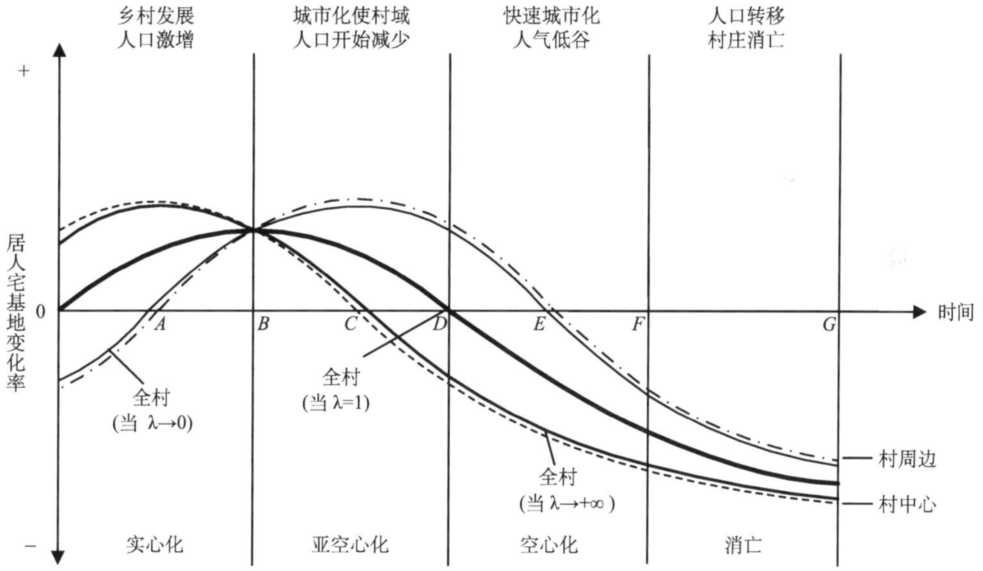

$$设 \frac{村中心居人宅基地的初始面积}{村周边居人宅基地的初始面积} = \lambda \quad \lambda \in (0,+\infty)$$

图 4-12　空心村发展阶段的消亡演化模式

2. 平原农区不同类型空心村演化特征及典型实证研究

鉴于平原农区的空心村类型最具代表性，本节侧重探讨山东省禹城平原农区村庄空心化类型的演化特征。根据空心化衡量指标（表 4-6），结合典型区实际，进行村庄空心化类型综合评价。结果表明，禹城市的空心村以外出务工型集中高度空心化、外出务工型分散高度空心化、农业主导型集中低度空心化、农业主导型集中高度空心化四种类型最为典型（龙花楼等，2009a）。基于高分辨率航空遥感影像数据（0.25m）和入户调查数据，得到 4 个类型代表性村庄（牌子、东于场、邢店、李庄）的宅基地利用现状（图 4-13）。通过比较，梳理出平原农区不同类型空心化村庄演化的阶段性特征及其主导驱动因素（表 4-8）。

表 4-8　平原农区典型空心化村庄类型演化的阶段性特征及主导驱动因素比较分析

发展演化特征与驱动因素		外出务工型集中高度空心化	外出务工型分散高度空心化	农业主导型集中低度空心化	农业主导型集中高度空心化
		牌子村	东于场村	邢店村	李庄村
村庄经济社会发展与空心化演化的阶段性特征	1980 年以前	土坯房，总体布局较为集中，但不规整	土坯房，布局相对集中，较为规整	土坯房，布局不规整	土坯房，相对集中，布局不规整
	1980～1986 年	农村经济体制改革促进收入增长，新建住宅 60 余处，部分在村庄内部，多布局在村庄外围，部分老宅空置，空心化出现	农村经营体制改革促进收入增长，在村庄旧中心西侧和西南侧建造新房 15 处	农村经济体制改革促进收入增长，新建住房 50 余处，在居民点内部和外围均有分布	农村经营体制改革促进收入增长，建房 10 余处，主要布局在村庄南面和西侧
	1987～1996 年	农业生产能力大幅提升，兼业行为出现，收入增长，新建住宅 110 余处，多环状布局在原村庄中心区的外围，原有老宅大多空置，大面积空心化	农业生产能力大幅提升，部分农民开始兼业生产，在村庄旧中心西侧和西南侧建造新房 50 余处，部分老宅开始空置	农业生产能力大幅提升，新建住房 120 余处，多散乱布局在村庄外围，建新不拆旧，老宅逐渐空置	农业生产能力大幅提升，新建住房近 40 处，主要布局在村庄外围，部分老宅开始空置
	1997～2003 年	外出务工比重大幅增加，建房热度仍然较高，新建 30 余处，久未使用和修缮的老宅逐渐废弃、倒塌	外出务工比重大幅增加，建房热度仍然较高，在村庄外围新建住房 20 余处，房屋空置加剧，部分废弃	高效种养业促进收入增长，建房 90 余处，散乱布局在村庄外围，房屋空置、废弃增多	收入水平缓慢增长，建房 20 余处，主要布局在村庄外围，老宅逐渐废弃
	2004 年至今	农业生产支持政策及普遍兼业行为带来收入增长，居民点中心和外围均有新房竣工，老房空置、废弃严重	农业生产支持政策及普遍兼业行为带来收入增长，外围零散建宅 9 处，老宅空置、废弃严重	收入水平持续增加，建房 40 余处，老宅成片空置	收入较快增长，新建住房 15 处，老宅成片废弃

续表

发展演化特征与驱动因素		外出务工型集中高度空心化	外出务工型分散高度空心化	农业主导型集中低度空心化	农业主导型集中高度空心化
		牌子村	东于场村	邢店村	李庄村
村庄发展的现状特征	耕地资源禀赋	丰富（人均0.27 hm^2）	一般（人均0.14 hm^2）	一般（人均0.14 hm^2）	一般（人均0.16 hm^2）
	生产与就业特征	传统农业生产 外出务工比重高	传统农业生产 外出务工比重高	高效农业生产 外出务工比重低	传统农业生产 外出务工比重低
	人均收入水平	较高	一般	高	一般
	人均宅基地面积	167 m^2	132 m^2	148 m^2	171 m^2
	空心化程度	高度空心化 （21.8%） 废弃率＞空置率	高度空心化 （21.2%） 空置率＞废弃率	低度空心化 （15.1%） 空置率＞废弃率	高度空心化 （24.3%） 废弃率＞空置率
	空废宗地聚集度	集中（集中废弃，零散空置）	分散（零散空置、零散废弃）	集中（成片空置，零散废弃）	集中（零散空置，成片废弃）
村庄经济社会发展与空心化演化的差异性特征		旧宅固有缺陷大，兼业行为极为普遍，建房需求和能力较高，但由于人均耕地资源丰富，节地意识不强，宅基地管控措施不严，建新不拆旧导致旧房空置、废弃普遍	原有旧宅条件相对较好，兼业行为较为普遍，但人均耕地资源少，节地意识相对较高，人口季节性流动导致空宅较多	原有住宅条件一般，高效种养业迅速发展，建房需求较高；但由于耕地价值相对较高，故建房多为拆旧建新，暂呈空置型低度空心化	旧宅固有缺陷大，尽管耕地资源不丰富，但传统农业生产使得建房占用耕地的成本仍相对较低，旧宅成片废弃，季节性务工导致零散空置
主导驱动因素		旧宅固有缺陷；生产发展与就业转型；缺位的宅基地管控体系	生产发展与就业转型；资源约束下节地意识强；缺位的宅基地管控体系	高效农业生产；土地利用经济杠杆促进宅基地集约利用	旧宅固有缺陷；生产发展；缺位的宅基地管控体系

对平原农区不同类型空心化村庄的空心化演化历程的比较研究表明，随着经济社会条件的变化，村庄空心化演化存在一定的阶段性特征：①1980年以前乃村庄的实心化发展阶段，这一时期的住宅空间布局往往缺乏合理的规划，且房屋类型以土坯房为主，为其后的村庄空心化埋下了隐患；②家庭联产承包责任制广泛推行后，农民的农业生产积极性得到充分释放，部分先富起来的有着较强建房意愿和能力的村民开始在地势条件更好、交通更为便利的村庄外围建房，部分老宅被空置；③随着农业基础设施的逐步完善和要素投入结构的逐渐优化，农业生产能力大幅提升，而城乡二元结构下对城乡人口流动限制的松绑有效促进了农村劳动力的就业转型。农民收入增长，加之家庭结构向小型化转型，建房高潮出现，建新不拆旧普遍，村庄空心化加剧；④进入20世纪90年代后期，尽管农业生产的政策扶持有所弱化，农业结构调整呈现出区域差异，但兼业行为更加普遍，建房热度仍然较高，老宅空置、废弃普遍；⑤在农村改革发展的新时期，农民收入增长加快，建房需求仍然存在，原有空置老宅废弃严重。

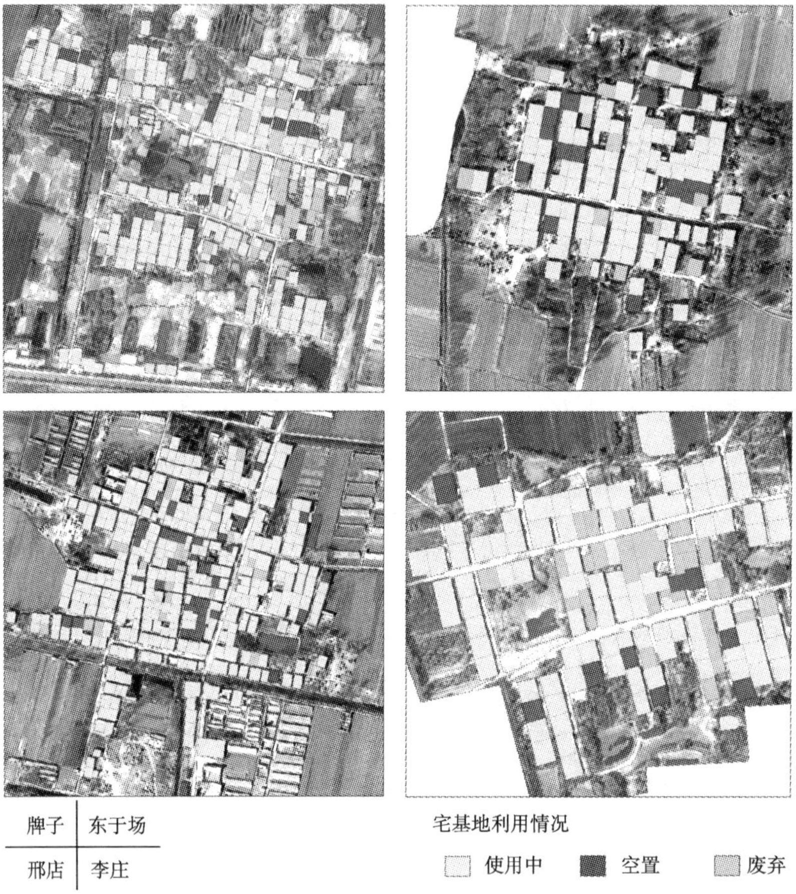

图 4-13　山东禹城典型空心化村庄类型的宅基地利用情况

主导驱动因素的差异很大程度上决定着村庄空心化演化的差异性特征：①牌子村向集中高度空心化演化的主导驱动因素在于客观存在的旧宅固有缺陷、生产发展与就业转型带来建房能力增强以及缺位的宅基地管控体系；②同样是外出务工带动就业转型，东于场村却呈现分散高度空心化特征，有别于牌子村的驱动因素在于相对稀缺的耕地资源、原有旧宅条件相对更好，人口季节性流动的结果是空宅率高于废弃率；③邢店村则充分抓住了农产品市场需求的变化，通过农业结构从传统种植向高效种养调整，实现土地价值提升，且以经济杠杆实现了村庄土地的相对高效利用；④尽管仍以传统农业生产为主导的李庄村就业转型特征不明显，收入水平相对更低，但对原有住宅的不满意，强力驱使村民修建新房，尽管该村耕地资源十分有限，由于缺位的宅基地管控体系使得废弃宅基地未能得到优化利用。

4.4.4　农村空心化演进的驱动模式剖析

村庄空心化是由农户建房意愿增强和建房能力提升双重驱使下的建房需求增长与相

应监管调控政策的缺位共同作用下的不合理农户建房行为，导致村庄内部土地利用空间格局变化的一种过程和表征（图 4-14）。具体表现在如下几个方面。

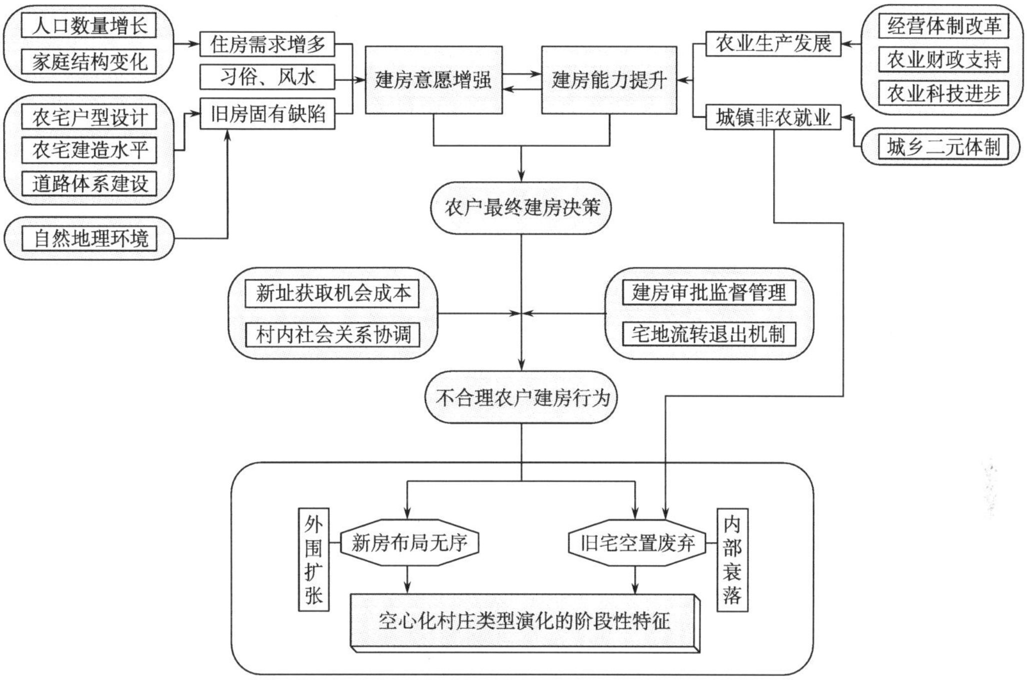

图 4-14　建房需求导向的空心化村庄类型演化驱动模式

1. 建房意愿增强

建房意愿受人口变化、技术水平、生物自然因素、农户主体观念等影响：①随着村庄人口增长及家庭规模向小型化转型，住房刚性需求增多；②早期的住房规划、设计、建造水平相对较低，以及地势、地貌等自然环境条件和公共设施投入不足造成人居环境不理想，使得旧房存在固有缺陷；③加上受地域习俗、风水等传统观念的综合影响驱使农户产生强烈的建房意愿。

2. 建房能力提升

体制改革、政策支持、技术进步和就业转型综合带动村域经济增长，农民增收、储蓄增多，建房能力提升：①家庭联产承包责任制的广泛推行、随后的农业综合生产能力建设、农业结构调整、粮食生产价格支持政策及直接补贴政策、全面取消农业税等不同时期农业和农村发展的政策利好有力地推进了农业生产发展，带动增收；②城乡二元体制下城乡人口流动限制的逐渐取消促进了剩余劳动力的城镇非农就业，带动增收。

3. 不合理的农户建房行为

建房意愿增长与其能力提升引发村民强烈的建房需求。然而，农村宅基地管理政策与制度尚存在诸多问题：①在相当长时期，国家和地方对土地管理尤其是宅基地管理、耕地保护的引导体系缺位，如对宅基地的审批、监管不到位，缺乏宅基地的流转、退出机制；②宅基地管理、耕地保护的正常实施所依靠的村镇土地利用规划、建设发展规划也普遍缺乏，或是科学性、可操作性不强；③基层组织的监管能力和激励机制有限，也严重影响了农村宅基地管控体系的执行效率。加上前面空心村影响因素分析中所提到的宅基地新址获取的机会成本很低，村民甚至私自交换耕地获得宅基地，致使新宅选址的随意性。这些综合因素导致了不合理的农户建房行为：建房无序、住宅低效利用，常表现为新房在村庄外围无序扩张，而村庄内部的旧宅逐渐被空置、废弃，村庄中心和外围宅基地利用强度呈二元异构格局（图 4-15）。

图 4-15　江西省某县村庄“内空外扩”情景

通常经济因素是土地利用变化的首要驱动因素。经济因素在我国空心村的形成演化过程中的确扮演了重要的角色，如农民收入增加和建房的低土地成本等均是驱动空心村形成演化的重要因素。然而，由于土地市场很难实现完全竞争和土地利用的外部性等使得只从经济学角度出发，不可能全面刻画土地利用变化的机制（李秀彬，2002）。市场失灵的情况在“空心村”土地问题上更为突出，这就需要从法律、法规及政策等因素出发解释社会群体行为对空心村形成演化的影响。

土地利用变化通常受社会经济、生物自然和土地管理的三维驱动。空心村类型形成演化机制分析，仍需结合其演化的阶段性，并在不同尺度中分别将来自上述三维的作用力置于历史的、文化的范畴加以考虑。深化我国空心村演化动力机制研究，有必要将相关驱动因子按其作用方式及其功能的差异分解为社会经济、生物自然及管理三个类型驱动力。然后，按空间和时间尺度来分析每一类驱动力，并探讨各驱动因子间是如何关联的，以及影响空心村类型形成演化的社会经济-生物自然-土地管理三维驱动的传导机制。

第5章　中国乡村转型发展进程中耕地和农村宅基地利用转型耦合分析

在农村地区，耕地和农村宅基地是两种与人们的生产生活联系最为密切的土地利用类型，人们的“作”与“息”均主要依赖此两种地类。通常，其中一种地类的变化往往会引起另一种地类的相应变化，其中“人”是引起变化的主角，“农村人口—耕地—宅基地”三者之间构成一种复杂的人地关系。在某种程度上来说，耕地和农村宅基地的变化存在一种耦合关系。本章首先分析中国耕地和农村宅基地变化的时空耦合特征，随后探讨此两种地类转型的耦合机制，最后以经历快速工业化和城镇化的苏锡常地区为案例区，对其近20年来耕地和农村宅基地利用的转型进行深入分析。

5.1　中国耕地和农村宅基地利用变化的时空耦合分析

5.1.1　耕地与农村宅基地利用变化的时间序列耦合分析

1. 2000年以来耕地与农村宅基地利用变化相关分析

运用2000～2008年全国尺度的耕地和宅基地面积数据进行相关性分析，结果表明：在2000～2005年时段内，耕地和宅基地分别表现为剧烈减少和显著增加的态势；在2005～2008年时段内，耕地面积逐步趋于稳定，宅基地面积亦趋于稳定并有减少的势头；期间耕地面积与农村宅基地面积的相关系数为−0.921，呈现出明显的增减逆协同演进格局（图5-1）。

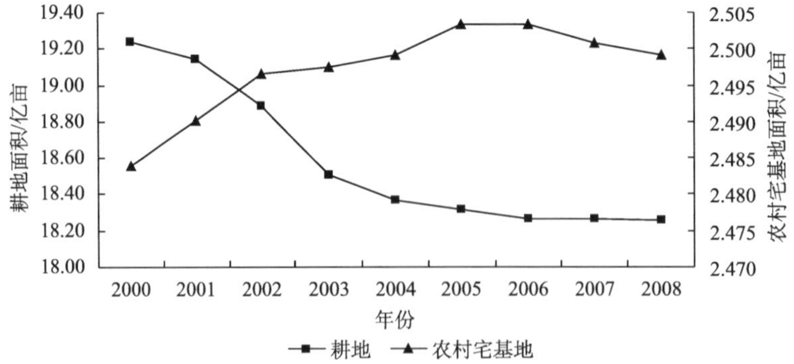

图5-1　中国耕地与农村宅基地面积变化（2000～2008年）

2. 各省耕地与农村宅基地利用变化相关系数

耕地与宅基地变化相关系数存在较大的省际差异，由图 5-2 可知宁夏、山西、天津、云南、贵州和广西这六个省（市、区）其变化相关系数的绝对值大于全国平均水平，耕地和宅基地呈现出较强的负相关；新疆、西藏、内蒙古、河北、北京、辽宁、湖北、浙江和福建其耕地和宅基地表现为负相关，但相关性小于全国平均水平；其他省（区、市）则表现为耕地和宅基地的正相关，即耕地和农村宅基地同增或同减。

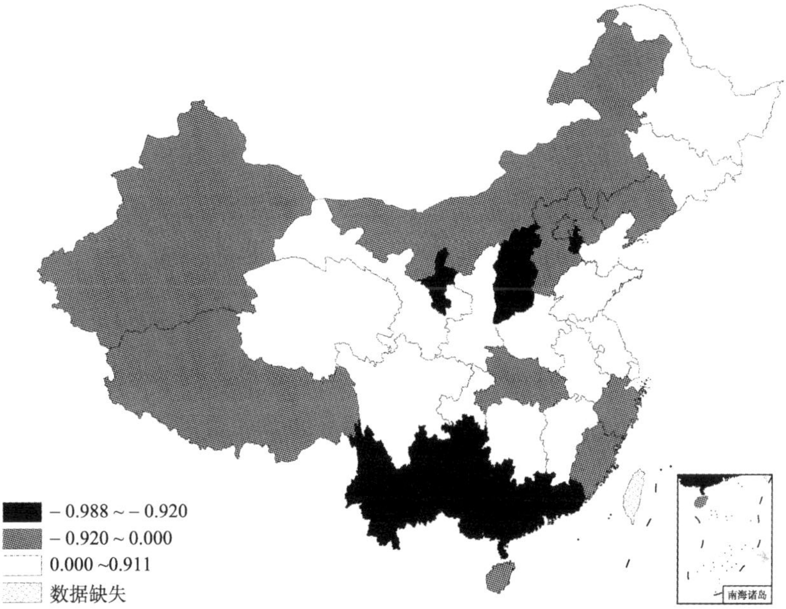

图 5-2　各省（区、市）耕地与农村宅基地利用变化相关系数示意图

3. 耕地-宅基地变化相关系数与农村宅基地利用变化率的 Spearman 等级相关分析

耕地与农村宅基地利用变化相关系数（简称耕地-宅基地变化相关系数）反映某一时间段内耕地和宅基地变化的协同关系，绝对值越大表示耕地和宅基地的协同关系越强，反之则越弱；耕地-宅基地变化相关系数为负表明耕地与宅基地的变化呈现负相关，而该系数为正表明两者呈现正相关。Spearman 等级相关分析适用于度量定序变量与定序变量之间的相关系数，取值区间为［－1，1］，当其为正值时，存在正的等级相关，反之存在负的等级相关，值越大，等级越高，当其为 1 时，表明两个变量的等级完全相同，存在完全正相关，当其为－1 时，表明两个变量的等级完全相反，存在完全的负相关。

进行耕地-宅基地变化相关系数和宅基地利用变化率的 Spearman 等级相关分析，首先需要分别确定这两个分析变量的等级排序。由于我国耕地和农村宅基地利用的变化普遍存在着负相关，研究设定：耕地-宅基地变化相关系数越小，相关性越强，等级越高。农村宅基地利用变化率的数值按从大到小的顺序确定等级，值越大，等级越高。据此，得到耕地-宅基地变化相关系数和农村宅基地利用变化率的等级（表 5-1）。利用这两个等级序列数据计算 Spearman 等级相关系数，结果如表 5-2 所示：两变量的 Spearman 等级相关系数为 0.808，接近于 1，且在 0.01 水平下显著。由此可见，耕地-宅基地变化相关系数与宅基地利用变化率之间存在显著的正等级相关。农村宅基地利用变化率越大，耕地-宅基地变化相关系数越小（等级越高），耕地和农村宅基地变化两者之间的相关性也就越强。这也说明，在耕地和农村宅基地利用的相互转化过程中，农村宅基地利用的变化起主导作用。

表 5-1　各省耕地-宅基地变化相关系数与农村宅基地利用变化率

省（市、区）	耕地-宅基地变化相关系数	相关系数等级	农村宅基地利用变化率/%	变化率等级
北京	−0.017	17	0.01	19
天津	−0.988	1	1.14	1
河北	−0.889	9	0.44	7
山西	−0.936	7	0.30	8
内蒙古	−0.791	10	0.10	16
辽宁	−0.712	13	0.14	15
吉林	0.696	27	−0.07	23
黑龙江	0.275	21	0.06	17
上海	0.462	23	−0.90	31
江苏	0.201	19	0.02	18
浙江	−0.919	8	0.47	6
安徽	0.752	29	−0.20	27
福建	−0.736	12	0.24	11
江西	0.618	25	−0.20	28
山东	0.257	20	−0.06	22
河南	0.712	28	−0.08	25
湖北	−0.760	11	0.17	12
湖南	0.548	24	−0.03	21
广东	−0.968	3	0.17	13
广西	−0.939	6	0.28	9
海南	−0.651	14	0.00	20
重庆	0.911	31	−0.21	30
四川	0.410	22	−0.07	24
贵州	−0.946	5	0.16	14
云南	−0.974	2	0.28	10
西藏	−0.513	15	0.48	5
陕西	0.650	26	−0.14	26
甘肃	0.837	30	−0.20	29
青海	0.141	18	0.94	2
宁夏	−0.959	4	0.94	3
新疆	−0.407	16	0.79	4

表 5-2　耕地-宅基地变化相关系数与农村宅基地利用变化率 Spearman 等级相关系数及检验

项目		耕地-宅基地变化相关系数	农村宅基地利用变化率
耕地-宅基地变化相关系数	相关系数	1.000	0.808**
	双尾显著性检验		0.000
	样本数	31	31
农村宅基地利用变化率	相关系数	0.808**	1.000
	双尾显著性检验	0.000	
	样本数	31	31

** 相关系数在 0.01 水平下是显著的（双尾检验）。

5.1.2　耕地与农村宅基地利用变化的空间耦合分析

1. 数据与指标

(1) 研究数据

采用环境保护部提供的 2000 年和 2008 年两期 Landsat TM 影像解译土地利用数据，进行耕地和农村宅基地变化的空间耦合分析。其中陕西省和青海省的数据缺乏。

(2) 耕地-宅基地变化耦合系数

采用耕地-宅基地变化耦合系数来反映耕地和农村宅基地利用变化在空间上的耦合，计算公式如下：

$$\mathrm{FHCC}=\frac{C_{\mathrm{FH}}+C_{\mathrm{HF}}}{C_{\mathrm{F}}+C_{\mathrm{H}}-C_{\mathrm{FH}}-C_{\mathrm{HF}}}\times 100\%$$

式中，FHCC 为耕地-宅基地变化耦合系数；C_{FH}、C_{HF} 分别为耕地转变为农村宅基地和农村宅基地转变为耕地的面积。C_{F}、C_{H} 分别为两期影像解译土地利用数据叠加分析处理后地类发生变化的图斑中研究期初或期末斑块属性含耕地或农村宅基地的斑块总面积。该系数值越大，表明耕地和农村宅基地利用转型的耦合程度越高。

2. 耕地和农村宅基地利用变化的空间耦合

通过计算全国各省（陕西省和青海省除外）2000～2008 年的耕地-宅基地变化耦合系数，发现期间耕地和农村宅基地利用变化耦合程度高的省份主要分布在胡焕庸线的东南部（图 5-3）。其中，山西省和上海市的耕地-宅基地变化耦合系数在 50%以上（图 5-4）。这与刘彦随和李裕瑞（2010）利用劳耕弹性系数分析的县域耕地面积与农业劳动力变化态势及其时空耦合特征结果相一致。“胡焕庸线”线的东南部区域 1996～2005 年耕地明显减少，而农业劳动力减少速度更快，二者呈现协调态势。劳动力的变动直接影响到农村宅基地的利用，进一步证实了期间耕地和农村宅基地利用变化在空间上存在明显的耦合。

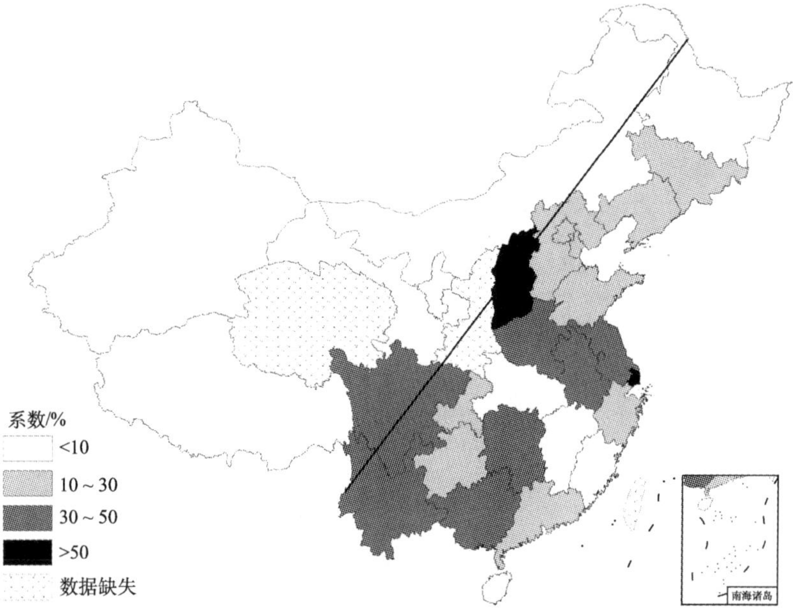

图 5-3　各省耕地-宅基地变化耦合系数

注：图中斜线为“胡焕庸线”，即胡焕庸先生 1935 年提出的划分中国人口密度的对比线，该线为从黑龙江省爱辉县（今黑河市）到云南省腾冲市的一条直线，此线东南部 36％的国土居住着全国 96％的人口（胡焕庸，1935）。

图 5-4　基于遥感影像解译数据的山西省和上海市耕地和农村宅基地利用变化（2000～2008 年）耦合现状

注：“耕宅互转”指期间耕地和农村宅基地互相转换的图斑；“耕宅他转”指期间耕地和农村宅基地转为其他用地以及其他用地转为耕地或农村宅基地的图斑。

5.2　中国耕地和农村宅基地利用转型的耦合机制

5.2.1　耦合与机制的概念

耦合在物理学上指的是两个（或两个以上）体系或运动形式之间通过各种相互作用而彼此影响的现象（黄金川和方创琳，2003）。从协同学的角度看，耦合作用决定系统在变化过程中走向何种状态，或系统由无序走向有序的趋势。系统的变化关键在于系统变量之间的协同作用，左右着系统的特征与规律。土地利用转型过程包括土地供给、土地需求、土地的形态，人类利用土地所导致的正负面影响，以及土地的社会、经济、生态价值的统一等内容，其研究需要将资源利用、环境保护、经济发展等复杂问题有效地解构、简化，同时能够把分解的各个部分有效地综合（胡静和陈银蓉，2009）。

机制是指一个系统内各构成要素之间联系和相互作用的关系及其运行方式。“机制”原指机器的构造和工作原理，特别是各部件之间的联系方式和作用过程，进而泛指一个复杂系统和某些自然现象的发生规律。在推广到社会科学范畴中后，机制指社会系统中各行为人之间的相互关系及互动过程。从性质上说，机制这个概念主要表明各主体或要素之间的关系，因其具有一定的抽象性，故适合于用来描述广义的或泛论的系统运行过程（张坤等，1999）。

机制一词在当前的理论和政策研究中使用频繁，说明揭示社会系统中各要素的关系是一个经常遇到的课题。机制依所针对的应用对象而具有不同的层次。最抽象或广义的层次可能是最基本的经济运行机制，一般性的机制则可能有竞争机制、补偿机制、协调机制等，它们可以应用在很多领域。本节所要论及的中国耕地和农村宅基地利用转型的耦合机制则主要是在区域社会-经济-自然复合层次上起作用的机制。

5.2.2　土地利用转型驱动机制分析

LUCC 的分析要求有跨尺度的动力机制，不仅有人类历史方面，而且还有自然历史的方面。一个改进了的土地利用变化分析必须考虑系统演化的过程。土地利用变化不能简单解释为现有驱动力平衡的结果。通常社会经济的、生物自然的和土地管理这三维驱动力与 LUCC 相关联。在探讨中国耕地和农村宅基地利用转型的耦合机制之前，有必要将上述驱动因子按其作用方式及其功能的差异分解为社会经济的、生物自然的及管理的三个类型驱动力。然后，探讨各驱动因子间是如何关联的，及其影响土地利用转型的社会经济-生物自然-土地管理三维驱动机制。

1. 社会经济驱动力

(1) 经济增长态势

经济增长态势这一土地利用变化驱动因子表现为增长缓慢甚至负增长导致的贫困，

经济快速增长导致的趋向富裕及快速工业化和城镇化这三个方面。

贫困对土地利用变化的驱动机制包括以下两点（李平等，2001）。

1）生存型经济福利驱动。在社会经济发展水平较低的地区，经济基本上处于传统的直接物质产出，以满足人们的基本生活需要。在生态系统良性循环阈值被突破和缺乏现代生产要素投入的双重约束下，随着人口继续增长，只能靠土地利用数量扩张满足需求；土地数量扩张进一步加剧生态系统破坏，使其赖以生存的土地质量下降，产出减少。

2）最优经济福利驱动。通常情况下，贫困地区的农村产业结构单一，农村人口从业机会少，为了获取更多的经济收入，种地是其唯一途径。

贫困地区土地利用变化的生存型和最优经济福利双重驱动作用使贫困与非持续土地利用陷入互为因果的恶性循环之中。

随着社会经济发展，我国城乡居民的消费水平不断提高，消费需求也发生了较大变化。在某时段土地资源生产能力确定的情况下，居民的消费水平决定土地人口承载量。在人口压力比较大，人均资源占有量少的情况下，生活水平的提高无疑要以加大资源的消耗量为代价。

工业化和城镇化是现代社会经济发展两种不同过程，它们不仅通过人口、产业集中、地域扩散占用土地，使土地利用非农化，而且通过生活方式和价值观念的扩散，改变原来的土地利用结构（许学强和朱剑如，1988）。随着我国农村经济体制改革的进行和城镇化战略的调整，我国城镇化进程逐步加快。有关研究表明：1996～2001 年，我国的城镇化水平每年提高 1.43～1.44 百分点；2000～2005 年，城镇人口由 4.56 亿增加到 5.62 亿，增加了 1.06 亿，平均每年增加 2100 多万人；1997～2000 年，平均每年建设占用耕地为 1800km^2；而在 2001～2005 年，该数量已增加至 2187km^2（陆大道，2007）。造成这一现象的原因，可以概括为两个方面：一是城市规划不合理，没考虑或没认真考虑城市与农村、工业与农业协调发展的要求，片面追求城市规模，导致不必要的耕地非农化；二是旧城改造不力，导致城区土地浪费严重，加重了耕地非农化。

工业化的发展，使社会产业结构中工业部门所占的比重日趋上升，工业企业数量不断增加，占用土地的数量也不断增加。近年来，全国的“开发区”、“新区”热是工业化和城镇化的一个主要方面。值得一提的是，工业化和城镇化过程中所占用的耕地通常位于交通干道附近人口稠密地区，多是地况较好的耕地。

（2）人口变化

任何人从事任何生产和生活活动都无时无刻不在利用土地，如果把土地利用视作一个开放性的系统整体，人口则是该系统结构的组织者、参与者，同时还是系统输出产品的消费者。人可以通过生产技术和活动方式来调节土地利用系统结构，同时，作为参与者，也占有一定面积的土地用来居住，最后，还作为消费者，消耗土地利用系统的产品（王良健等，1999）。为了满足其不断增长的物质文化需求，人类通过技术革新和其他活动改变目前的土地利用格局，同时也可能带来一些负面影响（土地退化和土地污染），导致环境质量下降和土地生产力下降。为了满足其已有的需求水准，致使对资源的需求进一步增加，如此往复，影响着土地利用格局（图 5-5）。当然，人口的迁移或衰退也会给区域土地利用变化带来一系列影响。

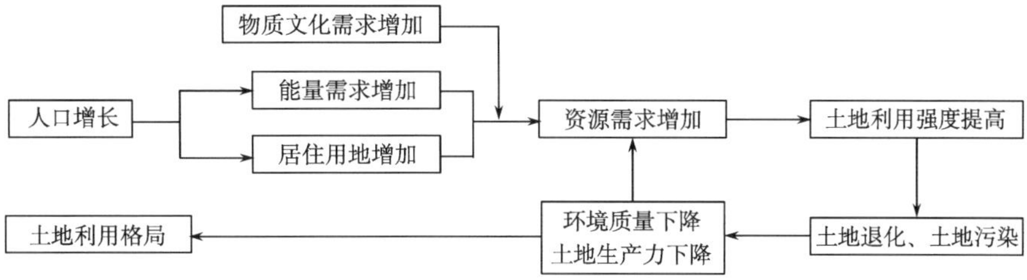

图 5-5　人口增长对土地利用格局的驱动机制（Bryan，1997）

（3）社会及土地利用者主体行为

20 世纪 90 年代初，我国经济处于从计划经济向社会主义市场经济转轨时期，经济过热，加上土地管理失控，全国普遍出现“开发区热”、“房地产热”等现象，使得各项建设占用耕地的规模有较大增长，乱占滥用土地现象十分突出。在“房地产热”和“开发区热”问题还未完全得到解决的情况下，我国的城市“大规划热”又蓬勃兴起。基于有关统计资料分析测算，2000 年、2010 年全国城市建成区规划用地规模与 1995 年相比，分别增加 1823.1km^2 和 2970.5km^2，年均增长率分别达到 4.8%和 3.4%，城市扩展系数分别为 1.92 和 1.79，严重超越了我国土地的基本国情（毕于运，1999）。最近，又兴起了一股“新区热”① 和“城市群热”②。这些“热”在某种程度上是一种社会行为，对土地利用变化产生了很大的影响。

土地利用者主体行为，如对政策的理解和运用、对产业的选择和资金投放及与社区政府如何协调，对土地利用变化也能产生较大的影响。如一些县市对土地的变更使用不遵照土地利用规划，对非农业建设用地的规划和布局未能形成有效管制，以致城镇和村庄建设任意扩张。地方在规划基本农田中，多把城镇近郊和交通沿线两侧的优质高产粮田留作建设后备用地而不划入基本农田，甚至对基本农田保护区存在着“划远不划近、划劣不划优”的错误做法。我国在实施“耕地总量动态平衡”的耕地保护政策过程中，出现了生产力较低的耕地面积的增加，在数量上部分地抵消了优质农田减少的现象（李秀彬，1999a）。有的地方政府将处理违法占地、超标建房的罚款作为其财政收入的来源，一些富裕的农民乘机占用更多的耕地。加上农民间相互攀比的不良社会风气较盛，使超额占地的行为禁而不止。这些均是土地利用者主体行为驱动下的土地利用变化。

① 国家级新区是由国务院批准在城市规划区内设立实行国家特定优惠政策的区域，具有政府职能部门的性质，属副省级单位。根据国家相关产业政策对直接投资企业的鼓励类项目进行税收减免和其他一些优惠政策，吸引各种资金和实体投资办厂，办公司。通常此类新区的规划面积都比较大，配套设施齐全，招商引资后能带动当地经济起飞。目前有五大新区：上海浦东新区、天津滨海新区、重庆两江新区、浙江舟山群岛新区、西安西咸新区。

② 譬如，2007 年以来国务院先后批准设立了武汉城市圈、长株潭城市群、皖江城市带等中部地区城市群。

(4) 技术发展

土地总体的利用及其结构的确定最终取决于现有的社会经济技术条件，取决于经济技术运用的合理性、可行性及其保证程度。各个地方的土地利用不论是向广度和深度发展，都要受制于当地的科技水平和社会经济状况。与土地可持续利用有关（当然也与土地利用变化有关）的技术大体可分为两类：一是对土地自然-生物特性认识方面的科学技术，如地质勘探、地表上下空间的全面认识（如土地生产潜力、土地开发对生物种群结构的影响，生态环境破坏情况等），这是实现土地可持续利用的科学前提；二是直接用于土地可持续利用（或导致土地利用变化）的科学技术，如节水灌溉技术、水土保持技术、土地复垦技术、生态农业技术、土地污染治理和生态环境综合整治技术，以及高效合理利用非农土地的规划设计技术（龙花楼，2001a，2001b）。

现代科学技术的发展对提高土地生产力具有重要意义，如提高农业自然资源利用率和保护农业生态环境技术，作物、畜禽、水产品种选育和繁殖技术，高产、优质、高效农牧渔综合增产技术等有望进一步提高农业生产力。此外，通过科学技术的发展，保护和治理现有土地，提高其生产力，开发利用充足的后备土地资源，将能在很大程度上缓和日趋尖锐的人地矛盾，使土地利用变化更趋合理，与当地社会经济的可持续发展相协调。

2. 生物自然驱动力

土地利用变化的生物自然驱动力包括环境变化、自然灾害和地形与坡度三个方面。环境变化这一影响土地利用变化的驱动力，广义上应包括全球环境变化和因边际土地开垦而引发的自然灾害两个方面。在此，自然灾害被单独作为一个驱动因子。此外，全球环境变化对土地利用变化的影响主要通过气候变化这一途径（蔡运龙和 Smit，1996；Smit and Cai，1996），但在短时期内影响不甚明显。即便有，它也是融合在自然灾害这一影响因子之中。因此，短期内影响土地利用变化的生物自然驱动因子主要是自然灾害和地形与坡度。

(1) 自然灾害

通常，影响耕地利用的自然灾害主要是因边际土地开垦而引发的，主要有沙漠化、洪涝和水土流失等。在我国，沙漠化导致牧场和土地生产力下降；草场资源因盲目使用而使其生态系统受到严重破坏，大面积退化，每年退化速度高达 133.3 万 hm^2；因围湖造田，加重了湖区的洪涝灾害的危害；河流上游地区的盲目开荒，导致水土流失和流域水库、河道的淤积，加大了下游流域的防洪排涝负担（龙花楼，2001a）。沙漠化的扩展降低了自然生态系统对洪涝、干旱等自然灾害的抗御能力，水土流失、洪涝灾害的加剧还可诱发滑坡、泥石流等其他自然灾害，影响着土地利用变化。

(2) 地形与坡度

自然因素的限制，使得边际土地的开垦行为主要发生在一定的空间范围。这些自然因素主要是地形与坡度。对我国近期耕地利用变化带来很大影响的“退耕还林还草”政策措施，退耕地的选择主要考虑地形与坡度。此外，地形与坡度对农村宅基地的扩张也带来一定的影响。

3. 土地管理驱动力

土地管理是土地利用的直接决策因素，它通过产权制度、价格制度、土地管理政策等直接影响土地利用变化。

（1）产权制度

土地利用变化，除受上述因子的驱动外，还有更深层的制度因素存在。土地产权制度对土地利用变化的影响起基础性作用。1968 年美国学者哈丁在 *Science* 上发表了著名论文“公地的悲剧”，从理论上系统阐明了土地产权对土地利用的基础作用。其结论是：公共土地或叫产权不明晰的土地一定会导致过度利用。这一结论的理论解释是：如果土地产权明晰，所有者就会按照利润最大化原则即边际产量等于成本，进行土地利用；如果土地产权不明晰，即每个人都可以自由使用这块土地，使用者是按照平均产量等于成本原则，进行土地利用，结果导致土地的过度利用①。自 20 世纪 80 年代以来，随着改革开放的不断深化，现存农地产权制度的不规范和不稳定，导致土地所有权的残缺不全、土地使用权能模糊、土地转让权的难以实现等弊端逐渐被暴露出来（王西玉，1998），在很大程度上影响着土地利用变化。

（2）价格制度

在土地利用率较高的地区，农、林、畜牧、城镇和工矿等用地都依赖于有限的土地自然供给，各种用途就在这有限的供给内相互竞争，相互替代。按照经济学原理，当某种用途的需求增加，该用途的经济效益提高时，原作其他用途的土地便有向这种利用转移的趋势，使土地的供给量增多。也就是说，只考虑经济效益的驱动作用，土地资源必然不断向高效益的用途转移。在现行的市场经济体制下，耕地减少一方面是农业内部结构调整的逐利性造成的，耕地向果园、畜牧业、水产养殖改变；另一方面，因城市和工业利用的经济收益明显高于农地，所以，农地有向城市、工业土地转移的必然趋势，尤其是从农业社会向工业社会过渡的经济高速发展时期，这种趋势更不可避免（Long et al.，2007b）。

市场机制只关注经济效益，而环境效益和社会效益对市场来说是所谓的“外部性”效益，体现不到耕地利用者和保护者身上，所以耕地利用的比较效益低下。若一味听任这种市场机制起作用，比较经济效益低下的农业土地就不可避免被不断占用。比较利益的差距从两个方面促使农地用途转换：一方面，它诱导了农业劳动力向第二、第三产业转移，为农业用地流转创造了条件。例如，我国东部某地区作为国家级商品粮基地，有近万农户弃农经商，退田面积达 2000hm^2。该地区某县两镇中申请退田的农户共 2968

① 李秀彬，王卫，龙花楼.1999. 中国可持续发展中的重大土地问题研究（课题结题报告）.

户，退田面积达 1029hm^2，分别占两镇总户数和总耕地面积的 27.5%和 32.0%（毕于运，1999）。另一方面，依据市场规律，各经济部门土地利用的竞争驱动了土地利用变化。

（3）土地管理政策

我国现行的土地管理机制不健全，甚至不合理。现行的土地收益分配不合理，形成了竞相多占耕地的机制。1999 年财政部会同国土资源部印发了《新增建设用地土地有偿使用费收缴使用管理办法》，从 2000 年起开征新增建设用地土地有偿使用费，30%上缴中央财政，70%留归地方财政，60%～70%的地方财政收入来自土地交易。此前，按照国家规定，土地出让金的分成 92.44%留在地方财政，加上 3%业务费，达 95.44%（刘维新，1995）。因此，市、县和乡镇政府尽可能通过征用耕地然后出让获得巨大利益。我国现行的土地管理体制不完善，中央政府的耕地保护政策难以对地方政府的用地行为构成有力制约。地方政府及其主要官员在局部利益、眼前利益甚至自身私利的驱动下，倾向于把耕地转换为建设用地，导致耕地的大量流失，与中央政府的耕地保护政策相违背。

5.2.3　耕地和农村宅基地利用转型耦合机制

通常，驱动土地利用变化的各种因素和过程之间相互依赖、相互制约，可形成一种动态关联的耦合现象。社会经济-生物自然-土地管理三维驱动因素通过“农村人口-耕地-农村宅基地”三者之间的相互联系与相互作用驱动着耕地和农村宅基地这两种地类形态的变化，即耕地和农村宅基地利用的转型。

改革开放初期，随着农村经济的发展和农村人口的增加，农村建房需求旺盛，导致农村宅基地的扩张。农民对宅基地的选址偏向于地形平坦、设施便利的地方，而这些地方往往是优质耕地的分布区，加上土地管理政策的宽松和耕地占用的机会成本偏低，以致大量耕地被农村建房占用。同时，在新镇、新区和城市群盲目发展的社会行为及耕地征用地价低共同驱使下，许多耕地被城市建设占用。在城乡建设用地的蚕食下，耕地趋于破碎化，人多地少且不利于规模经营，种地的比较效益越来越低。随着城镇化进程的加快，大量农村劳动力流向城镇，耕地被粗放经营甚至被弃耕撂荒，使得耕地利用被转为另一种形态（B）。随着农村人口不断流入城镇，加上农村宅基地退出机制不健全以及产权制度的缺陷，农村人口不断减少，大量农村宅基地被闲置，空心化现象明显，使得农村宅基地利用被转为另一种形态（B）。耕地的持续减少，威胁到国家粮食安全，当这一问题足够严重以至于引起公众的关注时，体制系统（图 1-8）就通过法律、法规及政策等资源和环境管理手段调整城乡利用系统。最严格的耕地保护政策，鼓励城市用地的内涵挖潜政策等纷纷出台。针对大量农村宅基地闲置空废，城市建设用地供需矛盾进一步加剧，相关盘活农村宅基地的政策纷纷出台，如宅基地换房、城中村改造和城乡建设用地增减挂钩政策等。部分城郊的空闲农村宅基地被转为城镇用地，大部分被整理复垦为耕地，农村新建住宅得到统一规划，充分利用旧址，农村宅基地因此转为集约高效的形态（C）。破碎化的耕地、废弃的农村宅基地，通过宅基地复垦工程和高标准农田建设工程，被建成“集中连片、配套齐全、增产稳产、持续高效”的高标准农田，耕地因此被转为规模、高效、动态平衡的形态（C）。通过耕地和农村宅基地在城乡人地系统中的转型耦合，使乡村土地利用形态得到进一步优化，从而更有利于实现乡村的转型发展（图5-6）。

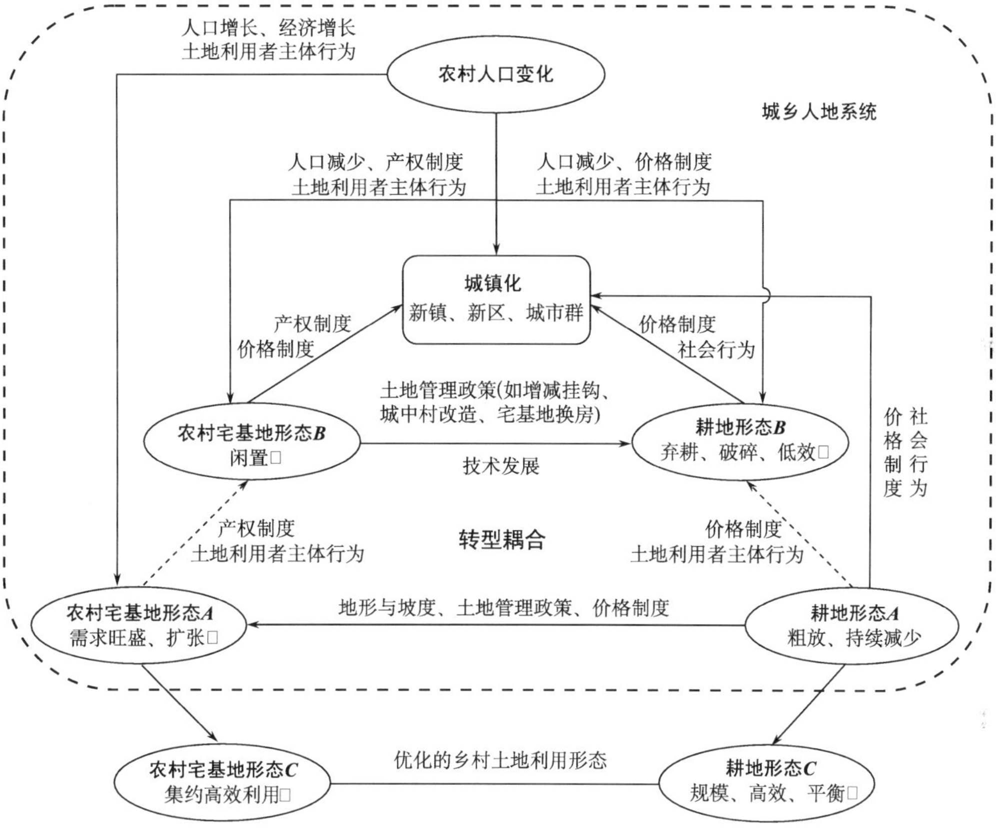

图5-6　中国乡村转型发展进程中耕地和农村宅基地利用转型耦合机制

5.3　苏锡常地区耕地和农村宅基地利用转型分析

改革开放以来，在中国的许多沿海地区，如长江三角洲和珠江三角洲，经历了空前的经济和空间重构（刘彦随，2007；Li and Yeh，2004），由此带来了剧烈的土地利用变化（Li and Yeh，2004；Lin，2001；Seto and Kaufmann，2003；Long et al.，2007b）。短时期（几年或几十年）的土地利用变化，基本上都能从与人类生产活动最为密切的耕地和城乡建设用地的变化上得到反映（龙花楼和李秀彬，2002）。在中国广袤的乡村地区，耕地和农村宅基地是体现乡村发展的两个最为重要的土地利用类型。与任一历史时期相比，过去20年间中国耕地的非农转换最为广泛，其中以东部沿海地区最为突出（Yang and Li，2000；Li and Wang，2003；Ho and Lin，2004；Lichtenberg and Ding，2008）。城市和农村居民点的扩张极大地影响了土地利用变化（Long et al.，2007a；Xie et al.，2007），农村居民点的建设及市场导向下的农业结构内部调整在一定程度上也导致了耕地的破碎化（Sargeson，2002；Li and Yeh，2004）。农用地和非农用地之间的竞争在城乡交界处最为激烈，随着时间的推移在任一地点均会导致土地利用的频繁更替，农业政策和乡村规划政策的变动与城乡经济发展的波动均是驱动这一演替的主要因子（Robinson，2004）。本节以经历了快速工业化和城镇化的东部沿海地区中最具代表性的苏锡常地区为研究区，分析其耕地和农村宅基地利用转型及其驱动因子（Long et al.，2009a），为推进其新农村建设和实现城乡统筹发展提供科学依据。

5.3.1 研究区及数据来源与处理方法

研究区为江苏省的苏州市、无锡市和常州市的行政区域范围（图 5-7），包括苏州市区、吴江市、昆山市、张家港市、常熟市、太仓市、无锡市区、江阴市、宜兴市、常州市区、溧阳市、金坛市 12 个县（市）级行政单元。其土地面积约 1.76×10^4 km^2，2006 年总人口为 1429 万人。苏锡常地区是我国经济社会发展最为快速的地区之一，2006 年人均 GDP 达 67 833 元，为全国平均水平的四倍强。

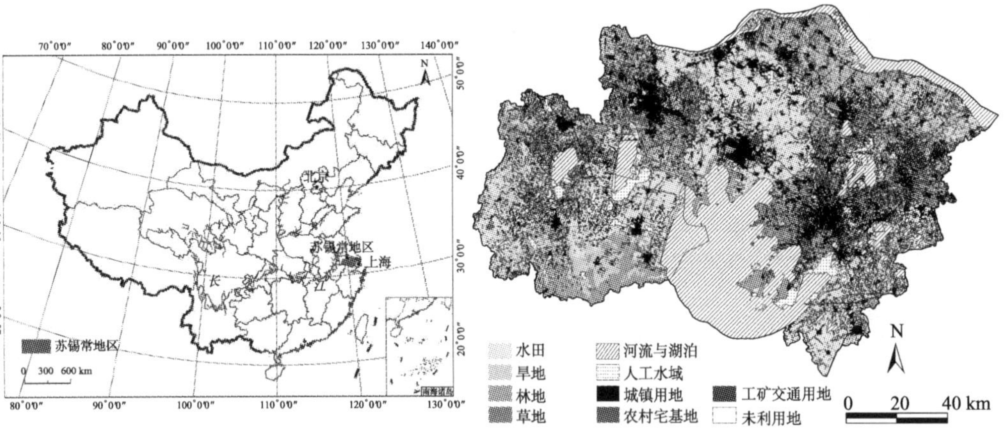

图 5-7　2006 年苏锡常地区及其土地利用

1990 年、1995 年、2000 年和 2006 年四期 1∶10 万苏锡常地区土地利用与覆被（LULC）数据来源于中国科学院资源环境数据库（Landsat TM 影像解译数据）。根据研究需要，在 ArcGIS 空间分析模块下将各期数据原有的 25 个二级类型重新合并为 10 个大类：水田、旱地、林地、草地、河流与湖泊、人工水域、城镇用地、农村宅基地、未利用地和工矿交通用地；并将这四期矢量图形数据转为 100 m×100 m 的栅格数据。通过叠加分析并依据公式（5-1）建立 1990～1995 年、1995～2000 年和 2000～2006 年的土地利用变化矩阵（Long et al.，2007b）：

$$\mathrm{CH}_i = (p_{i.} - p_{.i})/p_{.i} \times 100 \tag{5-1}$$

式中，CH_i 是矩阵表中土地利用类型 i 相对于前一比较年的变化率；$p_{i.}$ 是类型 i 的行总栅格数；$p_{.i}$ 是类型 i 的列总栅格数。

为了探讨类型间的内部转换，我们依据公式（5-2）计算每一覆被类型的“变化减少”或“变化获得”在转换过程的净得失中所占的百分比：

$$\begin{cases} P_{\mathrm{loss}(i),j} = (p_{j,i} - p_{i,j})/(p_{i.} - p_{.i}) \times 100 & i \neq j \\ P_{\mathrm{gain}(i),j} = (p_{i,j} - p_{j,i})/(p_{i.} - p_{.i}) \times 100 & i \neq j \end{cases} \tag{5-2}$$

式中，$P_{\mathrm{loss}(i),j}$ 是变化矩阵表行 i 中类型 j 的栅格数在行 i 土地利用类型净减少中所占的比例（也即变化的贡献率）；$P_{\mathrm{gain}(i),j}$ 是变化矩阵表行 i 中类型 j 的栅格数在行 i 土地利用类型净增加中所占的比例；$P_{i,j}$ 和 $P_{j,i}$ 是变化矩阵表中的单个数值。

四期遥感数据分析表明，耕地的减少和破碎化是苏锡常地区土地利用变化的主要特征。由于缺乏土地利用与覆被的逐年数据，收集了研究区 1990～2006 年逐年的社会经济数据，包括人口、工业总产值、水产品产量、农村居民人均纯收入和耕地面积等，并运用 R 统计分析模型（R Development Core Team，2006）分析土地利用变化的社会经济驱动力。为了测度耕地（包括水田和旱地）和农村宅基地的空间格局及其变化，运用 FRAGSTATS（McGarigal et al.，2002）软件计算分析了相应类型的最大斑块面积、最小斑块面积、平均斑块面积、斑块密度、景观形状指数、斑块凝聚度（patch cohesion index）和聚集度（aggregation index）。

5.3.2　苏锡常地区土地利用变化

运用上述研究方法，得出苏锡常地区 1990～2006 年的土地利用变化矩阵表（表 5-3、表 5-4 和表 5-5）。

表 5-3　1990～1995 年土地利用变化矩阵

1995 年利用类型	1990 年利用类型/hm²										合计（1995 年）	期间变化/%
	PF	DL	FL	GL	LR	AP	US	RS	CL	UL		
PF	908 085	5			16	622	7	16			908 751	−6.14
DL	3	95 152	1				1	1			95 158	−16.52
FL		1	96 611				1	1			96 614	−0.19
GL				4 229							4 229	−0.09
LR	680				359 542						360 222	0.18
AP	6 026	146	2			87 198					93 372	6.29
US	23 078	15 433	13		0	5	50 375	56	42		89 002	76.65
RS	28 763	3 130	124	4	0	21	0	77 460			109 502	41.23
CL	1 555	123	43						3 147		4 868	52.65
UL	8									682	690	1.17
合计（1990 年）	968 198	113 990	96 794	4 233	359 558	87 846	50 384	77 534	3 189	682	1 762 408	

注：PF 表示水田，DL 表示旱地，FL 表示林地，GL 表示草地，LR 表示河流与湖泊，AP 表示人工水域，US 表示城镇用地，RS 表示农村宅基地，CL 表示工矿交通用地，UL 表示未利用地。

表 5-4 1995～2000 年土地利用变化矩阵

2000 年	1995 年利用类型（hm^2）										合计	期间变
利用类型	PF	DL	FL	GL	LR	AP	US	RS	CL	UL	(2000 年)	化/%
PF	881 290	357	30		4	29	4	10			881 724	−2.97
DL	80	91 569	123			37	1				91 810	−3.52
FL	64	117	94 210					23			94 414	−2.28
GL	10		11	4 103	177						4 301	1.70
LR	1				359 257						359 258	−0.27
AP	3 372	193	161	15	624	92 941		10			97 316	4.22
US	9 028	875	188	21	16	144	88 992				99 264	11.53
RS	13 436	1 423	997	49	49	211	5	109 459			125 629	14.73
CL	1 470	624	852	41	95	10			4868		7960	63.52
UL			42							690	732	6.09
合计(1995 年)	908 751	95 158	96 614	4 229	360 222	93 372	89 002	109 502	4 868	690	1 762 408	

注：同表 5-3。

表 5-5 2000～2006 年土地利用变化矩阵

2006 年	2000 年利用类型/hm^2										合计	期间变
利用类型	PF	DL	FL	GL	LR	AP	US	RS	CL	UL	(2006 年)	化/%
PF	801 132	32	472		581	3 638	2 086	3 158	48	413	811 560	−7.96
DL	106	85 665	517		30	302	396	1 122		5	88 143	−3.99
FL	1 909		91 304	83	560	1 137	17	108		23	95 141	0.77
GL	370			3 993	740	49	105	52		6	5 315	23.58
LR	282	76	65		351 487	250	3				352 163	−1.97
AP	4 478	31	123	15	3 615	87 334	40	669	6	35	96 346	−1.00
US	34 632	1 821	270	29	232	617	96 615	3 965		200	138 381	39.41
RS	35 186	1 408	777	17	1 508	3 299		116 361		19	158 575	26.22
CL	3 419	2 777	240	164	492	689	2	161	7 906	31	15 881	99.51
UL	210		646		13	1		33			903	23.36
合计(2000 年)	881 724	91 810	94 414	4 301	359 258	97 316	99 264	125 629	7 960	732	1 762 408	

注：同表 5-3。

结果表明，1990～1995 年、1995～2000 年和 2000～2006 年三个时间段内，水田和旱地分别减少了 6.14%和 16.52%、2.97%和 3.52%、7.96%和 3.99%。城镇用地、农村宅基地和工矿交通用地在 1990～1995 年分别增加了 76.65%、41.23%和 52.65%，在随后的两个时间段内均保持增加趋势。在 1990～1995 年和 1995～2000 年两个时间段内，人工水域面积分别增加了 6.29% 和 4.22%，在随后的时间段内略有减少。1990～2006 年苏锡常地区的土地利用变化的主要特征是城镇用地、农村宅基地、人工水域和工矿交通用地的扩张造成耕地被大量占用。

5.3.3　耕地的变化

破碎化是 1990～2006 年水田变化的最明显特征（图 5-8），从表 5-6 中衡量破碎化程度的指数的变化也可充分说明这一点。1990 年研究区水田斑块的平均面积为 1204.4hm^2，到 2006 年仅有 138.8hm^2。水田斑块的密度从 1990 年的 0.033 个/km^2 增加到 2006 年的 0.144 个/km^2，增加了 331.5%。此外，景观形状指数的快速增加和聚集度指数的持续下降也有力地说明了期间水田的破碎化。然而，值得关注的是旱地破碎化程度的指数值有下降趋势，平均斑块面积、斑块密度、景观形状指数和聚集度指数的变化均表明旱地的破碎化有逆转的趋势（表 5-6）。

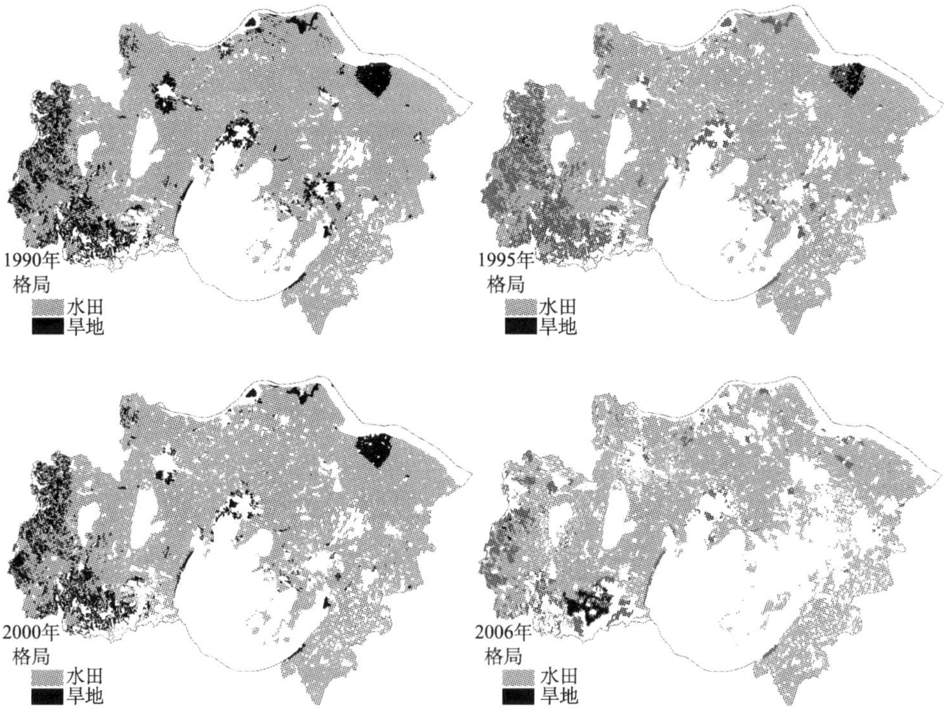

图 5-8　苏锡常地区耕地变化格局

工业化和城镇化进程的加快加剧了土地利用与覆被的破碎化程度和结构的复杂性。统计分析结果表明，人口增长、快速工业化和城镇化是研究区 1990～2006 年耕地变化的主要驱动因子，这一点可从耕地与工业总产值（图 5-9（a））和人口数量变化（图 5-9（b））之间较强的负相关得到验证。此外，工业化和城镇化使得耕地在市场导向下发生结构性调整，多数转为水产养殖用地，耕地和水产品产量变化之间强烈的负相关表明了这一点（图 5-9（c））。

表 5-6　土地利用格局指数

格局指数	水田				旱地				农村宅基地			
	1990 年	1995 年	2000 年	2006 年	1990 年	1995 年	2000 年	2006 年	1990 年	1995 年	2000 年	2006 年
最大斑块面积/hm^2	87 847	82 960	77 509	86 193	15 475	13 875	13 430	15 252	142	369	504	1 261
最小斑块面积/hm^2	0.020	0.017	0.014	0.005	0.009	0.021	0.021	0.005	0.010	0.011	0.011	0.007
平均斑块面积/hm^2	1 204.4	1 409.3	1 017.2	138.8	75.2	85.7	76.0	112.4	8.4	12.0	11.4	12.1
斑块密度/km^2	0.033	0.029	0.042	0.144	0.075	0.057	0.062	0.029	0.511	0.499	0.585	0.646
景观形状指数	76.7	85.8	92.6	137.6	68.1	64.9	66.1	39.0	123.5	125.3	134.7	153.4
斑块凝聚度	99.96	99.95	99.95	99.78	97.19	97.38	97.36	96.93	71.56	76.98	78.42	87.61
聚集度	92.30	91.09	90.23	82.44	80.05	79.22	78.41	83.49	55.85	62.31	62.17	60.22

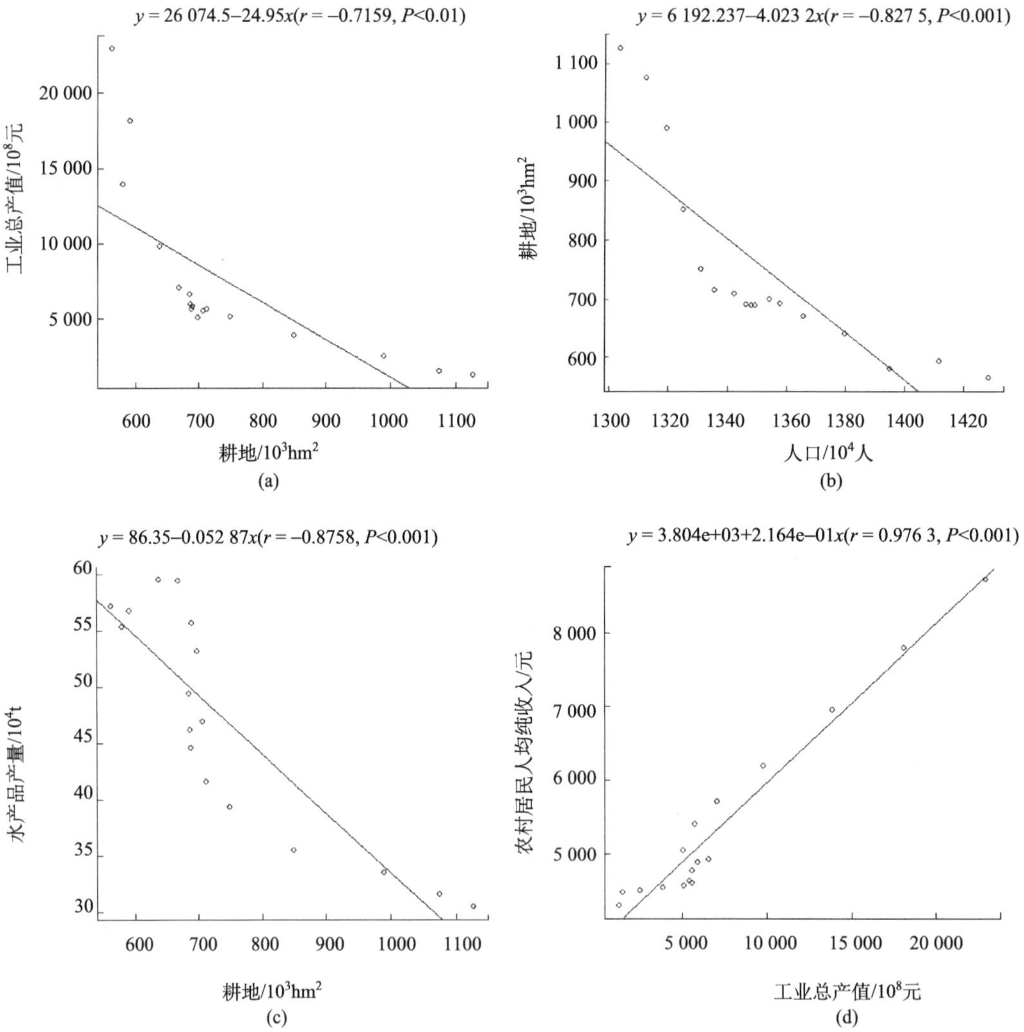

图 5-9　耕地与工业总产值（a）、人口（b）和水产品产量（c）及工业总产值与农村居民人均纯收入（d）变化关系分析

表 5-7 有力地说明了工业化和城镇化对土地利用变化的影响。1990～1995 年、1995～2000 年和 2000～2006 年三个时间段内，城镇用地对水田减少的贡献率分别为 38.81%、33.39% 和 46.39%，对旱地减少的贡献率分别为 81.95%、26.11% 和 38.86%；农村宅基地的扩张也是以耕地减少为代价的，三个时段内对水田减少的贡献率分别为 48.36%、49.68%和 45.65%，对旱地减少的贡献率分别为 16.62%、42.5% 和 7.8%。2000～2006 年，工矿交通用地的扩张对旱地减少的贡献率为 75.73%。人工水域的增加主要是来自水田，1990～1995 年和 1995～2000 年其对水田减少的贡献率分别为 9.09%和 12.37%。此外，旱地破碎化程度的逆转可归功于发展现代农业和规模农业的需求。

表 5-7　1990～2006 年各土地利用类型在水田、旱地和农村宅基地变化中的贡献率

土地利用类型	PF^-			DL^-			RS^+		
	1990～1995 年	1995～2000 年	2000～2006 年	1990～1995 年	1995～2000 年	2000～2006 年	1990～1995 年	1995～2000 年	2000～2006 年
PF				0.01	8.27	−2.02	89.92	83.25	97.21
DL	0.00	−1.02	0.11				9.79	8.82	0.87
FL		0.13	2.05		−0.18	−14.10	0.38	6.04	2.03
GL		0.04	0.53				0.01	0.30	−0.11
LR	1.12	−0.01	−0.43			1.25		0.30	4.58
AP	9.09	12.37	1.20	0.78	4.66	−7.39	0.07	1.25	7.98
US	38.81	33.39	46.39	81.95	26.11	38.86	−0.18	0.03	−12.03
RS	48.36	49.68	45.65	16.62	42.50	7.80			
CL	2.62	5.44	4.80	0.65	18.64	75.73			−0.49
UL	0.01		−0.29			−0.14			−0.04

注：PF 表示水田，DL 表示旱地，FL 表示林地，GL 表示草地，LR 表示河流与湖泊，AP 表示人工水域，US 表示城镇用地，RS 表示农村宅基地，CL 表示工矿交通用地，UL 表示未利用地；“－”表示该类型的变化是减少，“＋”表示该类型的变化是增加。

5.3.4　农村宅基地的变化

农村宅基地格局变化图及衡量破碎化程度的指数表明，1990～2006 年苏锡常地区农村宅基地的变化具有分散和聚集的双重特征（图 5-10，表 5-6）。一方面，农村宅基地的破碎化可从景观形状指数和斑块密度值的持续下降得到反映；另一方面，同期内最大斑块面积不断成倍扩大，斑块凝聚度指数一直保持增长势头（表 5-6）。农村宅基地的扩张导致耕地被大量占用，增加的农村宅基地中 92%以上来自耕地（表 5-7）。

中国的经济改革对沿海地区农村宅基地的扩张带来很大的影响。沿海地区乡镇企业的兴起是中国农村工业化的雏形（Shen and Ma，2005）。研究表明，中国建设用地的扩张很大程度上是农村工业化的结果（Lin and Ho，2003）。在东部沿海地区，农村居民院落内的厂房随处可见（Shen and Ma，2005）。农村工业化明显改变了农村居民的就业和收入水平，这一点可从工业总产值和农村居民人均纯收入之间较强的正相关得到反映（图 5-9（d））。

随着农民收入水平的不断提高，他们希望拥有功能多样、舒适宽敞的住宅，农村宅基地选址有从山上向山下推移，由行路不便区域向交通要道逼近，由偏僻地域向城镇郊区集中的趋向。家庭居住条件具有家庭规模小型化、多院落、新旧房屋更替周期短期化的特点，因此导致“空心村”和闲置宅基地、空置住宅和“一户多宅”现象的出现（龙花楼，2006）。这也是期间苏锡常地区农村人口和农村户数不断减少，而农村宅基地的面积却在不断增加的真正原因（表 5-3、表 5-4 和表 5-5）。2000～2006 年，有 4280 hm^2 的农村宅基地被转为了水田或旱地（表 5-5），而在 1990～2000 年只有 27 hm^2 的农村宅基地转为了耕地（表 5-3 和表 5-4），这主要归因于响应新农村建设政策而开展的农村宅基地置换和中心村建设。

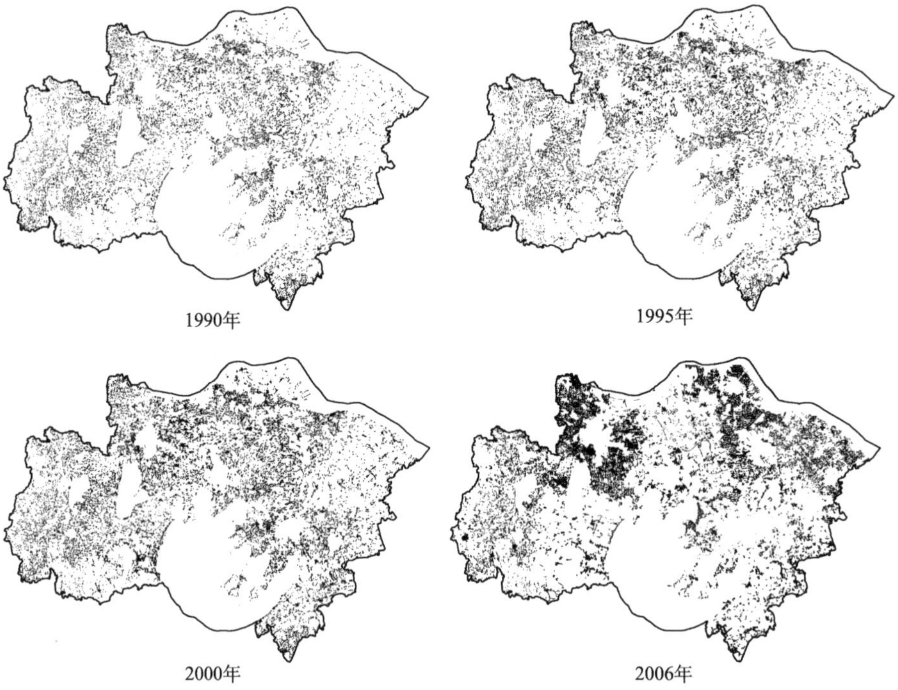

图 5-10　苏锡常地区农村宅基地变化格局

注：图中斑块均为农村宅基地。

第6章　乡村发展政策对土地利用转型影响

土地利用政策是土地利用转型的重要驱动力之一。在我国城乡快速转型发展时期，中央政府的“一要吃饭、二要建设”的土地管理执政理念及出台的相应政策对我国的土地利用转型产生了深远的影响。其相应政策主要涉及两个方面：一方面是国家粮食安全政策，主要关注提高耕地产能和保护耕地面积；另一方面是城乡统筹发展政策，主要体现在优化城乡土地利用格局的层面。此外，综合性的乡村发展政策，如新农村建设政策对我国的土地利用转型也带来了不可忽视的影响。无一例外，国外的乡村发展政策在很大程度上也影响着政策区的土地利用转型。

6.1　国家粮食安全政策对土地利用转型影响

6.1.1　我国粮食安全政策分析

1. 我国粮食安全政策的演变

(1) 我国粮食安全政策的演变阶段

我国从新中国成立至今，粮食安全政策根据所有制结构、粮食生产模式和购销模式的不同，共经历了五个阶段的演变和调整过程（王世金，2006）。

第一阶段（1949～1952年），由于农村土地革命尚未发起，农民土地还是私人所有，农民除了交公粮外，其他收入归自己所有。因此国家层面的粮食安全政策体系尚未建立，对于粮食购销的管理相对宽松，在某种程度上不利于国家对粮食安全的宏观调控。该阶段可称之为粮食安全政策的萌发期。

第二阶段（1953～1977年），随着土地改革完成，农村土地私有制被转为公有制，因此这一阶段粮食安全政策的核心是服从和服务于国家工业化，为工业化提供积累。相应政策主要涉及：采取各种措施增加粮食产量，在粮食流通领域实行统购统销；在价格方面实行与低工资相适应的低粮价政策，在消费领域实行限制消费的定量分配政策。

第三阶段（1978～1984年），随着改革开放政策的实施，家庭联产承包责任制在我国开始推行，以家庭经营形式取代“一大二公”的集体经营对于农民种粮积极性的提高起到极大的推动作用。

第四阶段（1985～2000年），本阶段粮食安全政策的变化主要体现在粮食流通领域上，具体表现为：实行粮食合同定购和市场购销并存的双轨制。粮食生产的连续丰收形成了相对过剩的局面，农民在按计划向国家上交统购粮之外，还可以有部分余粮自由上市，且如果市场价低于原统购价，政府将按统购价敞开收购。

这一阶段发生的具体事件包括：1985 年把实行了几十年的统一收购、统一销售确保粮食安全供给政策修改为合同定购统一销售制度，定购外的粮食实行市场议价自由销售。1992 年在此基础上实行购销同价制度。1993 年实行“保量放价”政策。1994 年开始实行农村税费改革，实行“三取消、两调整、一改革”政策：“三取消”指取消行政事业性收费和政府性基金、集资，取消屠宰税，取消统一规定的劳动积累工和义务工；“两调整”，指调整现行农业税政策和调整农业特产税政策；“一改革”，指改革现行村提留征收使用办法。1995 年实行了以“省长负责制”确保各地区粮食安全为基础的国家粮食安全政策。1997～2000 年实行了“四分开、一完善”政策（即政企分开、中央与地方责任分开、储备与经营分开和新老财务账目分开，完善粮食价格机制）和“三项政策、一项改革”政策（即敞开收购、顺价销售、封闭运行政策和加快国企改革），粮食安全政策运行中又出现了“双轨”制度。

第五阶段（2001 年以来），这一阶段从粮食主销售区开始的粮食购销市场化兴起，粮食主产区和粮食供求平衡地区也先后进行购销市场化实践，到 2004 年粮食购销的市场化任务基本完成。从 2004 年开始实施“粮食直补”政策，所谓的直补，就是把国家通过粮食企业以“保护价”敞开收购农民粮食以间接补贴农民的暗补方式，改为将保护价与市场价的差价以现金形式直接补给农民。“粮食直补”政策属于诱发型制度变迁，因为政府主要是想通过对农民补贴，创造潜在利益，调动农民的种粮积极性，以保证国家粮食安全。从政策的运行效果看，“粮食直补”政策在实施初期极大地调动了农民生产粮食的积极性。但在后期执行过程中暴露出一些问题，即当前按照耕地面积发放粮食直补的办法，忽视了耕地资源的利用环节，结果是撂荒农民也可领到政策性补贴，这不仅浪费了国家宝贵的惠农资金，而且也难以起到激励种粮的效果（刘彦随，2010e）。

（2）粮食安全政策的变化趋势

回顾我国粮食安全政策的发展历程可以发现，我国粮食安全政策演变具有以下趋势（梁世夫和王雅鹏，2008）。

第一，政策的目的性发生调整。从新中国成立至 20 世纪 80 年代，我国的粮食安全政策都将为国家工业化积累资金、为工业发展提供廉价的原料和为城市居民提供足够农副食品供给放在首位，农民和农业则往往得不到足够的重视。随着 20 世纪 80 年代中期以来我国粮食产量的大幅提高（图 6-1），尤其是自 90 年代彻底摆脱粮食供给总量短缺约束之后，促进农业自身发展和农民收入提高逐渐成为制定粮食安全政策的主要出发点。

第二，政策的运行方式发生调整。我国粮食安全政策运行表现为从计划到市场化转型，这种转型过程集中体现在粮食购销体制转型上。结合上文关于粮食安全政策阶段性的划分，这种在运行方式方面的转型可以概括为四个阶段：①从 1985～1993 年的统购统销制度到定购统销与议价统销的“双轨”制度以及国家宏观调控下的市场流通制度的尝试阶段；②从 1993～2000 年“双轨”制度的回归阶段；③2001～2004 年的粮食购销市场化开始和完善的阶段；④2004 年至今彻底实现粮食购销市场化。

第三，实现手段发生变化。实现手段上粮食安全政策的转型表现为从行政手段到经

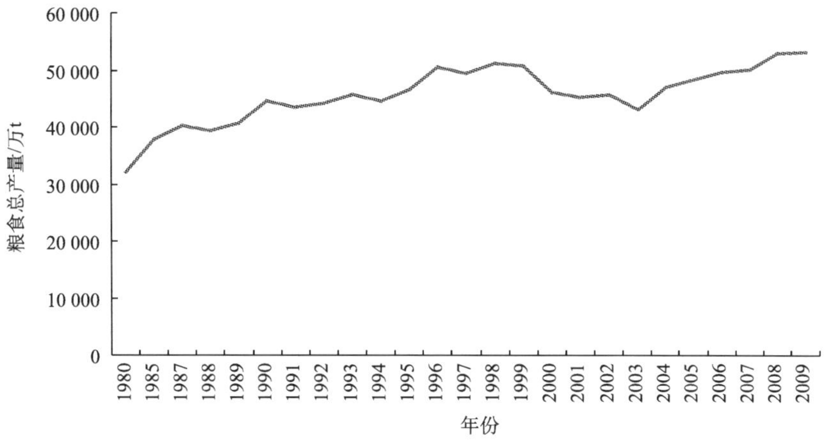

图 6-1　近 30 年来我国粮食总产量变化

资料来源：《中国统计年鉴》(2010 年)

济手段的转变。从 1953 年我国就实行了通过行政手段控制粮食播种面积和计划收购的方式，保证国家掌握足够的粮食以满足粮食需求的政策。这种行政手段从 1979 年起随着改革开放的不断深入而向经济手段转型。1979 年夏，为了平衡日益增加的粮食需求，国家第一次提高粮食收购价格，这标志着我国粮食安全政策从行政手段向经济手段的转型。从 1979～1996 年期间国家曾 14 次提高粮食收购价格，并从 1997 年开始实行按照保护价格收购农民余粮的政策。此后，为了促进粮食市场的快速有效发展，国家于 2004 年在全国范围内实行了种粮直接补贴政策和粮食最低保护价政策，通过保障种粮农户收入水平、提高农民生产粮食的积极性，促进我国的粮食安全保障。

第四，政策关注面发生变化。国内粮食供给规模决定于粮食种植面积和土地产出率的乘积。土地产出率的高低受到制度、劳动、资本、技术等多种生产要素投入量的限制。劳动与资本等生产要素投入效率要依赖于生产技术水平。在一定的制度和生产技术水平下，劳动和资本投入的生产率都有递减趋势。所以，粮食生产率提高的关键是农业技术进步。长期以来，我国农业生产制度是固定的，农业技术进步的速度也是缓慢的。在这种条件下，保障我国粮食安全的主要途径是依靠不断扩大土地投入规模，增加粮食种植面积保证国家粮食供给安全。在土地资源约束日益强化、尤其是在可持续发展理论的支持下，从 1992 年政府明确提出发展“高产、优质、高效”农业的新战略以后，我国粮食安全模式就从依靠扩大粮食种植面积转换到依靠提高土地生产率促进粮食供给安全的轨道上来了。

2. 我国现阶段粮食安全政策支持体系

粮食安全政策的具体落实需要得到国家相应法律及政策的保障，因此要探讨粮食安全政策对土地利用转型的影响，首先应该全面了解由国家颁布和制定的与粮食安全相关的各类法规及政策。

根据 2008 年制定的《国家粮食安全中长期规划纲要（2008～2020)》，我国现阶段粮食安全政策支持体系主要包括法律条例、相应补贴政策和风险基金三块内容。具体来看，在法律条例方面，国家通过公布实施土地管理法、农村土地承包法和基本农田保护条例，建立了最为严格的耕地保护制度；在补贴政策方面，取消农业四税（农业税、除烟叶外农业特产税、牧业税和屠宰税），实行粮食直补、良种直补、农机具购置补贴和农资综合直补等政策，初步建立了发展粮食生产专项补贴机制和农民收入补贴机制，对稻谷、小麦实施最低收购价政策，稳定市场粮价；在风险基金落实方面通过调整对粮食风险基金的补助比例，实施对产粮大县的奖励政策，加大对粮食主产区的转移支付力度。下面具体就相关法律条例和支持政策的实施演变及其对粮食安全政策的影响加以分析。

（1）中华人民共和国土地管理法

2004年第十届全国人民代表大会修正通过的《中华人民共和国土地管理法》，除在总则第一条中明确提出“合理利用土地、切实保护耕地”之外，在第四章用全章的篇幅对耕地保护的法律依据进行了详细阐述，在第三十一条中，开门见山地指出“国家保护耕地，严格控制耕地转为非耕地”，具体阐释了占用耕地的补偿原则；在第三十四条中，对何种耕地能够被列入基本农田进行了详细说明，并规定了省及省级以下市县的基本农田占用比例；在第三十七条中，明令禁止任何单位和个人闲置、荒芜耕地，避免因为耕地资源浪费而造成的粮食减产；在第三十九到第四十二条中针对土地的开发整理和复垦进行了原则性阐述。

总体上看，土地管理法从耕地保护角度出发，宏观把握了我国粮食安全保障的政策实现途径，明确和界定了基本农田制度、占用耕地补偿原则以及土地开发整理、复垦的具体内容和措施，是我国粮食安全政策保障体系的重要组成部分。

（2）中华人民共和国农村土地承包法

2002年第九届全国人民代表大会通过的《中华人民共和国农村土地承包法》自2003年起正式施行，内容包括农村土地承包形式、土地所有人权利和义务以及土地承包中涉及的重要问题等相关方面。在该法第二章第三节第二十条中，明确规定耕地的承包期为三十年；在第四节第二十六条中指出，承包期内，如承包方迁入市区转为非农户口，发包方可以收回承包的耕地；在本节第二十七条中规定，不得擅自改变农用地结构，如要对个别农户之间承包的耕地进行调整，必须经本集体经济组织的村民会议2/3以上成员或者2/3以上村民代表的同意；在第五章第六十三条中，规定农用地中的机动地面积不得超过本集体经济组织耕地总面积的5%。

农村土地承包法的出台是我国在经济转轨过程中具有里程碑意义的一项重大事件，对我国农村土地政策的发展和演变具有指导作用。不仅如此，从上述条款当中还可以看出，该法律的出台对于我国粮食安全政策的构建同样具有不可忽视的意义。其一，它通过对耕地承包期的规定，确保了耕地资源利用的稳定性和长久性，避免因承包期限不确定可能带来的投机性开发利用行为；其二，发包方对耕地资源的有条件收回原则一方面避免了因耕地撂荒而造成的粮食减产，另一方面也对承包方的行为起到约束和监督作用，有效保证了粮食生产的稳定性；其三，法律中与农用地结构性调整相关的一系列限制条款可以充分预防由于土地利用结构人为改变造成的耕地资源大规模减少状况出现。

(3) 基本农田保护条例

《基本农田保护条例》是我国保护耕地资源最直接、最具体的一项国家级法律法规。从新中国成立至今共出台了两部基本农田保护条例，分别于 1994 年和 1998 年由国务院公告发布。1998 年版的《基本农田保护条例》共分六章，分别是总则、划定、保护、监督管理、法律责任以及附则。在总则部分中，界定了基本农田和基本农田保护区的概念，明确了基本农田保护的方针，并对部门及个人在基本农田保护过程当中的职责和义务进行了明确阐述。在划定部分中，除明确了基本农田保护在土地利用规划中的重要性外，还对基本农田的划定原则进行了具体说明。在保护部分中，强调了基本农田数量的不可变更性，明确了基本农田的保护原则，并对经国务院批准已被占用基本农田的补充划入工作进行了具体规定。在监督管理部分中，详细介绍了基本农田保护责任书的内容，并对地方政府在基本农田保护监督检查过程中的工作细则做出相应规定。在法律责任部分中，具体说明了违反本条例侵占、破坏基本农田及挪用基本农田开垦费用等行为可能导致的法律后果。

纵观全法，不仅全面而客观地反映了基本农田保护工作的迫切性和重要意义，而且细致阐述了保护实施过程中的具体内容和保护原则，为基层工作的开展和实施提供了有效的政策保障和法律依据，更为我国粮食安全政策保障体系的建立提供了强有力的支持。

(4) 粮食直补政策

粮食直补政策在我国开始于 2004 年，当年发布的中央一号文件中明确指出“为保护种粮农民利益，要建立对农民的直接补贴制度”，并于 2005 年 2 月由财政部、国家发展和改革委员会、农业部、国家粮食局和中国农业发展银行联合印发了《关于进一步完善对种粮农民直接补贴政策的意见》的通知，针对一号文件中的粮食直补政策提出相应的实施意见。此后，在 2005～2009 年的中央一号文件当中，从不同视角对粮食直补政策进行了补充完善，2005 年一号文件当中提出“继续加大‘两减免、三补贴’等政策实施力度”；2006 年一号文件中谈到“粮食主产区要将种粮直接补贴的资金规模提高到粮食风险基金的 50%以上”；2007 年提出“各地用于种粮农民直接补贴的资金要达到粮食风险基金的 50%以上”；2008 年也提到“继续加大对农民的直接补贴力度，增加粮食直补”；2009 年的中央一号文件指出“要在上年较大幅度增加补贴的基础上，进一步增加补贴资金。增加对种粮农民直接补贴……逐步加大对专业大户、家庭农场种粮补贴力度”。

粮食直补政策的颁布和实施直接而有效地激发了农民种粮的积极性，为确保我国粮食产品的稳定供给提供了有力的政策支持。就粮食直补政策的颁布时间和涉及内容来看，随着时间推移，粮食直补政策的区域适用广度和政策实施强度均有不断增加的趋势。根据中央一号文件对于粮食直补政策的相关规定，粮食直补的资金规模从 2005 年之前的宏观把握到“粮食风险基金的50%以上”，再到之后的“在上年较大幅度增加补贴的基础之上，进一步增加补贴资金”；粮食直补重点区域从2005年之前的“有条件的地区”到“粮食主产区”，再到“各地”，政策表述的调整一方面反映了国家对于粮食安全问题重视程度的加强，另一方面也表明了在我国实施粮食直补政策的可行性和必要性。

（5）粮食最低收购价政策

粮食最低收购价政策是为了保护农民利益、保障粮食市场供应实施的粮食价格调控政策。一般情况下，粮食收购价格由市场供求决定，国家在充分发挥市场机制作用的基础上实行宏观调控，必要时由国务院决定对短缺的重点粮食品种，在粮食主产区实行最低收购价政策。

粮食最低收购价政策是2004年国务院在全面放开粮食收购市场的背景下出台的一项重大的粮食价格调控政策。经过6年的实践和运行，该政策在保护农民种粮利益、促进粮食生产稳定发展、维护粮食市场稳定中发挥了重要作用（鲁晓东，2010）。尽管有关粮食最低收购价格相关的法规2004年就已经出台，但是由于当年市场价格高于最低收购价，最低收购价政策的执行预案并没有启动。2005年，粮食最低收购价政策执行预案首次启动。经过两年的实践，粮食最低收购价政策进展顺利，对确保国家粮食安全战略、改善粮食宏观调控、稳定粮食生产、保护农民种粮积极性起到了明显成效（施勇杰，2007）。

（6）粮食风险基金

粮食风险基金，是中央和地方政府用于平抑粮食市场价格，维护粮食正常流通秩序，实施经济调控的专项资金。粮食风险基金政策的颁布和实施一方面从资金层面缓解了农民“种粮难”问题，消除了部分地区农民“种粮不赚钱”的顾虑；另一方面为粮食主产区省份制定和完善粮食生产计划、加快粮食流通体制建设提供有力的资金支持，确保了粮食安全体系的构建，有效预防“吃饭难”问题出现（叶兴庆，2002）。

（7）良种补贴、农机具购置补贴及农资综合直补政策

良种补贴是指国家对农民选用优质农作物品种而给予的补贴。其目的是支持农民积极使用优良作物种子，提高良种覆盖率，增加主要农产品特别是粮食的产量，改善产品品质，推进农业区域化布局、规模化种植、标准化管理和产业化经营（侯玲玲等，2007）。

农机具购置补贴又称农机购置补贴，是指国家对农民个人、农场职工、农机专业户和直接从事农业生产的农机作业服务组织，购置和更新农业生产所需的农机具给予的补贴，其目的是提高农业机械化水平和农业生产效率（侯玲玲等，2007）。

农资综合直补是指统筹考虑柴油、化肥等农业生产资料价格变动对农民种粮的增支影响，由政府对种粮农民给予适当补助，以有效保护农民种粮收益，调动农民种粮积极性，促进粮食生产（肖大伟等，2010）。

(8) 取消“农业四税”

农业四税在我国具有悠久的历史，农业税更是自封建社会就已成为统治阶级管理和束缚基层劳动人民的主要手段。新中国成立以来，尽管农业四税的本质已由统治阶级剥削被统治阶级的基本工具转变为国家补贴农业发展、促进农民增收背景下农民在获取合法劳动所得的同时对政府相应福利政策的利益返还，但是从现实层面来看，依旧增加了农民的生产和生活压力。基于上述情况，为了缓解日益加剧的农业发展压力、提高农民生活水平、推进城乡统筹发展，近年来国家颁布了一系列政策法规，逐步取消对于农业四税的要求。

具体就各税种的取消时间来看，2005 年 12 月 29 日第十届全国人民代表大会宣布 1958 年通过的《中华人民共和国农业税条例》自 2006 年 1 月 1 日起废止，正式标志着农业税的取消；2004 年财政部、国家税务总局下发《关于取消除烟叶外的农业特产税的通知》，规定从 2004 年起，除对烟叶仍征收农业特别税之外，取消其他农业特产品的农业特别税；牧业税在全国范围内的免征规定出台于 2005 年，此举对于我国农牧业发达的“四省四区”(即新疆、内蒙古、宁夏、西藏、陕西、甘肃、青海、四川) 的农业发展有着极为深远的意义；屠宰税是农业四税当中最后被取消的税种，2006 年 2 月 24 日，国务院总理温家宝签署第 459 号国务院令，宣布 1950 年发布的《中华人民共和国屠宰税暂行条例》自 2006 年 2 月 17 日起废止。

上述政策的颁布实施从不同层面出发，有效确保了我国粮食生产的安全性与可靠性，其中与土地相关的政策法规对我国土地利用转型将产生重要影响。

6.1.2　粮食安全政策与土地利用转型

粮食安全政策对土地利用转型的影响主要体现在对土地利用结构变化、土地利用的集约程度变化两个方面。

1. 粮食安全政策与土地利用结构变化

粮食安全政策对土地利用结构的影响主要体现在对耕地资源的影响方面。《中华人民共和国土地管理法》、《基本农田保护条例》等相应法律条文和粮食直补政策、粮食最低收购价政策的颁布：一方面从行政角度对耕地资源的面积和区域进行了严格控制和具体规定，避免了耕地资源的大量流失；另一方面从市场角度为农民种粮提供各类政策优惠，鼓励种粮积极性，有效缓解农村地区尤其是传统农区的发展压力，保障了粮食安全。

下面结合 1996～2006 年的统计数据，对粮食安全政策造成的耕地面积和空间格局变动情况进行具体分析。根据我国耕地资源占国土总面积比重的变化情况来看(图 6-2)，从 1996～2006 年，耕地资源比重整体呈现下降趋势，耕地占各类用地总面积比重由 1996 年的 14.1%下降至 2006 年的 13.2%。其中 1996～2003 年是耕地资源减少较为快速的时期，耕地比重年均下降 0.14%。而进入 2003 年之后，耕地减少情况开始明显放缓，2003～2006 年耕地比重年均下降仅为 0.05%，且在 2005 年还出现上升趋势。

从粮食安全角度来看，耕地资源比重变动的趋势反映了粮食安全政策对于土地利用结构的显著影响。1996～2003 年，我国实行的是粮食合同定购和市场购销并存的双轨制，尚没有完成粮食购销市场化进程，粮食供给很大程度仍然仰赖于原有的合同定购制度，因此粮食收购总量可以事先统计，加之当时粮食生产出现连年丰收，粮食相对过剩情况较明显，国家对于与粮食生产关系密切的耕地资源控制程度也不高。进入 2003 年以来，随着粮食购销市场化政策从粮食主产区到全国范围的实施，有助于粮食产品在不同地区合理有效的配置，但同时也意味着国家无法像计划经济体制下那样通过统一购买和销售的方式来控制粮食供需，粮价的涨跌不仅受到当年粮食产量影响，而且也受到国内和国际经济环境的综合影响。为确保粮食供给的稳定，国家势必对粮食安全支持政策进行一系列补充和调整。结合第一部分可知，2003 年正式实施的《中华人民共和国土地承包法》中出台了一系列与保护耕地有关的条例，确保了耕地资源利用的稳定性和长久性，避免了因耕地撂荒而造成的粮食减产，同时对因土地利用结构的人为改变造成的耕地资源大规模减少状况做出了预防。此外，粮食直补政策和粮食最低收购价格政策均在 2003 年左右颁布，既激发了农民种粮的积极性，保证了粮食产量，也缓解了地方发展农业面临的经济发展压力，减少了耕地被占用情况的发生。

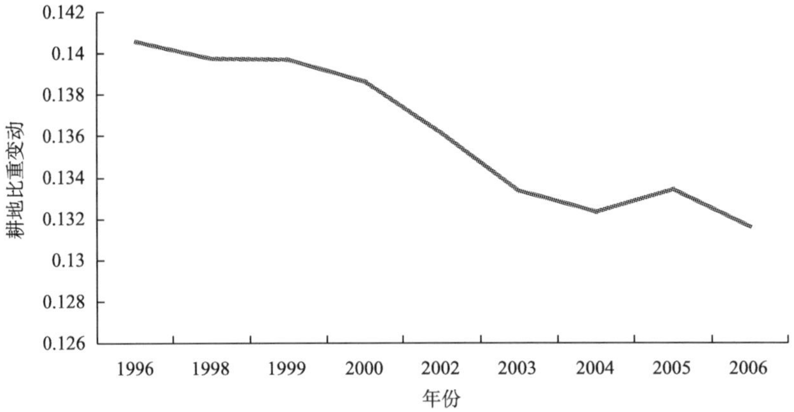

图 6-2 我国近年耕地比重变动情况

资料来源：国土资源部

具体从各省区耕地比重变化率的情况来看（图 6-3），相比于 1996～1998 年时段的指标，1998～2000 年河北、山东、河南、安徽等位于粮食主产区的省份耕地比重减少趋势明显放慢，耕地流失情况趋缓，说明《基本农田保护条例》自 1998 年颁布之后，对上述省份的耕地起到较好的保护作用。2000～2004 年大部分省份耕地比重呈现加速减小趋势，这一方面是由于城市扩张占用了大量耕地，另一方面也是由于 2003 年以来全国生态退耕的加速发展而带来耕地资源减少所致。2004 年之后指标变动又经历一次转折，2004～2006 年大部分省份的指标出现回升态势，其中黑龙江和内蒙古等省区还

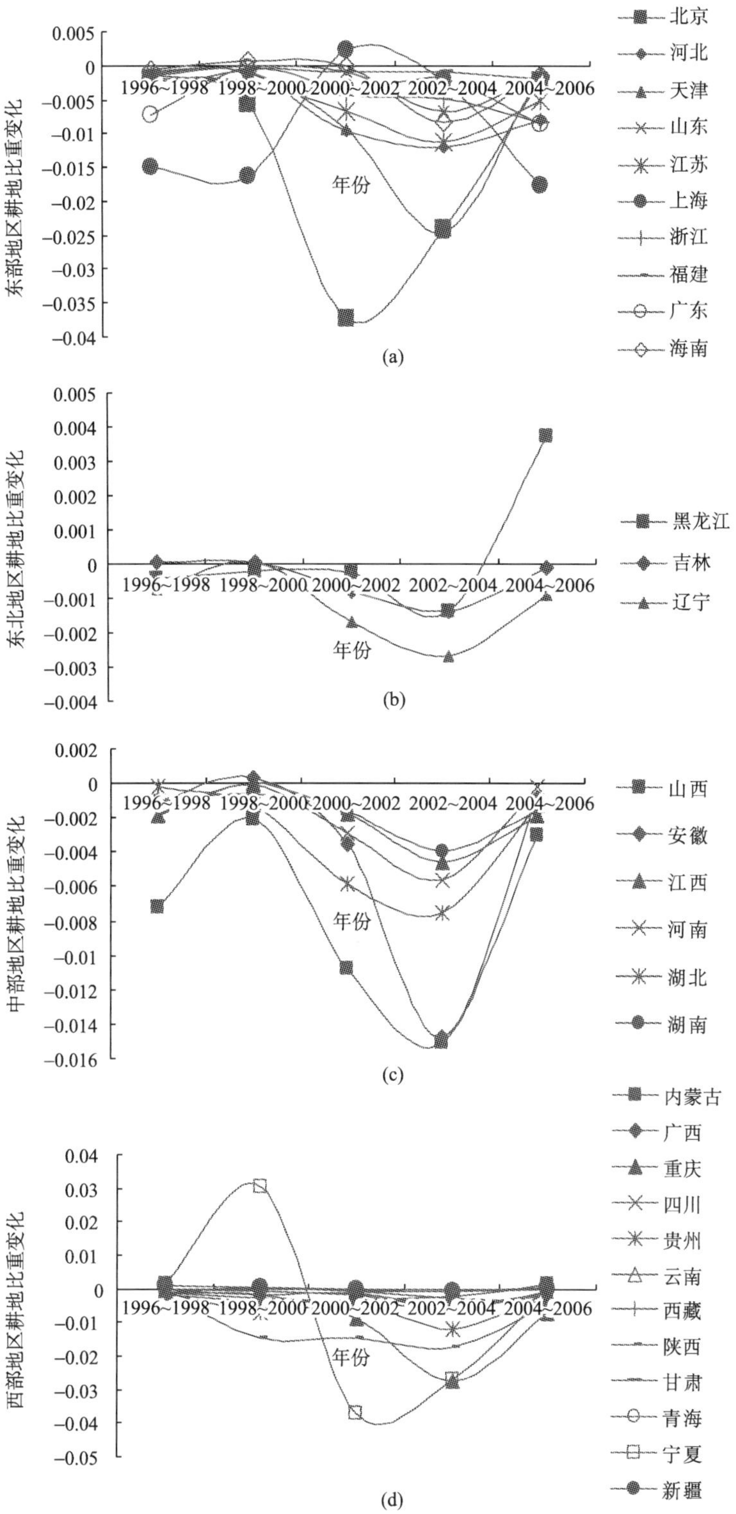

图 6-3　我国近年各省区耕地比重变化（1996～2006 年）

出现耕地比重增加的情况。这说明随着 2004 年《中华人民共和国土地承包法》的颁布，及粮食直补政策、粮食最低收购价格政策等一系列粮食安全支持政策的出台，使耕地资源流失态势得到一定控制，土地利用结构受粮食安全政策的影响，开始再次出现变化。

2. 粮食安全政策与土地利用集约度的变化

土地利用的集约化或粗放化，能够指示土地用途转换的趋势，可以用来解释用途转换。土地利用向更加集约的方向发展，称为土地利用的集约化，相反，称为粗放化。土地利用集约度就是度量现实中土地利用集约或粗放程度的指标，其定义可以表述为：单位时间单位土地面积上非土地投入的数量（李秀彬等，2008）。粮食安全政策不仅会对土地利用结构产生影响，而且也对土地利用的集约度产生影响。这种影响主要表现在三个方面，即土地利用强度、土地投入强度和土地产出情况。

（1）粮食安全政策对土地利用强度的影响

土地利用强度反映了生产者对土地的利用程度高低，一般来看，对于土地的利用强度越大，土地的集约度越大，反之，土地的集约度越小。复种指数是反映对农用地利用程度高低的重要指标，如果复种指数（农作物播种面积/耕地总面积）较高，则土地利用强度往往较大，反之则土地利用强度较小。

为分析粮食安全政策对于土地利用强度变动的影响情况，选取施行《基本农田保护条例》的 1999 年作为研究时点，对比 1998 年和 1999 年全国各省份复种指数的变动情况（图 6-4）。从图 6-4 可看出，西部地区和部分中部省份的指数增加情况较为明显，而东部地区以及中部地区大部分省份的指数增加不明显，甚至出现指数的减小，其中河北、江苏、内蒙古等产粮大省均出现指数下降的情况。造成上述情况的原因在于《基本农田保护条例》颁布之后，影响并制约了建设用地扩张的速度，从而保证耕地总面积的稳定。在农作物播种面积基本保持不变的情况下，复种指数呈现下降趋势。结合图中反映出的情况还可以看出，《基本农田保护条例》的影响主要体现在经济发展速度较快的东部地区，西部地区在条例颁布之初受到的影响并不强。

（2）粮食安全政策对土地投入强度的影响

土地投入强度反映了生产过程中对土地进行的各类要素投入程度。在一般情况下要素投入强度越大，则土地的集约度越大；要素投入强度越小，则土地的集约度越小。粮食安全政策对土地投入强度的影响主要体现在单位农地化肥施用量和单位农用地农业机械动力投入量两个方面。

首先从化肥施用量的角度来看，作为世界人口大国，中国的粮食生产受空间尺度的影响较为明显。为了缓解因土壤肥力的地域差异而造成的农作物产出效能差距，如何有效地施用化肥就成为提高粮食产出、保证土地集约利用的关键所在（徐浪和贾静，2003）。单位农地化肥施用量（农用化肥施用总量/农用地总面积）是衡量土地投入强度的重要指标之一。从理论层面来看，粮食安全政策对该指标的影响将主要体现在对农用化肥施用量的控制和调节方面。农资综合直补政策的颁布直接降低了农民购买化肥、柴

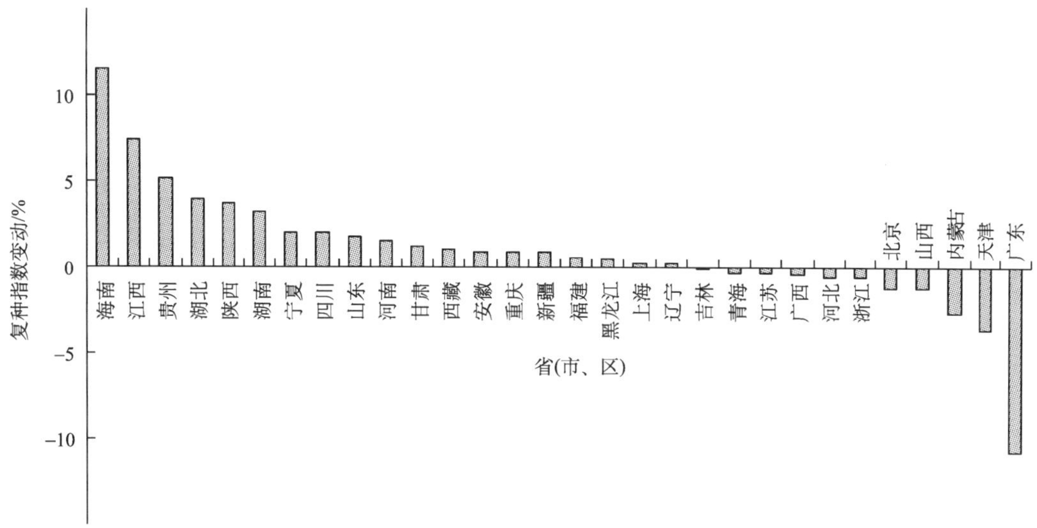

图 6-4　我国各省（市、区）复种指数变动情况（1998～1999 年）

油等各类农用物资的成本，提升农民施用化肥的意愿，进而对单位农地化肥施用量产生正向影响。此外，粮食直补政策和粮食最低收购价政策的出台激发了农民的种粮积极性，提高了种粮农民的生产意愿，使农民更愿意从事粮食种植行业，同时也会催生对农用化肥等生产资料的购买和投入需求，增加农用化肥施用总量。在农用地总面积基本不变或下降的情况下，将使单位农地的化肥施用量增加，进而加大土地的投入强度。

从现实情况来看，1996～2005 年，我国农用化肥施用量总体呈现增长趋势，从 3827.9 万 t 增加至 4766.2 万 t，其中山东、河南、河北、江苏等粮食生产水平较高省份的化肥施用量位居前列，西部地区经济发展相对落后的部分省份化肥施用量相对偏低。从时序变动来看，进入 2004 年后，农资综合补贴以及相关粮食安全政策的出台大大提高了东部地区山东，东北地区黑龙江、吉林以及中部地区河南等主要产粮省区的化肥施用量（图 6-5）。

单位面积农业机械化动力（农业机械化总动力/农用地总面积）同样也是衡量土地投入强度的指标之一。从理论层面看，该指标受粮食安全政策的影响主要体现在农业机械的使用强度方面。一方面农机具购置补贴政策的出台将可能加快全国的农业机械化进程，提高农业机械化总动力，进而增加土地投入强度，实现对土地的集约利用。另一方面，粮食直补政策和相关粮食安全政策的出台同样有助于提高农民从事粮食种植业的积极性。随着粮食生产规模的扩大，对于各类农业机械的需求量将会增加，在农用地总面积基本保持不变的前提下，单位农业机械化动力同样可能增加，土地投入强度也将随之增加。

除了上述两个方面，粮食安全政策对于土地投入强度的影响还可能体现在单位面积从业人员数量、单位面积用电量等方面。综合以上分析可以看出，粮食安全政策不仅对土地利用强度会造成显著的影响，而且对土地投入强度也会产生一定影响。

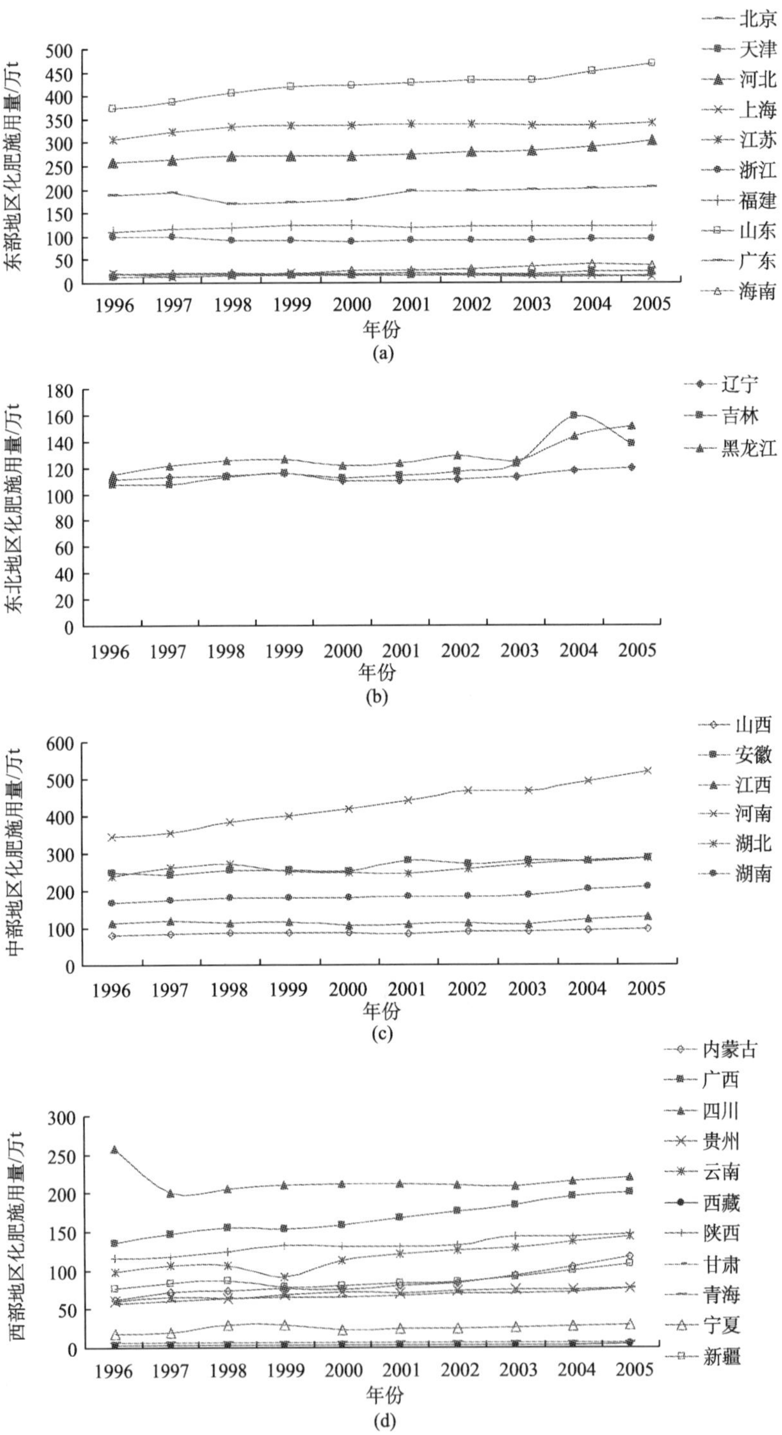

图 6-5　我国各省区化肥施用量情况（1996～2005 年）

(3) 粮食安全政策对土地产出情况的影响

土地产出情况作为土地集约度评定的主要指标之一，反映的是当地土地利用的效率高低。粮食安全政策对于土地产出的影响主要体现在耕地产出方面。具体来看，粮食安全政策会对粮食单产（即单位面积粮食产量）以及人均粮食占有量等指标造成影响。

从粮食单产指标来看。据统计，1949 年我国粮食单产仅为 1035kg/hm²；1974～1982 年年均增长 117.5kg/hm²；1983～1990 年单产年均增加 76.5kg/hm²；1991～1998 年年均增长 71.3kg/hm²，单产增加趋势明显变慢（刘景辉等，2001）。这一缓慢增加的趋势一直延续到 2005 年（朱会义等，2007）。

相关研究表明，粮食单产变化与单位播种面积上土地、资本和劳动力的投入变化有关，且结合已有研究来看，全国范围内的耕地质量呈现下降趋势（李秀彬，1999a），而 2004～2005 年全国的粮食单产却呈现上升态势，由此推断耕地单产变化的动因主要源于单位播种面积上资本和劳动力投入的增加（朱会义等，2007）。

下面结合我国部分粮食安全政策的出台时间，详细阐述上述现象的形成机制。以 2004 年作为时点，结合上文的论述可知，粮食直补政策、粮食最低收购价政策以及与耕地保护相关的《中华人民共和国土地管理法》修订法案均是在 2004 年前后颁布实施的。此外从 2004 年起中央一号文件开始把“三农”问题作为关注重点，陆续就促进农民增收、提高农业综合生产能力、推进社会主义新农村建设、发展现代农业、加强农业基础设施建设、促进农业稳定发展和统筹城乡发展等重大议题做出相应指示。受上述政策法规的影响，一方面耕地资源大量流失的状况得到缓解，另一方面在很大程度上影响了粮食生产，其表现为农民受到粮食安全政策鼓舞，大规模增加原料、资本和劳动力投入力度，提高了粮食生产效益，进而促进粮食单产的增加。表 6-1 表明，全国大部分省份自 2003 年以来的粮食单产呈现增长势头，同时依然有上海、广东等经济发达地区粮食单产表现为明显下降趋势，说明粮食安全政策的效果有限，政策影响存在一定的地域性。

表 6-1　2001～2009 年各省（区、市）粮食单产变化　（单位：kg/hm²）

省（区、市）	2001～2003 年粮食单产变化	2003～2005 年粮食单产变化	2005～2007 年粮食单产变化	2007～2009 年粮食单产变化
北京	−802	833	232	345
天津	260	157	262	57
河北	258	147	443	75
山西	978	−160	102	−332
内蒙古	532	442	−264	117
辽宁	1053	259	148	−775
吉林	980	381	−350	−105
黑龙江	−11	478	−374	621

续表

省（区、市）	2001～2003年粮食单产变化	2003～2005年粮食单产变化	2005～2007年粮食单产变化	2007～2009年粮食单产变化
上海	−506	−317	93	−143
江苏	−716	469	232	121
浙江	25	−164	582	143
安徽	−683	467	415	168
福建	112	114	326	129
江西	426	352	296	155
山东	154	482	144	159
河南	−669	1006	534	25
湖北	74	146	−56	266
湖南	−230	143	405	107
广东	41	−154	175	−3
广西	72	32	426	90
海南	10	−166	799	−50
重庆	633	267	285	146
四川	418	110	−198	283
贵州	130	93	153	13
云南	190	−54	96	98
西藏	259	60	210	−123
陕西	325	95	249	165
甘肃	358	77	−168	241
青海	194	299	−280	206
宁夏	−161	509	−86	342
新疆	121	241	415	−482

资料来源：《中国统计年鉴》(2002～2010)。

6.2 城乡统筹发展政策对土地利用转型影响

6.2.1 我国城乡统筹发展政策分析

1. 城乡统筹发展战略

统筹城乡发展，是中央提出的科学发展观的重要组成部分。党的十六大明确提出统筹城乡经济社会发展的要求，十六届三中全会进一步明确要按照“五个统筹”的要求全面建设小康社会，将统筹城乡发展摆在首位。统筹城乡发展，就现阶段而言，就是要加快推进城乡一体化，打破城乡二元结构，让广大城乡居民共享现代文明成果，形成以工促农、以城带乡、城乡协调发展的新格局（陈锡文，2005）。

党和国家确立并实施城乡统筹发展战略具有深刻的历史渊源和时代背景要求。综合现阶段我国学者的研究表明，城乡统筹发展战略的历史渊源和时代背景包括四块内容（孙成军，2005)：第一，城乡统筹的思想在共产党内部由来已久，并达成共识；第二，处在经济社会转型期的中国面临诸多矛盾，亟须通过城乡统筹得到解决；第三，随着经济社会发展的不平衡性增强，城乡差距日益扩大；第四，农村现阶段发展面临困境，“三农”问题成为现阶段农村发展的难点所在。现阶段城乡统筹战略在我国的实施层面具体包括五个方面（陈锡文，2005）：第一，制定城乡统筹规划，这不仅包括简单的产业布局，还需要有结构的调整，发展的目标以及具体措施；第二，加快建立城乡统筹的市场体系，防止因为体系不完善而造成的城乡分割情况出现；第三，统筹城乡基础设施和生态环境建设，从农村角度出发就是要加强村镇建设，重视村容村貌维护；第四，统筹城乡教育、卫生、文化、体育等事业，尽快提高农民的个人素质；第五，逐步统筹城乡社会保障，妥善解决农民的社会保障制度能够有效降低农民的恐慌感，保证农民生存的底线。

2. 与城乡统筹发展战略相关的土地利用政策

城乡统筹的基础在于对城乡土地资源的合理利用。随着城乡统筹发展战略的提出，近年来国家和地方政府相继出台一系列与城乡土地利用直接相关的政策来配合城乡统筹的落实。下面以城乡建设用地增减挂钩政策、“地票”交易政策以及农村土地综合整治政策为例，对城乡统筹发展当中的土地政策进行简要介绍。

（1）城乡建设用地增减挂钩政策

目前，土地资源已成为制约经济社会发展的瓶颈。为了缓解建设用地供需矛盾，推动新农村建设，促进经济社会可持续发展，《关于深化改革严格土地管理的决定》（国发［2004］28号）文件第二部分中明确指出了“鼓励农村建设用地整理，城镇建设用地增加要与农村建设用地减少相挂钩”。随后，《关于印发〈关于规范城镇建设用地增加与农村建设用地减少相挂钩试点工作的意见〉的通知》（国土资发［2005］207号）中出台了城镇建设用地增加与农村建设用地减少相挂钩（简称“增减挂钩”）土地利用政策。

城镇建设用地增加与农村建设用地减少相挂钩，即依据土地利用总体规划，将若干拟复垦为耕地的农村建设用地地块（即拆旧地块）和拟用于城镇建设的地块（即建新地块）共同组成建新拆旧项目区，通过建新拆旧和土地复垦，最终实现项目区内建设用地总量不增加，耕地面积不减少、质量不降低，用地布局更合理的土地整理工作。

“增减挂钩”政策一出台，便得到各地的积极响应并快速推行，具体原因有：①新农村建设的需要，该政策的实施可改善居住条件，村容整洁，促进城乡统筹发展；②它是盘活存量土地、强化集约用地、适时补充耕地和提升土地产能的重要手段；③1994年分税制改革后，财权上移，事权下放，各级地方政府面临的问题是钱少事多，1999年财政部会同国土资源部印发了《新增建设用地土地有偿使用费收缴使用管理办法》，从2000年起开征新增建设用地土地有偿使用费，30％上缴中央财政，70％留归地方财政，60％～70％的地方财政收入来自土地交易；④“增减挂钩”政策的实施，实质是土地发展权的空间转让，政府通过对土地所有权的垄断，低进（低廉补偿给农民或村集体）高出（高价卖给开发商），从中获取高额利润。鉴于此，相关政策纷纷出台①，该项政策得以火热推行。

（2）农村土地综合整治政策

我国正处于经济社会高速发展与快速工业化、城镇化时期，经济社会发展对土地需求与日俱增，对耕地资源保护造成极大压力。一方面，旺盛的城市建设用地需求与低效的农村建设用地利用局面并存；另一方面，我国人口的不断增长与人民生活水平的持续提高对粮食生产提出了更高要求，优化城乡用地结构、保护耕地红线与提高耕地生产能力，进而保障国家长期粮食安全成为经济社会发展面临的严重挑战。

十七届三中全会指出："我国总体上已进入以工促农、以城带乡的发展阶段，进入加快改造传统农业，走中国特色农业现代化道路的关键时刻，进入着力破除城乡二元结构，形成城乡经济社会一体化新格局的重要时期"。实现十七大提出的全面建设小康社会的奋斗目标，必须深刻认识并破解城乡二元结构造成的深层次矛盾，加快建立健全以工促农、以城带乡长效机制，推进城乡基本公共服务均等化，实现城乡、区域协调发展。然而，破解城乡二元结构，难点在农村，焦点在土地。随着后备耕地资源开发潜力的逐渐减少与开发生态环境风险的不断增加，通过开展农村土地整治，加强城乡存量建设用地的集约高效利用，提高现有耕地的综合生产能力，成为保障建设用地需求与保护耕地，缓解"建设"与"吃饭"矛盾的重要突破口。农村土地整治作为统筹城乡发展和确保国家粮食安全的一个重要平台和抓手，对促进新农村建设和城乡统筹协调发展具有十分重要的意义。

农村集体建设用地综合整治政策的颁布最早可以追溯到2003年国土资源部颁布的《土地开发整理若干意见》（国土资发［2003］63号），其中将"规范农村居民点用地"和"运用建设用地指标置换政策，整理农村废弃建设用地"作为土地整理工作的主要内容。其后数年间国土资源部又发布了多个通知及意见对农村土地整治工作进行了具体部署，2010年颁布的《关于加大统筹城乡发展力度进一步夯实农业农村发展基础的若干意见》（中发［2010］1号）中对农村土地整治工作的开展提出了进一步的规范和要求。国土资源部在此基础上颁布了《关于规范农村土地整治工作的若干意见》，对农村集体建设用地整治工作做出明确规范。《国务院关于严格规范城乡建设用地增减挂钩试点切实做好农村土地整治工作的通知》（国发［2010］47号）的出台将农村土地整治提升到了国家战略的高度。

（3）"地票"交易政策

2007年5月，重庆市被国家批准成为统筹城乡综合配套改革实验区。基于全市城

---

① 相关政策文件有：《关于天津等五省（市）城镇建设用地增加与农村建设用地减少相挂钩第一批试点的批复》（国土资函［2006］269号）（批准设立挂钩试点项目区183个，使用周转指标4923hm²）；《关于进一步规范城乡建设用地增减挂钩试点工作的通知》国土资发［2007］169号；《城乡建设用地增减挂钩试点管理办法》国土资发［2008］138号；《国务院关于严格规范城乡建设用地增减挂钩试点切实做好农村土地整治工作的通知》国发［2010］47号。

乡建设用地落差大、供需矛盾突出的现状，以及正在国家试点开展的“城乡建设用地增减挂钩”政策，重庆市提出设立重庆农村土地交易所，建立统一的城乡土地交易市场。2008 年 11 月 17 日，《重庆农村土地交易所管理暂行办法》（以下简称“暂行办法”）经市政府常务会议通过。同年 12 月 4 日，由政府出资的非营利性事业法人机构正式挂牌成立，即重庆农村土地交易所，主要从事地票交易。“暂行办法”中对农村土地交易所的交易范围、交易方式、资格条件、权益保障等各个环节，作了较为详尽的设计与规定。所谓“地票”，按照《重庆农村土地交易所管理暂行办法》第 18 条的规定，重庆农村土地交易所交易的地票，指农村宅基地及其附属设施用地、乡镇企业用地、农村公共设施和农村公益事业用地等农村集体建设用地，经过复垦并经土地管理部门严格验收后产生的指标（魏峰等，2010）。“地票”购买者包括土地储备机构、园区建设单位、民营企业、国有企业和自然人。其交易程序主要有：交易申请—资格审查—将待交易地票纳入交易信息库，并向社会发布—公开竞购—交易确认与登记备案—指标纳入新增建设用地计划与指标落地等环节。

以重庆为代表施行的“地票”交易制度与其他试点地区的“挂钩”试验有所区别，具体表现在（刘健等，2010）：①超越了传统的“挂钩”试验的行政区界限，把远郊区纳入“挂钩”试验的范畴；②实现价格统一化，“地票”将不同区域的挂钩指标打包进行拍卖，然后按照面积分配拍卖收益；③把土地的交易转化为票据化的模式，通过“地票”形式，土地从空间上不可转移的实物形态资产转化为可交换的票据，使固化的土地资源转化为可流动的资产；④先复垦后占地，减少了“挂钩”风险。“地票”模式是先对农村集体建设用地进行复垦，验收合格后增加的耕地指标。通过“地票”在交易所进行拍卖，实行“先造地后用地”的操作模式。

6.2.2　城乡统筹发展政策的实施与土地利用转型

1. 成渝城乡统筹试验区的土地利用转型

成都和重庆在 2007 年 6 月被批准为全国统筹城乡综合改革试验区，这是我国在新的历史时期加快中西部发展、推动区域协调发展的重大战略部署。试验区以统筹城乡经济协调发展、缩小城乡差距为主要目标，为区域经济发展和建设社会主义新农村以及构建和谐社会积累经验（陈映和沙治慧，2009）。在城乡统筹试验区的建立和实施过程中，土地作为稀缺资源，其利用和开发情况不仅影响着农村经济的发展，也影响着城镇化建设，是统筹城乡经济协调发展、综合改革的重要部分。

具体就土地利用方面的相关政策情况来看，以重庆市为例，为推进城乡土地管理和使用制度改革，重庆出台了《关于加快农村土地流转促进规模经营发展的意见（试行）》，加快全市土地规模流转步伐，使土地规模化经营水平稳步提高，如长寿区、江津区在局部试点以土地经营权入股创办公司；忠县大力发展村级土地流转中介机构，促进承包地流转和规模经营；北碚区相继出台鼓励农村土地承包经营权流转的试行办法；渝北区推进土地租赁融资等（魏峰等，2010）。各区县相继出台《农村土地流转管理办法》，强化土地承包经营权流转管理和服务，成立了区、镇、村多级流转服务机构，按照依法、自愿、有偿原则，允许农民以转包、出租等形式流转土地承包经营权，发展多种形式的适度规模经营。

根据梁启学等（2010）对忠县及其所辖的忠州镇、拔山镇、新立镇、马灌镇等 4 个乡镇进行的调研，发现城乡统筹土地流转存在以下特点：第一，土地流转模式和流转形式呈现多样化。忠县按照“依法、自愿、有偿”原则，积极探索农村土地“有序流转、集约经营”新路，采用“1＋5”土地流转创新模式，引导土地逐步实现了向规模化经营和集约化发展。第二，土地流转机制和行为趋于规范化，这种规范化具体表现在：由过去以农户之间、业主与农户间的自发流转为主向当前的自发与政府和市场引导并重转变；由过去依靠口头协议的不规范流转向签订书面协议的规范流转转变；由不固定的流转程序向规范化的流转程序转变。第三，通过产业联结机制创新，促进土地规模流转，忠县通过积极调整农产品结构，形成了“公司＋农户”、“专业合作社＋农户”、“专业市场＋农户”、“公司＋专业合作社＋农户”、“公司＋基地＋农户”等 5 种产业化模式，形成了现代化农业产业体系。第四，拓宽土地流转渠道，增加资本介入形式，通过吸引一些资金雄厚的经营者投资农业开发，缓解了国家、集体对农业投入的不足。

在城乡统筹政策引领之下的土地流转一方面推进了土地规模化经营，另一方面也在一定程度上造成了土地利用结构和土地所有权性质的变化。从学者对忠县土地利用状况的调查结果来看，在实际土地流转中存在大量耕地用途发生改变的情况，且农地流转率与耕地用途变化率呈现正相关（梁启学等，2010）。这也从一个侧面说明了农地流转政策对土地利用转型的影响。

2. 江苏省城乡建设用地增减挂钩政策与土地利用转型

城乡建设用地增减挂钩作为统筹城乡战略背景之下为协调城乡居民利益，平衡建设用地需求和保护耕地指标关系的重要政策，对土地利用结构和性质都会产生显著影响。以江苏省为例，2008 年下半年开始推进的万顷良田建设工程正是基于江苏本省情况，以实施城乡建设用地增减挂钩为目标的一项城乡统筹措施。具体内容包括：通过对田、水、路、林、村的综合整治，增加有效耕地面积，提高耕地质量，将农村居民迁移到城镇，腾出的土地则用于建设大面积、高标准农田，实现居住集中、农地连片。

江苏省城乡建设用地增减挂钩政策的施行，有效解决了当前城镇化和工业化加速期城市建设用地紧张的矛盾。在保证城乡建设用地总量不增加的同时，确保耕地总量不减少。在确保各类土地面积平衡的基础上实现增加耕地有效面积，提高耕地质量，节约集约利用建设用地的效果。通过对土地集约利用水平和土地利用结构的调整，促进了土地利用的转型。

3. 重庆“地票”交易政策与土地利用转型

“地票”交易政策首创于重庆，从 2008 年“地票”试点运行以来，“地票”交易经历了火爆期，也出现过被暂停的情况。综合“地票”交易政策在重庆的实施情况，“地票”制度的实施对土地利用转型的影响主要体现在如下三个方面：第一，激活城乡要素市场，提高土地利用效率。“地票”交易制度是“先造地后用地”，先把农村建设用地转化为耕地之后，才在城市新增建设用地，对耕地的保护力度更大、保护效果更好。同时“地票”交易制度创新可以有效解决当前城镇化和工业化加速期城市建设用地紧张的矛盾，在保证城乡建设用地总量不增加的同时，确保耕地总量不减少（刘健等，2010）。第二，从需求角度出发，确保了土地利用的针对性和有效性。“地票”交易以需求出发实施的土地交易方式，可以减少不必要的资源浪费，保障土地利用的集约性。第三，促进城市反哺农村，提升农村特别是偏远地区的土地价值，提升土地开发的价值和潜力（魏峰等，2010）。截至 2010 年 6 月，重庆农村土地交易所已举行地票交易会 13 场，成交地票 21 720 亩，亩均价格约 11 万元。

6.3　新农村建设政策对土地利用转型影响

党的十六届五中全会把建设社会主义新农村提到“我国现代化进程中的重大历史任务”的战略高度，将其目标概括为“生产发展、生活宽裕、乡风文明、村容整洁、管理民主”。国家为落实新农村建设出台了许多相关政策，财政部、国土资源部共同研究制定的几项政策，较好地贯彻落实了党中央、国务院关于支持农业的重大方针。主要体现在以下几个方面：

首先，通过改革征地补偿制度，依法提高征地补偿标准。国土资源部和有关部门在制定工业用地出让最低价标准时，将提高征地补偿标准作为一项重要的调整因素，确保被征地农民原有生活水平不降低、长远生计有保障。

其次，调整支出结构，土地出让收入的分配向“三农”倾斜，大力支持新农村建设。土地出让收入的支出要控制和减少用于城市建设的支出，逐步加大支农的力度。新增建设用地有偿使用费征收政策调整后，中央和地方所得的新增费将大幅提高，并全部用于基本农田建设和保护、土地整理和耕地开发。

最后，是矿产资源开发收益也要逐步加大支持农村建设力度。特别是要重视对矿区所在地农村社会事业建设，逐步探索建立矿产资源开发对原产地农民的补偿机制，重点解决好矿山占地、生态环境和耕地破坏的问题。

6.3.1　我国新农村建设过程中需要解决的土地利用问题

1. 农村土地空心化导致耕地资源浪费严重

农村空心化是指在城镇化发展过程中因为人口大规模外流而产生的农村聚落“外扩内空”现象（王成新和姚士谋，2005）。伴随着人口外流，过疏化问题逐渐出现，农村土地空心化现象也随之而来。一方面，农村住宅空间结构的外向化趋势造成农村内部大量农宅日趋老化甚至被废弃，农村中心地区景观出现衰败；另一方面，在村庄发展过程中，还往往会出现建新不拆旧、新建房空置的现象（龙花楼等，2009a；刘彦随等，2009），造成农村地区有限的土地资源尤其是耕地资源被严重浪费。农村空心化现象的产生给我国建设社会主义新农村工作带来的困难，主要包括以下两个方面：一方面，农村空心化造成耕地资源严重浪费，对我国在新农村建设过程中扩大农业生产规模、连片推进高标准农田建设产生负面影响；另一方面，农村空心化的产生和加剧会改变农村地区的整体面貌，增加新农村建设过程中基础设施改造和农村住宅更新的成本和难度。

2. 农村发展资金短缺导致农地利用投入不足

2010年中央财政用于“三农”方面的支出达到8183.4亿元，比上年增加930.3亿元。尽管增幅较大，但是占中央财政支出的比重变动不大，其增幅仅比总支出增幅高出1个百分点，尚不足以满足新农村建设过程中推进农村各项事业发展的需要，农业生产投入资金缺口较大。从融资现状来看，农村金融一直以来就是我国金融体系的薄弱环节。一方面，农村金融服务普及情况尚不乐观，截至2009年年末全国仍然存在2792个金融机构空白的村镇和342个金融服务空白乡镇（吴雨和刘诗平，2010）。另一方面，农村金融机构定位不明确的问题较为突出，很多农村地区尽管存在金融机构，但往往是“只进不出”，资金流失严重，村镇一级的贷款总量维持在较低水平，这不利于在新农村建设过程中发挥农村地区自身的能动性，实现“生产发展”的建设目标。

3. 农村组织建设不健全影响土地规模经营和效率的提升

农村组织不仅包括了农村党组织和地方行政组织，还包括由农民自发形成的，服务于农村生产、销售、加工和贸易等各个环节、保护农民利益并向其提供相应教育及培训机会，带领农民摆脱贫困走向富裕的各种民间组织，如农村专业合作社、专业协会及专业研究会等。农村组织建设是确保中央解决“三农”问题和建设社会主义新农村各项政策落到实处的关键环节，因此农村组织的构建在我国一直都是各界关注的焦点之一。自建设社会主义新农村的方略提出以来，中央一号文件已连续5年就农村发展过程当中的各类农村组织建设和培育工作做出指示，并通过各种方式和手段推进农村组织建设。尽管如此，我国的农村组织建设依然存在诸多问题：①农村组织内部存在定位不明确，职能划分不清等问题，各类组织之间功能交叉、地域重叠、类型繁杂，造成农村资源的不必要浪费；②农村组织的权力范围受到严重制约，许多民间组织受制于农村的行政边界，无法有效组织大规模生产、建立大型农产品流通贸易市场；③农村组织的管理和运行情况不容乐观，多数农村组织处于一种松散或半松散状态，联合功能几乎丧失（刘宝龙和王政宇，2002；朱国云，2005）。这将严重影响土地的规模经营和效率的提升。

6.3.2 新农村建设与农村土地整理

农村土地整理是建设社会主义新农村过程中的重要环节，社会主义新农村建设的实施可以有效促进土地整理的开展。我国土地整理是以田、水、路、林、村综合整治为主要内容，以调整农村土地权属和土地利用状况为关键环节，以经济、法律和工程等措施为主要手段，以提高土地利用率和产出率、改善农村生产生活条件和生态环境为目的的土地建设活动。对比新农村建设当中的20字方针可以发现，农村土地整理与新农村建设关系密切。

社会主义新农村建设的任务是“生产发展，生活宽裕，乡风文明，村容整洁，管理民主”。“生产发展”就是产业要形成新格局；“生活宽裕”就是农民生活要实现新的提高，这是建设社会主义新农村的根本目标；“村容整洁”就是乡村面貌呈现新变化，改善农村人居和生产环境。土地整理目标就是改善农业生产条件，提高生产能力，降低农业生产成本，扩大经营规模。通过土地整理完善田间配套设施、建设高标准农田、增加耕地面积，为农业生产持续发展提供了生产平台，不但提高了农村生产力水平，而且繁荣了农村经济，促进农业增效和农民增收。具体从“村容整洁”的角度看，在土地整理过程中通过对村庄等建设用地的整理，改造旧村庄和整治“空心村”，归并农村居民点，引导农民向中心村集中进而实现农村整体生活环境的改善，使整理后的村庄与整理后的高标准农田和谐的融为一体，有效地改变村容村貌。从“生产发展”的角度看，土地整理过程中涉及对于农田路网以及水利设施的建设和完善，既提高了土地利用效率同时也实现了农业生产条件的改善，又有效促进了农业生产发展。从“民主管理”的角度看，在土地整理过程中要明确土地权属、避免利益划分不清，就需要有农民广泛参与到土地整理项目的全过程当中，保障土地整理的顺利实施。

6.3.3　新农村建设与土地集约利用

土地集约利用能够促进新农村建设的落实，新农村建设的实施也可以为土地的集约利用提供政策和资金支持。具体来看社会主义新农村建设政策的出台将会从两个方面对土地集约利用产生促进作用（刘彦随，2008）。

第一，新农村建设政策将推进对农用土地的整理工作，提高农用地的集约利用水平。根据统计显示，我国现有耕地中高产田所占比重非常小，大部分田地都是中、低产田。新农村建设政策的落实能够有效保证生产，通过各种工程技术手段综合治理农村土地，增加耕地的有效利用面积，改善农业生产环境并实现规模化经营。

第二，新农村建设政策将提升农村居民点的整治力度，确保农村居民点的集约利用水平稳步提高。具体来看，新农村建设当中提出的“村容整洁”方针对于现阶段农村居民点整治和土地集约利用工作的展开提出了更高的要求。我国目前农村居民点普遍存在着基础设施不健全、布局混乱、建筑质量和村容村貌差的情况。多数农村地区缺乏合理规划，宅基地管理基本上处于无序状态，“一户多宅”现象非常突出，还衍生出农村空心化及相关的社会经济问题。新农村建设及相关政策的提出缓解了农用地整治的资金紧张状况，保证了农民的切身利益，促进了土地集约利用的最终实现。

6.3.4　新农村建设与土地利用模式转变

土地利用是指人类为满足生活和社会发展需要，结合土地的自然属性和经济属性对其进行的开发利用行为（刘平辉和郝晋珉，2003）。而土地利用模式则是指在一定时空格局之下，土地上各类资源要素的优化组合情况。社会主义新农村建设背景下的土地利用模式强调对土地利用结构的合理调整，制定土地利用规划、保护基本农田以实现土地资源的合理开发利用，并确保对土地资源开发利用的监测和控制。

在社会主义新农村建设过程中，既需要为农村社会经济发展留下足够的发展空间，同时也需要控制建设用地的规模，避免耕地的无序占用。在此情况下为了合理有效的实现规划目标，一方面需要科学的预测建设用地的规模，根据农村实际建设用地的需求量来提取建设用地量；另一方面要加强土地的用途管制，通过严格的审批程序使农村土地的使用更具合理性。

6.4 国际乡村发展政策对土地利用转型影响

发达国家在农村发展过程中，乡村发展政策变化对土地利用转型同样产生深远的影响。下面选取英国和美国作为典型案例，分析其乡村发展政策演变对土地利用转型的影响。

6.4.1 美国乡村发展政策对土地利用转型影响

1. 美国土地资源管理政策演变

作为乡村发展政策的重要组成部分，乡村土地资源管理政策变化对于美国土地利用转型的影响深远，同时对于我国土地利用转型也有参考价值。根据研究显示，美国土地资源管理政策变化经历了开发期、觉醒期、保护期和应变期几个阶段（龙花楼和李秀彬，2000）。

第一阶段是从美国建国至20世纪初的开发期。这一阶段以迅速且不加选择地处理公有土地而著称，期间大量的土地被转让。这一阶段出台的政策被标榜为维护自由民和中产阶级城市居民的利益，但实际上各方案的真正受益者多为投机分子、开发商和缺钱的政府（Opie，1995；施莱贝克尔，1981）。

第二阶段是从20世纪30年代至70年代的觉醒期。此阶段以特纳提出的停止开发边远地区为标志，但更重要的是标志着公众处理低价的公有土地的终结。当时的政府激进主义起源于对美国自然资源并非无穷无尽以及为后代保护资源所必需的资源潜力科学评价的认识，因而开始广泛注意生态环境的保护（Opie，1995；Platt，1996）。

第三阶段是从20世纪70年代至90年代中期的保护期。此阶段以识别并保护战略性的农业和自然环境免受开发活动影响的积极的政府行动为标志，反映了政府政策恢复了活力。对农业补贴的开销、环境污染以及农地转让的普遍关注形成了一种新的保护食物生产资源的土地伦理和政府激进主义（Macdonnell and Bates，1993）。

第四阶段是从20世纪90年代中期至今的应变期。在本阶段中，来自农业和农民的压力以及日趋高涨的保护生态环境的呼声，使政府不得不重新考虑保护农地及其他自然资源、公众健康安全和福利的重要性和必要性（Opie，1995；Platt，1996；Meyer，1995）。

2. 美国土地资源管理政策变化的特点

从美国政府 200 多年来土地资源政策和法令的变化可以看出以下 4 个特点（Platt，1985）。

1）由重开发转为重保护。从美国建国至 20 世纪初的开发期，美国掠夺式的资源利用方式给西部脆弱的生态环境施加了很大压力，这使联邦的土地政策开始注意自然资源的节省和保护。1872 年成立了黄石国家公园，20 世纪初西部又有大片土地划为国家森林使其免遭开垦，同时对干旱草场的载畜量进行控制。20 世纪 30 年代以来，全国开始注意广泛的生态环境保护并陆续出台了一系列政策法令（Platt，1996；Macdonnell and Bates，1993）。

2）重视农地保护。自 20 世纪 60 年代以来，政府就一直注意城市化过程中的农地保护问题。70 年代和 80 年代，对用于生产食物和纤维的国有土地资源的关注程度逐渐增强。针对生产性的农地向市地和其他不可逆转的用途转变，以及因水和风的侵蚀导致的表土损失，1981 年的农地保护法和 1985 年的食物安全法强调了对农地保护。与农地保护有关的法规政策的应用明显减缓了一些州的优质农田向非农用途转变的速度（Opie，1995）。

3）强调政策的灵活性。美国宪法将土地使用的管理权赋予各州。在宪法约束下，美国各州可根据各自自然和财政资源、政治、实际需求而制定处理土地利用问题的方法，这样美国在土地资源管理政策上具有很大的灵活性。在农地保护方面，不同区域公众的干预程度各不相同，农地用途变更存在着区域差异。例如，新纽约州可从佛罗里达或密西西比河三角洲获得新的耕地，因而在农地保护方面要求不很严格。然而，依靠需大量资金技术投入的边际土地来替代优质耕地以维持可行的地方农业经济并非良举，可见政策过于灵活，土地资源管理权力下放过多也存在弊端（Opie，1995；Platt，1985）。

4）重视市场手段在土地资源管理中的应用。美国联邦土地资源的管理和利用体系是行政与市场配置土地的混合体系。从联邦所有的多功能利用的土地资源进入市场的过程来看，要经过计划、环境影响评价、经济评估、司法审查和公众参与等一系列复杂的程序。其中的市场手段主要体现在建立明确的私人使用权和要求使用者支付合理的市场价值两个方面。联邦土地上的各种资源使用权（如森林采伐、放牧和采矿权等），一般是在国会和联邦法律控制下，由土地管理局和森林服务局等行政机关通过竞标方式，出售或出租给私人使用者。法律上通常要求使用公共土地及资源时要支付合理的市场价值，其主要通过竞标或经济评估确定（王凤春，1999）。

3. 美国乡村发展政策对土地利用转型的影响

基于以上的研究成果可知，美国乡村发展政策对当地土地利用转型的影响主要体现在如下两个方面。

(1) 土地利用方式与乡村发展政策

从对土地利用方式的影响上看，乡村发展政策的阶段性调整带来了土地利用方式的理念调整。具体来看，其一，从 20 世纪 30 年代开始，乡村发展政策的变化影响了美国土地利用方式在第二次世界大战后的第一次重大调整，即郊区化运动的出现。土地掠夺式开发方式的蔓延，给美国各地区的发展带来了巨大压力。政府部门一方面为减少农产品生产并达到保护水、土壤、森林和野生动物资源的目的，采取修编农业法、设立水土保持基金法等方式控制土地无序蔓延的状态；另一方面为缓解城市地区人口密集、交通拥挤以及工业污染严重等问题，开始实行分区制（Zoning)，划定了农业用地的分布范围，确定了农业服务设施及其他农业设施的地点，并颁布一系列法规来保护农田、森林不受破坏。通过上述努力，乡村地区的环境得到了明显的保护和改善，乡村较之于城市住宅区不仅在自然环境方面有着显著的优势，而且在交通状况、生活质量方面也都体现出优越性。在这一背景下，出于改善生活环境的考虑，很多城市居民宁愿增加通勤距离到乡村地区居住，以躲避城市嘈杂的居住环境。人口的外迁不仅造成了居住区的郊区化，还进一步造成了工业、零售业和办公服物业的郊区化，并最终导致了大规模郊区化运动在 20 世纪 40 年代美国的出现和发展。其二，从 20 世纪 90 年代中期开始，农村土地利用与城市及建成区土地利用两者之间存在的分歧开始愈发明显，来自农业和农民的压力以及日趋高涨的保护生态环境的呼声使得政府开始重新考虑保护农地及其他自然资源、公众健康安全和福利的必要性，并在各方面努力以缓解矛盾的进一步激化。与之相对应，在土地利用方式上，美国开始对城市蔓延进行更深层次反思，提出了“理性增长”的土地发展理念，并提出若干对策，主要有：交通导向性开发模式（TOD)、城市增长边界（UGB)、棕地再开发（BR）等（马祖琦，2007)。

(2) 土地利用结构与乡村发展政策

从土地利用结构的角度看，美国的乡村发展政策在优化土地利用结构，调整农地资源和耕地资源比重、缓解环境压力等方面起到重要作用。从各阶段的政策发展情况来看，在 20 世纪 50 年代，美国在“土壤银行”计划中规定，要求农场主把部分土地长期或短期地退出耕种，放入土壤银行，并对按照计划削减生产的农场主实行农产品价格补贴政策。这种做法的目的在于通过减少耕地的方法来实现改善自然环境、保障生态安全。进入 20 世纪 80 年代后，土地管理的政策重心开始向农地保护方向倾斜，具体表现为政府于 1981 年开始推行农地保护法，其后 1985 年制定食物安全法，此外还在美国各地出台了一些新的措施，以控制农用地向非农用地转换。通过新型土地管理方式（TDR）的发明和创造，实现对于农地和重要生态区的永久保护。

6.4.2　英国乡村发展政策对土地利用转型影响

1. 英国乡村发展政策演变

英国乡村发展政策包括了四大块，分别是农业发展政策、乡村土地政策、水资源开发与保护政策以及森林资源开发保护政策（龙花楼等，2010）。其中，水资源开发与保护政策和森林资源开发保护政策对土地利用转型影响不大，此处主要论述前两条政策的演变。

（1）农业发展政策

英国的现代化进程是以传统农业为主导的封建社会向近代工业为主导的资本主义社会转变的过程。农业变革或“农业革命”是英国经济现代化的基础和前提，也是英国乡村地区发展的重要影响因素（林秀玉，2002）。英国早期的农业发展政策可以追溯到 15 世纪末 16 世纪初的圈地运动，它引发了随后的土地所有权变革（吕晔和白莹，2004）。随着农业发展政策的变化和农业技术的提升，英国农业革命在 18 世纪下半叶至 19 世纪 70 年代取得了成功。到 19 世纪末 20 世纪初，英国的产业政策开始出现转变，随着工业革命的推进，社会用于工业生产的资源数量开始远远超过农业，“重工轻农”的理念开始逐步在英国社会蔓延。其结果导致在未来的数十年里，英国的农业发展水平停滞不前，农产品的生产能力大幅下降。农产品贸易方面出现极大逆差，本国制造的农产品受到外来产品前所未有的竞争压力（沈汉，2005）。

第二次世界大战造成的物资短缺以及之前贸易逆差，使得英国对于国内农产品的需求不断增长。自 19 世纪中叶起就已有许多进口农产品与英国国内农产品市场开展竞争。进入到第二次世界大战期间，由于本国农产品储备的不足，依赖于贸易供给的英国受到了国际农产品市场的严重配额限制（Tracy，1982）。基于此，在 1942 年颁布的《斯科特报告》（*Scott Report*，*Ministry of Works and Planning*，1942）中就已提出应对农业作长期发展规划，制定适当的发展标准，以确保农业的稳定发展。在这样的历史背景下，英国第一部关于农业发展的法案于 1947 年出台。该法案的主要目标是（Rogers et al.，1985）：通过保障农产品的市场稳定，制定合理的价格，提高农业的回报率，增加从事农业生产和加工的劳动力，进而促进英国农业的发展。该法案规定了农产品的最低保障价格，以保障市场上某些产品（例如，绵羊和牛脂肪、牛奶、鸡蛋、小麦和大麦）的供应。这一时期英国农业发展政策的核心在于政府通过市场干预方式，保护农民的利益，确保农业发展。这一理念在英国其后的农业发展过程中依旧发挥了极其重要的影响。

进入 20 世纪 50 年代，英国对农业发展政策进行了第二轮调整。政府在 1957 年颁布了新的农业法案。该法案一方面针对过去政府对农产品市场干预过度，农产品和其他产品的结构性失衡的问题提出了一系列的政策调整，承诺不会随意降低农产品价格，确保产品价格的稳定；另一方面，政府提供相应预算用于对农业用地整理和开发，包括修复和完善农场建筑（Hill and Ingersent，1982）。相比之前的政策，20 世纪 60 年代英国的农业发展政策主要反映在对农业规模化和市场化的关注上，在 1965 年的政府白皮书中，明确鼓励小型农场的合并和农产品市场的扩大，在其后颁布的 1967 年农业法案中，政府承诺合并过程中的半数开支可由政府负担，为农场提供一定数量的赠款用于整理土地提高生产力，同时为土地收购提供额外贷款（Childs and Minay，1977）。为平衡农业对其他方面的需求，在该时期成立了全新的区域性机构——乡村发展局（Rural

Development Boards)，用以保证农场合并和边界调整的顺利进行。

20 世纪 70 年代的农业发展政策，对于佃农（承租人）给予了更多保护和更稳定的权利。此外，作为欧洲共同体的成员之一，英国在农业发展方面也受到欧洲共同体制定的农业发展政策的影响（Gray，2000）。欧洲共同体的农业发展政策包括：提高农业劳动生产率；保持合理的农产品消费价格；建立有效的农产品共同价格机制等，这些政策对于英国在 20 世纪 70 年代之后的农业政策发展起到了重要影响（Childs and Minay，1977；Gray，2000；徐璐，2008）。

（2）乡村土地政策

在所有发达工业化国家中，政府的土地资源政策始终是乡村发展中的一个主题。1942 年颁布的《斯科特报告》对于英国土地政策的制定有重要影响。在土地使用权利方面，依据《斯科特报告》，政府对土地实施了分类，确认农业用地的功能属性，同时将土地的使用决定权释放给农民。之后又在 1980 法案对土地采取了进一步放权的措施，地区规划当局有了更大自由来决定本地土地使用方式。政府对于土地价格进行评估，且确立了一套土地注册体制以便于土地出售（Rogers et al.，1985）。

第二次世界大战后，在英国部分村镇出现过由于人口过剩，居住环境大幅遭到破坏的情况，这一状况的出现在当时被认为是城市发展过于集中的结果（Rogers et al.，1985；彼特·霍尔，2008）。针对这一情况，依据 1946 年颁布的新镇法案（*New Towns Act*），在全国范围内开展了新城镇营造运动。根据这一法案，英国确立了 30 个新城镇进行试点建设。其后 1947 年颁布的村镇规划法案延续了这一土地开发理念，并在《斯科特报告》相关内容基础上建立了一套沿用至今的规划制度。该法案对于乡村地区的开发建设采取了严格的控制政策，目的在于阻止乡村的无序发展和城市蔓延，其中的绿带政策更是为英国居住环境的长期改善做出了贡献（Rogers et al.，1985）。

在对乡村人文和自然景观的保护和管理政策方面，1949 年颁布的《国家公园和进入乡村法》（*National Parks and Access to the Countryside Act*）把保护乡村历史和景观写入法律条文，并设立了国家公园委员会，其职能主要包括（Rogers et al.，1985；Cherry，1974）：①保护乡村景观，维护国家公园和地方自然风景区的风貌和特色；②为国家公园的运营和维护提供设施保障；③指定国家公园；④指定地方自然风景区；⑤协助地方当局，为国家公园和自然风景区保护提供意见。为了保证公众在住区的娱乐休闲，该法令规定国家公园内的任何土地都可能被政府协议收购或强制征用。其后在 1968 年颁布的村镇规划法中扩大了国家公园委员会的功能，同时赋予地方政府在乡村保护方面的权利，并设立了乡村委员会，负责乡村建设过程中的基础设施和服务设施改善，以及对乡村自然和人文景观实施保护（Rogers et al.，1985；叶齐茂，2007）。进入 20 世纪 70 年代，政府通过 1971 年规划法案给予当地规划部门以审查权，用以强制性限制和调整土地所有者对土地的利用方式。该法案还设立了专门的保护区域用以对部分地区的自然景观进行保护，并针对一些重要建筑开出了一份建筑名录，对名录上的建筑进行重点保护（Rogers et al.，1985；Cullingworth，1975，1982；Alder，1979；Denyer，1982；Heap，1982；Telling，1982）。

大型乡村居民点和城镇住宅高昂的价格，使 20 世纪 80 年代前乡村的贫困家庭很难购买或租用政府住宅。因此，针对实施几十年的规划政策进行调整的必要性凸现出来。当然，这项规划政策真正由法律确定下来几乎又经过了 20 年，即 2004 年英国议会通过的《规划和强制性购买法》。这项法律把乡村规划确定为鼓励可持续性发展的规划，即集社会、经济和环境为一体的规划。

2. 英国主要乡村发展政策特点及阶段分析

(1) 农业发展政策

英国曾是欧洲最先进的农业生产国，随着重工轻农政策的实施，英国农业逐步衰退，严重依赖于世界市场。第二次世界大战后，英国调整经济发展战略，在 15 年时间内扭转了农业滑坡的局面，逐步实现了农业现代化（Centre for Agricultural Strategy，1980）。基于分析比较可以将英国的农业政策分为四个阶段：第一阶段从英国建国到 19 世纪 70 年代，是农业的传统发展期，期间经历了英国农业革命，农业发展达到了前所未有的高峰。第二阶段从 19 世纪 70 年代到第二次世界大战之前，为萧条期，这一阶段的农业发展受到政府"重工轻农"发展政策的影响，被严重制约，农业发展遭受严重打击。第三阶段从第二次世界大战结束到 20 世纪 70 年代，是农业发展的觉醒调整期，在该阶段政府为了扭转农业发展的滞后局面，于 1947 年颁布实施了战后第一个农业法，此后于 1957 年、1964 年、1967 年、1970 年多次颁布相关农业法令，对农业经营活动和政府支持行为进行说明，对于农业的复苏和恢复起到至关重要的作用。第四阶段从 20 世纪 70 年代至今，是农业的振兴阶段，在前一个阶段的调整之下，英国的农业逐步好转，随着英国加入欧洲共同体，共同体农业政策进一步促进了英国农业的发展，统一价格机制和共同市场等制度的建立使得农业发展的脚步不断加快。

(2) 土地管理政策

英国的土地资源管理政策经历了一个不断演变的过程。基于对不同时期颁布的相关土地规划法案和政府报告内容的分析和比较，可以将英国的土地政策演变分为三个阶段：第一阶段是 1942 年《斯科特报告》颁布之前，该阶段为土地开发期，土地管理政策较为粗放，管理体制不健全，对于土地利用权限的规定不明确，许多关于土地资源保护的政策还停留在理论层面。第二阶段从 20 世纪 40 年代到 20 世纪 80 年代，为觉醒保护期，该阶段对于土地与住宅政策的调整较为频繁，主要的政策特点体现在明确土地分类体制，确认农业用地的功能属性，通过严格的开发限制措施和补偿机制，一方面阻止了乡村无序发展和城市蔓延，另一方面保护了乡村的人文和自然景观以及历史建筑；此外该时期还对土地使用权的归属问题做出了相关规定。第三阶段为从 20 世纪 80 年代至今，为可持续管理期，这一阶段土地管理政策的主要特点是在进行土地规划的同时，必须考虑社会、经济和环境的发展情况，在此基础上，乡村住宅发展必须由规划引导，并从可持续性的角度对乡村土地制定相应的利用和保护政策。

3. 英国农村发展政策对土地利用转型的影响

英国作为农村发展历史悠久的国家，其乡村发展政策对土地利用转型的影响主要体现在以下两个方面。

第一，各类农业政策的颁布对农用地的比重和结构产生较大影响，优化了土地利用结构。具体来看，1942 年《斯科特报告》的颁布对农业作长期发展规划，在制定适当的发展标准、确保农业稳步发展的同时，鼓励地方政府投入更多的土地用于发展农业。1947 年第一部农业法案的出台也对稳定农产品价格、保证农用地资源起到重要作用。全新的区域性机构——乡村发展局（Rural Development Boards）的出现保证了英国当地农场合并和边界调整的顺利进行，推进了土地利用结构的优化调整。进入 20 世纪 70 年代以来，随着英国加入欧洲共同体，与之相应的农业发展政策陆续颁布，其中包括：提高农业劳动生产率、保持合理的农产品消费价格、建立有效的农产品共同价格机制等，这些政策对于英国在 20 世纪 70 年代之后的土地利用转型起到了重要影响。

第二，英国农村土地管理政策的演变对土地利用转型产生了直接而显著的影响。从土地利用模式上来看，英国土地政策经历了开发期、觉醒保护期以及可持续管理期三个时期，土地利用开发模式也经历了从粗放式开发到可持续开发利用的转型。随着土地利用开发模式的转变，政府对土地利用和开发的集约程度开始逐步提高，开发程序和管理模式也在不断完善。早期对土地资源的开发是无序和相对随意的，土地利用的集约度往往很低，农用地资源的产出较低；进入可持续管理时期后，随着农用地资源的日趋紧张，政府逐步意识到土地资源的稀缺性，并通过限制土地用途转换、改善土地利用方式、增加土地利用集约度的方式改善农用地低投入、低产出的局面，具体措施包括加大土地规划的力度和范围、制定严格开发限制措施和补偿机制、颁布《新镇法案》等相应法律、为土地确权以激发农民生产积极性等，对其乡村土地利用转型产生了深远的影响。

第7章　适应转型的乡村土地利用优化配置战略

在快速城镇化进程中，乡村转型发展的顺利实现有赖于乡村土地利用的战略性优化配置。适应转型的乡村土地利用优化配置战略：一方面，要求确保维护国家粮食安全所需的耕地面积及相应的产粮能力；另一方面，需要考虑乡村未来空间重构与城乡统筹发展对乡村土地利用格局的影响，进一步优化城乡发展空间。据此，适应转型的乡村土地利用优化配置战略涉及土地整理与耕地保护战略、乡村空间重构战略、城乡用地统筹优化配置战略和不同乡村发展类型的土地利用优化配置战略等方面。

7.1　土地整理与耕地保护战略

7.1.1　土地整理的概念与主要任务

1. 土地整理的概念内涵

土地整理的概念内涵经历了一个不断发展演化的过程。一般认为，我国的土地整理始于公元前1066年的西周时期井田制度（严金明等，1998）。13世纪末，德国等发达国家开始实施土地整理，主要涉及合并农田、改造河流、迁移农庄等活动。随着经济社会发展，土地整理的内容被不断丰富，特别是土地整理的规模逐渐扩大到跨地区合作，重视改善区域性农业结构、发展基础设施和农田综合整治。20世纪50年代，土地整理主要围绕城乡建设和大型基础设施建设进行，通过土地整理缓解城乡建设用地紧张矛盾，注重针对特定建设项目进行用地补充目的的整理。20世纪60～80年代，国际上土地整理重点转为以促进地区经济发展，缩小城乡差别，提高土地利用效率与效益，保护和改善生态环境、居住环境为主要内容的综合土地整理。20世纪90年代以来，重点转向以生态保育、现代农业和美化城乡环境为目标，凸显可持续土地利用与管理理念，运用工程、生物、规划、信息等现代技术，推进区域综合性土地整理（龙花楼，2003b）。由此可见，不同的经济社会发展阶段，土地整理的内容及任务自然会有所差异，而呈现出明显的阶段性（图7-1）。

1998年颁布的《中华人民共和国土地管理法》增加了关于土地整理的内容（第四十一条），标志着土地整理在我国的正式提出。随后，形成了符合我国经济社会发展需求的土地整理概念：在一定地域范围内，按照土地利用计划和土地利用总体规划的要求，采取一定的措施和手段，调整土地利用和社会经济关系，改善土地利用结构，科学规划，合理布局，综合开发利用，提高土地资源的利用率和产出率，增加可利用土地数量，确保经济、社会、环境三大效率的良性循环（严金明等，1998；罗明和张惠远，2002）。由上述定义可见，土地整理是土地利用总体规划的继续，是完善、落实土地利用总体规划的重要措施和手段。我国现阶段的土地整理不仅涵盖以往国土开发与整治的概念范畴与工作内容，而且关注与土地整理相关的社会经济关系的调整（罗明和王军，2001）。

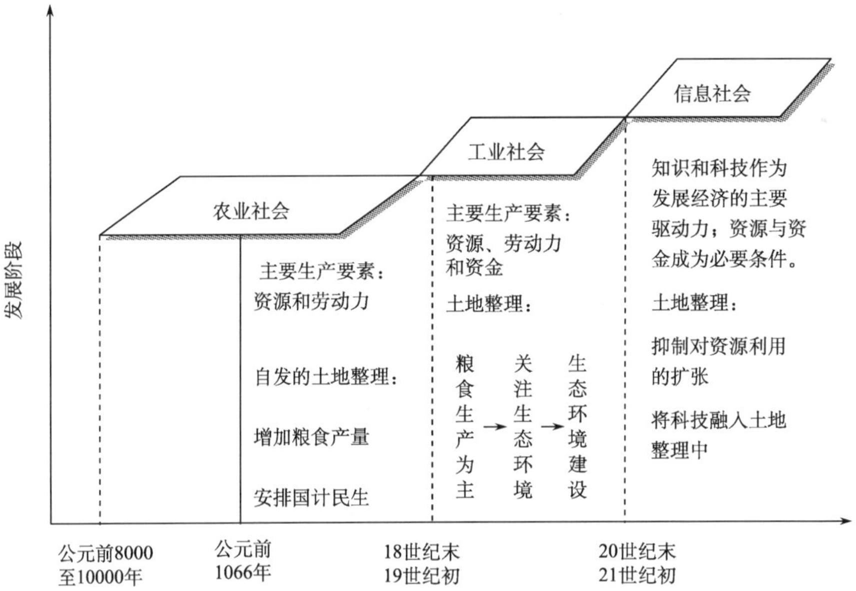

图 7-1　我国土地整理的发展阶段

2. 当前我国土地整理的主要任务

我国人口多，人均耕地少，耕地后备资源不足，当前土地利用面临的突出问题是：一方面人口不断增加，为确保粮食安全，解决十几亿人“吃饭”问题，现有耕地数量不能再减少；另一方面，正处于工业化中期，经济建设尤其是快速工业化、城镇化还要占用部分土地，而宜耕后备土地资源的开发又受到数量少、质量差、开垦难度大和生态环境问题等因素的限制，潜力非常有限（鹿心社，2002）。并且，目前我国城市土地利用结构远未达到优化的水平，农业土地利用的规模不经济，已成为农业比较效益低下而耕地不可避免向非农用地转移的决定因素。大体而言，上述问题多可通过着力开展土地整理加以解决（蔡运龙和何国畸，2000），土地整理在我国日益受到重视。

1998 年颁布的《中华人民共和国土地管理法》第一次将土地整理以法律形式明确提出，该法规定：“国家鼓励土地整理。县、乡（镇）人民政府应当组织农村集体经济组织，按照土地利用总体规划，对田、水、路、林、村综合整治，提高耕地质量，增加有效耕地面积，改善农业生产条件和生态环境。地方各级人民政府应当采取措施，改造中、低产田，整治闲散地和废弃地。”在 2005 年 10 月公布的《中共中央关于制定国民经济和社会发展第十一个五年规划的建议》中，提出了“建设社会主义新农村”的宏伟目标，并将“搞好土地整理”作为推进现代农业建设，提高农业综合生产能力，确保国家粮食安全的重要内容。2006 年土地整理工作被列入中央“一号文件”，作为统筹城乡经济社会发展，推进社会主义新农村建设的重要内容。可见，开展农村土地整理已上升为国家层面的战略部署。

我国土地整理的根本任务是对土地资源进行改造、调整、整治，形成合理、高效、集约的土地利用结构，增加有效耕地面积，提高土地利用效率，促进土地利用的有序化、科学化，实现土地利用由粗放型向集约型转变。土地整理有广义和狭义之分。广义上，它既包括农用地整理又包括非农用地整理。对于非农用地的整理而言，旧城改造、解决开发区建设引发的一系列问题、盘活存量土地等都是较为紧迫的任务。狭义上仅指农用地整理，即通过采取各种措施和手段，对田、水、路、林、村进行综合整治，以充分利用农业用地，提高耕地质量，增加有效耕地面积，改善农业生产条件和生态环境的行为。我国土地整理是在耕地严重流失的形势下，为落实“十分珍惜和合理利用每寸土地，切实保护耕地”的基本国策，维持“耕地总量动态平衡”，作为耕地补充的一个重要方面而正式提出的。因此，农用地整理是我国目前土地整理工作的重点内容（严金明等，1998）。农用地整理工作主要有以下五个方面的任务（罗明和龙花楼，2003）。

1）增加耕地面积并提高土地利用率。即在挖掘现有土地利用潜力的前提下，通过土地整理的多种方法和手段来增加有效耕地面积，以弥补建设对耕地的占用，促进耕地总量动态平衡目标的实现。

2）调整人地关系。按照社会生产力发展的要求，对土地利用中产生的人与地及人与人的关系予以调整和适度组织重配，使人们对土地进行的开发、利用和保护更趋合理。

3）提高土地生产能力。即通过土地利用方式、强度的调整，改善土地生产、生态条件，保持和提高土地再生产的能力，以持续获得人们生产和生活需要的产品。

4）提高现代化水平。土地整理是按照现代化的生产要求进行的一种资源再配置过程，反过来其又可以为现代化建设提供广阔的土地资源空间。

5）实现土地的可持续利用。土地整理过程中，应以可持续发展理念为先导，生态效益、经济效益和社会效益三者并重。目前国家制定的退耕还林、还草、还湖政策即是社会、经济和生态三种效益并重的体现，这一工作应结合土地整理进行，以实现土地的可持续利用。

由上可见，随着经济社会的发展、公众参与程度提高和环境保护意识增强，土地整理的目标逐渐从单一性向多目标转化（曲福田，2007），其主要任务也具有明显的动态性和适应性。

7.1.2　近年我国土地整理的模式与效果

1. 土地整理模式

在相关法规的指导和规范下，我国土地整理工作得到深入开展，过去十余年我国的农村土地整理可归结为五种模式（吴次芳，1997；刘晶妹和张玉萍，1999；谭术魁，2001；龙花楼，2003b）。

1）经济发达地区的“三集中”模式。该模式以上海市为代表，其基本思路是农民住宅逐步向中心村和小集镇集中、乡镇企业向工业园区集中、农田向规模经营集中。

2）经济较发达平原地区的“综合整理模式”。该模式以苏南地区为代表，主要内容是结合农田基本建设对田、水、路、林、村进行综合整治。

3）经济较为发达山地丘陵地区的“生态保护与立体农业开发整理模式”。该模式以浙江省临安市等地区为代表。在经济发达的丘陵山区，交通较为便利，地形地貌复杂。由于自然条件限制，造成耕地和农民居住极为分散，不利于机械化耕作及减轻农民劳动强度。该类地区大多结合农业综合开发建设和农田基本建设进行土地整理，重在提高土地产出率和保护生态环境，因地制宜地进行多种生产要素配置，建设不同地域不同层次的立体农业模式。

4）经济欠发达平原地区的“专项整理模式”。该模式以安徽省阜阳市等地区为代表。这些地区基本上都是传统农业区，集体经济薄弱，商品经济不发达，大多根据当地目前的社会经济水平和自然条件，本着先易后难、重点突破的原则，对田、水、路、林、村的某一项或几项进行整理，待发展到一定阶段后，逐步向综合整理完善。

5）经济欠发达山地丘陵地区的“农业生产环境治理和综合开发整理模式”。该模式主要以西北的部分省市为代表。重点对小流域进行统一规划、综合整治，以提高农业综合生产能力、改善生态环境为主要内容。

2. 1999年以来我国农村土地整理的效果

2003年，国土资源部制定了《土地开发整理规划》，每年下达补充耕地计划。根据相关规定，可用于土地整治的资金有新增建设用地有偿使用费、土地出让金纯收益的15%、耕地开垦费和复垦费。近年，全国合计每年约有1000亿元用于土地整治。国土资源部的数据显示①：1999～2008年，我国通过土地整治共补充耕地4163万亩，为坚守18亿亩耕地红线发挥了重要作用；整治后农地利用率提高5%～10%，农业生产成本下降10%，产能提高10%～15%。与此同时，城乡建设用地增减挂钩试点也取得积极成效。2006年起，国土资源部先后在21个省（区、市）实施600多个试点项目。截至2008年9月底，实际完成158个项目，项目区农村居民点人均用地显著下降。一些地方还联动推进耕地整理，建成了集中连片的高标准农田。此外，部分地区通过对农村散乱、废弃、闲置的建设用地（包括宅基地）进行整理复垦，集中建设居民点，配套建设公共服务设施，约可净增耕地13%左右，促进了农村土地节约集约利用，改善了农民生产生活条件和村容村貌。

但是，我们也应该看到，土地整理在增加耕地面积、提高生产能力、保障粮食安全中的作用较为有限。比如，尽管2001～2005年全国土地整理增加耕地1.43万hm^2，但同期建设占用量达到2.19万hm^2，并且大部分整理新增耕地多分布在生态脆弱区，与建设占用的耕地相比，地力明显较差，且复种指数往往更低。由此，农村土地整理的潜力和方向将逐渐由常规的耕地整理转向农村建设用地整治（Long et al.，2010）。开展以农村建设用地整治为主体的农村土地综合整治，平整耕地、改造农居、建设基础设施

① 夏珺．土地整治10年补充耕地4163万亩．人民日报，2009年5月29日，01版．

和公共服务设施，既可形成有效消费需求，又能促进农业规模化生产、产业化经营，进一步提升和释放农业生产力，还能聚合财政资金、土地增值收益和社会资金投入农村，拉动生产，扩大就业。既有助于改善农业生产条件和农村生活环境，又有助于促进农业增产、农民增收和农村发展。

7.1.3　适应新时期乡村发展转型的土地整理与耕地保护战略趋向

土地整理是经济社会发展的新需求，是土地利用现状与经济社会发展对土地需求之间矛盾深化的结果，是协调当前土地利用状态与土地利用目标之间关系而采取的一种重要措施或手段，其内容、任务将随着社会经济发展变化而相应变化（曲福田，2007）。从土地利用转型的视角来看，不同的经济和社会发展阶段，对应于一定的土地利用形态和一定的土地利用转型阶段（龙花楼，2003b）。某类土地目前的土地利用形态在其整个转型阶段中所处的位置可以给有关部门在具体制定土地整理目标、模式及政策的过程中提供参考。不同社会经济发展背景下的区域土地利用形态的差异，将导致区域土地整理的模式和内容也会因此而不同。

近年我国对土地整理的重视程度明显加大。2008 年 6 月，国土资源部颁发了《城乡建设用地增减挂钩试点管理办法》（国土资发［2008］138 号），要求按照《国务院关于深化改革严格土地管理的决定》（国发（2004）28 号）的规定，扎实推进城镇建设用地增加与农村建设用地减少相挂钩的政策。该办法要求切实做好挂钩试点工作，扎实推进农村建设用地整理，通过建新拆旧和土地整理复垦等措施，在保证项目区内各类土地面积平衡的基础上，最终实现增加耕地有效面积，提高耕地质量，节约集约利用建设用地，城乡用地布局更合理的目标。2009 年中央一号文件提出“搞好规划，统筹安排土地整理复垦开发、农业综合开发等各类建设资金，集中连片推进农村土地整治”。2010 年的中央一号文件提出“继续增加农业综合开发、农村土地整治投入……有序开展农村土地整治”。十七届三中全会决定也提出：“大规模实施土地整治，搞好规划、统筹安排、连片推进，加快中低产田改造，鼓励农民开展土壤改良，推广测土配方施肥和保护性耕作，提高耕地质量，大幅度增加高产稳产农田比重”。由此，未来的社会经济发展过程中，土地整理的地位和作用将日益重要。乡村发展转型势必对土地利用提出新的需求，进而对土地整理产生新需求。有助于适应和推进新时期乡村转型发展步伐的土地整理与耕地保护战略应呈现如下 4 个演化趋向。

1. 确保耕地数量和质量并重

《中华人民共和国国民经济和社会发展第十二个五年规划纲要》指出，“在工业化、城镇化深入发展中同步推进农业现代化”，简称“三化同步”。尽管改革开放后尤其是市场化改革以来我国的农业现代化水平有了大幅提高，但农业现代化仍是“三化”中的薄弱环节。农业现代化的实质是用管理现代化工业的办法来组织农业的生产经营，其基本内涵是以市场为导向，以效益为中心，因地制宜，择优确定主导产业，优化组合各类生产要素，对农业和农村经济实行区域化布局、专业化生产、一体化经营、社会化服务，逐步形成种养加、产供销、农工商、内外贸一体化经营体系，促使农业走上优势互补、产业互促、良性循环、协调发展的轨道。加快农业现代化发展，必然需要切实推进土地整理，着力实现优质基本农田的集中连片。此外，城乡转型发展过程中居民生活水平不断提高，对农产品的数量和质量也将产生新的需求，由此要求耕地资源既要在数量上得到保证，又必须在质量上有所保证。只有全面推进土地整理，坚守耕地红线、提高耕地产能、提升产品质量，才能更好地满足人民群众日益增长的农产品需要。因而，确保耕地数量和质量并重是土地整理的基本目标。

2. 统筹推进城乡建设用地综合整治

20 世纪 90 年代中后期以来的快速工业化、城镇化进程中，农村户籍人口和常住人口相继进入快速减少的阶段，但农村居民点用地仍呈增长态势，且城镇居民点用地随城镇人口的增加而刚性增加（李裕瑞等，2010）。由此导致城乡居民点用地双增加，构成坚守耕地红线、保障粮食安全的巨大威胁。在当前农村空心化加剧、土地供需矛盾凸显、城乡关系转型的关键时期，完善农村土地利用管控体系，推进农户参与式农村居民点用地综合整治，以科学调控农村人口快速减少过程中的农村居民点用地变化，是保障耕地红线、增加建设用地指标和推进新农村建设的重要途径，有助于促进城乡人口转型和农村空心化过程中的人地关系协调（刘彦随等，2009；李裕瑞等，2010）。事实上，2004 年国务院就出台了《关于深化改革严格土地管理的决定》（国发［2004］28 号），首次提出“鼓励农村建设用地整理，城镇建设用地增加要与农村建设用地减少相挂钩”。随后，陆续出台了《关于规范城镇建设用地增加与农村建设用地减少相挂钩试点工作的意见》（国土资发［2005］207 号）、《城乡建设用地增减挂钩试点管理办法》（国土资发［2008］138 号）、《关于严格规范城乡建设用地增减挂钩试点 切实做好农村土地整治工作的通知》（国发［2010］47 号）等相关文件，以推进和规范城乡建设用地增减挂钩实践。由此可见，统筹推进城乡建设用地综合整治是适应城乡发展转型和土地利用转型的迫切需要，是土地整理发展演化的必然趋向。

3. 注重文化景观和生物多样性保护

乡村不仅仅是从事农产品生产的区域，更是保护乡村景观、传承乡村文化、维系生物多样性的重要地域（Woods，2005；Marsden，2010；Van auken and Rye，2011）。特别地，随着城乡转型发展进程中居民生活水平的不断提高，对乡村的功能定位，或者说对乡村相关产品和服务的需求也在不断转型，需要不断调整土地整理的目标和原则。从发达国家和我国台湾省的土地开发整理经验可见，在区域社会经济发展到一定阶段以后，均特别重视景观和生态保护，以及对民族历史、文化遗产的保护，强调要求土地开发整理要与当地的自然生态环境和社会经济发展水平相适应，并在尽量保持已有自然景观的基础上，对原景观进行重构，使其结构更加合理、功能更加完善，以利于生态的稳定、环境的美化以及物种的生存和发展（陈百明，2008）。随着土地开发整理工作的进一步发展和我们对土地开发整理性质认识的深化，生态化将成为土地开发整理的重要目标，注重文化景观和生物多样性保护将是土地整理的重要原则，并将纳入与农业和乡村的多功能转型相适应的土地整理目标体系。事实上，当前我国的土地开发整理工作已经从一开始偏重增加耕地数量，向数量、质量并重，兼顾生态的目标转型，今后必将发展到数量、质量、生态并重。

4. 更加强调公共决策以及公众参与

土地整理是一项具有长远战略意义的公共事业，是国民经济建设的重要内容，是同步推进和尽快实现城镇化、工业化、农业现代化，改善生产和生活环境，提高生活质量的基础性工程。在一些发达国家和地区，政府设有主管土地开发整理的专门机构。在我国，土地开发整理工作的公共化性质也日益凸显，将土地开发整理纳入社会发展公共决策机制已成为今后的发展趋势（陈百明，2008）。它主要包括政府对土地开发整理的组织机制、投资机制、实施机制、管理机制和动态监督监测机制以及社会力量广泛参与土地开发整理活动，扩大土地开发整理范围，使土地资源处于科学化、有序化、高效化的可持续利用状态，从而为各产业各部门提供良好的土地环境，为人们提供舒适的生活和居住空间。在今后一段时期，亟须将土地整理纳入社会发展公共决策机制，并吸收社会力量广泛参与，实现“民策、民督、民享”。

从我国土地整治发展历程看，随着城镇化、工业化和农业现代化的不断推进，在建设资源节约型、环境友好型社会的新要求下，土地供求矛盾日益尖锐，在城乡发展转型过程中，土地整理的内涵逐步丰富并将不断拓展。目前，“土地整理”的提法已逐步被“土地整治”所替代，后者具有更为丰富的内涵和更为综合的目标。在整治内涵上，正逐步以增加耕地数量为主向增加耕地数量、提高耕地质量和改善生态环境并重转变。在整治目标上，已由单纯的补充耕地数量向建设保护耕地与推进新农村建设和统筹城乡发展相结合转变。具体来看，由国土资源部门的土地整理机构对农村田、水、路、林进行整治的单一性农用地整理，向以土地整治和城乡建设用地增减挂钩试点为平台，统筹规划，整合资金，整村推进，实现耕地占补平衡、实现土地统一、综合和节约利用、改善农村生产生活条件、促进城乡统筹发展的方向转变。把村镇规划建设、社区公共基础设施建设、现代农业生产基地建设结合在一起，提高土地产出率，确保整理项目区内建设用地总量减少、耕地数量增加、耕地质量提高和综合产能提升，实现土地综合整治的科学化、规模化、集约化和多功能化。

7.2 乡村空间重构战略

7.2.1 乡村空间重构的内涵

重构（restructuring）是系统科学的一种方法论。可理解为，一个系统在运行过程中，往往因为外力的冲击和内部各个构成因子的离析作用，使得系统的原有组织结构发生异化甚至解体，由此导致系统各个构成因子的运行难以正常进行，甚至导致系统整体难以良性可持续发展。通过对已经解体的系统结构关系进行重新构架，促使系统各个因子完成优化组合，从而根本性实现系统的转型（雷振东，2009）。乡村重构（rural restructuring）这一概念较早见于欧洲乡村地理学、社会学者对欧洲等国家和地区乡村发展变迁的论著。20 世纪 50 年代以来的城市化、逆城市化进程中，欧洲、美国、新西兰等发达国家的乡村地区在社会、经济、环境等方面往往经历了显著变化，诸如农业的转型、社会结构和阶层变迁、农村劳动力市场变化、家庭消费和思想观念的变化等，从综合性的视角来看这些变化，大多可视为乡村重构（Marsden et al.，1990；Wilson，2001；Woods，2005）。从我国发达地区乡村发展实践来看，乡村重构是以科学发展观为指导，全面贯彻落实城乡统筹战略而实施的一项集经济、社会、空间为一体的乡村发展战略。它立足于合理完善乡村在城乡体系中的作用和地位，通过农村经济社会的可持续发展，物质文明与精神文明的提升，以及空间布局的合理组织，建立起社会主义市场经济体制下的平等、和谐、协调发展的工农关系和城乡关系，改变城乡分割的二元体制和经济社会结构，实现城市与乡村的良性互动（张泉等，2006）。

乡村空间重构（rural spatial restructuring）有望成为优化城乡空间结构、推进城乡统筹发展的综合途径。广义的乡村重构可理解为乡村发展主体在乡村内生发展需求和外源驱动要素的综合作用下，对乡村空间体系内的生产空间、生活空间、生态空间等相关空间要素，如乡村的土地利用、产业关联、聚落格局、人口分布、社区建设、生态保育等，进行优化调整或根本性变革的过程。通常，在特定的政策、法律、规划的管控框架体系下，区域农村自我发展的需求与能力、区域工业化和城市化外援驱动力等内外动力的交互作用，塑造了乡村空间重构的过程、格局与效应。

在我国，受自然地理条件、传统地域风俗和乡村规划缺失等因素的综合影响，大部分农村聚落尤其是平原区的乡村聚落呈现出“散、小、乱”的特征。据《中国城乡建设统计年鉴》（2009），2009 年我国仍有近 56.75 万个行政村，自然村的数量更是高达 271.39 万个；尚有 130.92 万个自然村的人口数低于 200 人。由此造成农村组织核心弱化、结构网络薄弱、要素流动无序，并已成为农村各类投资缺乏规模效益和产出效率以致农村发展缓慢的重要原因。当前，城市用地快速扩张、城乡人口频繁流动、城乡产业空间重组构成了乡村空间重构的主要的外源性动力因素。农村土地低效利用、农村人口大量外流、农村产业布局无序、农村基础设施建设供给不足、农村环境日益恶化等问题和破解该问题的内生需求与能力构成了乡村空间重构的主要的内生性动力因素。

需要指出的是，由于长期城乡二元结构背景下的矛盾激化与问题积淀，当前我国的农村空心化问题要远比欧洲和日韩等国家和地区更加复杂。为加快农村发展，十六届五中全会提出了建设社会主义新农村的重大战略。但是，从各地近年的实际情况看，村庄大量空心化造成新农村建设的主体缺失，而村庄规模太小致使投资效率低下。新农村建设仍然缺乏有力抓手，推进速度较慢，迫切需要新的着力点。实现农村土地资源的优化配置以推进乡村空间重构和社会经济重构是新农村建设和乡村持续发展的核心环节。在城乡转型发展新时期，通过农村土地综合整治，搭建新农村建设的新平台，改变农村空心化、实现城乡基本公共服务均等化，对于加快城乡一体化进程将起到重要作用。深入分析国内外典型国家和地区在推进乡村空间重构过程中存在的问题和经验对于当前和今后一段时期我国的乡村空间重构具有重要的参考借鉴意义。

7.2.2　乡村空间重构的国外案例

乡村发展滞后、快速城镇化进程中的农村人口减少（depopulation）及空心化（hollowing）现象在国际上具有一定的普遍性。比如，韩国在 20 世纪 60 年代经济起飞以前一直是落后的农业国（朴振焕，2005）、日本在 20 世纪 50 年代以来也经历了快速城镇化进程中乡村人口减少的“过疏化”问题（焦必方和孙彬彬，2009）、第二次世界大战后欧洲国家如英、法等国在城镇化进程中乡村也逐渐衰落（Clout，1972；Cloke，1979；Hoggart and Buller，1987）。这类国家大多结合其基本国情和地域特征，因地因时制宜，出台了系列乡村发展支持政策。例如，韩国的新农村建设运动（朴振焕，2005）；日本自 1970 年开始连续出台了 4 个十年期的过疏化地区振兴法案（焦必方和孙彬彬，2009），且在乡村地域创新推行了著名的“一村一品”战略（秦富等，2009）；英国于 20 世纪 50～70 年代实施了中心村建设计划，荷兰、匈牙利、前苏联、以色列等国家也着力推进了中心村建设的相关计划，以实现集中、集聚、集约化发展（Clout，1972；Cloke，1979；Hoggart and Buller，1987）。大体而言，韩国和日本的农村发展战略行动可视为从经济、社会和组织视角进行的乡村重构，而英国等欧洲国家的中心村建设可视为从空间视角进行的乡村重构，即乡村空间重构（徐全勇，2005）。上述重构政策的推进对于相应时期的当地乡村发展起到了积极的作用，对推进我国的乡村发展亦有一定的参考借鉴价值。

从欧洲国家的中心村建设情况来看，中心村的甄选与确定是重要环节，而门槛人口的分析是关键性、争议性的问题。如 20 世纪 60 年代，一所小学需要的门槛人口大致在 5000 人左右，一个医生需要至少为 2000 人服务才能有规模效益，一个由 3 个医生组成的医疗小组可服务 8000 人，一个化学药剂师需要的门槛人口约为 4000 人，据此 Green 和 Ayton（1967）指出，可相对有效地为乡村地区提供基本便利服务的门槛人口是 5000 人。门槛人口的研究和确定对中心村建设具有重要参考价值。但是，由于农村发展存在动态性，生活方式也在不断变迁，加之自然、经济、社会、文化差异的普遍存在，中心村的门槛人口或适宜人口在时空上必然存在明显差异。Green（1971）的报告指出，门槛人口的确定是许多规划专家面临的共同问题，各地确定的门槛人口规模在 500～8000 人不等，足见跨度之大。中心村建设过程中的另一个问题在于，向中心村提供更多的基础设施和生活便利条件相对容易，但否定和限制非中心村的发展则是非常艰难的决定，往往举步维艰。当然，这也与社会政治制度密切相关，如在匈牙利和前苏联等国家相对来说推进得就较为顺利（Clout，1972）。

1. 英国的中心村建设实践①

第二次世界大战以来，英国乡村发生了很大变化。工业化、城市化进程中，乡村地区人口不断向城市集中，许多地方出现人口大量减少，基础设施供给严重不足的情况。

① 徐全勇．2005．国外中心村对我国小城镇建设的启示．农场经济管理，(1)：13-15.

随后，由于大都市郊区化的迅速发展，大都市周边的许多乡村地区人口又迅速增加，因此乡村地区呈现出多元化的发展方向。在这一背景下，英国政府开始对乡村地区进行大规模规划，以促进乡村地区繁荣。

从 20 世纪 50 年代开始，英国在乡村地区开展了大规模的发展规划（development plan），这一发展规划一直延续到 70 年代。该规划的政策核心是加强乡村地区人口的集中，建设中心村（key settlement）是其重要途径之一。为提高乡村服务设施的利用率，发挥它的规模经济作用，并在乡村地区形成增长中心，政府出台了一套综合性的政策，促进住房、就业、服务设施和基础设施先向中心村集中，加大对中心村地区的投资，据此促进中心村的成长和集聚能力的增强。

20 世纪 70 年代中期以来，英国中心村在大规模的发展过程中也显现出一系列问题，如中心村的发展加剧了乡村的社会问题，在政治上表现出政策与实践的不协调性，在经济上成本效用机制表现得并不充分。因此，英国乡村发展规划政策转向为结构规划（structure plan）政策。乡村发展改变了过去那种千篇一律的中心村政策，呈现出多元化的政策，如各地根据自己实际，有的发展市镇，有的发展中心村，但采取中心村发展政策或与中心村政策相类似的发展政策仍是乡村发展的主流。

2. 以色列的专业化农业生产型乡村社区建设实践①

20 世纪 50 年代，大批从发达国家来的移民到以色列定居。以色列正面临着由混合型（即农户多种经营）农业向专业型农业转化。有些移民从来没有从事过农业，即使从事过也都是自给型农业。因此，需要创造出一种安置布局，促使移民能尽快地由亚自给型向专业型转变。另外，这些移民来自不同国家的群体，他们住在同一个村时，摩擦频生，无法形成一个统一的领导层来负责村政机构及各种活动。结果农民往往不愿意互相合作，拒绝联合，因此无法完成大规模的生产。在发展的初级阶段，缺乏合作对农民来说，可谓是灾难性的打击。因为以色列的村庄布局既要保证乡村服务系统的服务效率，又要适应当时的农业生产力形式，保持住宅与耕地关系，同时兼顾移民群体的独立居住。

为此，以色列创造了一个等级服务中心的村落布局，80 户左右组成一个村庄，6～10 个为一组的村庄围绕着一个乡村服务中心而建，来自不同国家的群体，住在各自的村庄上。各个村庄保留日常必要的服务：一间杂货店、一个幼儿园、一个简单诊所和一座犹太教堂。典型的服务中心包括一所学校、一个医疗所、一个社区中心、一个银行储蓄所和一批农业辅助系统（拖拉机站、农产品收购站——农产品在此分级、包装以供应市场、有的甚至还有一座小型混合饲料厂）。这些服务大致需要 500～800 农户为服务门槛，与服务中心规模相仿。村庄与中心的距离，大约是 3～5 公里。

乡村服务中心为开设服务系统所需要的专业人才提供了富有吸引力的居住场所。在中心，这些人可建立自己的社区，既和周围的村庄分开，又不太远，能提供高效服务，服务中心还为周围各个村庄不同群体的农民提供了相互交往的机会。各个村的儿童都在

① 徐全勇．2005. 国外中心村对我国小城镇建设的启示．农场经济管理，(1)：13-15.

一起上学，成年人也能在中心会面。中心举办的成年教育和培训班，能使不同文化背景的人聚在一起，加速他们融入现代化的以色列社会。

随着农业的专业化发展，特别是乡村发展非农产业和解决剩余劳动力的要求，使乡村服务中心不断分化，出现了由低级到高级不同的乡村服务中心：村庄集团中心，为4～8个移民村提供日常和经济服务；地区中心，为10～25个移民村提供日常服务，拥有更高标准更大规模的设施（比如文化和社会机构）以及某些经济企业；地区间的中心，主要由经济企业组成，为25～50个移民村的更广阔地区服务；区域中心，集中着大量移民村共有的大型企业（比如饲料混合厂），实际上是农村工业中心。

7.2.3 乡村空间重构的中国实践

1. 从“苏南模式”到“新苏南模式”

改革开放后，在江苏省“苏锡常”地区兴起的以乡镇集体工业企业为基础的发展道路，被著名社会学家费孝通称为“苏南模式”。“苏南模式”下乡村发展的主要背景是：①计划经济体制下，国有企业和城镇集体企业的机制不灵活；②整个社会属于常规物资极为短缺的卖方市场；③工农产品价格剪刀差明显；④苏南地区是我国近代民族工业的重要发祥地，具有“重商”传统；⑤区位条件较好，能通过区位和社会网络接受城市的有效辐射；⑥人地矛盾突出，集体经济基础较好，内生发展的需求和能力较强。在此背景下，乡镇企业得以发展和壮大，其主要特征是：①农民依靠自己的力量发展乡镇企业，乡镇企业的所有制结构以集体经济为主，社区政府（乡镇政府）主导乡镇企业的发展；②具有一定的市场导向型特征，在短缺经济时期生产的产品几乎不愁没有市场；③乡镇企业的蓬勃发展为农村提供资金用于各项基础设施建设，成为新农村建设的坚强物质基础。

20世纪80年代至90年代中期是“苏南模式”发展的黄金时期（Li et al.，2010）。乡镇企业带来了地方经济的空前繁荣，其贡献得到了各界认可（王荣等，2007）。但是，由于超过80%的乡镇企业布局在自然村落，“村村点火，户户冒烟”，缺乏环境规制下的乡镇企业高速发展带来了严重的环境污染问题（陆志刚，1995），并且造成了大量耕地非农占用和农业尤其是粮食生产的弱化（Li et al.，2010；Long et al.，2009a），而在城乡空间结构体系方面，“村强、镇弱、城空”的问题突出，制约了村镇体系的有序演化。进入20世纪90年代中后期，乡镇企业政企不分、产权不明的问题日益突出；国有企业的发展颓势逐渐扭转，个体私营经济也日益壮大，迅速壮大的“三资企业”也是市场竞争的有力对手，均在激烈地争夺市场份额；产品市场开始由卖方市场向买方市场转变，原本在短缺经济条件下不愁产品销路的乡镇企业不得不面对产能过剩、产品积压、效益滑坡的严峻形势。于是，在外部产品市场不景气、内部经营机制没理顺的情况下，改制成为必然选择。

在改制的具体环节中，针对乡镇企业的规模差异状况，采用不同的方式进行重组改制。“抓大放小”的工作，意味着乡镇企业改制拉开了序幕。对于大型企业，以资产为纽带、以名优产品为龙头、以骨干企业为主体，进行企业集团组建；对于小型企业，有的实行承包责任制，有的转为股份合作制，“小微亏”企业采取租赁、兼并的办法，扭亏无望的企业则进行拍卖。“抓大放小”促进了企业的改制，调整了产业结构，拉动了经济发展，不同程度地扼制了亏损面的增加（王荣等，2007）。该时期的乡镇企业改制可视为对城乡社会经济的重构。在空间重构方面，苏南地区创新推进了农业生产向规模化经营集中、工业项目向园区集中、居住向城镇和农村新型社区集中的“三集中”战略。正是在该战略的推进下，“新苏南模式”逐渐形成，促进了城乡经济一体化、城乡企业联合，带动了城镇化和工业化的集约化、集聚化发展，实现了工业化和城镇化的同步推进。并且，在国内、国际两个市场的拉动下，苏南的高新技术产业迅速发展，苏南经济的国际化、信息化水平都得到了迅速提高。

下面以江苏省江阴市为例，分析以“三集中”为特色的乡村空间重构及其效果（黄建春，2004）：江苏省江阴市人均耕地面积仅 0.5 亩，是一典型的人多地少、人地矛盾突出的地区。如何正确处理保护耕地与保障经济发展的关系，已成为迫切需要研究和解决的问题。该市立足区域实际，大胆探索，走出了一条“工业向园区集中，农民向城镇集中、农业向生态园区集中”集约利用土地的新路子，创新推进了乡村空间重构，最大限度地发挥了土地资源的经济效益和社会效益，实现了江阴经济社会的可持续发展。

（1）工业向园区集中

江阴市是我国乡镇企业的发源地之一，20 世纪 80 年代以来乡镇企业遍地开花，一度形成“村村点火、处处冒烟”的工业布局，造成了土地资源的较大浪费。从 2001 年开始，江阴市以沿江开发为契机，大力推进工业向园区集中，全面提升土地的集约利用水平。江阴市以规划作为工业发展的先导，实施科学合理的产业布局、工业布局规划，重点抓好经济开发区和乡镇工业园区的建设。在进区项目用地审批中，坚持规划龙头，突出产业特色，大力发展临江优势产业。目前沿江地区已初步形成 IT 产业、钢铁产业、包装新材料产业、有机高分子材料产业、石化产业等 5 个特色鲜明的产业基地。在土地使用中，坚持以项目定土地，坚决杜绝无项目圈地、小项目大圈地、圈而不开等圈地行为。开发区和乡镇工业园区与客商签订的投资协议中都明确规定了投资门槛、产出水平等内容。土地出让后，规定动工时间、投产时间，超过两年期限未动工的收回土地使用权。在投资项目确定后，江阴市严格按照行业建设用地定额标准核定用地量，严把投资密度和土地产出关。进入经济开发区的项目在符合产业政策的前提下，必须达到亩均土地投入 200 万元左右、产出 300 万元左右，即每平方公里投入达到 30 亿元左右、产出 50 亿元左右。达不到投入产出要求的，核减用地面积。

（2）农民向城镇集中

江阴市紧紧抓住沿江开发和园区建设的契机，引导农民向城镇集中，坚持以工业化带动城镇化。1999 年以来，江阴市先后出台了《江阴市城市规划区农民房屋拆迁管理暂行规定》等一系列政策文件，要求所有工业项目一律进入园区，农民拆迁安置一律建设公寓房，统一规划，集中居住，以节约居住用地。同时，加大行政区划调整力度。全市 28 个镇撤并为 20 个镇，524 个行政村撤并为 338 个村，为镇向城集聚、村向镇集聚、居民向城镇集聚创造了条件。随着经济社会的快速发展和城镇集聚程度的提高，逐步形成一个中心城区，若干个卫星城的新格局。近年来，累计拆迁 720 万 m^2，净增建设用地约 4 万亩。在加快拆迁步伐的同时，江阴市大力推进中心城区建设改造，加快大型居住小区建设，加快人口向城市集中。市区每年投入城市建设的资金超过 20 亿元，每年新增生态绿地超过 30 万 m^2，城区累计建成拆迁安置房 80 万 m^2、商品房 150 万 m^2，新增城市人口 2 万多人。对失地群众生活问题，采取最低生活保障制度、农村住院医疗保险制度、社会养老保险制度、最低工资制度、工资逐月发放制度、城乡统筹就业制度等社会保障措施，并随着经济社会的发展逐步提高标准，解决群众的后顾之忧。工业企业优先安排农民就业，城镇小区配套优先考虑农民创业，生态园区、服务性行业优先解决农民上岗，基本保证了人民群众安居乐业。

(3) 农业向生态园区集中

江阴市积极实施农业结构的战略性调整，推进传统农业向生态农业、都市农业发展。在推进城乡一体化协调发展进程中，江阴市把加快建设各类农业园区、生态园区、休闲观光园区作为城乡规划的重要组成部分，统一规划，逐步推进。到 2010 年，全市建成特色农业发展园区 60km^2，生态农业园区 60 km^2，生态林业和高标准农田林网 180 km^2。目前已建成生态农业园区 28 km^2。同时，大力发展为城市绿化、美化配套的花卉苗木等生态型农业，以优质品牌产品、无公害食品、绿色食品为主的高效型农业，以休闲、观光、旅游为主的观光型农业，具有国际市场竞争能力和出口创汇能力的外向型农业和规模化、集约化经营的企业型农业。全市已建成外商投资农业企业 6 家，大型企业集团投资建设的农业项目 8 个。江苏阳光集团投资 5 亿元建设的 1.3 万亩阳光生态农林园，集生态、休闲、观光、高科技培训、农业综合开发于一体，被列为江苏省重点农林综合示范园。农业园区建设也带动了“一镇一特”、“一村一品”的规模化基地发展。全市已建成璜土镇的万亩果园基地、申港镇的百万尾河鲍养殖基地等十大集约化产业基地，形成了优质稻米、优质瘦肉型猪、奶业、优质家禽、花卉苗木、无公害蔬菜、特种水产、优质水果等八大主导产业。

2. 传统农区的空心村整治与集中居住

快速工业化、城镇化进程中，传统农区的劳动力向外流动较为突出，也是农村人口减少而农村居民点用地增加的农村空心化的重点地区（李裕瑞等，2010）。在该过程中，形成了乡村发展的“三高两难”。“三高”即：①村级组织运转成本高，基层负担较重，由于村级组织数量众多，造成由地方财政承担的村级工资费用较高；②空心村比例高，土地浪费严重。以黄淮海地区的 300 余个县市为例，农村人均居民点用地接近 200m^2，高出国家标准约 50m^2，陈玉福等（2010a）在禹城 40 余个村庄的调研发现，“一户多宅”现象十分普遍，空闲房屋和闲置宅基地大量存在，每个村庄平均可挖掘土地潜力约 250 亩；③基础设施建设成本高，公共服务水平低，医院、学校、超市等基础设施，因村庄过于分散而低水平重复建设，国家的扶持资金分散到各村，就像撒胡椒面，收效甚微。“两难”指：①村级管理水平低，带领群众增收致富难；②民主管理难，大家族在村中的人口比例多，家庭宗派治村的痼疾难以割除。因而，在工业化、城镇化和城乡关系转型的大背景下，此类地区也最有必要以空心村整治作为乡村重构的综合平台，节约土地、整合资源、促进经济发展和社区建设。近年来，部分地区已着力推进了以整治“空心村”、废弃的砖瓦窑场和工矿废弃地为重点的“三项整治”工作，尤其是空心村整治，实现了局部地区的乡村空间重构。

以河南省周口市及所辖郸城县为例，自 2004～2006 年年底，周口市共实施整治项目 4204 个，整治土地 22.9 万亩，净增耕地 13.7 万亩，其所辖的郸城县通过“三项整治”新增耕地 2.7 万亩。在空心村整治方面，根据空心村形成原因和村容村貌现状，因地制宜，一村一策，主要采取了村庄整体搬迁、局部搬迁和小村并入大村三种模式。结合空心村地理位置及经济状况，空心村治理与新农村建设结合、空心村治理与农村文化建设结合、空心村治理与农村小集镇建设结合等形式。在群众受益、群众自愿的基础上，制订规划方案和实施方案，条件成熟一个实施改造一个。在砖瓦窑场和工矿废弃地整治方面，主要采取了谁破坏谁复垦、谁复垦谁利用和国土局统一规划设计、统一整治、公开发包三种办法，精心组织、稳步推进。以郸城县王村为例，系统分析该村以参与式空心村整治推动乡村空间重构和社会经济重构的过程及相关经验。当然，尽管王村仅在本村范围内实现了村域社会、经济、空间重构，尚未从优化县域村镇体系的角度做出努力，但其相关经验和做法对于今后一段时期的参与式乡村空间重构实践具有借鉴意义。

下面以河南省郸城县的王村为典型案例，剖析其空心村整治与村域空间重构①：20 世纪 90 年代的人口就业快速非农化进程中，王村的空心化演化不断加剧，1998 年全村村庄面积达 850 亩，人均高达 360m^2。该村以 1998 年的土地调整为契机，利用一块面积为 76 亩的低洼易涝土地，逐渐发展为郸城县东部片区最具规模和活力的乡村集市之一，并通过系列措施使原有居民点不断向集市迁并整合，有效治理了空心村，新增耕地 600 余亩，实现了土地的集约高效利用，成为非农产业发展引导空心村整治的典型。

（1）契机

1998 年，王村进行新一轮土地承包调整。在调整过程中，76 亩耕地因为地势低洼易涝，难以依法发包。时任村党支部书记的王强经过调查分析认为，“粮食生产的经济效益太低，外出务工只是一种权宜之计，而发展加工制造业的投资门槛太高，发展集贸市场应是比较好的方向，村民不但能够做点买卖，还能通过逐渐建设新村把旧村腾出来重新整治为耕地，解决人口增多、耕地减少的问题”。由此，在一次村党支部会议上，王强结合当地农村发展现状和村庄发展实际，提出了建立集市的建议。这一提议得到支部委员的赞同。由此，经过村委会议、村党员大会、村民代表大会和村民大会层层开会讨论，确定了要把王村发展成当地农村大型集市的战略思路。

① 此处基于李裕瑞博士 2010 年在河南省郸城县王村开展的村域发展调研工作所收集的素材撰写而成。

（2）规划

建立集市必须要有科学而详尽的规划，对集市布局、宅基地腾退、新村建设等进行时空统筹安排。为此，王村人从1998年即开始编制集市发展规划。规划编制分为三步：第一步，成立规划编制小组，王村成立了一个由村党支部委员、村委会委员、党员代表、群众代表共18人组成的规划编制小组，负责集市发展规划的编制工作；第二步，通过广泛学习、深入调研，逐渐形成规划方案，规划编制过程中，规划人员一方面到本县各大集市进行考察学习吸取经验教训，另一方面深入农户，了解农户的想法和建议；第三步，民主表决通过规划方案，规划方案初稿形成后，经过村委会议、村党员大会、村民代表大会和村民大会四级会议的民主表决，修订、完善并通过了规划方案，自2000年起开工建设。整个规划过程较为透明，村民的参与性得到了很好的体现。

（3）行动

1）集市硬件条件建设。建设集市需要以一定的硬件条件为前提，在当地最重要的是门面房和道路交通。首先，在房屋建设方面。根据王村人自己编制的规划，村民自2000年开始在76亩低洼地上建房子，到2002年时已有约100户新房，基本具备建立乡村集市的规模，2002年农历正月初八，王村集市正式启动。其次，在道路交通方面。道路交通条件不好曾是制约王村集市发展的不利因素，好在该村于2004年被纳入“村村通”工程，工程竣工后，村委及时向交通局申请开通了县城到王村的客运公交，由此改写了该村不通油路、公交的历史。“村村通”起到了引导群众建房的作用，并且有效促进了集市的发展。

2）集市管理制度建设。经多次自发外出考察先进地区的集市发展情况，王村人发现，完备的管理制度和良好的秩序是市场得以持久繁荣的前提。为此，王村成立了由村干部和老党员组成的集市管理委员会，负责集市的日常管理，提供诸如秩序维护、争端仲裁等基本服务。商户普遍反映，管委会在集市日常运行中发挥了巨大作用。此外，建立了垃圾收集处理机制，由专人负责收集，商户只需花很少的成本；每年举行“好商户”评比活动，以树典范，促进发展。上述制度创新对王村集市的发展起到了很好的促进作用。

3）新村住房规划建设。根据规划，村民建房必须遵循规划布局要求，不得乱建。具体而言，规划中对户型结构、面积大小均作了规定。比如：对于户型，所有新房的一楼必须是门面房的结构，以预留未来发展空间；新房面积统一为15m×10.8m，邻家共用墙体，临街宽度分3个级别。

4）新村管理制度建设。在村支书的倡导下，王村建立和完善了一整套有助于新村发展的民主决策机制和奖惩激励机制。首先，民主决策机制。在王村，一般性事务多由村两委和村民代表开会决定，重大事务则由村民大会决定，决议按规定进行张榜公示。其次，奖惩激励机制。王村每年年底都要开一次特别的村民大会，进行“好媳妇”、“好婆婆”、“好教师”、“好学生”、“好党员”、“好干部”评选，获得上述荣誉称号的村民都要身着正装佩戴大红花拍照，照片会常年挂在本村的光荣榜上面。最后，对于有违村规民约的村民，比如酗酒、赌博者，将在村民大会上被点名，接受群众批评教育。

（4）效果

王村新村自2000年兴建以来，321户中已入住305户，在集市和社区发展方面取得明显成效。

1）集市快速发展。集市总体面积由2002年的70余亩增加到2010年的210亩。全村有近200个农户在集市上做生意，占村农户总数的2/3。此外，还吸引了80余个外来商户。该集可辐射郸城县城东面的十来个乡镇，腊月逢集时赶集人口规模能达到两万人。集市商品种类繁多，大件商品如电视、冰箱、洗衣机、摩托车等均有销售，总体规模不亚于乡镇集市。

2）村域面貌变化。集市的繁荣推动了王村整体面貌的巨大变化。截至2010年8月，全村321个农户仅15户约70人没有搬到新村，未搬过来的大多已在新村盖好了新房，预计年底即可搬迁完毕。与农区大部分村庄展现出来的萧条的景象不同，集市的繁荣使得王村更具活力。其中最重要的一点便是人口的集聚。建设集市的前后两年是外出务工的高峰期，大概有450人，用村民的话说就是“年轻的都出去打工了”。随着集市的逐渐发展，外出务工的劳动力有2/3都回来了，转为在集市做买卖、经营店铺。

3）农业生产变化。集市的发展对王村的农业生产带来较大影响。一是耕地面积增加。全村通过新村建设，居民点面积由850亩减少到210亩，可腾退出640亩耕地，其中435亩已经由县国土局负责整理完毕分配到农户。二是土地流转增多。目前全村有1000亩耕地流转给郸城县最大的农业产业化企业财鑫集团，空心村整治新增的435亩耕地也在此1000亩耕地之列，由该集团统一用来种植药材（集团雇佣村民进行田间管理，日均工资约30元）。流转期限为5年，流转价格为800斤小麦或是与800斤小麦等值的现金，根据近年小麦价格，现金厘定为700元，农户可以选择获得800斤小麦或是700元现金。

4）村民思想解放。集市的发展导致村民的思想观念发生了较大变化。正如村支书所说，“这些年王村最大的变化，不在于集市和新村面貌的变化，而在于思想解放”。村民普遍认为，通过多次外出学习参观和做生意的实践，在村规民约的约束下，大家都更积极进取了，以前稍有空闲就喝酒、打牌，现在都忙着做生意或是琢磨着如何把生意做得更好。并且，以前村民外出都是帮别人打工，而如今在集市的熏陶影响下，出去的100多人多是组团到陕西省西安市、河北省唐山市从事建筑装潢，且多是干个体、当老板，“以前出去找活干，现在出去找人干活”。

（5）经验

1）村民的切身需求是空心村整治的内发动力。村民是村域发展的主体，尽管在很大程度上正是他们不合理的宅基地利用行为导致了村庄空心化，造成村庄人居环境持续恶化和大量耕地非农占用。但当前大部分村民已逐渐意识到，唯有进行空心村整治才可能迅速、有效地改善人居环境和增加耕地面积。这种内发的需求和共识成为推进整治的重要动力。

2）村庄能人对内外部需求的激发与整合是整治得以成功的关键。村支书通过激发内部动力、整合外部动力，构建专门组织（规划编制小组、集市管理委员会）、制定发展战略（编制集市发展规划）、推进模仿创新、发展社会分工，在市场竞争中促进要素存量有序变化、要素配置效率提升和村域社会整合，实现产业发展、环境改善和社会转型等为表征的村域系统发展。简言之，村庄能人有效增强了村域的内聚力、争取到了政府的外助力，在能人的激发和整合下，各利益相关者的责权分明、各司其职、共同努力，促成了空心村整治这一复杂的系统工程能够顺利完成且成效斐然。

3）作为社会资本的村域历史文化是增进信任、达成共识的重要的整合力。与公民的信任、互惠和合作有关的一系列态度和价值观构成社会资本，它使人们倾向于相互合作，是信任、理解、同情的主观世界观所具有的特征，有助于推动社会行动和实现行动目标。在王村，村民体现出来的朴实、奋进、协作，以及创新开展的相关制度安排，均对集市发展和新村建设起到了重要的促进作用。

4）政府的适当扶持起到了积极作用。宏观政策转型与政府职能转变是空心村整治推动村域发展转型的重要推力。一方面，中央政府的农村发展政策转型，尤其是新农村建设的提出，成为空心村整治、新农村建设的重要政策背景，为地方政府扶持内发的空心村整治提供了政策平台，而各类中央财政支持的支农项目成为地方政府扶持该工程的可用资源；另一方面，地方与基层政府充分尊重了村民及其自治组织的主体性，未过度干预内发的村域发展实践，调用耕地开垦费、土地收益、建设用地指标流转收入，并整合项目资金以及技术、设备和人力资源等，做群众思想工作、解决公共物品供给，起到了很好的协调、支撑作用，逐步实现了由“全能型”政府向“服务型”政府的转型。

7.2.4　新时期推进我国乡村空间重构的战略思考

乡村空间重构的途径和目的，亦即具体内涵包括如下三个方面：其一，产业发展集聚，即实现工业向城镇集中，农业向地方化、专业化转型；其二，农民集中居住，通过集中居住解决分散居住所带来的公共基础设施投入需求大、利用效率低的问题，并据此有效控制农村人均居民点用地，保存乡村传统文化景观；其三，资源利用集约，通过产业发展集聚和农民集中居住，解决产业发展、生活居住中的资源低效利用问题、环境污染问题，实现乡村社区的可持续发展。此外，乡村社会经济系统的良性发展是实现乡村空间重构的重要辅助。由此，在新时期推进我国乡村空间重构，应先科学编制规划、推进乡村社会重构，在此基础上着力实现乡村生产、居住、生态空间的重构，以及乡村产业经济体系的重构。

1. 科学编制规划

科学编制城乡一体化空间重构规划是推进乡村空间重构的首要环节。应以创新发展理念、促进要素流动、优化城乡格局、保障科学发展为目标，把优化城乡土地配置、推进城乡空间重构、强化区域主导功能、整体提升土地价值，作为城乡转型发展时期构建和谐社会、“两型社会”战略的基本取向。基于不同类型城镇、村庄、产业园区的抽样调研，借鉴及分析国内外类似地区发展经验，以实现统筹城乡发展为根本目标，研究构建转型期县域空间格局优化方案，提出以有利于生产、生活、生态为准则，以产业培育、创新为引导，以生态环境控制为手段，以交通、水系基础设施建设为支撑的县域新型城乡分工体系，为县域经济社会持续快速发展奠定坚实基础。

2. 乡村社会重构

乡村社会重构通过加快乡村社区转型，提高乡村社区组织化程度，加强基层民主建设，建立完善社会保障制度，实现农民物质文明、政治文明与精神文明的巨大提升。在具体的操作环节，乡村社会重构应着力从组织的角度开展，提高基层政府的组织、管理、服务水平，增强农户的组织化程度。政府应重视发挥组织、协调与引导的重要作用。农村经济合作组织或农民专业合作社，是农村发展过程中不断创新与发展的新生事物，包括社区股份合作社、土地股份合作社、农村合作社、劳务合作社、富民合作社等诸多形态，应该有效整合运行机制不健全甚至不能惠及农民利益的一些经济组织。不同合作组织具有各自的针对性，重点应围绕土地资源、劳动力资源、资金等农村发展的基本生产要素，通过创新不同的生产要素优化配置模式，引领农民广泛参与社会分工和产业协作。

3. 乡村空间重构

通过有效的规划调控，在优先推进城镇化的前提下，合理规划农村聚落，推进农村人口适度集中居住，非农产业适度集聚发展。在此基础上，合理配置农村基础设施，切实提高乡村人居环境质量，形成有利于城乡协调互动的空间结构。

整合可大致分为三种类型（图 7-2）：其一，逐步推进小村或在远郊区的村庄向大村或道路沿线的中心村迁并；其二，逐步推进集镇周边的村庄向集镇迁并；其三，逐步推进县城周边的村庄向县城迁并。第一种可视为中心村引领型，后面两种可视为城镇化引领型。当然，大型村落可通过内部集约化实现村域空间重构。通过实施农村居民点拆迁改造、合并，引导农民向社区集中、向行政村集中，解决农村聚落分散化布局问题，达到公共基础设施和社会化服务业的门槛人口规模。此外，在前述生产和居住空间的重构过程中，还应注重乡村生态空间的重构：应基于农村生态系统的自身特点，严格控制农业生产化肥、农药施用量，逐步实现清洁化、绿色化、无公害生产；建立生态（沟、渠、河、塘、库等）拦截系统，吸纳净化面源污染物，结合强化污染物综合治理工程，确保农村生态环境质量安全，即形成减源、截流、治理体系；遵循景观生态学原理，着力完善农村生态系统廊道，保护物种栖息环境，保持生物资源的多样性。

4. 乡村经济重构

只有振兴了乡村的产业经济系统，才可能真正实现乡村的重构与更新。应加快实现农业产业化与农业现代化，广泛运用适宜生产技术，提高生产组织的社会化与管理的科学化水平，实现土地产出率、劳动生产率与资源利用率相统一。基于规划引导、市场机制，统筹城乡生产力布局，按照集聚发展、集约经营的原则，实现城乡经济的统筹发

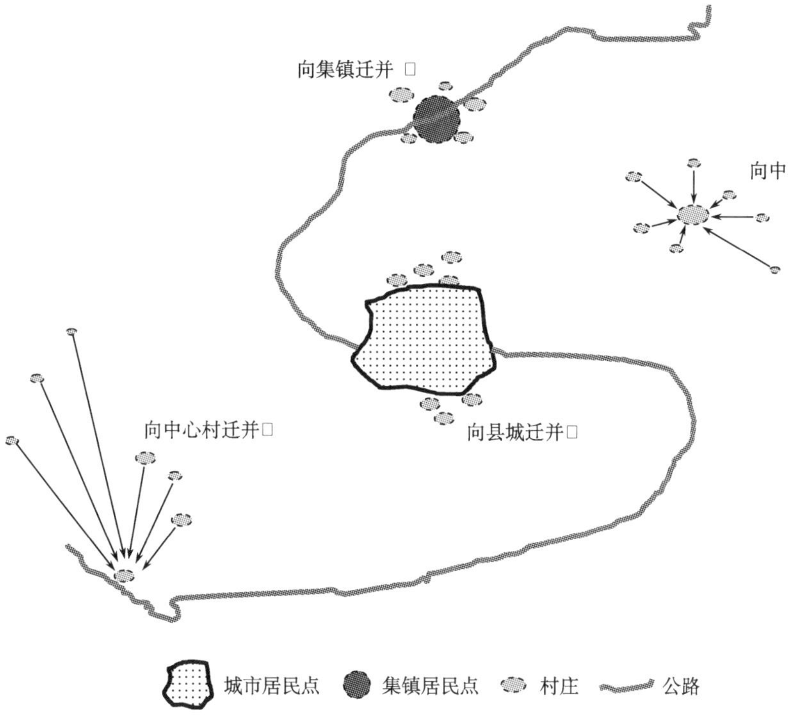

图 7-2 乡村空间重构的概念模型

展。具体而言，应编制和实施城乡一体化空间布局规划，将生产发展比较低端、对农产品的依赖性较强、劳动密集型的产业适当集聚布局在农村地区；将技术密集型、资金密集型的高端产业布局在城镇地区，实现农村与城市地域上的有序分工协作。农业产业发展走规模化之路，向基地集中；工业发展走园区化之路，向工业园区集中；服务业走集聚化之路，向商贸区集中。非农产业基地（如园区和商贸区）应集中布局在区位条件优越、交通和通信等基础设施完善的地区，农业生产适当远离城镇和农村居民点建设区，以防止优质耕地被非农占用。

7.3 城乡用地统筹优化配置战略

7.3.1 城乡用地统筹优化配置的宏观背景

1. 快速工业化城镇化进程中的农村空心化及人减地增现象突出

我国绝大部分省区的村庄建设及其发展变迁过程中，由于缺乏科学规划或规划实施不到位、农业生产方式转变、家庭结构变化、人口流动、传统观念、地域风俗习惯以及农村土地，尤其是宅基地管理法律缺失、制度缺陷等原因，村落分布整体呈现“散、小、乱”的格局，农村居民点用地大幅扩张，侵占农田，而村庄内部土地利用效率低下，闲置浪费严重，村庄“空心化”现象普遍存在（薛力，2001；王成新等，2005；龙花楼等，2009a）。这在宏观层面表现为快速工业化城镇化进程中的农村人减地增现象突出。具体而言，我国乡村常住人口和农业户籍人口数量分别于1995年和2000年达到8.60亿和9.14亿的历史最高水平，随后开始进入快速下降的转型期，年均分别减少1121万人和579万人，但与农村人口正快速减少的趋势相反，农村居民点用地面积却仍呈增长态势（李裕瑞等，2010）。如果再考虑到“撤乡建镇”使得农村居民点面积减少，以及2002年后农村居民点面积统计口径缩小等因素，农村居民点用地扩张的强度将更大。

2. 新时期的工业化、城镇化建设仍存在大量的用地需求

改革开放以来，特别是近10多年来，我国的城镇化水平呈持续加快趋势，2009年城镇人口占总人口的比重已达46.7%，预计到2020年将达56.5%，由此估计还将有2亿人口要实现城镇化。而目前已纳入城镇人口统计中的1.5亿进城务工人员，其合理的用地需求尚未得到满足。总体来看，这3亿多人的城镇化过程势将带来巨大的刚性用地需求。并且，当前我国正处于工业化中期的快速发展阶段，工业化对土地资源的需求也十分强烈。

3. 科学推进城乡用地统筹优化配置可为统筹城乡发展搭建综合平台

针对当前我国农村人口减少但农村居民点用地增加、村庄土地闲置和低效利用普遍存在、保障耕地“红线”与国家粮食安全任务艰巨、新增建设用地需求巨大但供给不足等多重困境，以农村土地综合整治和城乡建设用地增减挂钩为切入点，着力实现城乡用地统筹优化配置，提升农村土地整治的速度、广度和规范化、科学化程度，是实现土地集约利用、有效增加耕地面积、满足城市新增建设用地需求、改善农村人居环境、拉动农村内需的现实需要和践行科学发展观的重要体现，可为统筹城乡发展搭建综合平台。对于贯彻“两个最严格制度”、坚守18亿亩耕地“红线”、保障国家粮食安全、扎实推进社会主义新农村建设、统筹城乡与区域协调发展具有重要的现实意义。

7.3.2 农村集体建设用地整治战略

1. 农村集体建设用地综合整治的必要性与迫切性

改革开放30多年来，我国社会经济快速稳定发展，经济结构转型与政治体制改革不断深入，推动我国城乡关系与农村社会结构发生根本性转变，工业化、城镇化进程快速发展，农民收入水平得到显著提高。但是，城乡二元结构的持续存在与城乡收入差距的不断扩大，造成农村劳动力、土地、资本等优质要素的持续大量流失，农业与农村发展缺乏有效积累与动力，“三农”问题日渐突出；而农村宅基地流转与退出机制的长期缺失，导致农村地区“人走房空”和“一户多宅”现象持续普遍出现，以大量宅基地废弃、土地闲置与低效利用为主要特征的农村空心化问题日益凸显，进一步制约了农村经济与环境的有效改善，成为我国快速工业化、城镇化背景下阻碍农村科学稳定发展与新农村建设的突出问题，已引起社会各界的广泛关注。

党的十七届三中全会指出：我国总体上已进入以工促农、以城带乡的发展阶段，进入加快改造传统农业，走中国特色农业现代化道路的关键时刻，进入着力破除城乡二元结构，形成城乡经济社会一体化新格局的重要时期。破解城乡二元结构，难点在农村，焦点在土地。大力推进农村集体建设用地综合整治，实现优化农村用地结构、提高农村用地效率、统筹城乡用地需求、缓解耕地保护压力等现实需要，在破解经济发展的土地瓶颈、确保社会经济稳定发展的同时，吸引工业与城镇的资金和技术转移，促进社会主义新农村建设，推动农村生产与生活服务设施的集中改造，引导与扶持农村产业发展与农业规模化、产业化经营，提高农业与农村发展的内生动力，促进农民增收，从根本上破除“三农”困境，推进城乡经济社会一体化发展。面向当前我国经济社会转型发展对统筹城乡土地配置的紧迫需求，大力推进以空心化为整治要点的农村集体建设用地综合整治，对于破解城乡用地矛盾、保护耕地红线、提高农业综合生产能力、扎实推进新农村建设和统筹城乡发展的宏观战略具有极为重要的意义。

(1) 切实贯彻落实十七届三中全会《决定》的重要举措

党的十七届三中全会审议并通过了《中共中央关于推进农村改革发展若干重大问题的决定》(以下简称《决定》)，明确提出实现“资源节约型、环境友好型农业生产体系基本形成，农村人居和生态环境明显改善，可持续发展能力不断增强”的农村发展基本目标。《决定》指出，要“健全严格规范的农村土地管理制度”：“坚持最严格的耕地保护制度，层层落实责任，坚决守住 18 亿亩耕地红线；加强土地承包经营权流转管理和服务，建立健全土地承包经营权流转市场，发展多种形式的适度规模经营；实行最严格的节约用地制度，从严控制城乡建设用地总规模；完善农村宅基地制度，严格宅基地管理；并逐步建立城乡统一的建设用地市场”。

我国日益突出的农村空心化问题造成农村土地资源的无效利用与严重浪费，极大地制约了农村经济的快速发展与人居、生态环境的有效改善。大力推进农村集体建设用地综合整治，一方面能有效加强与完善农村集体建设用地管理制度，优化用地结构，提高农村土地利用效率，搭建城乡建设用地统筹管理与利用平台，同时能有效补充与促进耕地增长，促进农业规模化与产业化经营，实现农村土地资源的节约集约与高效利用；另一方面，在大力推进农村宅基地整治的同时，着力引导农村产业配置，推动农村基础设施与公共服务设施的集中布局，优化农村人居与生态环境，促进农民增收与生活质量的提高，有效促进农村人地关系协调发展，实现农村土地资源的“十分珍惜、合理利用”目标，保障社会主义新农村建设的扎实有效推进，使农村真正进入“资源节约型与环境友好型的可持续发展道路”。

(2) 缓解耕地保护与城镇建设用地扩张需求矛盾，实现《全国土地利用总体规划纲要（2006～2020)》目标的关键措施

我国正处于社会经济高速发展与快速工业化、城镇化时期，社会经济发展对土地空间的需求与日俱增，对耕地资源保护造成极大压力，耕地资源大量流转为建设用地。而另一方面，我国人口的不断增长与人民生活水平的持续提高对粮食生产提出了更高要

求，保护耕地红线与提高耕地生产能力，进而长效保障国家粮食安全成为社会经济发展的首要问题。随着后备耕地资源开发潜力的逐渐减少与开发生态环境风险的不断增加，加强城乡存量建设用地的集约高效利用，成为保障建设用地需求与耕地保护，缓解“建设”与“吃饭”矛盾的重要突破口，而其中土地资源普遍低效利用的广大空心村地区的集中综合整治，更成为发掘存量建设用地潜力的重点。

我国社会经济高速发展的态势还将持续较长一段时间，未来经济发展带来的建设用地扩张与耕地保护压力也将长期存在。《全国土地利用总体规划纲要（2006～2020）》（以下简称《纲要》）明确指出了到2020年全国新增建设用地占用耕地规模的调控目标为300万hm^2，由此提出的土地整理复垦开发补充耕地目标达到367万hm^2，其中农村土地整理补充耕地182万hm^2，包括农村集体建设用地整理补充耕地目标为90万hm^2。但随着我国农用地“田、水、路、林”整理的日趋完善，依靠农用地整理补充耕地的潜力逐渐减少，而以空心村综合整治为代表的农村集体建设用地的整治潜力大，且更能满足广大农民群众改善农村生活条件的迫切需求，其必将成为贯彻落实“十分珍惜、合理利用”土地资源国策、补充耕地资源、切实保障城乡发展用地需求的重要措施，也是完成《纲要》土地整治与补充耕地目标的关键步骤。

(3) 提高农村用地效率、改善农村人居环境、助推社会主义新农村建设、搭建城乡统筹发展新平台的重要保障

随着社会经济的快速发展，国家以城带乡、以工促农发展战略与社会主义新农村建设等政策的出台，长期处于被剥夺状态的我国农村与农业生产得到逐步改善。但鉴于我国农村发展存在问题的普遍性与复杂性，且农村人口的大量流动和土地有效管理制度的长期缺位，给国家支农惠农资金与政策造成极大阻碍，特别是新农村建设的相关资金，普遍地片面落实到硬化路、大广场等表面的“新村庄建设”上，难以从根本上有效解决农业和农村未来的发展困境。

与此同时，我国农村地区“人减地增”与“人走房空”的态势却日益严重，据国家统计局和各年度土地变更调查报告数据显示，1995年以来我国农村常住人口进入快速下降期，年均减少1100万人，但农村人口转移并未与农村居民点用地面积缩减相挂钩，1996～2008年农村居民点用地增加300多万亩；按农村常住人口计算，2008年人均农村居民点用地达229m^2，户均占地则接近1亩。普遍存在的空心村在造成极为严重的土地资源无效利用的同时，也极大地制约了新农村建设政策对农村产业发展和人居环境改善的推动作用，支农惠农资金难以得到有效整合利用，农村可持续发展缺乏有效基础与动力。

各地区通过大力推进以空心村整治为代表的农村集体建设用地综合整治，能有效调整与优化农村土地利用结构，合理配置耕地补充和人居、产业用地规模，提高农村用地效率；其节余建设用地指标在补足城镇与工矿发展用地需求的同时，可将指标置换收益返还农村或引导部分适宜产业向农村转移，在夯实农业与农村发展基础、搭建城乡建设用地统一市场的同时，促进城乡社会经济的统筹与协调发展。

在提高农村用地效率的同时，实现农村住宅和公共服务与环境配套设施的集中布

局，从根本上扭转农村服务设施薄弱与人居环境“脏、乱、差”的局面，并紧密依托农村产业建设，促进农业劳动力良性转移与农民收入的稳步提高，保证农村居民的发展需求。同时，着力推进农村耕地承包权的流转，推动以龙头企业和种植大户领衔的农业规模化与产业化经营，并完善与原承包农户的收益分配机制，在切实保障农民利益的同时，促进农业发展与剩余劳动力的良性转移，实现农业有进步、农村有发展、农民有增收的可持续发展。

2. 农村集体建设用地整治潜力的内涵

国际先进国家和地区农村整治的成功经验，为我国全面推进农村集体建设用地综合整治提供了重要的参考依据，但由于各地不同的自然地理环境与社会经济发展进程，导致其村庄用地发展和人口流动形态存在着极大的差异，需要针对其各自的发展特征制定相应的整治方案，以期能在提高土地利用效率、促进农业发展、改善农村环境、保障农民权益、推动社会主义新农村建设与城乡统筹发展等方面取得最大化效益。

而在我国社会经济长期快速发展与快速工业化、城镇化背景下，城镇成为区域经济发展的主要带动力量，其经济辐射效应对周边农村地区的发展产生着巨大的影响。随着距离城镇地区的远近，各地农村的经济发展和土地利用也呈现出较为相似的变化特征，因而在各地农村土地整治宏观策略的制定过程中，通常可以依据其受城镇经济影响作用的大小，结合各村庄间的空间分布特征，制定相对统一的农村集体建设用地整治模式。在此原理下，遵循因地制宜、统筹规划、分类指导、分区推进的指导原则，兼顾农业和农村产业未来的发展需求，将我国农村地区集体建设用地整治的模式划分为三种类型：城镇化引领型、中心村整合型（迁村并点、整村搬迁）和村内集约型（陈玉福等，2010a）。

一般而言，农村建设用地整理的对象主要包含农村集体建设用地中的所有闲置、空置和利用效率较差的土地，可以概括为三个主要类型：农村居民点用地、工矿废弃地和砖瓦窑场。其中农村居民点用地的占地面积比重远大于工矿废弃地和砖瓦窑场，且对其整治直接关系到农村环境和农民生活的改善，是全国农村建设用地整治的主要方向；同时，鉴于在地籍数据获取上工矿用地难以区分城乡归属，而砖瓦窑场更难以在土地利用分类体系和统计数据中得到有效体现，数据上难以达到潜力测算需求。加之此两类用地的整治规模远小于农村居民点用地，为能得到更为宏观和准确的测算结果，单独将农村居民点用地的整治腾地潜力作为全国农村集体建设用地整治的最终测算潜力。

针对农村居民点用地所采用的不同整治模式，会使得整治潜力结果存在极大的变化，因而在全国农村建设用地整治潜力测算过程中，需要对各地的整治模式制定统一的规范与标准，以明确其整治潜力的内涵。

在我国工业化和城镇化持续发展背景下，逐步建立以村镇耦合地域系统为代表的城乡统筹发展平台，突出农业与农村在社会经济发展中的特殊地位，是实现社会经济持续稳定发展的唯一选择，也是未来城乡发展的必然趋势。构建村镇耦合地域系统的基础是在区域发展的中心地理论和“点-轴”理论背景下，突出各等级中心在区域社会经济发展中的带动作用，而作为最基础单元的农村中心村社区建设，就成为未来农业生产大发展和城乡人口合理配置条件下，农村土地整治和区域发展的必然选择，最终形成相对稳定的“中心村-中心镇-城市”三级村镇发展系统。

因此，有必要将村镇耦合系统构建和农村中心村社区建设作为农村集体建设用地整治的核心目标和潜力测算依据。据此，农村集体建设用地整治潜力可以定义为：在农村人口持续非农化迁移背景下推行农村建设用地整治和中心村社区建设，实现农村生产、生活和生态环境的协调与稳定发展、区域土地最优化配置状态的腾地潜力。

城镇化引领型模式涉及村庄范围相对较小，且与中心村整合型模式潜力相近，测算中可以将其近似作为中心村整合型模式；村内集约型整治模式是在区域农业生产尚不发达、农村经济较为薄弱条件下推行的暂时性模式。区域农村未来发展仍将以中心村社区建设为最终目标，村庄发展的最终稳定状态也将以中心村社区建设为核心，而农村建设用地整治是以实现区域协调与可持续发展为目标，因而区域农村建设用地整治的最终腾地潜力也应以中心村整合型模式为主要依据。因此，在具体的全国宏观潜力测算中，整治潜力的测算标准以中心村整合型整治模式的腾地潜力为主要依据。

3. 农村集体建设用地整治潜力测算

（1）未来总人口和城镇化率预测

以 2000～2008 年的全国总人口统计数据为基础，通过灰度分析预测法和时间序列预测法得出 2015 年和 2020 年的分省人口预测值。

鉴于预测方法受自身拟合优度等原因的限制，不可避免会造成数据预测的误差，因而需要采用多种方法综合修正的方式，降低由于模型拟合性问题而导致的预测误差，其综合的标准可以依据各自模型的拟合优度来进行。同时，鉴于灰度预测模型在中远期预测中的结果偏向于指数型增长，预测结果存在一定的放大效应。因而本节将其置于辅助地位，而以时间序列模型预测结果为主，兼顾两模型各自的拟合优度，得到全国分省人口总量预测的最终值，如表 7-1 所示。

表 7-1　全国各省人口总量预测结果及其修正标准　　（单位：万人）

地区	修正标准 时间序列模型拟合优度	灰度模型 最大相对残差	修正比例	2008 年 人口现状	预测结果	
					2015 年	2020 年
全国	0.983	0.010	2∶1	132 802	141 337	146 633
北京	0.964	0.052	10∶1	1 695	1 885	2 064
天津	0.888	0.028	2∶1	1 176	1 202	1 275
河北	0.995	0.006	2∶1	6 989	7 317	7 547
山西	0.987	0.011	4∶1	3 411	3 650	3 797
内蒙古	0.906	0.003	1∶1	2 414	2 444	2 469
辽宁	0.971	0.008	2∶1	4 315	4 434	4 524
吉林	0.948	0.012	2∶1	2 734	2 861	2 931
黑龙江	0.986	0.000	2∶1	3 825	3 842	3 853
上海	0.954	0.047	10∶1	1 888	2 109	2 286

续表

地区	修正标准时间序列模型拟合优度	灰度模型最大相对残差	修正比例	2008 年人口现状	预测结果	
					2015 年	2020 年
江苏	0.991	0.006	2∶1	7 677	7 992	8 235
浙江	0.956	0.020	4∶1	5 120	5 398	5 671
安徽	0.641	0.017	4∶5	6 135	6 292	6 369
福建	0.989	0.011	4∶1	3 604	3 861	4 026
江西	0.943	0.019	2∶1	4 400	4 623	4 774
山东	0.990	0.005	2∶1	9 417	9 763	10 029
河南	0.990	0.008	2∶1	9 918	10 487	10 848
湖北	0.919	0.020	2∶1	6 181	6 421	6 597
湖南	0.992	0.006	2∶1	6 853	7 114	7 303
广东	0.929	0.051	5∶1	9 544	10 701	11 724
广西	0.991	0.011	4∶1	5 069	5 369	5 585
海南	0.992	0.019	4∶1	854	940	996
重庆	0.989	0.006	2∶1	3 257	3 361	3 453
四川	0.962	0.004	2∶1	8 838	9 089	9 260
贵州	0.990	0.017	4∶1	4 071	4 384	4 610
云南	0.994	0.012	4∶1	4 543	4 922	5 163
西藏	0.999	0.009	2∶1	287	316	336
陕西	0.959	0.016	4∶1	3 762	3 968	4 087
甘肃	0.904	0.026	3∶1	2 628	2 833	2 940
青海	0.991	0.016	4∶1	554	607	639
宁夏	0.999	0.008	2∶1	618	682	728
新疆	0.993	0.012	4∶1	2 131	2 363	2 546
分省人口合计				133 909	141 232	146 670

具体的修正方法为：①若某省时间序列模型拟合优度大于 0.95，而灰度模型的最大相对残差小于 0.01（绝对值），则两者结果在综合过程中的比例为 2∶1；②将各省时间序列模型拟合优度划分为（1，0.95]、(0.95，0.90]、(0.90，0.80]、(0.80，0.70]、(0.7，0）五个区间段，每段所代表其所占比例为第一段的几分之一，如第五段区间(0.7，0)，其所占比例为第一段区间（1，0.95］的 1/5；与此类似将灰度模型的最大相对残差划分为（0，0.01]、(0.01，0.02]、(0.02，0.03]、(0.03，0.04]、(0.04，1）五个区间段，其所占比例的确认方式与时间序列模型一致；③将步骤 2 确定的各模型所占比例与步骤 1 所确定的标准相结合，得到各省人口预测的修正标准。

随后，以 2000～2008 年我国全国总人口及乡村人口规模为基础，通过联合国法、逻辑斯蒂模型法以及城市化与经济发展水平模型法得出 2015 年和 2020 年的城镇化水平预测结果。经济增长模型法中的经济增长情况通过人均 GDP 指标来反映，为了能真实反映地区的经济增长状况，采用两种方法来预测人均 GDP 变化趋势：①根据 2000～2008 年的人均 GDP 指标通过线性回归得出 2015 年和 2020 年的预测值，基于该值测算城镇化水平；②根据 2000～2008 年的全国可比价格变动情况确定人均 GDP 的年均增长率，以此为标准预测未来 2015 年和 2020 年的人均 GDP 指标，并基于该数据测算城镇化发展水平，具体结果如表 7-2 所示。

表 7-2　全国各省城镇化水平预测值

省（市、区）	Logistic 法		联合国法		经济增长模型（基于人均 GDP）		经济增长模型（可比价测算的人均 GDP）		2008 年人口现状
	2015 年	2020 年	2015 年	2020 年	2015 年	2020 年	2015 年	2020 年	
北京	0.88	0.89	0.9	0.92	0.89	0.9	0.92	0.97	1 695
天津	0.8	0.81	0.81	0.84	0.79	0.8	0.82	0.85	1 176
河北	0.55	0.61	0.58	0.69	0.49	0.52	0.56	0.65	6 989
山西	0.54	0.58	0.55	0.62	0.49	0.51	0.54	0.6	3 411
内蒙古	0.57	0.61	0.6	0.65	0.53	0.55	0.58	0.63	2 414
辽宁	0.64	0.66	0.65	0.69	0.71	0.74	0.73	0.81	4 315
吉林	0.57	0.59	0.57	0.6	0.55	0.56	0.57	0.6	2 734
黑龙江	0.56	0.57	0.57	0.59	0.55	0.56	0.57	0.58	3 825
上海	0.89	0.9	0.89	0.89	0.89	0.89	0.89	0.9	1 888
江苏	0.62	0.65	0.66	0.73	0.6	0.62	0.66	0.74	7 677
浙江	0.63	0.66	0.66	0.71	0.62	0.63	0.66	0.71	5 120
安徽	0.5	0.55	0.51	0.59	0.45	0.47	0.51	0.59	6 135
福建	0.57	0.6	0.58	0.64	0.54	0.56	0.59	0.66	3 604
江西	0.52	0.57	0.54	0.64	0.46	0.49	0.53	0.6	4 400
山东	0.55	0.59	0.57	0.63	0.52	0.54	0.57	0.63	9 417
河南	0.47	0.54	0.49	0.59	0.4	0.43	0.46	0.53	9 918
湖北	0.56	0.6	0.58	0.64	0.53	0.55	0.58	0.64	6 181
湖南	0.57	0.62	0.6	0.69	0.53	0.56	0.61	0.71	6 853
广东	0.68	0.69	0.74	0.8	0.7	0.74	0.78	0.88	9 544
广西	0.48	0.52	0.5	0.56	0.44	0.46	0.48	0.53	5 069
海南	0.54	0.57	0.55	0.6	0.51	0.53	0.56	0.61	854
重庆	0.59	0.63	0.63	0.71	0.56	0.59	0.63	0.72	3 257
四川	0.52	0.58	0.55	0.64	0.47	0.5	0.54	0.62	8 838
贵州	0.37	0.4	0.39	0.43	0.35	0.36	0.37	0.4	4 071
云南	0.35	0.41	0.44	0.52	0.37	0.39	0.41	0.47	4 543
西藏	0.36	0.42	0.27	0.31	0.3	0.32	0.29	0.34	287
陕西	0.49	0.53	0.51	0.57	0.45	0.46	0.49	0.54	3 762
甘肃	0.41	0.47	0.4	0.47	0.36	0.38	0.4	0.45	2 628
青海	0.46	0.49	0.47	0.51	0.43	0.44	0.45	0.48	554
宁夏	0.56	0.61	0.58	0.66	0.51	0.54	0.58	0.65	618
新疆	0.47	0.51	0.48	0.54	0.43	0.45	0.46	0.51	2 131
全国	0.54	0.59	0.53	0.59			0.54	0.59	132 802

为保证合理性与科学性，采用加权平均的方式得出最终的城镇化水平预测结果，各方法分配的权重指标主要依据三个方面得出：①已有研究成果对于各类预测方法的评价；②各省人口发展的综合趋势；③模型拟合优度的大小。

综合得出权重公式：

$$P_{综}=\frac{0.8P_{逻}+0.4P_{联}+1.6P_{名}+1.2P_{实}}{4}$$

式中，$P_{综}$代表最终城镇化水平，$P_{逻}$、$P_{联}$、$P_{名}$和$P_{实}$依次为通过 Logistic 模型、联合国法、名义 GDP 和实际 GDP 得出的城镇化水平预测值。

具体就各指标权重来看，根据对我国城镇化变化趋势的比较研究显示，我国大部分地区城镇化发展水平与经济发展水平的相关性较高，利用分省 GDP 指标构建的城镇化变动模型能够较好地反映我国城市人口的变化趋势，因此在指标确定过程中赋予较高权重。

由于我国地域广阔，人口发展现状与增长类型的横向差异较大，一套权重体系无法完整囊括全国各省的具体情况。综合考虑我国不同省区的地域差异性，公式仅适用于东中部地区的大部分省市，包括北京、天津、河北、山西、吉林、江苏、浙江、安徽、福建、江西、山东、河南、湖北、湖南、广东、海南、重庆等。其他省份的权重需要通过相应调整来获得。

从模型拟合优度指标上来看，上海、黑龙江等地区由于 Logistic 模型和 GDP 预测的拟合优度均较低，因此在原有模型基础上做出调整，提高了联合国法权重。考虑到西部地区部分省市经济社会发展以及城市化演进的具体情况，也对模型权重做出了一定改动和调整。最终预测结果见表 7-3。

表 7-3　我国各省城镇化水平综合预测结果

省（市、区）	预测期城镇化水平		省（市、区）	预测期城镇化水平	
	2015 年	2020 年		2015 年	2020 年
北京	0.897	0.923	湖北	0.556	0.595
天津	0.805	0.824	湖南	0.568	0.631
河北	0.530	0.593	广东	0.727	0.776
山西	0.522	0.565	广西	0.453	0.482
内蒙古	0.545	0.566	海南	0.534	0.569
辽宁	0.640	0.674	重庆	0.593	0.648
吉林	0.563	0.580	四川	0.495	0.539
黑龙江	0.566	0.578	贵州	0.357	0.375
上海	0.892	0.895	云南	0.377	0.412
江苏	0.628	0.677	西藏	0.296	0.334
浙江	0.636	0.669	陕西	0.463	0.492
安徽	0.483	0.535	甘肃	0.377	0.408
福建	0.565	0.606	青海	0.438	0.456
江西	0.502	0.555	宁夏	0.532	0.574
山东	0.546	0.587	新疆	0.442	0.470
河南	0.443	0.497	全国	0.536	0.589

(2) 整治潜力测算

土地整治潜力测算将从两方面来进行，一方面基于农村人均面积现状情况测算现状整治潜力，揭示农村地区真实存在的整治潜力；另一方面基于我国各省关于人均宅基地使用标准的法律规章，与各地区农村居住建筑占用面积比重的相关规定，测算理论整治潜力。

A. 基于现状人均农村建设用地面积的整治潜力测算

利用分县农村居民点用地面积现状数据和计算得出的分县未来农村人口规模，计算得出各县级单元的农村集体建设用地整治的现状潜力，具体计算过程如下式：

$$\Delta S_{\text{现状}} = (P_{\text{现状}} - P)M_{\text{人均现状}}$$

式中，$\Delta S_{\text{现状}}$为农村集体建设用地整治的现状潜力，$P_{\text{现状}}$为各省农村人口规模现状，P为规划目标期各省农村人口规模预测值，$M_{\text{人均现状}}$为各省农村人均建设用地面积现状。

通过测算得出全国分省人均农村建设用地面积整治潜力，如图 7-3 与表 7-4 所示。

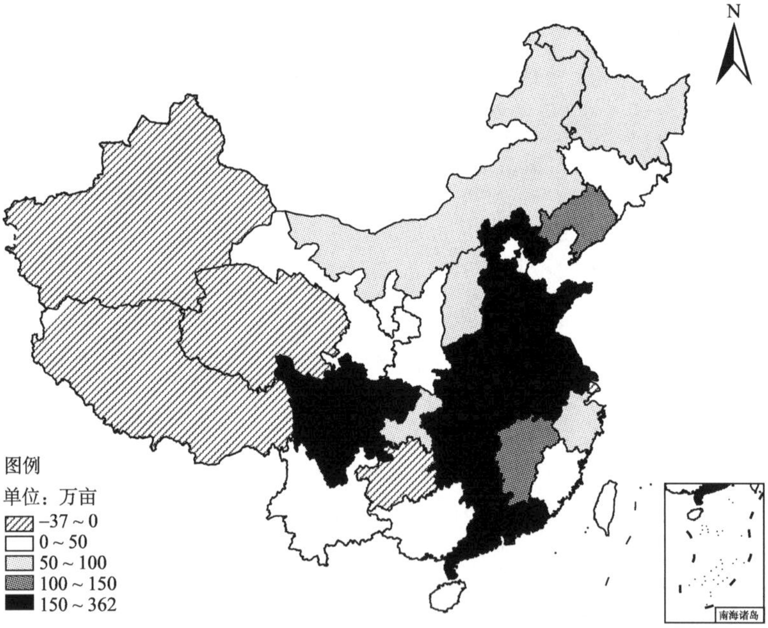

图 7-3　我国农村集体建设用地现状整治潜力示意图

表 7-4　全国分省人均农村建设用地现状整治潜力

地区	可整治面积/万亩		现状整治潜力/%	
	2015 年	2020 年	2015 年	2020 年
全国	1452.2	3335.0	5.9	13.4
北京	32.2	50.0	24.4	37.8
天津	16.6	21.5	12.6	16.2
河北	226.9	361.7	15.3	24.4

续表

地区	可整治面积/万亩		现状整治潜力/%	
	2015 年	2020 年	2015 年	2020 年
山西	50.9	87.3	6.9	11.8
内蒙古	47.6	83.7	4.6	8.0
辽宁	72.7	145.2	7.3	14.6
吉林	17.9	30.7	2.2	3.7
黑龙江	25.0	53.4	2.2	4.7
上海	−4.0	−8.0	−5.5	−11.2
江苏	211.7	333.9	15.3	24.2
浙江	52.9	75.1	9.5	13.4
安徽	167.4	289.1	11.0	18.9
福建	27.3	46.7	7.0	12.0
江西	69.2	114.5	10.7	17.7
山东	182.8	288.5	10.2	16.1
河南	165.1	292.7	7.9	14.0
湖北	95.4	157.0	8.8	14.5
湖南	205.2	330.3	16.8	27.0
广东	161.7	243.7	16.5	24.8
广西	9.5	19.8	1.3	2.8
海南	2.7	5.9	1.5	3.2
重庆	20.1	77.6	3.7	14.5
四川	152.4	248.2	9.9	16.2
贵州	−24.3	−36.6	−4.8	−7.2
云南	−4.9	2.0	−0.8	0.3
西藏	−0.1	−0.3	−0.2	−0.8
陕西	16.4	35.6	2.1	4.6
甘肃	6.7	16.0	1.0	2.5
青海	−4.1	−6.2	−4.2	−6.2
宁夏	10.3	14.7	6.2	8.8
新疆	−18.0	−36.4	−2.5	−5.0

从现状潜力情况来看：①全国农村集体建设用地的整治潜力 2015 年为 5.9%，2020 年 13.4%。各省市之间土地整治潜力的差异较大，2020 年土地整治潜力位居前 5 位的省市分别是北京、湖南、广东、河北、江苏；②有五个省市的整治潜力为负，分别是西藏、新疆、青海、贵州和上海，从空间分布上来看负潜力省市主要分布在西部地区；③农村集体建设用地整治潜力呈现出一定的地域差异性，具体表现为东部沿海地区土地整治潜力大于中西部地区、经济发达省份潜力大于经济欠发达省区、农业资源丰富、农业优势明显的传统农区整治潜力大于农业资源不丰富、农业优势欠发达的省区。

B. 基于各省宅基地用地法规标准的理论整治潜力测算

利用各省农村居民点用地面积现状数据和计算得出的各省未来农村人口规模，按照国家关于农村人均建设用地指标的规定，计算得出各省（区、市）的农村集体建设用地整治的理论潜力，具体计算过程如下：

$$\Delta S_{理论} = S_{现状} - P \times M_{各省}$$

式中，$\Delta S_{理论}$为农村集体建设用地整治的理论潜力，$S_{现状}$为农村居民点用地现状面积，P为规划目标期各省农村人口规模预测值，$M_{各省}$为农村人均居民点用地面积的分省标准。下面具体就该指标的确定方法进行简要阐述。

依据各省相应法律法规确定各省的户均农村宅基地占用面积的标准，通过户均宅基地面积与户均人口规模，计算得出各省人均宅基地面积的执行标准。在此基础上，结合《村镇规划标准》（GB50188—93）和各省农村居住建筑用地占用比例的具体情况，推算得出我国各省（区、市）农村人均居民点用地规模的标准。其中，农村居住建筑用地占用比例依据《村镇规划标准》中针对中心村一级行政单元的居住建筑用地占用比例的相应规定，执行范围是55％～70％，即宅基地占居民点用地的比例在55％～70％。鉴于该法规颁布实施的时间相对较早（1994年开始正式实施），且并没有结合新版《村镇规划编制办法》以及《村庄和集镇规划建设管理条例》进行相应修订。为了便于在全国各省区加以实施，下面将结合我国各省农村居民点的用地现状和社会经济差异对《标准》当中规定的居住建筑用地比例进行具体修正。修正原则如下。

1）考虑各省地形状况对农村用地结构的影响。居住建筑对于地形的要求比较高，一般需要修建在平坦缓和的土地之上，因此地形差异对于农村居民点的用地结构会产生一定影响。具体来看，在平原地区由于可供建设住宅的土地资源相对丰富，因此在土地总量相对固定的前提下居住建筑用地所占比重往往较小；相反，在坡度起伏较大的地区因为建设用地资源相对有限，因此居住建筑用地所占比重就往往比较大。据此，在进行指标修正时，就可以考虑适当降低位于平原省份的居住建筑用地比例，提高地势起伏较大省份的用地比例。此外考虑到土地整治完成后建设新型农村社区的要求，在进行设施布置和配套的过程中也需要依据各省区具体情况对用地比例进行适当调整。

2）综合考虑经济发展情况对农村用地结构的影响。村庄是农村人口进行各类经济活动的载体，农村地区的各类设施与用地结构直接或间接的反映了该地区农村的基本经济活动状况。而据大量研究显示，我国经济发展的地带性特征比较显著，各地区的经济发展状况存在很大的差异，这种差异同样也体现在了农村地区。具体来看，东部沿海地区经济发展状况较好，农村地区基础设施的完善程度较高，因此居住建设用地的比例相对较低。相比之下，中西部地区部分省份由于农村基础设施配套的情况相对较差，农村用地结构相对比较单一，因此居住建筑用地所占比例就相对较高。基于上述原因，为了更好符合现实情况，应该把经济发展差异对农村用地结构的影响也考虑在内。

3）重视城镇化过程对农村地区用地结构的影响。改革开放以来，我国城镇化率年均递增0.92％。快速城镇化进程中的城乡要素流动不断加快，特别是农村“一户多宅”、建新不拆旧的持续蔓延，造成了以农村宅基地废弃与土地闲置为主要特征的空心化问题日益突出。上述情况的出现，使得部分省份的农村用地结构出现了显著的变化，甚至出现人均宅基地指标超过人均居民点用地指标的现象。这类现象的出现从一个侧面反映了我国农村用地结构的省域差异。基于上述情况，为了在进行土地整治的过程中尽量考虑地区的现状情况，因此针对于一些宅基地资源相对丰富，且存在一户多宅、多重占地甚至“空心村”现象的省份，将考虑适当提高居住建筑用地占用比例。

4）参考各省为贯彻国务院《村镇建房用地管理条例》（1982 年）颁布的实施办法。结合该法规的相应指标，在综合上述各项原则的基础之上，对居住建筑占用比例进行调整。

基于上述原则，得出我国各省农村人均居民点用地标准（表 7-5，图 7-4）：

表 7-5　我国各省农村人均居民点用地标准

省（市、区）	人均居民点用地标准/m²	省（市、区）	人均居民点用地标准/m²
北京	120.0	湖北	109.5
天津	107.3	湖南	107.4
河北	119.1	广东	68.3
山西	89.4	广西	63.7
内蒙古	131.4	海南	81.7
辽宁	171.1	重庆	115.2
吉林	128.6	四川	85.7
黑龙江	155.7	贵州	75.7
上海	124.9	云南	67.8
江苏	110.6	西藏	72.4
浙江	100.3	陕西	83.9
安徽	135.2	甘肃	85.7
福建	99.7	青海	84.9
江西	99.7	宁夏	81.0
山东	121.0	新疆	87.8
河南	121.3		

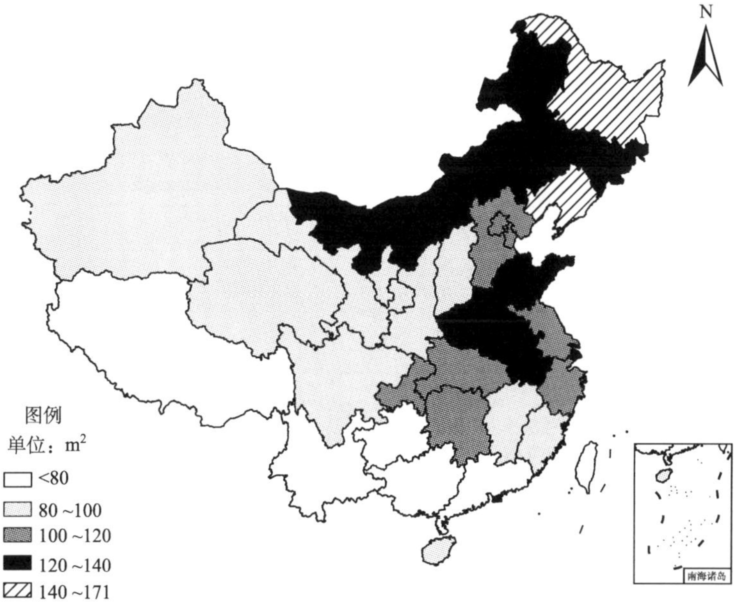

图 7-4　各省农村人均居民点用地面积标准示意图

C. 我国各省农村集体建设用地理论整治潜力测算

基于农村集体建设用地整治的理论潜力计算公式，对各省的理论潜力测算结果如表7-6、图7-5所示。通过对农村集体建设用地理论整治潜力的研究分析发现：

1）全国农村集体建设用地的理论整治潜力2015年为59.8%，2020年为62.3%，均高于现状整治潜力，各省区之间同样存在较大的潜力差异，具体来看，到2020年整治潜力最大的10个省市依次为内蒙古、北京、宁夏、新疆、天津、广东、吉林、海南、陕西、江苏。土地整治潜力排名靠后的5个地区为浙江、福建、上海、贵州和西藏。

表7-6 全国分省人均农村建设用地理论整治潜力

地区	可整治面积/万亩		理论潜力/%	
	2015年	2020年	2015年	2020年
全国	14 837.63	15 456.27	59.8	62.3
北京	97.19	103.38	73.6	78.3
天津	94.63	96.21	71.5	72.7
河北	867.06	933.06	58.5	63.0
山西	505.77	518.16	68.4	70.1
内蒙古	826.17	834.08	79.0	79.8
辽宁	586.58	618.76	58.9	62.1
吉林	583.99	587.82	70.8	71.2
黑龙江	750.50	760.42	65.8	66.7
上海	29.10	26.83	40.6	37.4
江苏	889.56	941.00	64.4	68.1
浙江	263.65	276.58	47.1	49.5
安徽	867.50	926.52	56.8	60.7
福建	136.74	150.23	35.3	38.8
江西	302.51	329.51	46.8	50.9
山东	991.71	1 044.39	55.2	58.2
河南	1 033.25	1 103.47	49.3	52.6
湖北	611.40	640.72	56.6	59.3
湖南	727.37	788.21	59.5	64.5
广东	683.50	713.35	69.6	72.6
广西	423.20	427.40	60.1	60.7
海南	127.19	128.14	70.4	70.9
重庆	300.78	327.06	56.0	60.9
四川	943.48	984.40	61.5	64.2
贵州	186.70	179.29	36.9	35.4
云南	330.59	333.93	51.5	52.0
西藏	8.62	8.48	26.3	25.9
陕西	509.65	516.43	65.5	66.4
甘肃	421.18	424.45	65.0	65.5
青海	55.80	54.93	56.3	55.4
宁夏	127.82	128.91	76.7	77.4
新疆	554.42	550.14	76.2	75.6

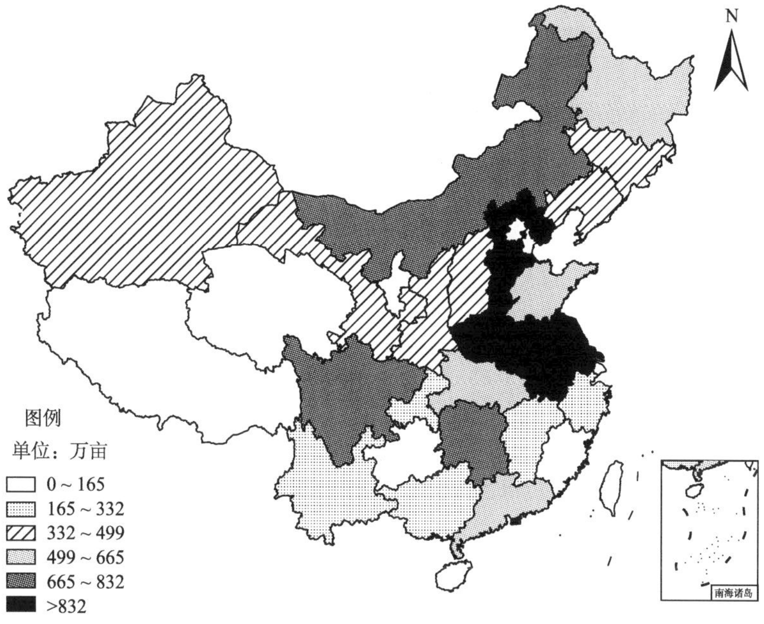

图 7-5　全国农村集体建设用地理论整治潜力

2）根据数据显示，全国各个省份在理论上均具备继续整治的潜力。

3）理论整治潜力的分布情况同样存在明显的地域差异性。这种差异性一方面是由各地区的地形地貌条件以及农村居民点利用现状决定的，另一方面也会受到地区经济社会发展状况的一定影响和制约。

4. 农村集体建设用地整治的重点区域划分

（1）农村集体建设用地整治的有效需求度评价

一般而言，现阶段全面推进各地区农村集体建设用地综合整治，既要考虑各地能实现的腾地规模，又需要考虑地方的整治意愿与能力。基于供给和需求两方面的综合评价，全面分析各地区开展农村集体建设用地整治的可行性与现实需求，进而制定与划分整治重点区域，可为制定农村集体建设用地整治的区域政策与战略提供重要的参考依据。

农村集体建设用地整治的理论潜力测算，为各地开展整治工作提供了可实现的最大整治规模依据，即提供了最大可实现的“腾地”供给规模。地方政府推进农村建设用地整治工作的意愿和能力，是决定整治腾地潜力能得到有效释放的关键因素。整治意愿通过其自身建设用地扩张与耕地保护需求来加以度量，而整治能力也可通过其社会经济实力与政府财政规模来综合衡量，以此综合评价各地开展农村集体建设用地整治的有效需求。在此原则下，本节在各省整治潜力测算的基础上，通过构建综合指标体系评价各省开展农村集体建设用地整治的有效需求度，并结合整治潜力测算结果确定和划分农村集体建设用地整治的重点区域。

据此，基于科学性、目标性、综合性、层次性与可操作性等指标体系构建原则，挑选以下几个指标对各地开展农村集体建设用地整治的意愿和能力进行综合评价。

A. 整治意愿

1）第二、第三产业集约用地率＝第二、第三产业产值÷建设用地面积，反映地区经济发展对建设用地的急需程度。集约用地率越高，建设用地扩张需求越强烈，推进农村建设用地整治积极性也越强。

2）新增建设用地增长率＝新增建设用地面积÷现状建设用地面积，从侧面反映社会经济发展对建设用地的急需程度。增长率越大，对建设用地的需求程度越高，开展农村建设用地整治的意愿越强。

3）新增建设用地侵占耕地率＝建设侵占耕地面积÷建设用地扩张面积，反映地区建设用地扩张需求与耕地保护的急需程度。侵占耕地率越高，建设用地扩张需求越强，耕地保护压力也越大，开展农村建设用地整治的意愿越强。

B. 整治能力

1）地区人均 GDP：是地区社会经济发展的综合水平，反映地方社会经济总体，特别是非政府经济对开展农村集体建设用地整治的经济支持能力；人均 GDP 越高，地区社会经济越发达，社会经济实力越强，对农村集体建设用地整治的经济支持能力也越强。

2）地区人均财政收入：直接反映地方政府主导和推动农村集体建设用地整治的经济能力。农村建设用地整治本质上是促进农村与农业改造的政府行为，其主要推动力量来源于政府，因而政府财政收入的高低决定了政府推进整治工作的行政能力。

结合层次分析法（AHP）和德尔菲法（Delphi）对各指标赋予权重，结果如表 7-7，采用正向极差标准化法消除各指标量纲的差异，得到各省开展农村集体建设用地综合整治的有效需求度，并基于其数理统计特征划分为不同的需求强度等级，如表 7-8 所示。

表 7-7　农村集体建设用地整治有效需求度评价指标及权重

目标层	准则层	权重	指标层	权重
农村集体建设用地整治有效需求度	整治意愿	0.450	第二、第三产业集约用地率	0.094
			新增建设用地增长率	0.132
			新增建设用地侵占耕地率	0.224
	整治能力	0.550	地区人均 GDP	0.221
			地区人均财政收入	0.329

表 7-8　各省农村集体建设用地整治有效需求度评价结果

省（区、市）	有效需求度	需求强度级	省（区、市）	有效需求度	需求强度级
北京	0.673	极高	湖北	0.220	低
天津	0.690	极高	湖南	0.149	低
河北	0.253	较低	广东	0.471	高
山西	0.349	较高	广西	0.164	低
内蒙古	0.325	较低	海南	0.198	低

续表

省（区、市）	有效需求度	需求强度级	省（区、市）	有效需求度	需求强度级
辽宁	0.567	极高	重庆	0.311	较低
吉林	0.299	较低	四川	0.266	较低
黑龙江	0.222	低	贵州	0.178	低
上海	0.894	极高	云南	0.227	低
江苏	0.650	极高	西藏	0.074	极低
浙江	0.717	极高	陕西	0.269	较低
安徽	0.245	较低	甘肃	0.143	低
福建	0.395	较高	青海	0.121	极低
江西	0.151	低	宁夏	0.219	低
山东	0.402	较高	新疆	0.152	低
河南	0.295	较低			

注：需求强度级的划分依据为有效需求度得分的均值和标准差的统计划分。

（2）农村集体建设用地整治的重点区域

结合各省整治的理论潜力测算（绝对值）与有效需求等级划分，可以将其划分为不同的整治类型区，其结果如表7-9与图7-6所示。

表7-9　农村集体建设用地整治类型区划分

类型区	理论潜力	有效需求	省（区、市）
低潜力低需求区	低	低	江西、广西、海南、重庆、贵州、云南、西藏、甘肃、青海、宁夏
低潜力高需求区	低	高	北京、天津、上海
较低潜力低需求区	较低	低	无
较低潜力高需求区	较低	高	浙江、福建
较高潜力低需求区	较高	低	吉林、湖北、陕西、新疆
较高潜力高需求区	较高	高	山西、辽宁
高潜力低需求区	高	低	黑龙江、湖南
高潜力中等需求区	高	中等	河北、内蒙古、安徽、河南、四川
高潜力高需求区	高	高	山东、广东、江苏

注：理论潜力的分级规则与有效需求的分级规则一致，并将其等级简化为低、较低、较高、高四类；有效需求中的级别“中等”为较低和较高两级别的合并，且仅在高潜力等别中采用，其余等别中有效需求仅分为高、低两级。

一般而言，较高和高整治潜力地区在现在和未来开展农村集体建设用地整治能取得更大的腾地效益，而开展的时间顺序可基于现有的有效需求规模来加以排列（图7-7）。开展农村集体建设用地整治的重点区域需要拥有较高的需求和整治效益，因而现阶段重点区域可以确定为山东、广东、江苏、山西、辽宁、河北、内蒙古、安徽、河南、四川等10个省区。其中山东、广东、江苏三省的整治效益最高，地方整治需求最为强烈，应为现阶段推进农村集体建设用地整治的最重要地区；山西、辽宁的整治效益稍低，但

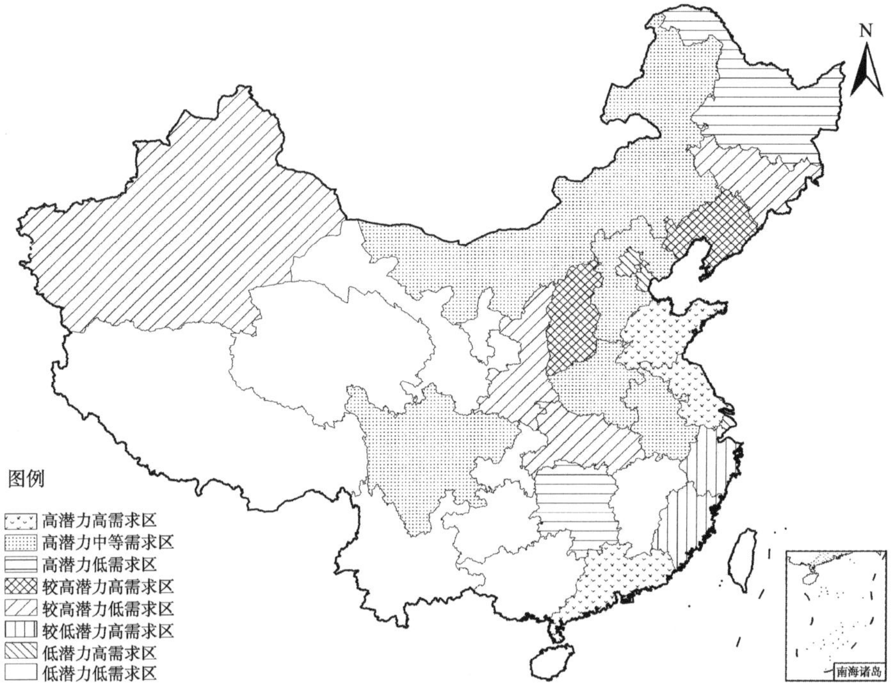

图 7-6　全国农村集体建设用地整治类型区划分

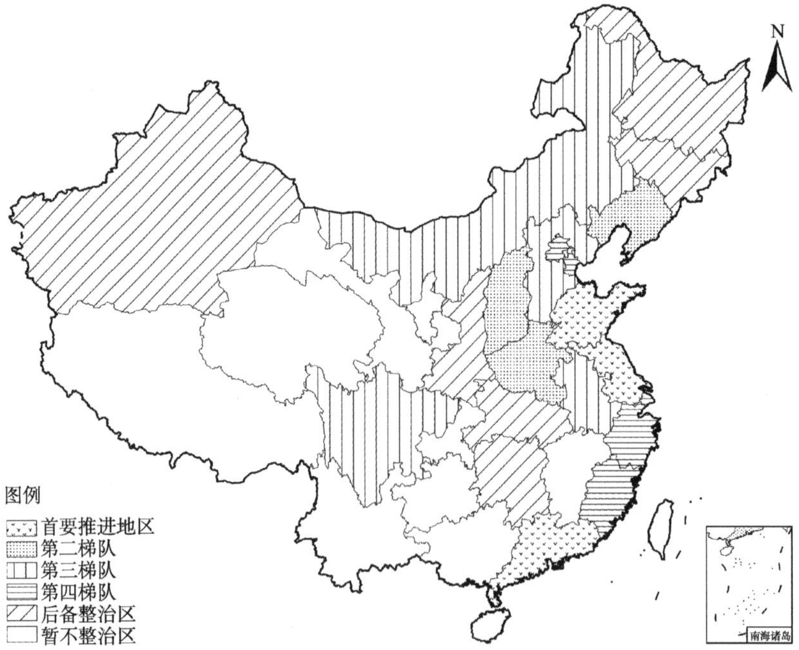

图 7-7　全国农村集体建设用地整治重点区域划分

地方推行阻力较小，应成为推进农村集体建设用地整治的第二梯队；河北等 5 省因现有经济实力与用地需求相对较低的原因，地方政府推进整治的有效需求相对较低，可成为现阶段推进农村集体建设用地整治的第三梯队。浙江、福建，以及北京、天津、上海尽管整治潜力不大，但地方政府有着较强的整治意愿和经济实力，也可根据实际需求逐渐布局相关整治项目，扩大农村建设用地整治效益，可作为推进农村集体建设用地整治的第四梯队。

此外，吉林、黑龙江、湖北、湖南、陕西、新疆等整治潜力较大的省区，在未来社会经济持续发展和用地需求不断增加的情况下，可成为开展农村集体建设用地整治的后备地区。

7.3.3　“增减挂钩”土地政策与城乡用地统筹优化配置实践

1. 基于“增减挂钩”政策的城乡用地统筹优化配置实践

目前，我国的城乡用地统筹优化配置在各地得以陆续开展。其中，以江苏、天津和山东三个省市的做法较为典型：江苏省的万顷良田建设工程突出增加连片高标准农田、天津市的宅基地换房突出城镇化安置、山东省的农村社区化突出以社区为单元的集中居住（王婧等，2011）。

（1）天津：宅基地换房

小城镇建设是我国推动农村与城市社会经济结合、发展的重要战略，是加快城市化进程的重要选择。在小城镇建设过程中，一方面，普遍面临建设资金不足、土地指标有限的问题；另一方面，农村人均居民点面积过高、土地利用效率低下、公共服务设施配套不完善，但土地有着巨大升值空间。由此，天津市自 2005 年率先开展以“宅基地换房”建设小城镇和新农村的工作。具体指村民以其宅基地按照规定的标准置换小城镇中的住宅，迁入小城镇居住，建设适应农村经济和社会发展、适于产业聚集和生态宜居的小城镇，而原村庄建设用地进行复耕，节约下来的土地在整理后经“招拍挂”出售，用土地收益弥补小城镇建设资金缺口，非农产业的发展亦可为农民就业转型提供新的机遇。天津市于 2009 年 8 月正式颁布《天津市以宅基地换房建设示范小城镇管理办法》，对操作程序等进行了明确规定。从近年的实践来看，“宅基地换房”模式为城市建设用地提供了巨大的土地供给空间，促进了土地的集约利用，提高了土地的利用效率，并且大多实现了农民“安居、乐业、有保障”，让广大农民真正成为受益主体，为推动天津城乡一体化建设与发展提供了新动力。

（2）山东：农村社区化

社区化是农村建设发展的重要方向，党的十七届三中全会明确提出要加强农村社区建设，保持农村社会和谐稳定。山东省在城乡建设用地置换实践中，以“挂钩”政策为抓手，以农村土地整治为目的，农村发展建设逐渐“社区化”。其中，以诸城市的社区化建设最为典型，该市为 2008 年 4 月民政部公布的全国 296 个农村社区建设实验县

（市、区）名单之一，同时是省级社会主义新农村建设和农村社区化管理改革的试点。诸城市的社区化建设经历了 2007 年农村社区化服务与建设、2009 年推进农村社区化发展和 2010 年撤村并居三个阶段，使诸城市逐渐形成了“中心城区-镇驻地-农村社区”的结构体系，并着力建设产业园区，为承接产业转移搭建平台。总体来看，农村社区建设实现了散落村庄向中心社区的集中，大大提高了农村基本公共服务水平，探索出了就地城镇化的新模式。

（3）江苏：万顷良田建设工程

江苏省启动的“万顷良田建设工程”，是指依据土地利用总体规划、城镇规划，按照城乡统筹发展、加快社会主义新农村建设的要求，以土地开发整理项目为载体，以实施城乡建设用地增减挂钩政策为抓手，通过对田、水、路、林、村进行综合整治，增加有效耕地面积，提高耕地质量。建成大面积、连片的高标准农田，将农村居民迁移到城镇，节约集约利用建设用地，优化区域土地利用布局，实现农地集中、居住集聚、用地集约、效益集显。具体包括对操作土地具备条件的判定、编制工程规划、申报、审查、实施、检查验收等环节。其中，“实施”环节主要包括房屋拆迁、农民安置补偿、耕地复垦与农田建设等。该工程的突出特点在于：一是以有效增加耕地面积，显著提高耕地质量为重要目的，通过村庄搬迁，旧村址复垦为耕地，并建成成片优质良田；二是探索土地承包经营权有偿流转工作，以转让、转包、出租、入股等形式支撑工程建设，推进现代化农业规模经营生产与实现劳动力向城镇转移；三是拆迁安置以货币安置、养老院安置和进镇、中心村安置模式为主，多样化安置形式以满足工程建设中所涉及的不同类型群体安置要求，其中使大量的农民由分散居住转为到城镇集中居住，进一步促进小城镇建设。当前，江苏大部分县市已开始了该项工程实践。通过万顷良田建设工程的实施，江苏省预计将新增耕地 15.58 万亩，可盘活建设用地 10.66 万亩（修成国，2010）。

2. 成绩与问题

总体来看，“挂钩”政策指导下的城乡用地统筹优化配置实践对解决我国当前城乡建设用地供需矛盾起到了积极作用。部分地区建成了规模良田，农村生活风貌得到改善，城乡土地市场更为活跃，基本达到了城乡土地集约利用程度提高、耕地总量不变甚至有所增加、城市建设用地指标增加的预期效果，对统筹城乡发展发挥了积极作用。但是，也暴露出诸多问题。《新京报》以“多省撤村圈地意在土地财政”为题首次质疑此政策，指出多省市正“撤村”换取建设用地，利用政策漏洞扩大土地财政；失去宅基地农民“被上楼”（涂重航，2010）。刘彦随（2010d）将该政策执行过程中普遍存在的问题概括为四个方面：一是盲目投资建设，片面追求增加城镇建设用地指标，擅自开展城乡建设用地增减挂钩试点或扩大试点范围，擅自扩大挂钩周转指标规模；二是追求土地财政，违背农民意愿强拆强建、大肆圈占农村集体土地；三是把“城乡用地增减挂钩”片面理解为建设用地结构调整，热衷于整治区位条件较好、增值潜力较大的村庄，而不愿整治废弃多年的“空心村”；四是把“城乡用地增减挂钩”简单地理解为整治增地工程，一味追求腾退村庄用地、建设安置高楼，很少考虑生产便民、生活利民因素。

龙花楼等认为针对农村空心化导致的农村土地整治潜力巨大、保护耕地红线、缓解建设用地供需矛盾和推动新农村建设而出台的“增减挂钩”土地利用政策，目前正在深刻地改变着农村土地利用形态，并通过农村基层组织、农村产业和发展空间的重构加速我国乡村转型发展进程，引领着未来我国城乡土地配置和统筹城乡发展的方向（Long et al.，2012）。今后需正确协调处理“地方政府-企业-农民”三者之间的利益关系，积极探索适合农村发展的新机制和土地整治新模式。以此为契机，依托当地优势通过提高和增加当地自然和人力资源的价值来重构乡村产业，以振兴乡村经济，实现乡村重构；目前政策执行过程中以“自上而下”的方式为主导，今后在政策实施过程中应更多体现农民的意愿，实现基于内生发展的“自下而上”方式与“自上而下”方式的完美结合（Long et al.，2012）。虽然此前操作过程中出现一些问题，但应客观看待其政策探索和改革试验的价值（刘彦随，2010d；Long et al.，2012）。

7.3.4 城乡用地统筹优化配置的发展趋向

1. 配置机制：市场配置为主，政府引导为辅

当前，我国农村建设用地整治腾退土地尚未建立公开、合理的价格形成机制，价值补偿没有充分体现农民的土地财产权益。并且，试点地区增减挂钩的土地收益分配仍主要由政府主导，有的未按要求将土地级差收益主要用于农业和农村发展（刘彦随，2010d）。而这些问题正是当前部分城乡用地统筹利用实践偏离初衷的重要原因。未来的城乡用地统筹优化配置在配置机制方面应逐渐由目前的政府主导向市场配置为主、政府引导为辅转变。

2. 尺度范围：突破县级区域，向省地级拓展

近年以“增减挂”为核心的城乡用地统筹优化配置均在县域范围内运行。调研发现，发达县域由于经济发展水平相对较高，建设用地需求大，地方财力较足，开展得相对顺利；在欠发达县域，经济发展相对滞后，往往缺乏整治资金，而即便通过银行贷款等方式使整治工程得以推进，新增用地也时常由于招商引资困难而难以得到优化配置。突破当前的县域尺度范围，逐渐向省地级拓展，可能更有助于城乡土地统筹配置。一方面，发达县域用地需求更大，且资金相对充裕；另一方面，欠发达县域的农村空心化程度更高，更需要外部投入以实现乡村社会经济和空间的重构，进而释放用地潜力、提升发展水平。在地级市或省级范围内，实现发达县域和欠发达县域的对接，理应能够更好地实现城乡土地的统筹优化配置，进而推动区域统筹发展和城乡统筹发展。

3. 相关主体：强调民众参与，切实保障民生

城乡用地统筹优化配置涉及土地的征用、整治、优化利用等诸多环节，关系到诸多主体尤其是相对弱势的农民群体的切身利益。陈玉福等（2010a）及李裕瑞等（2011）在禹城、平邑、单县、新乡、郸城等黄淮海典型地区的调研发现，空心村的大部分居民具有拆旧建新开展土地整治的强烈动机。并且，政府适度放权、农民高度参与的农村土地综合整治工程往往更能取得成功。城乡用地统筹优化配置实践的顺利推进，必然需要其决策、规划、执行过程逐渐由过去的“自上而下”为主，转向“自上而下”与“自下而上”相结合，甚至以“自下而上”为主，着力推进公众参与，赋予其足够的知情权、参与权、受益权、监督权。只有如此，该类实践才更能取得实效，切实保障和惠及民生。

7.3.5 新时期城乡用地统筹优化配置的战略选择

1. 加强制度建设

制度和政策不完善是产生当前城乡土地利用问题的重要原因之一。为推进新时期的城乡用地统筹优化配置，应尽快完善相关制度：一是要针对农村房产继承者及通过其他途径获得并拥有多处宅基地的农户、在流入地有稳定工作和居住保障的农村外出务工家庭等，建立和完善相应的宅基地退出机制；二是基于城乡一体化土地空间规划，完善引导村镇建设发展、土地利用规划实施体系，约束村民建房的地块布局、建筑风格等细节，加强对新时期农村建房热潮的引导与控制；三是完善城乡用地统筹优化配置的相关机制，如主体参与机制、成本分担机制、利益共享机制、过程监督机制。通过制度安排和政策设计的及时跟进，逐步实现健全的制度规范下的市场配置为主、政府引导为辅的城乡用地统筹配置管控体系。

2. 转变执政理念

政府是城乡用地统筹优化配置的行动者之一，政府行为对配置过程和结果具有不可忽视的影响。现行土地、财税、考评制度框架下，土地是地方政府所能掌控的重要资源之一。“土地财政”、“赶农民上楼”、“要地不要人”均折射出地方政府执政理念的偏颇和对政府行为的约束机制的不够健全。今后应借助政绩考核机制的改革、土地及财税制度的完善，促进地方政府进一步转变执政理念，确保其在发展地方工业、促进城镇发展、土地优化配置及“增减挂”实践过程中能够切实保障民生、维护稳定、促进发展。

3. 注重科学规划

2010 年中央“一号文件”指出，要把加强中小城市和小城镇发展作为重点，积极稳妥推进城镇化，要促进特色产业、优势项目向县城和重点镇集聚，安排年度土地利用计划要支持中小城市和小城镇发展，且农村宅基地和村庄整理所节约的土地，调剂为建设用地的，主要用于产业集聚发展。上述要求为城乡用地统筹优化配置指明了基本方向。迫切需要对城乡用地优化配置的时序安排和空间布局进行深入研究、科学论证，对不同类型区进行差异化的配置战略，规划先行、科学推进。这为城乡土地利用规划增加了新的内容、提出了新的要求。亟须增强规划的科学性、连贯性、公信力、执行力。

4. 加强科学研究

城乡用地统筹优化配置不再是单纯的土地资源管理工作，还广泛涉及村镇体系建设、选址决策、工程技术与工程管理、财税体制改革等内容，需要地理学、工程学、经济学、社会学、管理学等多学科的理论、方法与技术的有机集成。但从目前的实践来看，相关科学研究和技术储备明显不足。例如，城乡用地统筹配置机制不健全；村镇体系规划的理论与方法不成熟；缺乏快速准确的土地整治潜力调查与评价技术；缺乏农村居民点土地复垦标准与技术；缺乏中心村建设选址标准、技术与规范；项目评估方法不成熟等，难以为城乡用地统筹优化配置提供足够的科技支撑。应加强科学研究，确保城乡用地统筹优化配置的科学推进。

5. 加强项目评估

城乡用地统筹优化配置是一项复杂的系统工程，其成败对区域城乡发展具有重要影响，其经验教训对于指导今后的城乡统筹发展具有重要价值。当前的城乡土地利用优化配置实践大多缺乏严谨、科学、系统的项目评估。今后，必须加强城乡用地统筹优化配置项目的过程评估、结果评估、后效评估。在评估的参与者方面，应规定专家、公众、政府工作人员、第三方专业机构的人数结构。力争实现实时反馈，切实保障项目的成功运行。

7.4 不同乡村发展类型区的土地利用优化配置战略

7.4.1 农业主导型乡村地域的土地利用优化配置战略

1. 区域发展的比较优势和限制因素

农业主导型乡村多处于传统农区或远离经济发达地市的山地丘陵区，多为大宗、初级农产品的生产区域，农村劳动力仍有较大比重在第一产业就业。地域发展的比较优势在于，基本具备了较好的农业生产条件，在区域和国家粮食安全中占有重要地位。但是，该区的发展也存在明显的限制性因素：农业产业化发展水平往往不高；集约化农业生产带来了一定程度的自然生态环境恶化；在现行体制下，该类区域往往难以通过传统的大宗农产品生产实现富区富民的目标；农村空心化过程成为耕地减少的重要原因，并影响到乡村景观的可持续发展；城镇化水平较低，县城和集镇的带动作用较弱。当然，在城乡转型发展的新时期，农业在国民经济中的基础性作用将进一步提升，农业主导型乡村的农业功能必须得到进一步的强化，该类区域必将迎来更好的发展机遇。

2. 区域发展功能定位和土地利用配置战略

保障区域和国家粮食安全及其他主要农产品供给安全是该类型乡村的核心地域功能，空间结构合理化、农业生产专业化、生活居住社区化、公共服务均等化、管理决策民主化、文化景观风格化是其发展的重要导向。由此，需要城乡二元制度的创新以实现城乡要素优化配置和基本公共服务的均等化。具体在土地利用优化配置层面：一是应加强农村土地综合整治，增加耕地面积、提高耕地质量、增强基本农田建设以提高抵御自然灾害的能力；二是要通过城乡用地统筹优化配置，保障城镇建设用地需求，着力引导中小城镇建设，推进传统农区的城镇化进程，重构乡村人口和产业空间；三是要大力推进农业的标准化、专业化、规模化、产业化发展，将更多的附加值截留在县域城乡生产体系内部，提升劳动生产率和产业竞争力；四是要尝试开展与工业主导型地区的对接，统筹区域土地利用，实现区域间生产要素，尤其是土地和资金的互融互动；五是要十分注重乡村文化景观维系和生物多样性保护。

7.4.2 工业主导型乡村地域的土地利用优化配置战略

1. 区域发展的比较优势和限制因素

工业主导型乡村地域发展的比较优势在于工业化水平相对较高，承接农业富余劳动力的转移能力相对较强，部分地区的城镇化发展已取得了一定程度的进展。该类地区发展的限制因素主要包括：产业高级化程度仍普遍较低，缺乏核心竞争力；在城乡二元制度背景下城镇化发展相对滞后；快速工业化进程往往给该类地区的资源环境本底带来较大冲击，集中表现为耕地面积的快速减少、水土环境的持续退化、生物多样性的不断丧失；并且，该类地区往往也是耕地综合生产能力相对较强的地区，耕地的快速减少和质量下降对国家粮食和主要农产品供给安全的冲击较大。

2. 区域发展功能定位和土地利用配置战略

本类型区的乡村发展应围绕工业化城镇化的先行区、承载重点和优化发展的增长极进行功能定位，着力起到引领人口和产业空间布局优化的带动作用。土地利用优化配置应服务于区域社会经济发展的功能定位和发展导向，在总量上做好开源节流、在部门间做好结构优化、在布局上做好空间优化。具体而言：①开源节流，应着力提高投资门槛，加强城镇闲置土地的清理整顿，加强农村建设用地的挂钩整治与复垦再利用，切实提高用地集约化水平；②结构优化，以土地利用优化配置作为引导和促进产业结构优化的重要抓手，用地供给优先考虑战略性、先导性、主导性、环境友好型产业，严格控制高环境风险型产业的发展；③空间优化，以“增减挂钩”为政策工具，积极开展城乡土地统筹配置，着力引导内发式、参与式农村土地综合整治，协调快速城镇化工业化进程中的城乡人地关系，促进建设、保障发展。

7.4.3 商旅服务型乡村地域的土地利用优化配置战略

1. 区域发展的比较优势和限制因素

商贸产业主导型乡村往往邻近重要口岸、制造业基地，具备较好的交通区位，但商服层次普遍较低；旅游产业主导型乡村则大多具备了较好的自然和人文旅游资源，但目前这些地区大多仍以初级旅游产品开发为主。总体来看，该类型乡村发展过程中，商旅服务型主导产业对就业的拉动面仍然相对较小，对当地乡村发展的带动性有待进一步加强。

2. 区域发展功能定位和土地利用配置战略

商品贸易业或旅游服务业在该类型区域的发展过程中的关联、带动作用需要进一步强化。对于商贸型乡村而言，应大力发展物流产业，继续提升产品集散能力、强化产品流通功能，力争成为区域性商贸中心；旅游服务业主导型区域应继续加强旅游资源保护和旅游营销与市场开发；从国内外经验来看，要做大做强商品贸易、旅游服务产业，还需围绕商贸和旅游服务业适当发展与之关联性强的中高端制造业，即打造具有一定实体经济的商旅服务型产业体系。由此，在土地利用优化配置环节，应加强农村土地综合整治，统筹城乡土地利用，优化乡村产业经济空间和景观生态空间：商品贸易业主导型乡村应强化村镇体系建设，以土地利用来调控和优化村镇产业、功能格局，应着眼于保障发展、保障交通；旅游服务业主导型乡村应优化景区内部和景区外部的用地结构，增加生态用地，强化特色旅游资源的保护，并注重区域乡村可持续景观的营造，提升旅游产业综合竞争力。

7.4.4　均衡发展型乡村地域的土地利用优化配置战略

1. 区域发展的比较优势和限制因素

与农业主导型、工业主导型、商旅服务型乡村具有相对明确的产业构型不同，均衡发展型乡村的产业构型相对模糊，这可能与区域乡村的主导产业或支柱产业优势不突出、特色不明显、带动力有限有关。在城乡转型发展新时期，均衡发展型乡村的发展优势往往需要全面审视其自然地理背景、社会经济区位、产业发展水平后才能得出判断。通常，如何进一步壮大支柱产业、培育战略新兴产业，以产业结构优化和竞争力提升带动城乡一体化发展，是该类型区面临的普遍问题。

2. 区域发展功能定位和土地利用配置战略

均衡发展型乡村的发展转型升级需要进一步明确其功能定位和发展导向。具体而言，可采用适宜的技术方法对现有行业门类进行定性与定量相结合的竞争力测度、带动力评价，基于测度和评价结果，组合、筛选、明确最优方案。优化方案的实施，一方面可能促进该区域向农业主导型、工业主导型或商旅服务型乡村的发展转型；另一方面也可能使得该区域仍然延续过去的三次产业均衡发展的路径，但其竞争优势可能由此得以提升、行业特色因此而变得更加鲜明、城乡要素互动更为活跃。在方案实施过程中，土地利用优化配置可作为调整产业结构、推进民生工程、维系区域环境、统筹城乡发展的重要举措和关键支撑。

参考文献

安毅. 2007. 中国农村经济政策——多元目标与综合创新. 北京：中国市场出版社

巴洛维. 1989. 土地资源经济学——不动产经济学. 谷树忠等译. 北京：北京农业大学出版社

摆万奇. 2000. 深圳市土地利用动态趋势分析. 自然资源学报，15（2）：112～116

摆万奇，阎建忠，张镱锂. 2004. 大渡河上游地区土地利用/土地覆被变化与驱动力分析. 地理科学进展，23（1）：71～78

彼特・霍尔. 2008. 城市和区域规划. 邹德慈，李浩译. 北京：中国建筑工业出版社

毕于运. 1999. 中国土地占用八大问题. 资源科学，21（2）：30～35

毕于运，郑振源. 2000. 建国以来中国实有耕地面积增减变化分析. 资源科学，22（2）：8～12

蔡昉，王德文，都阳. 2008. 中国农村改革与变迁——30年历程和经验分析. 上海：上海人民出版社

蔡玉梅，刘彦随，宇振荣，等. 2004. 土地利用变化空间模拟的进展——CLUE-S模型及其应用. 地理科学进展，23（4）：63～71

蔡运龙. 1996. 人地关系研究范型：全球实证. 人文地理，11（3）：3～8

蔡运龙. 1999. 农业与农村可持续发展的地理学研究. 地球科学进展，14（6）：602～606

蔡运龙. 2000. 中国经济高速发展中的耕地问题. 资源科学，22（3）：24～28

蔡运龙. 2001a. 土地利用/土地覆被变化研究：寻求新的综合途径. 地理研究，20（6）：645～652

蔡运龙. 2001b. 中国农村转型与耕地保护机制. 地理科学，21（1）：1～6

蔡运龙，Smit B. 1996. 全球气候变化下中国农业的脆弱性与适应对策. 地理学报，51（3）：202～212

蔡运龙，何国畸. 2000. 人与土地. 沈阳：辽宁人民出版社

蔡运龙，霍雅勤. 2002. 耕地非农化的供给驱动. 中国土地，（7）：20～22

蔡运龙，陆大道，周一星，等. 2004. 地理科学的中国进展与国际趋势. 地理学报，59（6）：803～810

蔡运龙，汪涌，李玉平. 2009. 中国耕地供需变化规律研究. 中国土地科学，23（3）：11～18，31

曹宝明，顾松年. 2006. “新苏南发展模式”的演进历程与路径分析. 中国农村经济，（2）：63～68，80

陈百明. 2008. 土地开发整理的发展趋势. 中国土地，（8）：26

陈百明，周小萍. 2004. 中国近期耕地资源与粮食综合生产能力的变化态势. 资源科学，26（5）：38～45

陈传康. 1991.《90年代的地理学》笔谈——综合地理学与地理建设. 地理研究，10（4）：85～86

陈传康. 1998. 区域综合开发的理论与案例. 北京：科学出版社

陈国阶. 2006. 中国山区发展研究的态势与主要研究任务. 山地学报，24（5）：531～538

陈国阶，王青. 2004. 中国山区经济发展阶段的理论模型与预测. 地理学报，59（2）：303～310

陈厚基. 1994. 持续农业和农村发展——SARD的理论与实践. 北京：中国农业科技出版社

陈前虎，吴一洲. 2010. 农村宅基地制度变迁及其流转模式. 江苏农村经济，（50）：66～68

陈士辉. 1992. 农村社区的功能与结构研究. 中国农村观察，（2）：62～65

陈锡文. 2005. 深化对统筹城乡经济社会发展的认识扎实推进社会主义新农村建设. 小城镇建设，（11）：17～20

陈晓华，张小林. 2008. “苏南模式”变迁下的乡村转型. 农业经济问题，（8）：21～25

陈映，沙治慧. 2009. 成渝试验区统筹城乡综合配套改革新进展. 城市发展研究，16（1）：37～44

陈玉福，刘彦随，阎建萍. 2005. 论我国草原牧区畜牧业与乡村发展. 地理科学进展，24（3）：17～24

陈玉福，孙虎，刘彦随. 2010a. 中国典型农区空心村综合整治模式. 地理学报，65（6）：727～735

陈玉福，张潆文，刘彦随. 2010b. 江苏省典型样带区农业发展的地域差异. 地理研究，29（7）：1317～1323

程连生，冯文勇，蒋立宏. 2001. 太原盆地东南部农村聚落空心化机理分析. 地理学报，56（4）：437～446

程叶青. 2009. 东北地区农业地域结构类型划分研究. 农业系统科学与综合研究，25（1）：54～58

程叶青. 2010. 农业地域系统演变的动态模拟与优化调控研究——以东北地区为例. 地理科学，30（1）：60～65

程叶青，张平宇. 2005. 中国粮食生产的区域格局变化及东北商品粮基地的响应. 地理科学，25 (5)：513～520
程叶青，张平宇. 2006. 东北地区农业可持续发展问题探讨. 经济地理，26 (2)：300～303，317
邸加萍，李玉江. 2008. 区域农村剩余劳动力转移模式与非均衡度比较研究. 中国人口·资源与环境，18 (5)：189～193
段庆林. 1997. 中国西部农村贫困的社会特征及其反贫困的对策. 社会学研究，(1)：68～72
樊杰，W. 陶普曼. 1996. 中国农村工业化的经济分析及省际发展水平差异. 地理学报，51 (5)：398～407
樊杰，千庆兰. 2004. 我国东部沿海重点地区经济发展与资源环境相互作用关系的比较研究. 自然资源学报，19 (1)：96～105
樊杰，田明. 2003. 中国城市化与非农化水平的相关分析及省际差异. 地理科学，23 (6)：641～648
房艳刚，刘继生. 2009. 集聚型农业村落文化景观的演化过程与机理——以山东曲阜峪口村为例. 地理研究，28 (4)：968～978
费孝通. 1996a. 论中国小城镇的发展. 中国农村经济，(3)：3～5
费孝通. 1996b. 爱我家乡. 北京：群言出版社
费孝通. 2001. 江村经济——中国农民的生活. 北京：商务印书馆
费孝通. 2006. 江村经济. 上海：上海人民出版社
封志明，刘宝勤，杨艳昭. 2005. 中国耕地资源数量变化的趋势分析与数据重建：1949～2003. 自然资源学报，20 (1)：35～44
冯健. 2005. 经济欠发达地区县域发展模式与战略——以河南省兰考县为例. 地理研究，24 (5)：811～821
冯文勇. 2002. 农村聚落空心化问题探讨. 农业现代化研究，23 (4)：267～269
傅泽强，蔡运龙，杨友孝，等. 2001. 中国粮食安全与耕地资源变化的相关分析. 自然资源学报，16 (4)：313～319
甘红，刘彦随，王大伟. 2004. 土地利用类型转换的人文驱动因子模拟分析. 资源科学，26 (2)：88～93
高琼，李晓兵，杨秀生. 2003. 土地利用约束下中国东部南北样带生产力和植被分布对全球变化的响应. 植物学报，45 (11)：1274～1284
葛全胜，戴君虎，何凡能. 2008. 过去三百年中国土地利用变化与陆地碳收支. 北京：科学出版社
耿玉环，张建军，田明中. 2007. 论我国耕地保护与粮食安全. 资源开发与市场，23 (10)：906～909
辜胜阻，郑凌云，易善策. 2007. 新时期城镇化进程中的农民工问题与对策. 中国人口·资源与环境，17 (1)：1～5
古学斌，张和清，杨锡聪. 2004. 地方国家、经济干预和农村贫困：一个中国西南村落的个案分析. 社会学研究，(2)：79～88
顾朝林. 1999. 北京土地利用、土地覆被变化机制研究. 自然资源学报，14 (4)：307～312
郭焕成. 1988. 乡村地理学的性质与任务. 经济地理，8 (2)：125～129
郭焕成. 2010. 我国休闲农业发展的意义、态势与前景. 中国农业资源与区划，31 (1)：39～42
郭焕成，刘盛和. 1999. 二十一世纪我国农业区划研究的主要任务. 中国农业资源与区划，20 (4)：38～41
郭焕成，陆翔兴，卢丽君，等. 1990. 黄淮海地区乡村发展研究. 地理研究，9 (2)：130～137
郭焕成，姚建衢，任国柱. 1992. 中国农业类型划分的初步研究. 地理学报，47 (6)：507～515
郭素君，张培刚. 2008. 从观澜看深圳市特区外土地利用转型的必然性. 规划师，24 (8)：72～77
韩明谟. 2001. 农村社会学. 北京：北京大学出版社
何春阳，史培军，李景刚，等. 2004. 中国北方未来土地利用变化情景模拟. 地理学报，59 (4)：599～607
洪银兴，陈宝敏. 2001. "苏南模式"的新发展——兼与"温州模式"比较. 宏观经济研究，(7)：29～34，52
侯麟科，刘明兴，陶然. 2009. 中国农村基层政府职能的实证分析. 经济社会体制比较，(3)：58～64
侯玲玲，穆月英，张春晖. 2007. 中国农业补贴政策及其实施效果分析. 中国农学通报，23 (10)：289～294
胡必亮. 1995. 婚姻制度与社会变迁——对陕西省商州市杨峪河乡王堋村村民婚姻状况的调查与思考. 社会学研究，(6)：96～101
胡焕庸. 1935. 中国人口之分布. 地理学报，2 (2)：33～74
胡静，陈银蓉. 2009. 土地利用"增长-控制"耦合机制分析. 中国人口·资源与环境，19 (3)：87～91
黄季焜，斯·罗泽尔. 1998. 迈向21世纪的中国粮食经济. 北京：中国农业出版社

黄建春. 2004. “三集中”出效益——江苏省江阴市集约利用土地纪实. 中国地产市场，(10)：86～87
黄金川，方创琳. 2003. 城市化与生态环境交互耦合机制与规律性分析. 地理研究，22 (2)：211～220
黄秋昊，蔡运龙. 2005. 国内几种土地利用变化模型述评. 中国土地科学，19 (5)：25～30
黄贤金，彭补拙，张建新，等. 2002. 区域产业结构调整与土地可持续利用关系研究. 经济地理，22 (4)：425～426
焦必方，孙彬彬. 2009. 日本现代农村建设研究. 上海：复旦大学出版社
康慕谊，江源，石瑞香. 2000. NECT 样带 1984～1996 土地利用变化分析. 地理科学，20 (2)：115～120
孔祥斌，张凤荣，李玉兰，等. 2005. 区域土地利用与产业结构变化互动关系研究. 资源科学，27 (2)：59～64
雷洁琼. 1994. 改革以来中国农村婚姻家庭的新变化. 北京：北京大学出版社
雷振东. 2009. 整合与重构：关中乡村聚落转型研究. 南京：东南大学出版社
黎赔肆. 2000. 论农业企业化经营. 经济地理，20 (4)：72～76
黎夏，叶嘉安. 2002. 基于神经网络的单元自动机 CA 及真实和优化的城市模拟. 地理学报，57 (2)：159～166
李德成. 1995. 利用马氏过程模拟和预测土壤侵蚀的动态演变. 遥感学报，10 (2)：89～96
李二玲，李小建. 2009a. 欠发达农区传统制造业集群的网络演化分析：以河南省虞城县南庄村钢卷尺产业集群为例. 地理研究，28 (3)：738～750
李二玲，李小建. 2009b. 欠发达农区产业集群的网络组织结构及其区域效应分析. 经济地理，29 (7)：1127～1133
李静，赵庚星，田素锋，等. 2004. 论土地利用/土地覆被变化驱动力研究. 国土资源科技管理，21 (1)：22～25
李娟文，王启仿. 2000. 区域经济发展阶段理论与我国区域经济发展阶段现状分析. 经济地理，20 (4)：6～9
李君，李小建. 2008. 河南中收入丘陵区村庄空心化微观分析. 中国人口·资源与环境，18 (1)：170～175
李平，李秀彬，刘学军. 2001. 我国现阶段土地利用变化驱动力的宏观分析. 地理研究，20 (2)：129～138
李善同，侯永志. 2001. 我国经济发展阶段特征与“十五”时期产业发展的主要任务. 管理世界，(2)：95～101
李守经，冯兰. 1994. 关于我国农村社会保障制度建设的探讨. 社会学研究，(5)：19～22
李守经，钟涨宝. 2000. 农村社会学. 北京：高等教育出版社
李小建. 2009. 农户地理论. 北京：科学出版社
李小建，高更和. 2008. 中国中部平原村庄农业生产区位研究——以河南南阳黄庄为例. 地理科学，28 (5)：616～623
李小建，高更和，乔家君. 2008a. 农户收入的农区发展环境影响分析——基于河南省 1251 家农户的调查. 地理研究，27 (5)：1037～1047
李小建，罗庆，樊新生. 2009a. 农区专业村的形成与演化机理研究. 中国软科学，(2)：71～80
李小建，乔家君. 2003. 欠发达地区农户的兼业演变及农户经济发展研究——基于河南省 1000 农户的调查分析. 中州学刊，(5)：58～61
李小建，周雄飞，乔家君，等. 2009b. 不同环境下农户自主发展能力对收入增长的影响. 地理学报，64 (6)：643～653
李小建，周雄飞，郑纯辉. 2008b. 河南农区经济发展差异地理影响的小尺度分析. 地理学报，63 (2)：147～155
李秀彬. 1996. 全球环境变化研究的核心领域——土地利用与土地覆被变化的国际研究动态. 地理学报，51 (6)：543～548
李秀彬. 1999a. 中国近 20 年来耕地面积的变化及其政策启示. 自然资源学报，14 (4)：329～333
李秀彬. 1999b. 地区发展均衡性的可视化测度. 地理科学，19 (3)：254～257
李秀彬. 2002. 土地利用变化的解释. 地理科学进展，21 (3)：195～203
李秀彬. 2008. 农地利用变化假说与相关的环境效应命题. 地球科学进展，23 (11)：1124～1129
李秀彬，朱会义，谈明洪，等. 2008. 土地利用集约度的测度方法. 地理科学进展，27 (6)：12～17
李玉江，王煜琴. 1999. 资源禀赋与区域农业剩余劳动力转移相关研究——以山东省为例. 人文地理，14 (4)：73～76
李裕瑞，刘彦随，龙花楼. 2010. 中国农村人口与农村居民点用地的时空变化. 自然资源学报，25 (10)：1629～1638
李裕瑞，刘彦随，龙花楼. 2011. 黄淮海地区乡村发展格局与类型. 地理研究，30 (9)：1637～1647
李治洪，吴永兴. 1998. 对我国农业产业化的思考与探索. 经济地理，18 (1)：80～84

梁启学，钱昱如，聂璐. 2010. 城乡统筹试验区土地流转的经验、问题与建议——基于重庆市忠县的调研. 安徽农业科学，38（21）：11391～11393
梁世夫，王雅鹏. 2008. 我国粮食安全政策的变迁与路径选择. 农业现代化研究，29（1）：1～5
林拓. 2001. 工厂化农业的区域创新系统. 经济地理，21（2）：182～186
林秀玉. 2002. 现代化和英国农业制度性及结构性的变革. 上海交通大学学报（农业科学版），20（增刊）：54～59
林亚真，孙胤社. 1988. 论乡村地理学的开创与发展. 北京师范学院学报（自然科学版），9（4）：57～62
林毅夫. 1994. 制度、技术与中国农业发展. 上海：上海人民出版社
林毅夫，蔡昉，李周. 1998. 中国经济转型时期的地区差距分析. 经济研究，(6)：3～10
林毅夫，蔡昉，李周. 1999. 中国的奇迹：发展战略与经济改革. 上海：上海人民出版社
蔺卿，罗格平，陈曦. 2005. LUCC驱动力模型研究综述. 地理科学进展，24（5）：79～87
刘艾玉. 2000. 社会转型过程中的地区经济差距探析. 浙江学刊，(2)：10～15
刘宝龙，王政宇. 2002. 论我国农村组织形态创新. 农业经济，2：35～36
刘成武，李秀彬. 2006a. 基于生产成本的中国农地利用集约度的变化特征. 自然资源学报，21（1）：9～15
刘成武，李秀彬. 2006b. 1980年以来中国农地利用变化的区域差异. 地理学报，61（2）：139～145
刘慧. 1997. 区域农业可持续发展指标体系及评估方法. 地理科学进展，16（2）：21～25
刘纪远，布和敖斯尔. 2000. 中国土地利用变化现代过程时空特征的研究——基于卫星遥感数据. 第四纪研究，20（3）：229～239
刘纪远，刘明亮，庄大方，等. 2002. 中国近期土地利用变化的空间格局分析. 中国科学（D辑），32（12）：1031～1040
刘纪远，张增祥，庄大方，等. 2005. 20世纪90年代中国土地利用变化的遥感时空信息研究. 北京：科学出版社
刘健，徐旭忠，施智梁. 2010-08-18. 重庆地票：农村土地制度改革的重大创新. 经济参考报，第005版
刘晶妹，张玉萍. 1999. 我国农村土地整理运作模式研究. 中国土地科学，13（6）：33～35
刘景辉，王树安，王志敏. 2001. 中国粮食单产增长规律及预测. 耕作与栽培，(5)：1～4
刘君德，彭再德，徐前勇. 1997. 上海郊区乡村—城市转型与协调发展. 城市规划，(5)：44～46
刘平辉，郝晋珉. 2003. 土地利用分类系统的新模式——依据土地利用的产业结构而进行划分的探讨. 中国土地科学，17（1）：16～26
刘邵权，陈国阶. 2001. 西藏昌都横断山区聚落生态环境与生态建设方案. 山地学报，19（2）：141～144
刘邵权，陈国阶，陈治谏. 2001. 农村聚落生态环境预警——以万州区茨竹乡茨竹五组为例. 生态学报，21（2）：295～301
刘维新. 1995. 中国昆山的崛起与可持续发展. 北京：科学出版社
刘晓燕. 2009. 荷兰、以色列农业对贵州农业区域经济发展的借鉴. 中国农业资源与区划，30（3）：75～80
刘新卫. 2005. 农地资源集约利用及其评价浅探. 国土资源情报，(8)：5～10
刘修华. 2006. 新农村建设：政府作用的必然选择——基于城乡博弈视角下城乡统筹发展的分析. 中南财经政法大学研究生学报，(6)：84～90
刘旭华，王劲峰，刘纪远，等. 2005. 国家尺度耕地变化驱动力的定量分析方法. 农业工程学报，21（4）：56～60
刘巽浩，高旺盛. 1996. 中国农业、农村持续发展与科技对策. 资源科学，18（1）：1～9
刘彦随. 2007. 中国东部沿海地区乡村转型发展与新农村建设. 地理学报，62（6）：563～570
刘彦随. 2008. 中国土地资源可持续利用与新农村建设研究. 重庆：西南师范大学出版社
刘彦随. 2010a-9-29. 给失地农民坚实可靠的未来. 人民日报，第07版
刘彦随. 2010b-4-12. 新农村建设是最大的内需. 人民日报，第17版
刘彦随. 2010c-4-8. 新农村建设与城镇化应是一体的. 人民日报，第16版
刘彦随. 2010d-11-12. 农村土地整治要让农民受益. 人民日报，第13版
刘彦随. 2010e-10-19. 影响我国粮食安全的深层问题日益凸显. 科学时报，第01版
刘彦随. 2011. 中国新农村建设地理论. 北京：科学出版社
刘彦随，陈百明. 2002. 中国可持续发展问题与土地利用/覆被变化研究. 地理研究，21（3）：324～330

刘彦随，邓旭升，胡业翠. 2006a. 广西喀斯特山区土地石漠化与扶贫开发探析. 山地学报，24（2）：228～233

刘彦随，甘红，张富刚. 2006b. 中国东北地区农业水土资源匹配格局. 地理学报，61（8）：847～854

刘彦随，李裕瑞. 2010. 中国县域耕地与农业劳动力变化的时空耦合关系. 地理学报，2011，65（12）：1602～1612

刘彦随，刘玉，翟荣新. 2009. 中国农村空心化的地理学研究与整治实践. 地理学报，64（10）：1193～1202

刘彦随，龙花楼，陈玉福，等. 2011. 中国乡村发展研究报告——农村空心化及其整治策略. 北京：科学出版社

刘彦随，陆大道. 2003. 中国农业结构调整基本态势与区域效应. 地理学报，58（3）：381～389

刘彦随，彭留英，王大伟. 2005. 东南沿海发达区土地利用转换态势与机制分析. 自然资源学报，20（3）：333～339

刘彦随，吴传钧，鲁奇. 2002. 21世纪中国农业与农村可持续发展方向和策略. 地理科学，22（4）：385～389

刘玉，刘彦随，郭丽英. 2010. 环渤海地区粮食生产地域功能综合评价与优化调控. 地理科学进展，29（8）：920～926

刘兆德，李世泰，李玉增. 2001. 山东省耕地资源变化的地域类型研究. 地域研究与开发，20（3）：59～62

刘正山. 2006. 我国粮食安全与耕地保护. 财经科学，220：89～95

龙花楼. 2001a. 长江沿线样带土地利用变化与土地可持续利用. 中国科学院地理科学与资源研究所博士后研究工作报告

龙花楼. 2001b. 开发区土地可持续利用初探. 现代城市研究，16（3），48～50

龙花楼. 2003a. 土地利用转型——土地利用/覆被变化综合研究的新途径. 地理与地理信息科学，19（1）：87～90

龙花楼. 2003b. 区域土地利用转型与土地整理. 地理科学进展，22（2）：133～140

龙花楼. 2006. 中国农村宅基地转型的理论与证实. 地理学报，61（10）：1093～1100

龙花楼. 2011. 国际地理学联合会农村系统可持续性专业委员会第19届年会述评. 地理研究，30（9）：1737

龙花楼，蔡运龙，张献忠. 2002a. 经济技术开发区土地可持续利用中的地理工程技术应用. 地域研究与开发，21（2）：13～17

龙花楼，李秀彬. 2000. 美国土地资源政策演变及启示. 中国土地科学，14（3）：43～47

龙花楼，李秀彬. 2001a. 长江沿线样带土地利用格局及其影响因子分析. 地理学报，56（4）：417～425

龙花楼，李秀彬. 2001b. 长江沿线样带土地利用变化时空模拟及其对策. 地理研究，20（6）：660～668

龙花楼，李秀彬. 2002. 区域土地利用转型分析——以长江沿线样带为例. 自然资源学报，17（2）：144～149

龙花楼，李秀彬. 2005. 长江沿线样带农村宅基地转型. 地理学报，60（2）：179～188

龙花楼，胡智超，邹健. 2010. 英国乡村发展政策演变及启示. 地理研究，29（8）：1369～1378

龙花楼，李裕瑞，刘彦随. 2009a. 中国空心化村庄演化特征及其动力机制. 地理学报，64（10）：1203～1213

龙花楼，刘彦随，邹健. 2009b. 中国东部沿海地区乡村发展类型及其乡村性评价. 地理学报，64（4）：426～434

龙花楼，王文杰，翟刚，等. 2002b. 安徽省土地利用变化及其驱动力分析. 长江流域资源与环境，11（6）：526～530

龙花楼，刘彦随，唐国平，等. 2007. 昆山市土地利用变化与新农村建设. 北京大学学报（自然科学版），43（6）：790～796

鲁可荣，朱启臻. 2008. 新农村建设背景下的后发型农村社区发展动力研究. 农业经济问题，(8)：46～49

鲁奇. 2009. 论我国社会主义新农村建设理念与实践的统一. 中国人口·资源与环境，19（1）：6～12

鲁晓东. 2010. 对我国粮食最低收购价政策的思考. 中国粮食经济，(6)：13～15

陆大道. 2007. 我国的城镇化进程与空间扩张. 中国城市经济，(10)：14～17

陆大道，史培军，董光器. 2006-7-17. 体现土地利用转型的重要理念. 中国国土资源报，第005版

陆建飞，王建革，高德明. 1998. 我国农业可持续发展战略分析. 生态农业研究，6（3）：66～69

陆学艺. 1997. 社会结构的变迁. 北京：中国社会科学出版社

陆学艺，张厚义. 1990. 农民的分化、问题及其对策. 农业经济问题，(1)：16～21

陆志刚. 1995. 常熟市乡镇工业对农村生态环境的影响. 中国农业资源与区划，(5)：46～51

鹿心社. 2002. 论中国土地整理的总体方略. 农业工程学报，18（1）：1～5

吕晓，李振波，刘新平，朱亚夫. 2007. 耕地集约利用评价指标体系研究——以新疆为例. 新疆农垦经济，(9)：30～33

吕晔，白莹. 2004. 简论英国圈地运动对我国当前土地流转的启示. 农村经济，(1)：95～97

吕一峰，晏路明. 2007. 泉州市区域农业结构的调整与优化研究. 农业系统科学与综合研究，23（3）：347～355
罗明，龙花楼. 2003.“土地整理理论”初探. 地理与地理信息科学，19（6）：60～64
罗明，王军. 2001. 中国土地整理的区域差异及对策. 地理科学进展，20（2）：97～103
罗明，张惠远. 2002. 土地整理及其生态环境影响综述. 资源科学，24（3）：60～63
马继红. 2009. 农安县耕地转型的机理研究. 东北师范大学硕士学位论文
马其芳，黄贤金. 2006. 区域农业循环经济发展评价及其障碍度诊断. 南京农业大学学报，29（2）：108～114
马祖琦. 2007. 从“城市蔓延”到“理性增长”——美国土地利用方式之转变. 城市问题，147（10）：86～90
毛汉英. 1996. 山东省可持续发展指标体系初步研究. 地理研究，15（4）：16～23
蒙吉军，傅在毅. 1998. 我国耕地资源持续利用研究. 地域研究与开发，17（4）：32～36
蒙吉军，李正国. 2003. 河西走廊土地利用格局及影响因子研究. 北京大学学报（自然科学版），39（2）：236～243
苗长虹，樊杰，张文忠. 2002. 中国农村工业发展：一个综合区位分析框架. 地理研究，21（1）：125～133
倪绍祥. 2005. 土地利用/覆被变化研究的几个问题. 自然资源学报，20（6）：932～937
濮励杰，黄贤金，周峰. 2002. 经济发达地区耕地保护问题研究——以长江三角洲地区为例. 经济地理，22（增）：76～78
濮小英. 2002. 浙江省农村生态环境的主要问题及其保护对策. 环境污染与防治，24（2）：109～111
朴振焕. 2005. 韩国新村运动——20 世纪 70 年代韩国农村现代化之路. 北京：中国农业出版社
乔家君. 2008. 中国乡村地域经济论. 北京：科学出版社
乔家君，李小建. 2008. 基于微观视角的河南省农区经济类型划分. 经济地理，28（5）：832～840
乔家君，李小建，葛真. 2009. 基于农户调查的村域商业经济活动空间研究. 经济地理，29（5）：817～822
秦富，钟钰，张敏，等. 2009. 我国“一村一品”发展的若干思考. 农业经济问题，(8)：4～8
邱国锋. 2002. 经济欠发达山区农业产业化发展问题与对策——以梅州为例. 地理科学，22（2）：253～256
曲福田. 2007. 典型国家和地区土地整理的经验及启示. 资源与人居环境，20：12～17
曲福田，何军，吴豪杰. 2007. 江苏省新农村建设指标体系、实现程度与区域比较研究. 农业经济问题，(2)：62～66
施莱贝克尔 J T. 1981. 高田，松平，朱人合译. 美国农业史（1607～1972 年）——我们是怎样兴旺起来的. 北京：农业出版社
佘之祥. 2001. 长江三角洲的农村经济特点与发展对策. 长江流域资源与环境，10（2）：152～158
佘之祥，马毅杰. 2002. 土地利用与农业生产结构的演变与发展趋势——兼论苏州市吴中区的农业发展. 土壤，4：173～190.
沈汉. 2005. 英国土地制度史. 上海：学林出版社
沈世镒. 2000. 神经网络系统理论及其应用. 北京：科学出版社
施勇杰. 2007. 新形势下我国粮食最低收购价政策探析. 农业经济问题（月刊），(6)：76～79
石淑芹，陈佑启，姚艳敏，等. 2007. 耕地变化对粮食生产能力的影响评价——以吉林中西部地区为例. 资源科学，29（5）：143～149
史培军，陈晋，潘耀忠. 2000. 深圳市土地利用变化机制分析. 地理学报，55（2）：150～160
史培军，江源，王静爱，等. 2004. 土地利用/覆盖变化与生态安全响应机制. 北京：科学出版社
史忠植. 2000. 智能主体及其应用. 北京：科学出版社
宋金平，李丽平. 2000. 北京市城乡过渡带产业结构演化研究. 地理科学，20（1）：20～26
孙成军. 2005. 中共城乡统筹发展战略的形成及背景分析. 当代中国成功发展的历史经验——第五届国史学术年会论文集
孙新章，成升魁. 2005. 基于农户调查资源的区域农业产业化进程评价. 资源科学，27（1）：74～79
孙燕，林振山，刘会玉. 2006. 中国耕地数量变化的突变特征及驱动机制. 资源科学，28（5）：57～61
孙胤社，林雅贞. 1988. 农村城镇化的过程及其类型. 经济地理，8（1）：31～35
谭术魁. 2001. 土地整理的兴起及其规范推进. 国土与自然资源研究，23（4）：30～32
唐华俊，陈佑启，邱建军，等. 2004. 中国土地利用/土地覆被变化研究. 北京：中国农业科学技术出版社
唐守正. 1986. 多元统计分析方法. 北京：中国林业出版

田光进，刘纪远，庄大方. 2003. 近10年来中国农村居民点用地时空特征. 地理学报，58 (5)：651～658
田美荣，高吉喜. 2009. 城乡统筹发展内涵及评价指标体系建立研究. 中国发展，19 (4)：62～66
仝川，郝敦元，高霞. 2002. 利用马尔可夫过程预测锡林河流域草原退化格局的变化. 自然资源学报，17 (4)：488～493
涂重航. 2010-11-2. 多省撤村圈地意在土地财政. 新京报，第A16版
万能，原新. 2009. 1978年以来中国农民的阶层分化：回顾与反思. 中国农村观察，(4)：65～73
万忠，周灿芳，柯清标，等. 2009. 基于"钻石模型"的广东区域农业特色产业发展战略研究. 中国农业资源与区划，30 (6)：51～55
王成新，姚士谋. 2005. 中国农村聚落空心化问题实证研究. 地理科学，6：257～262
王成新，姚士谋，陈彩虹. 2005. 中国农村聚落空心化问题实证研究. 地理科学，25 (3)：257～262
王春光. 2001. 新生代农村流动人口的社会认同与城乡融合的关系. 社会学研究，(3)：63～76
王凤春. 1999. 美国联邦政府自然资源管理与市场手段的应用. 中国人口·资源与环境，9 (2)：95～98
王富喜. 2009. 山东省新农村建设与农村发展水平评价. 经济地理，29 (10)：1710～1715
王富喜，孙海燕，孙峰华. 2009. 山东省城乡发展协调性空间差异分析. 地理科学，29 (3)：323～328
王国升，高旺盛，陈源泉. 2006. 我国区域农村经济发展差距的成因与协调发展对策. 农业现代化研究，27 (2)：119～135
王海兰. 2005. 农村"空心村"的形成原因及解决对策探析. 农村经济，(9)：21～22
王卉. 2008-10-24. 龙花楼专访：我们能否保障粮食的品质安全. 科学时报，第A02版
王慧. 2002. 山东省农业产业化经营与农村区域发展研究. 地域研究与开发，21 (2)：46～50
王介勇，刘彦随，陈玉福. 2010. 黄淮海平原农区典型村庄用地扩展及其动力机制. 地理研究，29 (10)：1833～1840
王婧，方创琳，王振波. 2011. 我国当前城乡建设用地置换的实践探索及问题剖析. 自然资源学报，26 (9)：1453～1466
王良健，刘伟，包浩生. 1999. 梧州市土地利用变化的驱动力研究. 经济地理，19 (4)：74～79
王其藩. 1994. 系统动力学. 北京：清华大学出版社
王群，王万茂. 2005. 中国省区土地利用差异驱动因素实证研究. 中国土地科学，19 (6)：21～25
王荣，韩俊，徐建明. 2007. 苏州农村改革30年. 上海：远东出版社
王世金. 2006. 基于制度变迁理论下的中国粮食安全政策. 安徽农业科学，34 (22)：5977～5979
王西玉. 1998. 农地产权若干问题思考. 见：南京地政研究所. 中国土地问题研究. 合肥：中国科学技术大学出版社，169～178
王秀兰. 2000. 土地利用/土地覆被变化中的人口因素分析. 资源科学，22 (3)：39～42
王雅林，赵洪艳. 2009. 生存资本考量下的文化追寻——对东北农村社区家族文化复兴的个案研究. 社会科学研究，(2)：111～117
王仰麟，韩荡. 1998. 区域农业持续性与持续发展研究. 自然资源学报，1998，13 (4)：297～303
王宇，欧名豪. 2006. 经济较发达区农业产业结构调整与土地利用变化研究——以南通市为例. 华中农业大学学报（社会科学版），3：20～24
王铮. 2002. 城市土地利用演变信息的数据挖掘——以上海市为例. 地理研究，21 (6)：675～681
卫新，王美青，徐萍. 2009. 浙江省农业功能分区与区域农业发展研究. 中国农业资源与区划，30 (3)：1～5
魏峰，郑义，刘孚文. 2010. 重庆"地票"制度观察. 中国土地，(5)：32～34
吴传钧. 1981. 因地制宜发挥优势逐步发展我国农业生产的地域专业化. 地理学报，36 (4)：349～357
吴传钧. 2001. 中国农业与农村经济可持续发展问题——不同类型地区实证研究. 北京：中国环境科学出版社
吴次芳. 1997. 乡村土地整理的若干技术问题探讨. 中国土地科学，11 (4)：41～45
吴俊范. 2010. 近代上海土地利用方式转型初探——以河浜资源为中心. 中国经济史研究，(3)：43～53
吴先华，王志燕，雷刚. 2010. 城乡统筹发展水平评价——以山东省为例，经济地理，30 (4)：596～601
吴雨，刘诗平. 2010. 2010年涉农贷款要实现"三个高于". http://news.xinhuanet.com/fortune/2010-02/26/content_13057249.htm

肖大伟，潘文华，胡胜德. 2010. 中国农业直接补贴政策体系分析. 农业现代化研究，31（3）：262～266
熊宁，曾尊固. 2000. 中外贸工农一体化经营地域模式比较研究. 世界地理研究，9（2）：52～60
修成国. 2010. 万顷良田建设工程凸显四大效应——访江苏省国土资源厅副厅长杨维兴. 国土资源，2010/7.
徐浪，贾静. 2003. 化肥施用量对粮食产量的贡献率分析. 四川粮油科技，77（1）：10～13
徐璐. 2008. 欧盟共同农业政策的发展及其借鉴. 世界经济情况，（7）：14～20
徐全勇. 2005. 国外中心村对我国小城镇建设的启示. 农场经济管理，（1）：13～15
许学强，朱剑如. 1988. 现代城市地理学. 北京：中国建筑工业出版社
薛德升，黄耿志. 2008. 管制之外的“管制”：城中村非正规部门的空间集聚与生存状态－以广州市下渡村为例. 地理研究，27（6）：1390～1398
薛力. 2001. 城市化背景下的“空心村”现象及其对策探讨——以江苏省为例. 城市规划，25（6）：8～13
严金明，钟金发，池国仁. 1998. 土地整理. 北京：经济管理出版社
杨桂山. 1991. 乡村工业发展中出现的问题及今后的发展方向——以江苏省为例. 自然资源，（1）：61～65
杨桂山. 2002. 长江三角洲耕地数量变化趋势及总量动态平衡前景分析. 自然资源学报，17（5）：529～532
杨桂山. 2004. 土地利用与覆被变化与区域经济发展——长江三角洲近50年耕地数量变化研究的启示. 地理学报，59（增）：41～46
杨永春，杨晓娟. 2009. 1949～2005年中国河谷盆地型大城市空间扩展与土地利用结构转型——以兰州市为例. 自然资源学报，24（1）：37～49
闫慧敏，刘纪远，曹明奎. 2005. 近20年中国耕地复种指数的时空变化. 地理学报，60（4）：559～566
姚慧敏，张凤荣，张锡金，等. 2007. 济南市耕地资源数量变化及其对粮食安全的影响. 中国农学通报，23（8）：448～452
姚建衢. 1988. 农业地域类型划分的聚类分析. 地理科学，8（2）：146～155
姚建衢，郭焕成. 1992. 黄淮海地区乡村功能类型及其地域模式带. 地理研究，11（4）：11～19
叶齐茂. 2007. 英国政府对土地的非强制征购：历史与经验. 城乡建设，（8）：70～72
叶兴庆. 2002. 改粮食保护价收购为直接补贴农民——我国农业保护政策的重大调整. 中国农村经济，（7）：4～8
于建嵘. 2001. 岳村政治——转型期中国乡村政治结构的变迁. 北京：商务印书馆
岳明君. 2000. 中国农民阶层分化的新特点及其对策. 社会科学辑刊，2000，（5）：33～38
曾尊固，熊宁. 2002. 农业产业化地域模式初步研究——以江苏省为例. 地理研究，21（1）：115～124
张富刚，刘彦随. 2008. 中国区域农村发展动力机制及其发展模式. 地理学报，63（2）：115～122
张坤，任勇，夏光，等. 1999. 欠发达地区环境与经济协调发展机制研究. 北京：中国环境科学出版社，117
张雷，刘毅. 2004. 中国东部沿海地带人地关系状态分析. 地理学报，59（2）：311～319
张利庠. 2007. 可资借鉴的八种新农村发展模式. 中国乡镇企业，62～63
张林秀，李强，罗仁福，等. 2005. 农村公共物品投资情况及区域分布. 中国农村经济，（11）：18～25
张明. 1999. 区域土地利用结构及其驱动因子的统计分析. 自然资源学报，14（4）：381～384
张泉，王晖，陈浩东，等. 2006. 城乡统筹下的乡村重构. 北京：中国建筑工业出版社
张小林，盛明. 2002. 中国乡村地理学研究的重新定向. 人文地理，17（1）：81～84
张小林. 1998. 乡村概念辨析. 地理学报，53（4）：365～371
张小林. 1999. 乡村空间系统及其演变研究——以苏南为例. 南京：南京师范大学出版社
张新时，杨奠安. 1995. 中国全球变化样带的设置与研究. 第四纪研究，15（1）：43～52
张新时，周广胜，高琼，等. 1997. 全球变化研究中的中国东北森林—草原陆地样带（NECT）. 地学前缘，4（1～2）：145～151
张燕，张洪. 2001. 农业转型与资源替代. 经济地理，21（6）：719～722
张义丰，贾大猛，谭杰，等. 2009. 北京山区沟域经济发展的空间组织模式. 地理学报，64（10）：1231～1242
张永民，赵士洞，Verburg P H. 2003. CLUE-S模型及其在奈曼旗土地利用时空动态变化模拟中的应用. 自然资源学报，18（3）：310～318
张正河，谭向勇，徐俊，等. 2005. 县域农村产业结构调整与资源配置. 北京：科学出版社

章辉美，2006. 中国农村社会保障制度的变革与社会发展. 社会科学辑刊，2006，(6)：93～97
甄峰，赵勇，郑俊，等. 2008. 新农村建设与乡村发展研究——唐山、秦皇岛乡村个案分析. 地理科学，28 (4)：464～470
郑海霞，封志明，张陆彪，等. 2006. 甘肃省县域农业资源利用效率综合评价. 经济地理，26 (4)：632～635
郑弘毅. 1998. 农村城市化研究. 南京：南京大学出版社
郑宇，刘彦随. 2007. 工业化城市化进程中土地利用类型转换驱动力研究——以无锡市为例. 经济地理，27 (5)：805～810
钟茂初. 2005. 环境库兹涅茨曲线的虚幻性及其对可持续发展的现实影响. 中国人口·资源与环境，15 (5)：1～6
重新发现地理学委员会. 2002. 重新发现地理学：与科学和社会的新关联. 黄润华译. 北京：学苑出版社
周广胜，王玉辉，蒋延玲. 2002. 全球变化与中国东北样带 (NECT). 地学前缘，9 (1)：198～216
周立三. 2000. 中国农业地理. 北京：科学出版社
周小萍，陈百明，刘永胜. 2004. 农业资源利用模式体系构建的理论探讨——以江汉-洞庭平原为例. 长江流域资源与环境，13 (5)：465～470
周志祥，范剑平. 1988. 农村发展经济学. 北京：中国人民大学出版社
周祝平. 2008. 中国农村人口空心化及其挑战. 人口研究，32 (2)：45～52
朱光磊. 1998. 当代中国社会各阶层分析. 天津：天津人民出版社
朱国云. 2005. 农民合作经济组织发展的现状、问题和对策. 江海学刊，6：81～86
朱会义，何书金，张明. 2001. 环渤海地区土地利用变化的驱动力分析. 地理研究，20 (6)：669～678
朱会义，李秀彬，辛良杰. 2007. 现阶段我国耕地利用集约度变化及其政策启示. 自然资源学报，22 (6)：907～915
朱少鹏，曾刚. 2007. 从国际经验看中国农村发展路径的选择. 经济论坛，(17)：120～122
朱希刚. 1997. 中国粮食问题研究. 北京：中国农业出版社
朱晓华，陈秧分，刘彦随，等. 2010. 空心村土地整治潜力调查与评价技术方法——以山东省禹城市为例. 地理学报，65 (6)：736～744
邹健，龙花楼. 2009. 改革开放以来中国耕地利用与粮食生产安全格局变动研究. 自然资源学报，24 (8)：1366～1377
Abrudan I, Turnock D. 1999. A rural development strategy for the Apuseni Mountains, Romania. GeoJournal, 46: 319～336
Agarwal S, Rahman S, Errington A. 2009. Measuring the determinants of relative economic performance of rural areas. Journal of Rural Studies, 25: 309～321
Alder J. 1979. Development Control. London: Sweet and Maxwell
Alene A D, Manyong V M, Coulibaly O. 2006. Responding to food supply shocks through global partnerships in technology development and transfer-the case of the IITA-led biological control of cassava mealybug in Sub-Saharan Africa. Outlook on Agriculture, 35 (4): 255～261
Ali A M S. 2007. Population pressure, agricultural intensification and changes in rural systems in Bangladesh. Geoforum, 38: 720～738
Antrop M. 2004. Landscape change and the urbanization process in Europe. Landscape and Urban Planning, 67: 9～26
Arayama Y, Miyoshi K. 2004. Regional diversity and sources of economic growth in China. World Economy, 27 (10): 1583～1607
Aspinall R. 2004. Modelling land use change with generalized linear models-a multi-model analysis of change between 1860 and 2000 in Gallatin Valley, Montana. Journal of Environmental Management, 72: 91～103
Bicik I, Jelecek L, Stepanek V. 2001. Land-use changes and their social driving forces in Czechia in the 19th and 20th centuries. Land Use Policy, 18: 65～73
Brunori G, Rossi A. 2007. Differentiating countryside: social representations and governance patterns in rural areas with high social density: the case of Chianti, Italy. Journal of Rural Studies, 23: 183～205

Bryan A W. 1997. A speculative model of population influences on Australia's ecology, economy and society. Australian Geographical Studies, 35 (2): 220～228

Centre for Agricultural Strategy. 1980. Strategy for the UK Forest Industry, Report no. 6. University of Reading.

Champion A, Hugo G. 2004. New forms of urbanization: beyond the urban-rural dichotomy. Aldershot: Ashgate

Chen J. 2007. Rapid urbanization in China: a real challenge to soil protection and food security. Catena , 69: 1～15

Cherry G E. 1974. The Evolution of British Town Planning. London: Leonard Hill

Childs G, Minay C L. 1977. The Northern Pennines Rural Development Board. Oxford Polytechnic, Department of Town Planning

Clark W C, Crutzen P, Schellnhuber H-J. 2004. Earth System Analysis for Sustainability. Dahlem Workshop Report No. 91. Cambridge, MA: MIT Press

Cloke P. 1977. An index of rurality for England and Wales. Regional Studies, 11: 31～46

Cloke P. 1979. Key settlements in rural areas. London: Methuen

Cloke P. 2006. Conceptualizing rurality. *In*: Cloke P, Marsden T, Mooney P H. Handbook of rural studies. London: Sage

Cloke P, Edwards G. 1986. Rurality in England and Wales 1981: a replication of the 1971 index. Journal of Rural Studies, 2: 289～306

Cloke P, Goodwin M, Milbourne P, et al. 1995. Deprivation, poverty and marginalization in rural lifestyles in England and Wales. Journal of Rural Studies, 11: 351～365

Clout H D. 1972. Rural Geography: An Introductory Sruvey. Oxford: Pergamon

Coxhead I, Jayasuriya S. 1994. Technical change in agriculture and land degradation in developing countries: a general equilibrium analysis. Land Economics, 70 (1): 20～37

Cullingworth J B. 1975. Reconstruction and Land Use Planning 1939-47. Environmental Planning 1939～1969, Vol I. London: HMSO

Cullingworth J B. 1982. Town and Country Planning in Britain. London: Allen and Unwin

Döös B R. 2002. Population growth and loss of arable land. Global Environmental Change, 12: 303～311

Denyer G B. 1982. Development and Planning Law. London: Estates Gazette

Desanker P V, Frost P G H, Justice C O, et al. 1997. The Miombo Network: Framework for a Terrestrial Transect Study of Land-Use and Land-Cover Change in the Miombo Ecosystems of Central Africa. IGBP Report No. 41. Stochkholm: IGBP

Dinda S. 2004. Environmental Kuznets curve hypothesis: A survey. Ecological Economics, 49 (4): 431～455

Ding Chengri. 2007. Policy and praxis of land acquisition in China. Land Use Policy, 24: 1～13

Epstein J M, Axtell R. 1996. Growing Artificial Societies: Social Science from the Bottom-up. Washington D. C. : Brookings Institution Press and Cambridge, MA: MIT Press

FAO. 1991. Production Yearbook 1990. Rome: UN Food and Agriculture Organization

Foster D R, Motzkin G, Slater B. 1998. Land-use history as long-term broad-scale disturbance: regional forest dynamics in Central New England. Ecosystems, 1 (1): 96～119

Frenkel A. 2004. The potential effect of national growth-management policy on urban sprawl and the depletion of open spaces and farmland. Land Use Policy, 21 (4): 357～369

Fu X L, Balasubramanyam V N. 2003. Township and village enterprises in China. Journal of Development Studies, 39 (4): 27～46

Garcia A I, Ayuga F. 2007. Reuse of abandoned buildings and the rural landscape: the situation in Spain. Transactions of the ASABE, 50, 1383～1394

Global Land Project (GLP). 2005. Science Plan and Implementation Strategy. IGBP Report No. 53/IHDP Report No. 19. Stockholm: IGBP

Gorton M. 2001. Agricultural land reform in Moldova. Land Use Policy, 18 (3): 269～279

Grainger A. 1986. The Future Role of the Tropical Rain Forests in the World Forest Economy. Philosophy Dissertation, Department of Plant Sciences, University of Oxford

Grainger A. 1995. National land use morphology: patterns and possibilities. Geography, 80 (3): 235～245

Grau R H, Aide T M, Zimmerman J K, et al. 2003. The ecological consequences of socioeconomic and land-use changes in postagricultural Puerto Rico. Bioscience, 53 (12): 1159～1168

Gray J. 2000. The common agricultural policy and the re-invention of the rural in the European Community. Sociologic Ruralis, 40: 30～52

Green R J. 1971. Country Planning. Manchester: University of Manchester Press

Green R J, Ayton J B. 1967. Changes in the pattern of rural settlement. Mimeographed Paper for the Town Planning Institute Research Conference

Gruber S, Pichler R. 2002. Household structures in Albania in the early 20th century. The History of the Family, 7: 351～374

Haberl H, Batterbury S, Moran E. 2001. Using and shaping the land: a long-term perspective. Land Use Policy, 18: 1～8

Halfacree K. 1993. Locality and social representation: space, discourse and alternative definitions of the rural. Journal of Rural Studies, 9: 23～37

Hamblin A. 2009. Policy directions for agricultural land use in Australia and other post-industrial economies. Land Use Policy, 26 (4): 1195～1204

Han S S. 2010. Urban expansion in contemporary China: what can we learn from a small town? Land Use Policy, 27: 780～787

Hara Y, Thaitakoo D, Takeuchi K. 2008. Landform transformation on the urban fringe of Bangkok: The need to review land-use planning processes with consideration of the flow of fill materials to developing areas. Landscape and Urban Planning, 84: 74～91

Harvey D. 1969. Explanation in Geography. London: Edward Arnold Ltd

Heap D. 1982. An Outline of Planning Law. London: Sweet and Maxwell

Hecht S B, Kandel S, Gomes I, et al. 2006. Globalization, forest resurgence, and environmental politics in El Salvador. World Development, 34 (2): 308～323

Hegselmann R, Flache A. 1998. Understanding complex social dynamics: a plea for cellular automata based modeling. Journal of Artificial Societies and Social Simulation, 1 (3)

Heilig G K. 1997. Anthropogenic factors in land-use change in China. Population and Development Review, 23 (1): 139～168

Heilig G K. 2003. Sustainable Regional and Rural Development in China: Where Do We Stand? IIASA Interim Report IR-03-026, Laxenburg

Hill B E, Ingersent K A. 1982. An Economic Analysis of Agriculture (2nd ed). London: Heinemann

Ho S P S, Lin G C S. 2004. Converting land to nonagricultural use in China's coastal provinces - evidence from Jiangsu. Modern China, 30 (1): 81～112

Hoggart K, Buller H. 1987. Rural Development: A Geographical Perspective. London: Croom Helm

Hoggart K, Paniagua A. 2001. The restructuring of rural Spain. Journal of Rural Studies, 17: 63～80

Iliopoulou P, Stratakis P, Tsatsaris A. 2006. Transformation of rural patterns in Greece in a European regional development perspective. ERSA conference papers, 337～354

Irwin E G, Bockstael N E. 2007. The evolution of urban sprawl: evidence of spatial heterogeneity and increasing land fragmentation. Proceedings of the National Academy of Sciences of the United States of America, 104 (52): 20672～20677

Jenkins P. 1999. Difficulties encountered in community involvement in delivery under the New South African housing policy. Habitat International, 23 (4): 431～446

Kamada M, Nakagoshi N. 1997. Influence of cultural factors on landscapes of mountainous farm villages in western Japan. Landscape and Urban Planning, 37: 85～90

Kanbur R, Zhang X. 1999. Which regional inequality? The evolution of rural-urban and inland-coastal inequality in China from 1983 to 1995. Journal of Comparative Economics, 27: 686～701

Kates R W, Clark W C, Corell R, et al. 2001. Sustainability science. Science, 292: 641～642

Kiss E. 2000. Rural restructuring in Hungary in the period of socio-economic transition. GeoJournal, 51: 221～233

Klooster D. 2003. Forest transitions in Mexico: institutions and forests in a globalized countryside. Professional Geographer, 55 (2): 227～237

Koch G W, Scholes R J, Steffen W L, et al. 1995. The IGBP Terrestrial Transects: Science Plan. IGBP Report No. 36. Stochkholm: IGBP

Kombe W J. 2005. Land use dynamics in peri-urban areas and their implications on the urban growth and form: the case of Dar es Salaam, Tanzania. Habitat Inernational, 29: 113～135

Konagaya K, Morita H, Otsubo K. 1999. Chinese land use predicted by the GTR-Model. Discussion paper in the 1999 Open Meeting of the Human Dimensions of Global Environmental Change Research Community, Tokyo.

Krausmann F, Haberl H, Schulz N B, et al. 2003. Land-use change and socio-economic metabolism in Austria-Part I: driving forces of land-use change: 1950～1995. Land Use Policy, 20 (1): 1～20

Lacour C, Puissant S. 2007. Re-urbanity: urbanizing the rural and ruralising the urban. Environment and Planning, 39: 728～747

Lambin E F, Baulies X, Bockstael N, et al. 1999. Land-Use and Land-Cover Change (LUCC) Implementation Strategy. IGBP Report No. 48 and HDP Report No. 10. Stochkholm: IGBP

Lambin E F, Meyfroidt P. 2010. Land use transitions: socio-ecological feedback versus socio-economic change. Land Use Policy, 27 (2): 108～118

Lambin E F, Turner B L, Geist H J, et al. 2001. The causes of land-use and land-cover change: moving beyond the myths. Global Environmental Change, 11 (4): 261～269

Li H B, Rozelle S. 2000. Saving or stripping rural industry: an analysis of privatization and efficiency in China. Agricultural Economics, 23 (3) : 241～252

Li X, Yeh A G O. 2004. Analyzing spatial restructuring of land use patterns in a fast growing region using remote sensing and GIS. Landscape and Urban Planning, 69: 335～354

Li Xia, Yeh A G O. 2001. Zoning land for agricultural protection by the integration of remote sensing, GIS and cellular automata. Photogrammetric Engineering & Remote Sensing, 67 (4): 471～477

Li Xiubin, Wang Xiuhong. 2003. Changes in agricultural land use in China: 1981～2000. Asian Geographer, 22 (1-2) : 27～42

Li Yurui, Long Hualou, Liu Yansui. 2010. Industrial development and land use/cover change and their effects on local environment: a case study of Changshu, eastern coastal China. Frontiers of Environmental Science & Engineering in China, 4 (4): 438～448

Lichtenberg E, Ding C R. 2008. Assessing farmland protection policy in China. Land Use Policy, 25: 59～68

Lichtenberg E, Ding C R. 2009. Local officials as land developers: urban spatial expansion in China. Journal of Urban Economics, 66: 57～64

Lin G C S. 2001. Evolving spatial form of urban-rural interaction in the Pearl River Delta, China. The Professional Geographer, 53 (1): 56～70

Lin G C S, Ho S P S. 2003. China's land resources and land-use change: insights from the 1996 land survey. Land Use Policy, 20: 87～107

Liu Shenghe, Li Xiubin, Zhang Ming. 2003. Scenario analysis on urbanization and rural-urban migration in China. IIASA Interim Report IR-03-036, Laxenburg

Liu Yansui, Wang Dawei, Gao J. 2005. Land Use/Cover Changes, the Environment and Water Resources in Northeast China, Environmental Management, 36 (5): 691-701

Liu Yansui, Wang Lijuan, Long Hualou. 2008. Spatio-temporal analysis of land-use conversion in the eastern coastal China during 1996～2005. Journal of Geographical Sciences, 18 (3), 274～282

Liu Yansui, Zhang Fugang, Zhang Yingwen. 2009. Appraisal of typical rural development models during rapid urbanization in the eastern coastal region of China. Journal of Geographical Sciences 19, 557～567

Liu Yansui, Wang Jieyong, Long Hualou. 2010. Analysis of arable land loss and its impact on rural sustainability in Southern Jiangsu Province of China. Journal of Environmental Management, 91 (3): 646～653

Long Hualou, Heilig G K, Li Xiubin, et al. 2007a. Socio-economic development and land-use change: analysis of rural housing land transition in the Transect of the Yangtse River, China. Land Use Policy, 24 (1): 141～153

Long Hualou, Tang Guoping, Li Xiubin, et al. 2007b. Socio-economic driving forces of land-use change in Kunshan, the Yangtze River Delta Economic Area of China. Journal of Environmental Management, 83 (3): 351～364

Long Hualou, Li Yurui, Liu Yansui, et al. 2012. Accelerated restructuring in rural China fueled by 'increasing vs. decreasing balance' land-use policy for dealing with hollowed villages. Land Use Policy, 29 (1): 11～22

Long Hualou, Liu Yansui, Li Xiubin, et al. 2010. Building new countryside in China: A geographical perspective. Land Use Policy, 27 (2): 457～470

Long Hualou, Liu Yansui, Wu Xiuqin, et al. 2009a. Spatio-temporal dynamic patterns of farmland and rural settlements in Su-Xi-Chang region: implications for building a new countryside in coastal China. Land Use Policy, 26 (2): 322～333

Long Hualou, Zou Jian, Liu Yansui. 2009b. Differentiation of rural development driven by industrialization and urbanization in eastern coastal China. Habitat International, 33 (4): 454～462

Long Hualou, Zou Jian, Pykett J, et al. 2011. Analysis of rural transformation development in China since the turn of the new millennium. Applied Geography, 31 (3): 1094～1105

Lowe P, Murdoch J, Ward N. 1995. Networks in rural development: beyond exogenous and endogenous models. In: van der Ploeg J D, van Dijk G. eds. Beyond Modernization: The Impact of Endogenous Rural Development. Assen: Van Gorcum

Macdonnell L J, Bates S F. 1993. Natural Resources Policy and Law, Trends and Directions. Washington, D. C. : Island Press

Mahon M, Fahy F, Cinneide M. 2009. The significance of quality of life and sustainability at the urban-rural fringe in the making of place-based community. GeoJournal, doi: 10. 1007/s10708-009-9331-4

Manandhar R, Odeh I O A, Pontius R G. 2010. Analysis of twenty years of categorical land transitions in the Lower Hunter of New South Wales, Australia. Agriculture, Ecosystems and Environment , 135 (4): 336～346

Marsden T. 2010. "Mobilizing the regional eco-economy: evolving webs of agri-food and rural development in the UK", Cambridge Journal of Regions, Economy and Society, 3 (2): 225～244.

Marsden T, Lowe P, Whatmore S. 1990. Rural Restructuring: Global Processes and Their Responses. London: David Fulton

Massey D. 1999. Space-time, 'science' and the relationship between physical geography and human geography. Transactions of the Institute of British Geographers, 24 (3): 261～276

Mather A S. 1990. Global Forest Resources. London: Belhaven Press

Mather A S. 1992. The forest transition. Area, 24 (4): 367～379

Mather A S. 2007. Recent Asian forest transitions in relation to forest-transition theory. International Forestry Review, 9 (1): 491～502

Mather A S. 2004. Forest transition theory and the reforesting of Scotland. Scottish Geographical Journal, 120 (1+2), 83～98

Mather A S, Fairbairn J, Needle C L. 1999. The course and drivers of the forest transition: the case of France. Journal of Rural Studies, 15 (1): 65～90

Mather A S, Needle C L. 1998. The forest transition: a theoretical basis. Area, 30 (2): 117~124

Maurer K, Anne W, Markus F, et al. 2006. Old cultural traditions, in addition to land use and topography, are shaping plant diversity of grasslands in the Alps. Biological Conservation, 130: 438~446

McGarigal K, Cushman S A, Neel M C, et al. 2002. FRAGSTATS: Spatial Pattern Analysis Program for Categorical Maps

McGee T G. 2008. Managing the rural-urban transformation in East Asia in the 21st century. Sustainability Science, 3: 155~167

Meyer W B. 1995. Past and Present Land Use and Land Cover in the USA. Consequence, 1 (1): 24~33

Meyfroidt P, Lambin E F. 2008a. The causes of the reforestation in Vietnam. Land Use Policy, 25 (2): 182~197

Meyfroidt P, Lambin E F. 2008b. Forest transition in Vietnam and its environmental impacts. Global Change Biology, 14 (6): 1319~1336

Ministry of Works and Planning. 1942. Report of the Committee on Land Utilisation in Rural Areas. London: HMSO

Moffat T, Finnis E. 2005. Considering social and material resources: the political ecology of a peri-urban squatter community in Nepal. Habitat International, 29: 453~468

Moran E F. 2003. News on the land project. Global Change Newsletter, No. 54

Murdoch J. 2000. Networks - a new paradigm of rural development? Journal of Rural Studies, 16: 407~419

Nagendra H. 2007. Drivers of reforestation in human-dominated forests. Proceedings of the National Academy of Sciences, 104 (39): 15218~15223.

National Research Council (NRC). 1999. Our Common Journey: A Transition Toward Sustainability. Washington, D C: National Academy Press

Nel E, Davies J. 1999. Farming against the odds: an examination of the challenges facing farming and rural development in the Eastern Cape province of South Africa. Applied Geography, 19: 253~274

Nelson P B. 2001. Rural restructuring in the American West: land use, family and class discourses. Journal of Rural Studies, 17: 395~407

Northam R M. 1979. Urban Geography. New York: John Wiley & Sons

Ojima D, Lavorel S, Graumich L, et al. 2002. Terrestrial human-environment systems: the future of land research in IGBP Ⅱ. Global Change Newsletter, No. 50

Opie J. 1995. The Law of the Land: Two Hundred Years of American Farmland Policy. Lincoln: University of Nebraska Press

Pacione M. 2004. Where will the people go? —assessing the new settlement option for the United Kingdom. Progress in Planning, 62: 73~129

Platt R H. 1985. The Farmland Conversion Debate: NALS and Beyond. Professional Geographer, 37 (4), 433~442

Platt R H. 1996. Land Use and Society: Geography, Law, and Public Policy. Washington D C: IslandPress

Pontius R G. 2004. Validation methods for modeling land-use/cover change. LUCC Newsletter, 10: 9

Pontius R G, Shusas E, McEachern M. 2004. Detecting important categorical land changes while accounting for persistence. Agriculture, Ecosystems & Environment, 101 (2-3): 251~268

Qviström M. 2007. Landscapes out of order: studying the inner urban fringe beyond the rural-urban fringe. Geografi ska Annaler Series B, 89: 269~282

R Development Core Team. 2006. R: A Language and Environment for Statistical Computing. R Foundation for Statistical Computing, Vienna, Austria, ISBN 3-900051-07-0, www. R-project. org

Reenberg A. 2001. Agricultural land use pattern dynamics in the Sudan-Sahel-towards an event-driven framework. Land Use Policy, 18 (4): 309~319

Rindfuss R R, Walsh S J, Turner II B L, et al. 2004. Developing a science of land change: Challenges and methodological issues. Proc. Natl. Acad. Sci. USA, 101 (39): 13976~13981

Robinson G M. 2004. Geographies of Agriculture: Globalisation, Restructuring and Sustainability. Pearson, Harlow

Rogers A, Blunden J, Curry N. 1985. The Countryside Handbook. Open University/Croom Helm, UK

Rudel T K, Bates D, Machinguiashi R. 2002. A tropical forest transition? Agricultural change, out-migration, and secondary forests in the Ecuadorian Amazon. Annals of the Association of American Geographers, 92: 87～102

Sargeson S. 2002. Subduing "the rural house-building craze": attitudes towards housing construction and land-use controls in four Zhejiang villages. China Quarterly, 172: 927～955

Scholes R J, Parsons D A B. 1997. The Kalahari Transect: Research on Global Change and Sustainable Development in Southern Africa. IGBP Report No. 42. Stochkholm: IGBP

Seto K C, Kaufmann R K. 2003. Modeling the drivers of urban land use change in the Pearl River Delta, China: Integrating remote sensing with socio-economic data. Land Economics, 79: 106～121

Shen X P, Ma L J C. 2005. Privatization of rural industry and de facto urbanization from below in southern Jiangsu, China. Geoforum, 36 (6): 761～777

Skinner M W, Kuhn RG, Joseph AE. 2001. Agricultural land protection in China: A case study of local governance in Zhejiang Province. Land Use Policy, 18 (4): 329～340

Slee B. 1994. Theoretical aspects of the study of endogenous development. In: van der Ploeg J D, Long A. eds. Born from within: Practice and perspectives of endogenous rural development. Assen: Van Gorcum, 184～194

Smailes P J. 2002. From rural dilution to multifunctional countryside: some pointers to the future from South Australia. Australian Geographer, 33 (1): 79～95

Smit B, Cai Yunlong. 1996. Climate change and agriculture in China. Global Environmental Change, 6 (3): 205～214.

Sofer M, Applebaum L. 2006. The rural space in Israel in search of renewed identity: the case of the moshav. Journal of Rural Studies, 22: 323～336

Stockdale A, Findlay A, Short D. 2000. The repopulation of rural Scotland: opportunity and threat. Journal of Rural Studies, 16: 243～257

Sun Y F, Wang H Y. 2007. Spatial strategy for quality labor in rural development - a case study of Jiangsu Province, China. Chinese Geographical Science, 17 (2): 117～126

Tan M H, Li X B, Xie H, et al. 2005. Urban land expansion and arable land loss in China—a case study of Beijing-Tianjin-Hebei region. Land Use Policy, 22: 187～196

Telling A E. 1982. Planning Law and Procedure. London: Butterworth

Ten Asbroek A H A, Delnoij D M J, Niessen L W, et al. 2005. Implementing global knowledge in local practice: a WHO lung health initiative in Nepal. Health Policy and Planning, 20 (5): 290～301

Terluin I J. 2003. Differences in economic development in rural regions of advanced countries: an overview and critical analysis of theories. Journal of Rural Studies, 19 (3): 327～344

Tracy M. 1982. Agriculture in Western Europe: Challenge and Response, 1880～1980. London: Granada

Tubiello F N, Rahman A, Mann W, et al. 2009. Carbon financial mechanisms for agriculture and rural development: challenges and opportunities along the Bali roadmap. Climatic Change, 97: 3～21

Turner B L, Lambin E F, Reenberg A. 2007. The emergence of land change science for global environmental change and sustainability. Proceedings of the National Academy of Sciences of the United States of America, 104 (52): 20666～20671

Urbain J D. 2002. Paradis verts: désirs de campagne et passions résidentielles. Paris: Payot

Van Auken P M, Rye J F. 2011. Amenities, affluence, and ideology: comparing rural restructuring processes in the US and Norway. Landscape Research, 36 (1): 65～86

Van Dormael M, Dugas S, Diarra S. 2007. North-South exchange and professional development: experience from Mali and France. Family Practice, 24 (2): 102～107

Veldkamp A, Verburg P H. 2004. Modelling land use change and environmental impact. Journal of Environmental Management, 72 (1-2): 1～3

Verburg P H, Chen Y Q. 2000. Multi-scale characterization of land-use patterns in China. Ecosystems, 3, 369～385

Verburg P H, Soepboer W, Veldkamp A, et al. 2002. Modeling the spatial dynamics of regional land use: the CLUE-S Model. Environmental Management, 30 (3): 391～405

Walker R T. 1993. Deforestation and economic development. Canadian Journal of Regional Science, 16 (3): 481～497

Walker R T. 2001. Urban sprawl and natural areas encroachment: linking land cover change and economic development in the Florida Everglades. Ecological Economics, 37 (3): 357-369

Walker R, Solecki W. 2004. Theorizing land-cover and land-use change: the case of the Florida Everglades and its degradation. Annals of the Association of American Geographers, 94: 311～328

Weng Q H. 2002. Land use change analysis in the Zhujiang Delta of China using satellite remote sensing, GIS and stochastic modelling. Journal of Environmental Management, 64 (3): 273～284

White R, Engelen G, Uijee I. 1997. The use of constrained cellular automata for high-resolution modeling of urban land use dynamics. Environment and Planning B: Planning and Design, 24: 323～343

Wilson G A. 2001. From productivism to post-productivism... and back again? Exploring the (un)changed natural and mental landscapes of European agriculture. Transactions of the Institute of British Geographers, 26 (1): 77～102

Wilson G A. 2008. From 'weak' to 'strong' multifunctionality: conceptualizing farm-level multifunctional transitional pathway. Journal of Rural Studies, 24: 367～383

Wilson G A. 2009. The spatiality of multifunctional agriculture: a human geography perspective. Geoforum, 40: 269～280

Wilson O J. 1999. Village renewal and rural development in the former German Democratic Republic. GeoJournal, 46: 247～255

Woods M. 2005. Rural Geography: Processes, Responses and Experiences in Rural Restructuring. London: Sage

Woods M. 2007. Engaging the global countryside: globalization, hybridity and the reconstitution of rural place. Progress in Human Geography, 31 (4): 485～507

Woods M. 2009a. Rural geography: blurring boundaries and making connections. Progress in Human Geography, 33: 849～ 858

Woods M. 2009b. Rural geography. In: Kitchin R, Thrift N. eds. International Encyclopedia of Human Geography. Elsevier, 429～441

Woods M. 2009c. The political economies of place in the emergent global countryside: stories from rural wales. In: Halseth G, Markey S, Bruce D. eds. The Next Rural Economies: Constructing Rural Place in a Global Economy. Wallingford, UK: CABI

World Bank. 1999. Rural China: Transition and Development. World Bank Report, Rural Development and Natural Resources Unit, East Asia and pacific Region. Washington D C: The World Bank

World Bank. 2001. China: Overcoming Rural Poverty. Washington D C: World Bank

Wu F. 1998. Simulating urban encroachment on rural land with fuzzy-logic-controlled cellular automata in a geographical information system. Journal of Environmental Management, 53, 293～308

Wu F. 2002. Calibration of stochastic cellular automata: the application to rural-urban land conversions. International Journal of Geographical Information Science, 16 (8): 795～818

Xie Y C, Fang C L, Lin G C S, et al. 2007. Tempo-spatial patterns of land use changes and urban development in globalizing China: a study of Beijing. Sensors, 7: 2881～2906

Xie Yichun, Yu Mei, Tian Guangjin, et al. 2005. Socio-economic driving forces of arable land conversion : a case study of Wuxian City, China. Global Environmental Change, 15: 238～252

Xu W. 2004. The changing dynamics of land-use change in rural China: a case study of Yuhang, Zhejiang Province. Environment and Planning A, 36 (9): 1595～1615

Xu W, Tan K C. 2002. Impact of reform and economic restructuring on rural systems in China: a case study of Yuhang, Zhejiang. Journal of Rural Studies, 18: 65～81

Yang H, Li X B. 2000. Cultivated land and food supply in China. Land Use Policy, 17 (2): 73～88

Zhang Li. 2008. Conceptualizing China's urbanization under reforms. Habitat International, 21: 452～470

Zhang Linxiu, Alan deBruaw, Rozelle Scott. 2004. China's rural labor market development and its gender implications. China Economic Review, (15): 230～247

Zhang Linxiu, Rozelle Scott, Huang Jikun. 2001. Off-farm jobs and on-farm work in periods of boom and bust in rural China. Journal of Comparative Economics, (29): 505～526

Zhao S X B, Wong K K K. 2002. The sustainability dilemma of China's township and village enterprises: an analysis from spatial and functional perspectives. Journal of Rural Studies, 18 (3): 257～273

Zhong T Y, Huang X J, Zhang X Y, et al. 2011. Temporal and spatial variability of agricultural land loss in relation to policy and accessibility in a low hilly region of southeast China. Land Use Policy, 28 (4): 762～769

Zhou Yushuang, Fischer G. 1999. Cultivated land-use change in the east region of China. IIASA Interim Report IR-99-055, Laxenburg